U0781699

中国旅游发展模式研究系列丛书

"十三五"国家重点出版物出版规划项目

工业旅游发展的中国模式

THE CHINESE MODEL OF THE DEVELOPMENT OF INDUSTRIAL TOURISM

石培华　陆明明

张一楠　申军波等◎编著

中国旅游出版社

序一　知中国服务中国的旅游研究实践

龚　克[①]

在我国全面建设小康社会的胜利进程中，旅游业做出了重要的贡献并实现了自身的历史性发展。奉献给读者的这部《中国旅游发展模式研究系列丛书》，是我校石培华教授依托现代旅游业发展省部共建协同创新中心编撰的。丛书共八册:《乡村旅游发展的中国模式》《旅游景区发展的中国模式》《海洋旅游发展的中国模式》《旅游扶贫的中国模式》《生态旅游的中国模式》《工业旅游发展的中国模式》《国民旅游休闲的中国模式》《全域旅游的中国模式》，是一部从中国特色社会主义建设伟大道路的视角出发、基于改革开放40多年来中国旅游的壮阔实践、系统研究中国旅游发展模式的学术成果，入选了国家出版基金项目、国家新闻出版广电总局"十三五"国家重点出版物出版规划项目。

2015年7月，为适应建设全面小康社会对旅游发展的迫切需要，南开大学发起成立现代旅游业发展协同创新中心，得到中山大学和国家旅游局、国家信息中心等大力支持。我们引进石培华教授到南开大学具体负责中心建设，在学生培养、学术研究、学科发展等方面取得了系列重要成果，2019年11月通过教育部认定，成为我国旅游学科首个、目前唯一的旅游领域协同创新中心。这套丛书展示了中心取得的重要成果，可喜可贺。本套丛书也是石培华教授团队在旅游发展领域践行南开大学"允公允能，日新月异"之校训和"知中国、服务中国"之传统的生动实践，值得称道。

曾几何时，离家出行都要凭单位"介绍信"，休闲旅游更是被当作资产阶级生活方式而遭贬斥。改革开放的伟大历史转折，真正开启中国的现代旅游

---

①　南开大学学术委员会主任、现代旅游业发展省部共建协同创新中心理事长。

业。自 1978 年邓小平同志黄山讲话以来，中国旅游业从无到有、从小到大快速崛起，实现旅游资源大国向旅游大国的历史性跨越，形成了世界上最大国内旅游市场和最大出境旅游市场，入境旅游排名全球第四。短短 40 多年走过了发达国家二三百年的旅游发展历程，探索出作为发展中大国的中国特色旅游发展模式。中国旅游业成为全方位展示改革开放之中国快速崛起的生动窗口和鲜活缩影，是研究"中国模式"或者"中国道路"的一个极具代表性和标志性的领域。

"人民对美好生活的向往，就是我们的奋斗目标。"（习近平）中国旅游的迅速发展，从根本上看，就是因为顺应了广大人民群众对于旅游休闲的日益增长的需要。透过中国旅游发展历程及其模式经验，既能看到市场力量驱动下的中国旅游业之蓬勃发展，又能直观地看到中国政府切实以人民为中心集中力量办大事、上下齐心成大业的体制优势。中国旅游业现已成为全球旅游发展最大和最富活力的引擎，中国旅游发展也是世界旅游发展的一个典型样本，鲜活地展示着世界旅游业的独特优势、巨大潜力、强大功能和美好前景。

目前我国旅游领域的研究专著越来越多，但系统梳理中国旅游发展的成就、经验、规律和发展模式的成果还很不够。中国旅游业发展的道路，既有鲜明的中国特色，也反映了世界旅游发展的内在规律和共同趋势。这套丛书站在国家发展战略全局高度，选择乡村旅游、旅游景区、海洋旅游、旅游扶贫、生态旅游、工业旅游、国民休闲、全域旅游等主题，以学术研究讲述中国旅游发展故事，从总体模式、类型模式、典型案例等层面研究梳理中国旅游发展模式，与世界分享中国旅游发展经验，具有非常重要的现实价值。

中国即将实现全面小康社会，"更加突出的问题是发展不平衡不充分，这已经成为满足人民日益增长的美好生活需要的主要制约因素"（中国共产党十九大报告）。我以为，站在历史发展的新方位，不仅要系统总结改革开放以来中国的旅游业实现跨越式历史性发展的生动经验，还必须深刻认识到，与人民群众快速增长的需要和向往相比，我国旅游业的发展仍然很不平衡和很不充分，许多旅游资源尚未得到适当的开发，许多旅游资源被过度的不适当开发，旅游发展还需与物质文明、精神文明和生态文明建设深度融合，以更好地为全体人民的健康全面发展服务；面对后小康社会人民群众的新期待、面对国际形势的新变化，旅游发展亟待开拓新局面、创造新格局，需要更有力的智力支撑。人类正在经受的这场新冠病毒疫情，使旅游业的发展遭受惨重的打击，现在全球都在积极推动变革性的复苏，以期"build back better"，我们也要深入探讨如何使旅游业以"复苏"为契机，实现更有韧性、更可持续的更好更快的变革性发展。

中国旅游发展模式的系统研究刚刚起步，中国旅游发展实践丰富多彩又极其复杂，很难用单一的模式去阐释，更希望全国乃至全球相关方面的同仁们一道共同关注和推进这一重大理论和实践问题的研究，也期望现代旅游业发展省部共建协同创新中心更好地发挥平台作用，集聚更多的专家共同开展协同创新研究，不断推进旅游研究的系统创新。面对新的国情世情，旅游学科任重而道远，我们应该坚持扎根于实践基础，坚持开放吸纳世界旅游文明成果，坚持以人民为中心的旅游发展道路，自觉服务人民群众对美好生活的向往和人的全面发展需要，自觉将创新驱动、可持续发展和乡村振兴等国家战略贯彻于旅游发展之中，自觉将全球可持续发展目标与中国旅游发展有机结合，自觉运用好大数据、互联网、人工智能等新一代科技工具，推动旅游业实现文明、包容、协调、绿色、健康的高质量发展，使旅游业成为广大人民群众向往而满意的幸福事业。

有感而发，祈读者指正。

序二 探寻中国旅游发展的逻辑规律与成功密码

郑新立 [①]

改革开放以来，中国取得举世瞩目的伟大成就，全球越来越多的目光关注中国，聚焦研究快速崛起的"中国模式"。旅游业快速发展是透视中国快速崛起的一扇全息窗口，集中展示了中国发展成就。从1978年邓小平同志黄山讲话以来，中国旅游业迅猛发展，用短短40多年走过了西方发达国家二三百年旅游发展历程，形成了世界上最大规模的国内旅游市场、第一大出境旅游消费国家、第四大入境旅游国家，旅游业已经成为国民经济社会发展的战略性支柱产业，旅游成为大众化的幸福生活方式和成就人生的学习和成长方式。中国是世界上旅游业发展最快、受益人口最多、辐射带动力最强的国家之一，中国旅游也成为全球旅游发展最大、最有潜力和最富活力的第一引擎。中国旅游业发展之所以能在短短几十年取得如此巨大的发展成就，根本在于找到了一条体现中国特色、反映世界趋势、遵循旅游规律的旅游发展之路，探索了一条具有中国特色的发展中大国旅游发展模式。

正是在此背景下，石培华教授、黄萍教授等研究编撰出版《中国旅游发展模式研究系列丛书》具有特别重要的意义。该套丛书经中国旅游出版社申报入选国家出版基金项目、国家新闻出版广电总局"十三五"国家重点出版物出版规划项目，是首次系统研究中国旅游发展模式的学术成果。丛书共八册：《乡村旅游发展的中国模式》《旅游景区发展的中国模式》《海洋旅游发展的中国模式》《旅游扶贫的中国模式》《生态旅游的中国模式》《工业旅游发展的中国模

---

① 著名经济学家，中央政策研究室原副主任、第十一届全国政协经济委员会副主任、中国国际经济交流中心原常务副理事长、中国工业经济学会原会长、现代旅游业发展省部共建协同创新中心学术委员会主任、教授、博导。

式》《国民旅游休闲的中国模式》《全域旅游的中国模式》。丛书站在国家发展战略高度，选择中国旅游发展中典型专题，围绕乡村旅游、旅游景区、海洋旅游、旅游扶贫、生态旅游、工业旅游、国民休闲、全域旅游等主题，研究中国旅游发展模式，与世界分享中国旅游发展经验和方案。

过去 40 多年，中国旅游业从小到大，实现了从短缺型旅游发展中国家向初步小康型旅游大国的历史性跨越。一是国内旅游从小众市场向大众化转变，已拥有全世界最大国内旅游消费市场，中国步入大众旅游时代，成为世界上拥有国内游客数量最多的国家。二是国际旅游从单一入境旅游发展成为出入境旅游并重格局，出境旅游市场更加活跃、发展空间潜力巨大。中国已是世界第四大旅游入境接待国，是全球增长最快的客源输出国之一，已成为世界第一大出境旅游消费国。三是旅游业从单纯外事接待型事业转向事业产业共同发展，综合功能优势日益凸显。旅游从外交的边缘向外交的前沿、从经济建设边缘向经济建设主战场、从经济增长点向第三产业重点转变，从传统粗放型、数量型旅游发展方式向集约型、创新型方式转变。四是旅游业由一般性产业向战略性支柱产业转变，产业规模和实力迅速壮大。随着旅游业对国民经济拉动的作用大幅提升，旅游业的战略地位日益凸显，被定位为国民经济战略性支柱产业、人民群众更加满意的现代服务业，五大幸福产业之首。五是旅游业发展由局部扩展到全国，形成国家与地方、政府与企业、社会共同推进的大格局。所有省区市都将旅游业作为战略性支柱产业，85% 以上的市地州盟、80% 以上的市县区将旅游业定位为支柱产业。旅游发展的主体以政府为主向政府、企业、社会共同参与的多主体、多类型、全方位推进。

中国旅游业快速发展，是世界旅游业快速发展的一个典型样本，中国旅游业的发展得益于战后世界和平环境和世界旅游业的大发展，最能展示世界旅游业的独特优势、旅游业发展的巨大潜力、旅游业的强大综合功能，最能展示旅游业的巨大力量、展示旅游业的美好前景，也最能反映旅游业发展面临的问题和挑战。目前世界对中国旅游业发展的了解还比较零星，也比较表面，世界感触最多的可能是中国快速增长的出境旅游，对中国旅游业发展所做全方位、立体化实践创新探索总体上了解甚少。

现代旅游业发展省部共建协同创新中心于 2015 年 7 月成立以来，2019 年11 月通过教育部认定，成为我国旅游学科首个、目前唯一的旅游领域的协同创新中心。这套丛书正是协同创新的又一标志性成果，是实践和理论结合成果，既可以作为旅游实践工作者的工具书，也可以作为旅游研究教育工作者和广大学生学习研究的参考书。

中国旅游业发展的探索，立足于中国国情，有鲜明中国特色，但也反映世界旅游发展的共同趋势和规律，对其他国家特别是发展中国家可以有所启示，大国的国情决定了中国旅游发展模式的丰富性。经过几十年艰苦奋斗和探索，中国可以与世界分享的，不仅仅是强劲的出境旅游需求、旅游购物和投资，也可以分享中国发展旅游所做的创新探索努力。透过中国旅游发展历程，既能看到市场力量驱动下的中国旅游业之蓬勃发展，又能直观地看到中国旅游在政府主导下集中力量办大事，上下齐心成大业的体制优势，中国旅游业的发展探索，也是中国特色发展道路的一个缩影。现今，中国旅游业的发展潜力才刚刚释放，随着 2035 年中国基本实现现代化，2050 年前后建成富强民主文明和谐美丽的社会主义现代化强国，我国人民收入水平将不断提高，基础设施和社会环境将不断优化。未来 30 年依旧是中国旅游快速发展的黄金期，而且进入转型升级创新发展关键期，中国旅游业巨大的发展潜力为世界分享中国机遇创造了巨大的空间和美好前景。编写出版该套丛书，有助于向世界展示中国旅游发展成就，展示旅游巨大力量，与世界分享中国旅游发展的经验、分享中国旅游发展机遇，共同推进世界旅游可持续发展，共建世界旅游共同体、共享美丽旅游地球村。

前　言

　　本书研究的是广义的工业旅游，除一般定义的企业型的工业旅游和工业遗产旅游外，还包括了利用现代科技重大成果、现代交通等基础建设重大成果等发展的其他工业旅游，还包括了科技旅游以及各类工业和科技博物馆旅游等。

　　热播电视剧《大江大河2》中点亮厂区夜景的画面，以宏大的工业奇观震撼了观众，电影《你好，李焕英》则让我们感受到工厂独特的怀旧魅力，让我们发现工业之美。工业不仅能让我们感受到工业震撼之"美"，感受到其中蕴含的创业奋斗之"魂"，而且能让我们学习工业中蕴含的"智"慧、散发的工业之"韵"、凝结的工业之"梦"，让我们认识到，工业旅游原来可以如此具有魅力。

　　工业是一个国家的脊梁，短短几十年，中国走过了发达国家几百年工业化历程，已成为全球第一工业大国，建立起世界最完整的现代工业体系，堪称人类历史奇迹。研究中国工业旅游发展模式，需要放在新的时代背景下，放在国家发展的战略全局去研究和谋划。我国工业旅游发展还处于起步阶段，对工业旅游模式的研究包括对过去模式的总结，更包括对未来发展战略和发展道路的研究。工业旅游是展示中华人民共和国成立和改革开放以来巨大成果的重要窗口，是推进工业化教育、提升工业化素养和工匠精神、创业精神、科学精神的重要课堂，是推进新型城镇化和新型工业化的重要新动能、新途径，也是拓展旅游发展新空间的重要增长点。

　　本书共包括六章，第一章中国工业旅游相关概述与时代价值意义，分别阐述工业旅游及工业遗产与工业文化相关概念、中国工业旅游的价值体系与背景意义、中国工业旅游的主要类型与特征、中国工业体系与工业旅游资源。第二章中国工业旅游发展模式经验与发展战略，分别阐述中国工业旅游发展的举措与成就、中国不同类型工业旅游发展进程、中国工业旅游发展还存在的问题、中国工业旅游未来发展思路与重点。第三章工业企业（工厂、园区）工业旅游模式案例，梳理了青岛啤酒、茅台、北京二锅头、古井贡、绍兴黄酒等酒业企业工业旅游典型案例，伊利、蒙牛、农夫山泉、娃哈哈等乳品和矿泉水企业工业旅游典型案例，片仔癀、隆力奇、青蛙王子等药业和化妆品等工业旅游典型案例，宝钢、鞍钢、武钢等钢铁制造企业工业旅游典型案例，一汽、上海大众、一拖等汽车船舶等制造企业工业旅游典型案例，青岛海尔、常熟服装、丹阳眼镜等家电、服装等日用品企业工业旅游典型案例。第四章工业遗产转型发展文化和旅游创意园区模式案例，阐述北京市、上海市、天津市、武汉市、重庆市、沈阳市、广州市、深圳市、南京市等重要工业城市的首钢、798、世博园等工业遗产保护利用发展文旅创意园区的典型案例模式。第五章重大工程、矿山公园、工业小镇等工业旅游模式案例，梳理了三峡大坝、都江堰、红旗渠等水利工程，大射电望远镜及卫星发射中心等重大科技工程，川藏公路、青藏铁路等公路铁路工程，港珠澳大桥、秦岭终南山公路等桥梁隧道工程的工业旅游发展模式案例。第六章工业旅游名城发展模式案例，梳理了上海、天津、武汉、青岛、重庆、大庆、唐山、景德镇、抚顺等工业城市的工业旅游名城发展案例。

本书之所以提出研究工业旅游发展的中国模式，一是工业旅游发展是反映中华人民共和国成立及改革开放以来快速发展和融入世界的窗口，通过工业旅游，可以让国人和国际游客直观了解中国工业化的巨大成就和奇迹；二是中国工业旅游虽然处在发展的初级阶段，但其特色已经显现，无论是北京798及资源枯竭型城市对工业遗产的利用，还是浙江诸多工业旅游特色小镇的建立，以及工业旅游促城市品牌、促品牌城市，都表明各地正在走出一条具有中国特色的工业旅游发展之路；三是我国各地工业旅游发展探索形成各具特色的经验和模式，中国模式是一个丰富多彩的模式群；四是中国工业旅游发展还处于初级阶段，迫切需要研究适合中国国情的工业旅游发展模式，以探索及创新中国工业旅游未来发展之路。

本书是《中国旅游发展模式研究系列丛书》中的一部，感谢中国旅游出版社申报，感谢国家新闻出版总署将该套丛书纳入国家出版基金资助项目、"十三五"国家重点出版物出版规划项目，并由石培华担任丛书主编。在本书的编写过程中新闻出版总署给予了大力支持，感谢出版社对申报该套丛书的鼎力相助。本书由石培华统筹设计和统稿审定，第一章由申军波、陆明明撰写，第二章由张一楠撰写，第三章、第四章由陆明明撰写，第五章由申军波、陆明明撰写，第六章由张一楠撰写，陆明明协助全稿统稿和前期研究。南开大学旅游与服务学院博士研究生刘亚斐参与了前期研究和最初书稿撰写，遗憾后面重新设计提纲要点后没有时间参与写作，在此特别表示感谢。作为中国工业旅游模式研究方面的一部探索性著作，本书还有待进一步深入和完善。在本书的编写过程中，参考了许多研究工业旅游的经典文献和著作，恕不能在书中一一列举，在此向各位作者表示感谢。同时，本书的疏漏之处敬请学界同仁和广大读者批评指正。

石培华

2021 年 11 月

目　录

第一章

中国工业旅游相关概述与时代价值意义

本书研究的中国工业旅游，是广义的工业旅游，除了一般定义的工业旅游和工业遗产旅游外，还包括了利用现代科技重大成果、现代交通等基础建设重大成果发展的旅游，包括了科技旅游以及各类工业和科技相关博物馆旅游等概念。所研究的工业旅游，是以工厂、工业企业、工业遗产、工程等为主要吸引物或空间，开展参观、游览、体验、购物等的旅游，包括工业企业、工业集聚区、工业展示区域、工业历史遗迹，以及反映重大事件、体现工业技术成果的重大工程和项目，具有观赏、体验、教育、休闲等功能，并提供相应旅游服务设施、开展工业旅游的活动场所。本章系统梳理中国工业旅游与工业文化和遗产相关概念内涵特征，阐述中国发展工业旅游的意义价值，归纳中国工业旅游主要类型特征。

第一节　工业旅游、工业遗产与工业文化相关概念

研究工业旅游，有必要对相关的工业遗产、工业文化、工业旅游示范基地、国家工业遗产旅游基地、国家矿山公园等概念也进行梳理。

一、工业旅游、国家工业旅游示范基地等概念

原国家旅游局等出台了《国家工业旅游示范基地规范与评价》（LB/T 067—2017），对工业旅游、工业旅游示范基地、国家工业旅游示范基地等概

念进行了界定，将"工业旅游"（industry tourism）定义为"以运营中的工厂、企业、工程等为主要吸引物，开展参观、游览、体验、购物等活动的旅游"。还有许多省市也对相关规范标准做了界定，如《上海市工业旅游景点服务质量要求》（DB31/T 392—2007），把"工业旅游景点"定义为"具有观赏、体验、教育、休闲等功能，并提供相应旅游服务设施，开展工业旅游的活动场所，包括工业企业、工业集聚区、工业展示区域、工业历史遗迹以及反映重大事件、体现工业技术成果的重大工程和项目"。《北京市工业旅游区（点）服务质量要求及分类》（DB11/T 665—2009）把工业旅游区（点）（industrial tourism spots）定义为"具有观赏、体验、教育、休闲、娱乐等功能，通过旅游服务设施和服务人员，提供相应旅游服务，开展工业旅游的活动场所，包括工业企业、工业集聚区、工业展示区域、工业历史遗迹以及反映重大事件、体现工业技术成果的重大工程和项目"。

在《国家工业旅游示范基地规范与评价》中，将"工业旅游示范基地"定义为"提供必要的旅游设施与服务，适合组织开展工业旅游活动，对工业旅游发展具有一定示范引领作用的企业或企业集聚区"。将"国家工业旅游示范基地"定义为"提供较高水准的旅游设施与服务，代表国内工业旅游发展最高水平，对全国工业旅游发展具有较强示范引领作用的工业旅游示范基地"。2017年，全国旅游资源规划开发质量评定委员会评选出10个国家工业旅游示范基地（见表1-1）。

表1-1　首批国家工业旅游示范基地名录

序号	名录	序号	名录
1	山东省烟台张裕葡萄酒文化旅游区	6	江苏省苏州隆力奇养生小镇
2	福建省漳州片仔癀中药工业园	7	内蒙古自治区伊利集团·乳都科技示范园
3	云南省天士力帝泊洱生物茶谷	8	山西省汾酒文化景区
4	新疆生产建设兵团伊帕尔汗薰衣草观光园景区	9	黑龙江省齐齐哈尔市中国一重工业旅游区
5	辽宁省大连市海盐世界公园	10	安徽省合肥市荣事达工业旅游基地

二、工业遗产、国家工业遗产等相关概念

根据《下塔吉尔宪章》，工业遗产是指"凡为工业活动所造建筑与结构、此类建筑与结构中所含工艺和工具以及这类建筑与结构所处城镇与景观，以及所有其他物质和非物质表现，包括具有历史、技术、社会、建筑或科学价值的工业文化遗迹，包括建筑和机械，厂房，生产作坊和工厂矿场以及加工提炼遗址，仓库货栈，生产、转换和使用的场所，交通运输及其基础设施以及用于住所、宗教崇拜或教育等和工业相关的社会活动场所"。在《国家工业旅游示范基地规范与评价》（LB/T 067—2017）中，将"工业遗产"界定为工业活动所建造的建筑与结构、此类建筑与结构中所含的工艺和工具、此类建筑与结构所处的城镇与景观，以及与其有关的各种物质和非物质表现。

根据《国家工业遗产管理暂行办法》，国家工业遗产是指在中国工业长期发展进程中形成的，具有较高的历史价值、科技价值、社会价值和艺术价值，经工业和信息化部认定的工业遗存。国家工业遗产核心物项是指代表国家工业遗产主要特征的物质遗存和非物质遗存。物质遗存包括作坊、车间、厂房、管理和科研场所、矿区等生产储运设施，以及与之相关的生活设施和生产工具、机器设备、产品、档案等；非物质遗存包括生产工艺知识、管理制度、企业文化等。

根据《国家工业遗产管理暂行办法》，国家工业遗产有四个标准：一是在中国历史或行业历史上有标志性意义，见证了本行业在世界或中国发端、对中国历史或世界历史有重要影响、与中国社会变革或重要历史事件及人物密切相关，具有较高历史价值；二是工业生产技术重大变革具有代表性，反映某行业、地域或某个历史时期的技术创新、技术突破，对后续科技发展产生重要影响，具有较高科技价值；三是要具备丰富的工业文化内涵，对当时社会经济和文化发展有较强影响力，反映了同时期社会风貌，在社会公众中拥有广泛认同，具有较高的社会价值；四是其规划、设计、工程代表特定历史时期或地域的风貌特色，对工业美学产生重要影响，具有较高的艺术价值[①]。目前我国尚存工业遗产近千处，主要形成于几个时期：一是古代手工业时期，二是清末洋

---

① 《国家工业遗产管理暂行办法》解读［EB/OL］. http：//www.law-lib.com/fzdt/newshtml/21/20181
126161109.htm

务运动和民国民族工业时期，三是中华人民共和国成立后至20世纪60年代，四是从60年代中期到80年代初期。从分布时期看，中华人民共和国成立后至改革开放前的工业遗产占比约2/3；从行业看，原材料领域工业遗产占比超过1/3，装备制造、消费品领域工业遗产占比均超过1/5。

《国家工业旅游示范基地规范与评价》（LB/T 067—2017）将"国家工业遗产旅游基地"界定为，对工业遗产进行有效的保护、传承与发展，提供较高水准的旅游设施与服务，对全国工业遗产旅游具有较强示范引领作用的旅游区。2017年，根据《国家工业旅游示范基地规范与评价》行业标准，全国旅游资源规划开发质量评定委员会专家组评定，评选出10个国家工业遗产旅游基地（见表1-2）。

表1-2 首批10个国家工业遗产旅游基地名录

序号	名录	序号	名录
1	湖北省黄石国家矿山公园	6	河北省唐山市开滦国家矿山公园
2	吉林省长春市长影旧址博物馆	7	上海国际时尚中心
3	浙江省新昌达利丝绸世界旅游景区	8	江西省萍乡市安源景区
4	湖南省株洲市醴陵瓷谷	9	广西壮族自治区柳州工业博物馆
5	四川省成都市东郊记忆景区	10	贵州省仁怀市"茅酒之源"旅游景区

1972年《保护世界文化和自然遗产公约》将文化遗产分为文物、建筑群和遗址；2005年《实施世界遗产公约操作指南》将历史城镇和市镇中心、文化景观、遗产运河和遗产线路归并为"特殊型遗产"。工业遗产的分类也由静态的、可移动（工业纪念物）与不可移动（工业建筑、工业遗址）的物质遗产类型，演变出动态的、大尺度的工业景观、工业遗产廊道和工业城镇与市镇中心等物质遗产与非物质遗产相结合的特殊类型，构成工业遗产的类型体系。工业遗产在范围上归属于文化遗产，但工业遗产有不同于文化遗产的特殊性，对工业遗产的保护不能同文物保护那样只注重其历史文化价值和完全实施绝对保护原则。工业遗产价值的核心在于工业遗产的技术价值，工业遗产保护更强调再利用式的保护。在对工业遗产进行工业旅游开发过程中，除围绕保护对象的历史因素进行认定外，还要延续影响社会发展的工业遗产所延续下来的技术发

展脉络[①]。

三、工业文化及其相关概念

工业文化是围绕工业生产和消费所形成的文化形态，是一种包含工业精神价值和工作方式及形态的生态共同体。由工业和信息化部、财政部联合印发的《关于推进工业文化发展的指导意见》将"工业文化"定义为：工业文化是伴随着工业化进程而形成、渗透到工业发展中的物质文化、制度文化和精神文化的总和。在此基础上，通过工业文化的内涵深化与外延延伸，构筑工业文明体系，将工业文明界定为以工业化为重要标志、机械化大生产占主导地位的一种现代社会文明状态，其主要特点表现为工业化、城市化、法制化与民主化、社会阶层流动性增强、教育普及、消息传递加速、非农业人口比例大幅度增长、经济持续增长等[②]。

随着我国工业水平的逐步提升与工业现代化、清洁化、高效化程度的不断深入，诸多大厂为开拓收入渠道、增加影响力，纷纷组织展开工厂旅游。工厂旅游就是以生产过程、生产风貌、工作生活场景为主要旅游吸引物，以满足旅游者的求知欲和好奇心为目的，共同实现旅游收益与企业收益的一种专项旅游活动。工厂旅游的内容主要针对第一、第二产业、是以生产过程、生产风貌、工作生活场景为主的旅游资源，其主要包括生产经营场所、生产过程、生产成果和管理经验等方面。因此，工业文化是一种包含工业精神价值和工作方式及形态的生态共同体，从文化性质来分，工业文化包括了工业物质文化、工业制度文化和工业精神文化三个方面，由此构建出工业文化的体系架构。

一是工业物质文化，包括蕴含文化的工业产品及工业系统，产品包括工艺美术产品、工业设计产品、文化创意产品、工业装备产品等，工业系统包括工业园区、工业建筑厂房、工业设备、工业流程工艺、工业生产线、工业博物馆等。此外，工业物质文化还包括生产经营场所，主要指大型工业生产场所或农业生产为基地，或强调独特的建筑群，或强调宏伟的生产规模，或强调环境优美等。

二是工业制度文化，包括宏观层面和微观层面的制度与组织。宏观层面的

---

① 曹坤梓.浅议工业遗产保护规划［J］.城市建设理论研究，2013（20）：1-5.
② 张启明，罗正义.近代世界：工业文明的发展历程［J］.中学历史教学，2009（1）：59-70.

制度与组织包括工业体制、法律法规、管理制度、产业组织、产业政策；微观层面的制度与组织包括企业管理规章制度、产品质量、标准规范、组织形式、生产方式等。丰富的管理经验是企业的一笔无形资产与财富，通过工厂旅游接待旅游者或为其他企业培训，传播企业自身的先进管理理念与管理方式，增加企业效益。

三是工业精神文化，包括工业科技与技能、宣传展示活动、价值观念和规范、文艺作品和历史典籍等。工业科技与技能包括工业科技、工艺生产技能、知识产权、工业非物质文化遗产等。宣传展示活动包括工业旅游、工业博览会、工业展览会、技能大赛、产品广告宣传、品牌营销活动等；价值观念和规范包括工业精神、企业文化、经营哲学、行为准则；文艺作品和历史典籍包括工业影视剧、工业文学、工业演艺、工业文化艺术衍生品等 [①]。尤其是涌现出的企业家精神、科学家精神、工匠精神等精神文化谱系，以及工业企业的企业文化所塑造的产品品牌，成为工业文化的重要核心。

四、各类工业博物馆等场馆园区

工业遗址博物馆建立在遗址之上，原址就是真实的历史现场，展品和藏品的不可替代性，收藏及展品都是在本遗址上发现的遗存，工业遗址连同相关藏品一起被保护，遗址本身也是遗产，它既是藏品的载体，同时又是藏品和展品，工业遗址博物馆展品一般都以原状陈列为主，以求最大限度真实地展现历史，藏品在遗址中展示并受到保护，而遗址本身作为工业遗产的一部分也受到保护。

现代科技馆主要以传播科学技术知识为主旨，展示的内容包括物理、化学、生物、医学、地质、天文、数学等基础科学理论和建筑、机械、冶金、运输、电子、信息、航天等现代技术，多运用声、光、电和多媒体等现代化展示手段，鼓励观众动手参与，亲自体验，在充满乐趣的互动中，轻松地理解科学定律和技术原理。现代科技馆一般不收藏工业遗产，虽然偶尔也会有一些著名的科学技术创造发明成果的实物置于科技馆中展出，但是不构成现代科技馆的主要内容。

---

① 孙星.工业发展的倍增剂和灵魂——工业文化的定义、起源与作用［J］.企业文明，2016（3）：15-17.

工业企业（行业）博物馆反映本企业或相关行业的历史发展、重大事件和著名人物，形象地展示企业或行业的发展历程，既构成企业文化的重要内容，又可以发挥成为一种宣传企业形象和产品的广告效应。还有的将一些在原地无法很好保存的重要旧工业建筑或构建物、设备等搬迁到露天博物馆中集中重建，与工业遗址博物馆对工业遗产的原址性保护不同，形成另外一种异地性保护形式。①

第二节　中国工业旅游的价值体系与背景意义

工业是一个国家的脊梁，大国崛起无不以强大工业为支撑。短短几十年，中国走完了发达国家几百年的工业化历程，已成为全球第一工业大国，建立起世界最完整的现代工业体系，堪称人类历史奇迹。对工业旅游价值和意义的理解，要放在全球处于科技革命、工业革命和百年之大变局背景下，从国家战略、城市发展、工业企业转型、旅游业升级等不同角度，分析工业旅游的价值和意义。

一、工业旅游独特魅力与价值体系诠释

由于传统工业化有的带来生态破坏和环境污染，使得对工业和工业化产生负面认知，忽略了工业的魅力，其价值体系主要表现为工业旅游彰显工业之"美"、蕴含工业之"魂"、散发工业之"韵"、凸显工业之"智"、凝结工业之"梦"。

（一）工业旅游彰显工业之"美"

工厂、矿山、重大工程等的伟大场景展现了工业的震撼之美，而且往往这些工业之美与周边的自然环境或相融、或形成巨大反差，从而产生巨大震撼。工业厂房、矿山矿区、工业园区、设备流程、生产工艺等工业遗产遗存逐步实现华丽转身和空间嬗变，经过努力被打造成旅游吸引物，从过去破败不堪的

---

① 吕建昌.略论近代工业遗址博物馆［J］.中国博物馆，2008（1）：36-42.

"煤景"变成了可观可赏的"美景",成为展示和彰显地区文化魅力的重要载体和有效途径。

在北京,798 艺术区彰显着全国文化创意之都的多彩魅力;在上海,浦江两岸每一座厂房都散发着近代民生改革的时代气息;在洛阳,"一五"时期的工业建筑群诉说着红色岁月的光辉记忆;在东北,矗立于冰雪之中的烟囱和钢管讲述着重工业崛起的辉煌传说;在南京,从最初的金陵机器制造局,到晨光机器制造厂,洋务运动留下的珍贵工业遗产在秦淮河边绽放芳华。①

(二)工业旅游蕴含工业之"魂"

各种工业企业、工业品牌、工业遗产,都蕴含了宏大的创业精神、企业家精神、科学精神、工匠精神、劳模精神等,工业旅游可以感受这些强大的精神动力。例如,到青岛棉纺织厂游览,会联想到"郝建秀工作法";到大庆油田考察,自然会缅怀"铁人"王进喜精神;到航天基地感受航天精神等。工业旅游中的人文精神,也是工业文化的重要体现。深入挖掘工业文化,展示工业精神,使得工业旅游在发挥其经济价值的同时,更多地突出其社会效应,在游客群体中进行工业精神教育,使得游客在食、住、行、游、购、娱的过程中得到精神感染②。无论是在工厂、园区,还是在历史遗迹、名人旧居、文博场馆等,也会了解前人之业绩,受到某种人格教育或精神激励,会受到工业旅游中的精神之魂震撼感动。

(三)工业旅游散发工业之"韵"

工业遗址、厂房往往给游客一种怀旧氛围,工业遗存构成的工业景观、建筑小品和代表的工业文脉,共同组成了独特的氛围和空间,充分展现一种工业"韵"。厂房、机器、道路、管网、仪器、服饰、标识等工业物件,和出于安全生产、工艺要求和管理规范而自然形成或有意装饰的工业颜色,以及伴随生产而产生的或静或噪的工业声音、或燥或湿的工业环境,共同构筑了工业厂区

---

① 郭旃.让工业遗产"活起来"的关键环节——工业遗产释读的要点解析[J].建筑遗产,2017(1):1-7.

② 李玉,石永程.工业旅游的人文特点、开展条件与路径划分[J].南京理工大学学报(社会科学版),2020,33(5):26-32.

特有的氛围，工业的历史感与现实感交相辉映，形成独特环境，形成一种历史参与感。2019年11月2日，习近平总书记在上海调研时强调，城市历史文化遗存是前人智慧的积淀，是城市内涵、品质、特色的重要标志，要将"工业锈带"转变为"生活秀带"，延续城市历史文脉，为老工业城市高质量发展增添新的动力。带有城市生命力的工业文明成就和工业遗产，是城市的珍贵记忆，城市发展的痕迹都在这里被留存，默默记录着城市历史和变迁。工业旅游就像满载回忆的轮船，用独特的演艺方式，将城市的故事讲给游客。矗立的老厂房，曾是老人们奋斗终生的全部，安放着几代人的集体记忆，每一处都留下了工业历史的印记。

（四）工业旅游凸显工业之"智"

工业旅游中还凸显了工业中科技创新创造的智慧、企业家创业和企业经营管理的智慧。从农业社会到工业社会、从工业社会到信息化社会，以机器发明、信息技术、人工智能为代表的技术进步不断推动社会发展。工业社会区别于农业社会的核心要素之一，就是现代技术的日新月异日益影响着民众的日常生活和思想情感，人们创造并发展着科技，而科技在服务人群的同时，更在影响着他们的心智与观感。工业旅游中可以感受科技创造、管理水平、竞争优势、荣誉品牌等。工业技术、科技信息、工业材料、工业流程、工业产品、工业布局、工业厂景、工业氛围等无不体现着现代科技的魅力、展现着现代科技的效应，能够对游客形成强大的吸引力，同时能够更新游客对于高科技的认知。尤其是工业旅游中某些科技信息的展示，可以给游客带来很好的学习体验，了解工业技术变迁史，从技术发展的层面了解企业，从而在工业旅游中增强科技史教育。

（五）工业旅游凝结工业之"梦"

2008年国际金融危机爆发之后，在全球第四次工业浪潮下，反思"经济虚拟化""产业空心化"所带来的问题，世界各国都在推动新型工业化，纷纷启动了"再制造业化"的进程。德国联邦"工业4.0共同平台"正式启动，实施工业 4.0 成为国家战略①。美国发布《先进制造业国家战略计划》。日本政府推出《日本再兴战略》，将工业 4.0 视为创造新商业模式的重要契机。中国于 2015 年 5 月推出中国版工业 4.0 纲领性政策文件《中国制造 2025》，主动应对新一轮科技革命和产业变革的重大战略选择，其核心是加快推进制造业创新发展，提质增效，实现从制造大国向制造强国转变②。而积极开展工业旅游，是传承和弘扬工业精神、展示工业发展成就的重要方式和载体，成为凝结工业之梦的集中体现。

二、工业旅游对国家的战略意义

发展工业旅游对国家是迎接现代工业革命，引领工业化浪潮的重要载体；是展示国家工业化成就，增强四个自信的生动课堂；是保护工业类文化遗产，开展劳动教育的有效方式；是传承和弘扬工业精神，宣传民族品牌的展示窗口。

（一）展示国家工业化成就的重要窗口，增强四个自信的生动课堂

中国建立了世界上最完整的现代工业体系，成为全世界唯一拥有联合国产业分类中全部工业门类的国家。中国是世界上工业门类最全，唯一包括所有门类的，世界第一制造业大国，也是科技新型创新的、机械制造的强国。正是这个完整的现代工业体系，使得中国产业具备了最完善的配套能力。早在 2016 年，中国制造业增加值就已达到 30798.95 亿美元，占世界比重高达 24.5%，比世界第二位的美国制造业增加值多出了近万亿美元，几乎是美国和世界第三位日本制造业增加值的总和③。工业旅游还是弘扬中国梦、增强四个自信的重要载体。70 年来的工业化进程，中国的工业化水平实现了从工业化初期到工业化后期的历史性飞越，中国的基本经济国情实现了从落后的农业大国向世界性工业大国的历史性转变。这两大巨变表明，中国已经在实现中华民族伟大复兴

---

① 谢良兵. 工业化回潮，大城市扩容欲望再起［EB/OL］. https://www.sohu.com/a/409889226_118622?_trans_=000014_bdss_dkmwzacjP3p; CP=
② 宋慧欣.《中国制造 2025》，中国版"工业 4.0"？［J］. 自动化博览，2015（6）：封 2.
③ 巨力. 从三个历史节点看中国经济发展奇迹［J］. 求是，2019（20）：34-41.

的中国梦征程上迈出了决定性的步伐①。工业旅游在传播本国工业文化、展示工业文明成果、提升国家工业形象、增强工业国际影响力和工业文化认同感等方面的作用在新时期显著增强②。能够更好地展示我国工业化发展速度、拓展广度、研究深度等伟大成就，已成为向世界弘扬中国工业文明的重要载体。

（二）迎接现代工业革命、提升工业化素养的重要载体

在第四个科技革命和工业革命背景下，我国正处于推进工业 4.0 的关键时期，工业旅游的发展，有助于中国保持制造业优势，推动迎接抢占制高点，弘扬和培养大国工匠精神。在联合国工业大类目录中，中国是唯一拥有所有工业门类制造能力的国家，如今中国 500 种主要工业品中有 220 多种产量位居全球第一③。正是由于中国制造业的快速发展，世界制造业的格局发生了巨大变化。中国占全球制造业增加值的比重从 1970 年的可忽略不计上升到 2016 年的占据全球 1/4④。一个拥有 14 亿人口的大国实现工业化，将使世界的工业化进程发生跨越式发展。

（三）保护工业类文化遗产，开展劳动教育的有效方式

为保护工业遗产，工信部出台了《国家工业遗产管理暂行办法》，以促进工业遗产保护利用，建立科学化、规范化的国家工业遗产保护利用机制，确立了"政府引导、社会参与，保护优先、合理利用，动态传承、可持续发展"的原则，强调在保护优先的前提下，鼓励开展合理利用政府、遗产产权所有人和社会各方协同合作，强化对遗产核心物项的保护，保留工业遗产核心价值；在保护好工业遗产的前提下进行合理利用，对其承载的优秀工业文化进行创造性转化和创新性发展，促进工业文化繁荣和产业发展，实现"动态传承"和可

---

① 冯飞，王晓明，王金照．对我国工业化发展阶段的判断［J］．中国发展观察，2012（8）：24-26.

② 做好旅游文章 讲好中国故事［EB/OL］．http：//www.shaanxici.cn/content/2018-04/27/content_15788396.htm

③ 中国新闻网．工信部长：中国 220 多种工业品产量居全球第一位［EB/OL］．http：//www.chinanews.com/gn/2013/03-25/4672141.shtml

④ 高拉夫·纳亚尔．不断变化的全球制造业格局：12 个事实［J］．中国经济报告，2018（4）：63-67.

持续发展①。工业和信息化部、国家发展和改革委员会、教育部、财政部、人力资源和社会保障部、文化和旅游部、国务院国有资产监督管理委员会、国家文物局联合印发《推进工业文化发展实施方案（2021—2025 年）》（以下简称《方案》）。《方案》明确，通过 5 年努力，打造一批具有工业文化特色的旅游示范基地和精品线路，建立一批工业文化教育实践基地，鼓励利用和共享馆藏资源，开发教育、文创、娱乐、科普产品，举办各类工业文化主题展览、科普教育、文创体验和研学实践活动。开展工业旅游，成为研学教育和劳动教育的绝佳载体和活动形式。

（四）传承和弘扬工业精神、宣传民族品牌的展示窗口

工业文化遗产是一个国家重要的文化符号和文化记忆，工业旅游则是对工业文化历史和城市文化印记的挖掘和价值呈现②。老工业区不仅记载了中国工业的发展历程，而且记录了我国早期工人吃苦耐劳的"群像"，通过展示这些遗产，可以探寻中国工人阶级不畏劳苦、勇于探索、不断创新的智慧和精神，工业遗产是传承工业精神的精神富矿。作为制造业大国，中国需要向世界展示品牌形象，而工业旅游无疑是很好的选择。工业旅游可以把标准机械的现代工业生产流程提升为富有情趣的旅游体验过程，把封闭的工业区变成开放宜人的旅游区，把无声的博物馆变成企业精神流动的宣传栏。

三、工业旅游对城市地区的战略意义

对于城市地区来说，发展工业旅游是其实现产业结构升级的新途径，是服务业转型升级的内在要求，是塑造城市品牌的有效抓手，是重塑城市空间的可行方式。

（一）发展工业旅游是产业结构升级的重要新途径

《中国制造 2025》给出了我国制造强国建设高端化、智能化、绿色化、服务化的总体导向，发展工业旅游有利于促进转型升级，创新工业发展业态、形

---

① 人民日报海外版. 国家工业遗产管理暂行办法公布 工业遗产"活起来"［EB/OL］. https：//baijiahao.baidu.com/s?id=1620954354626940768&wfr=spider&for=pc

② 张配豪. 企业"新宠"——工业旅游［J］. 人民周刊，2017（1）：36-37.

态和生态。服务化意味着向价值链的高端发展，即微笑曲线的两端。当前，无论是从提升服务业内部结构升级，还是促进三次产业融合，都需要大力发展服务型制造，服务型制造的发展是我国产业结构实质上升级的关键。从制造业发展看，无论是美国的先进制造业计划，还是德国工业4.0，以及我国《中国制造2025》，都将服务型制造或制造业服务化作为未来制造业发展的方向之一。新一代信息技术发展为服务型制造发展提供了有利的支撑，移动互联网、大数据、云计算、物联网、人工智能等信息技术极大地推动了制造业的服务化转型，新商业模式、新业态的创新层出不穷。目前，制造企业并没有局限于研发、制造、销售产品和简单的售后服务，而是向它的客户（包括企业客户和消费者）提供越来越多的高附加值服务，如个性化定制、综合解决方案提供、智能信息服务等。

（二）发展工业旅游是服务业转型升级的内在要求

发展工业旅游，有助于催化生产性服务业的发展，强化旅游业的产业支撑。以餐饮、商贸、流通为主的劳动密集型传统服务业，主要服务于生活消费，附加价值和生产率都较低；而作为制造业向高端进阶过程中分工细化产物的技术密集型服务业，既包括采用高技术装备的部门，如电信、金融，也包括本身创造高技术服务的部门，如软件、互联网信息服务等，主要服务于生产性活动，附加价值和生产率都较高。由于制造业发展不但是整个国民经济实现创新驱动发展的物质基础，而且也是服务业向高端发展的重要支撑，制造业是科技创新最为活跃的部门，既是创新的来源方，也是创新的应用方，这些技术密集型服务业必须和制造业紧密结合，为制造业创新发展服务，才能寻求到持续的效率源泉和发展动力。对于服务业而言，服务型制造发展本身也是服务业转型升级的内在要求①。

（三）发展工业旅游是塑造城市品牌的有效抓手

发展工业旅游，还有利于塑造和弘扬城市品牌，提升城市影响力和吸引力。加强设计和融入人文气息可以直接提升工业产品的品质质量及附加值，而

---

① 黄群慧.中国制造如何向服务化转型［N］.经济日报，2017-06-16（14）.

社会风气、精神、价值观和行为准则等同样会影响工业产品的品质。通过宣传普及工业文化，可以弘扬合作精神、契约精神、效率观念、质量意识、可持续发展观；通过工艺美术的传承发展，可以延续民族文化，增添工业产品的人文艺术内涵；通过推进工业设计工作，可以提高产品的竞争力，提升产品和附加值[①]。发展工业旅游，对于传统工业城市来说，成为塑造和更新城市品牌的有效抓手。

（四）发展工业旅游是重塑城市空间的可行方式

随着城镇化发展进程加速，城市建设发展的土地需求与国土空间规划土地限管之间的人地矛盾愈发突出，如何有效利用现有存量空间和土地开展重新利用，就成为绿色发展、循环发展、共享发展的重要议题，也成为重塑城市空间、助推城市更新进程的可行方式。为此，各地纷纷对废旧的工业厂房进行重新规划和再次利用，衍生出众多的网红打卡点和文化创意产业园区，使得历史老厂房散发出时代新气息，如上海的 1933 老场坊、上海国际时尚中心等都是上海工业文明的时代缩影，如今都已成为上海激活城市创新创意空间的地标性空间场所。

四、工业旅游对企业发展的战略意义

发展工业旅游，对于企业而言，能够提升其产品品牌的美誉度，提升消费者对其产品的满意度和忠诚度，有助于延伸其自身的价值链，助推价值增值。

（一）提升品牌美誉度：体验式营销助力企业发展

发展工业旅游，能够充分利用现有的企业设施、生产工艺、企业文化和经营理念等一系列有形和无形资产，把生产性、知识性、参与性以及娱乐性融为一体。对于工业旅游企业，可以宣传企业产品，扩大企业知名度和信任度。工业旅游实际上是一种特殊的广告，企业开展工业旅游会吸引消费者主动上门，从而了解现实和潜在市场需求、掌握市场动向、培养现实顾客和潜在顾客，最终做到企业研发和市场的零距离接触。参观工业企业，对消费者而言体验了生

---

① 孙星.工业发展的倍增剂和灵魂——工业文化的定义、起源与作用 [J].企业文明，2016（3）：15-17.

产制造的乐趣；对企业而言，展示了工厂的实力、生产规模和管理优势，取得消费者的认同和信赖，实现口口相传，扩大了品牌的影响力，会产生超乎预想的效果。

（二）提升品牌忠诚度：塑造良好企业形象

随着企业及游客体验经济的发展，开展工业旅游，促使企业逐步规范并完善各项旅游服务设施，丰富互动体验项目，改善经营环境，建设成绿色、环保、生态的园林式工业旅游景区。工业旅游不仅有利于增强企业员工自豪感和责任感、形成独特企业文化，而且促进企业与社区居民的了解、理解和支持，塑造良好的企业形象。例如，天士力集团使消费者了解了中药知识，认可其生产技术与环境；海南核电让社区居民走近核电，了解核电，消除对核电的恐惧[①]。

（三）延伸产业价值链：助推实现价值增值

工业旅游作为一种新业态，能够开展工厂参观旅游、研学教育旅游、红色教育等众多产品形式，实现价值链的延伸和服务链的拓展，成为工业企业创新产品销售和服务形态的新的载体和增长点。世界工业化趋势呈现出制造业服务化的趋势，服务型制造发展迅速，企业不断增加服务要素在生产经营活动中的比重，从而实现向消费者提供"制造＋服务"一体化解决方案、重构价值链和商业模式的全新生产经营方式，进而在产业层面表现为制造业与服务业融合发展的新型产业形态。虽然服务型制造源自制造业向价值链的两端延伸，但随着服务型制造迅速发展，一些服务业企业向制造环节深入的生产经营方式也屡见不鲜。服务型制造本质是制造业或制造环节与服务业或服务环节之间融合发展的新业态、新模式。

五、工业旅游对不同群体的价值意义

工业旅游通过让游客了解工业生产与工程操作等全过程，以获取科学知识，满足旅游者精神需求和食、住、行、游、购、娱等基本旅游享受，提供集

---

① 郝幸田.让工业旅游更亮丽［J］.企业文明，2018（11）：84-87.

求知、购物、观光等多方面为一体的综合型旅游产品①。工业旅游既能满足人们在闲暇之余学习工业科技知识、提高自身科学素质、提高工业遗产保护意识的需求，增长见识的也能为旅游者提供新鲜的事物和舒适的体验，例如相关生产设备、生产环境、工艺流程、产品研制、包装出厂等环节，对游客开放，让其近距离观摩，可使得游客对于耳熟能详的传统产品的生产过程有一定的了解。此外，在部分对操作技术水平要求相对较低的行业内，可在专业技术人士的指导下，采取多种方式鼓励游客参与到实践操作中。在一些手工业产品的生产过程中，还能够亲自动手制作工业品②。对于学生群体来说，可以丰富课外知识，锻炼和提高动手能力。随着传统工业遗存一同被抹去的，不仅是工业化的发展印记，更是老一辈产业工人对城市的记忆，是他们努力与时代同频的奋斗精神，对于部分老年游客来说，通过工业旅游形式能够产生对过往日常生活生产场景的怀旧和思念之情。

第三节　中国工业旅游的主要类型与特征

中国的工业旅游资源极为丰富，形成了利用工业企业和园区、利用工业文化遗产、利用博物馆和科技馆、利用重大工程、利用矿山矿区等多种类型模式。

一、利用工业企业和园区发展工业旅游模式

企业发展工业旅游，是一种拓展开发，以企业独特的生产技术、生产工艺、产品以及人文精神、环境等为载体，以市场需求为导向，开发具有观光和科普等功能的旅游产品，通过旅游来达到宣传企业、树立企业形象的目的。利用工业企业厂区和产业集聚区来开展工业旅游，让消费者亲自见证产品的生产过程、感受企业科学的管理水平和先进的企业文化，是一种比广告更为形象的宣传方式。采用此类模式的多是实力雄厚的企业，在工业旅游开发初期，可

---

① 姚宏.发展中国工业旅游的思考［J］.资源开发与市场，1999，15（2）：117.
② 李玉，石永程.工业旅游的人文特点、开展条件与路径划分［J］.南京理工大学学报（社会科学版），2020，33（5）：26-32.

以借助企业知名度，降低宣传促销成本，快速把工业旅游项目推向市场。企业开展工业旅游，对游客有较强参与性，可以参观企业产品的生产制作和操作流程，可以亲自动手"生产制造"出自己喜爱的产品。同时，企业开展工业旅游有较强的依附性，取决于企业管理层对企业文化旅游价值的认识和态度，企业文化旅游的具体形式受限于企业的规章制度，企业文化旅游的生命力依赖于企业经营状况和影响力程度。

参观企业工厂或园区，游览空间与线路是旅游设计的基础元素和完成工业旅游的必备条件，工业旅游的目的地不外乎厂区、矿区，车间工棚及专门场馆，由此决定了三种不同的工业旅游路径。一是工矿厂区景观游，这是较为多见的一种工业旅游方式，工厂参观线路较为固定，接待方便，成本低，易于实行。二是工业生产流程游，将生产状态、生产设备、生产过程等作为旅游吸引物，让游客参与其中，体验并消费其生产的产品[①]。这种参观能给游客带来强烈的视觉冲击，增进其对于企业生产过程的了解。三是工业博物馆展陈游，可以在有限的空间之内集中呈现工厂历史变迁、所处区域环境、生产与营销业绩、各类工艺流程、技术质量控制，而且还可展现企业的精神风貌、工业文化，宣传典型人物业绩。

二、利用工业文化遗产发展形成创意园区模式

工厂转型发展文化创意园区的发展模式按照工厂实际用途划分，可以归纳为文创产业办公模式、文化产品展馆模式和文化旅游与特色商业模式三种类型。

文创产业办公模式是创意文化产业园与工厂改造相结合最为密切的方式之一，特别是具备宜人空间尺度的工厂群落，因其合适的空间分隔与场所基础，为不同体量的创意文化公司和创客工坊提供空间载体，内部富有变化的空间形态也有益于后期特色文化空间的塑造来满足创意办公人群和来访客户的交流探索。工业类建筑内部空间尺度相对较大，适用大型创意文化企业，并对于空间内部合理分配形成展览馆与会展场所，将开敞的空间效果用于企业文化展示与产品交流，工业类建筑的工业文化与创意文化联系较为紧密，工业设备元素代

---

① 王国华.论推进工业旅游产业发展的理念、路径与措施［J］.北京联合大学学报（人文社会科学版），2019（1）：47-54.

入感利于创意文化产业园的文化氛围塑造，其租金相对较低，是文创产业办公模式选择旧建筑的重要类型。同时，鉴于工厂周边拥有大量从事文化产业的小型企业、文化组织、教育院校，使得工厂再利用中顺其自然的更新成为孵化创意产业的园区。

文化产品展馆模式与工业类建筑结合广泛，工业类建筑自身大尺度的内部空间环境及独特的工业文化可高度与文化产品展馆契合，便于产品展览、文化交流活动的举办。工业类建筑的用地闲置率较高，这便于后期针对文化产品展馆模式使用人群高集聚的活动举办提供便利，在园区后期规划建设中可规划出边角空间预留大型停车场、休闲场所满足相关配套服务的要求。对原工厂风貌保护程度较高，基本后期使用中也可以完整保留建筑风貌，对原有的建筑立面肌理无破坏，只需对于建筑结构加固，完善内部空间的功能分区与流线组织即可作为新业态的空间载体投入使用，工业类建筑与文化产品展馆模式的紧密结合既保证前期投入的有效降低，将资金投入多用于园区内文化景观小品设计、文化氛围的塑造，又保护原有建筑文化脉络，故工业类建筑是文化产品展馆模式的首要之选。对于自身文化底蕴浓厚，内含历史故事、历史文物丰富的工厂，以工厂保存相对完整的前提下，多采用结合其原建筑风貌及其文化特质改建成为文化产品展馆模式。文化产品除历史文物的展示外，也包含衍生出基于其自身文化的相关文化产品、艺术品展示，利用旧建筑的文化价值，开发休闲、展览、科普、商业为一体的系列产品模式，从而实现延续历史脉络、提升地域特质、渲染文化氛围的目标。

文化旅游与特色商业模式主要分为以城市文化旅游场所为主体的产业园区和以文创产品销售、文化体验式消费为主体的商业性园区两大类型。通常，以文化旅游场所为主体的产业园区选取的旧建筑本体区位优势不明显，作为商业属性开发很难满足消费人群的基数的要求，所以政府、设计方结合其相关文化属性改造成为城市公共空间，为城市人群提供休憩游玩场所，并打造城市文化名片。对于旧建筑体改造程度不高，注重园区内部景观小品、城市广场设计，突显城市文化脉络。以文化体验式消费为主体的商业性园区更注重对于园区区位的选择，地处于城市核心地段，确保园区周边有大量消费人群，在业态分布、商业运营中根据旧建筑类型选择合适的新型业态植入。商业性园区对于旧建筑的保护程度不高，为置入新潮商业业态，旧建筑会与现代建筑设计融合，以达到新旧交融的视觉效果。通过挖掘旧建筑潜在的经济价值，植入休闲旅游与商业运营的开发模式，对于工厂特质适当保留的商业开发模式，主要为房地产企业集群式开发建设，多方面、多层次地复兴老旧建筑集聚效应，实现其商业价值的最大化。通常来说，工厂的选址地点需要选择城市片区的核心地段，确保项目周边人口基数满足消费需求，对于工厂针对性设计改造，因为工厂自身独特的历史资源属性，故对其修缮和局部微设计需艺术化处理，而项目前期投入较大，旧建筑和植入业态的选择格外重要，细致的运营策划是旧建筑再利用中文化旅游与特色商业开发模式成功的重要程序。

许多工业遗产在区位上有很好的优势，居于城市中心的黄金地段。修复和改造体量巨大且有保护意义的工业遗产建筑群，合理规划其结构和布局，修复旧有的环境体系，改造交通设施，以便作为公共休憩空间对公众开放。一些工业氛围浓厚、地理区位优越的老厂房、旧仓库受到设计师和艺术家们的青睐。这些建筑一般具有高大宽敞的内部结构，能够充分激发创作灵感，再加上租金便宜这一先天优势，很快就成为"草根"艺术家的聚集地。逐渐形成的艺术氛围又会吸引更多高层次"圈内人士"进驻，从而带动地价、房价上涨，成为特色鲜明的城市旅游目的地。比如，北京798艺术街区具有实用和简洁的特征，典型包豪斯风格的"798工厂"出版、设计、演出、展示等文化机构和艺术家的大量进驻，使"798"不再是一个工厂的编号，而是变成了一个文化符号。上海红坊创意园区，上钢十厂内冷轧钢厂的厂房多年闲置，周边环境破坏严重，包括上海城市雕塑艺术中心，一起形成集展示交流、创作孵化、雕塑储备、艺术教育等多功能为一体的综合文化中心，将被继续改造为上海融侨中心。深圳华侨城创意文化园"三来一补"工业企业厂房引进各类型创意产业，如设计、摄影、动漫创作、教育培训、艺术等行业，南区是OCT当代艺术中心，北区是艺术大众共享平台。这一模式已经成为完善城市功能，改善城市环境的重要举措。中山岐江公园粤中造船厂，有水塔、龙门吊、烟囱等工业遗存，还有古老榕树等景观，改造成为综合性城市开放空间，栽种本地植物，用榕树保护老河堤，供市民开展休闲游憩活动。与城市更新结合，工业建筑往往成片集中建设，可以将一个区域的工业遗产作为整体来进行开发设计。综合功能开发弥补了其他开发模式形态单一、功能单薄的缺点，将工业遗产打造成集休闲购物、休憩娱乐、游览观光于一体的城市综合体，能够最大限度地激发出传统工业形态的活力，全面提升老工业区形象，扩大工业遗产的外延影响力。比如，美国旧金山吉拉德里广场毛线磨坊、意大利巧克力工厂的旧建筑全美第一座工厂转型的露天购物中心，吉拉德里巧克力商店最受欢迎。日本仓敷常春藤广场明治时期建成的仓敷纺织厂，红砖外墙爬满绿意盎然的常春藤主体为观光旅馆，此外还有休憩广场、文化设施、手工坊等，建筑新旧融合，充满浪漫氛围 [①]。

三、利用博物馆、科技馆载体发展工业旅游模式

以馆藏内容作为分类依据，可以把以收藏和展示近现代工业遗产为主的博物馆划分为工业遗产博物馆类型。从博物馆馆址区域、馆舍建筑性质以及陈列展示方式来看，工业遗产博物馆类型又有"传统工业博物馆"与"遗址性工业博物馆"。

传统工业博物馆最早产生于 19 世纪 50 年代，有"工业革命博物馆"之称的伦敦科学博物馆可以说是最早的一座。19 世纪晚期至 20 世纪初，近代工业博物馆在西方国家有了一定发展，德国慕尼黑的德意志博物馆、法国国家工艺博物馆、苏联国立综合技术博物馆以及后来的美国芝加哥科学与工业博物馆等先后诞生，前后两次世界工业革命成就以及后来的新兴科技成果都在科学与技术（工业）博物馆中被收藏与展示。20 世纪 90 年代以后，我国也逐渐出现反映工业发展历史的专题博物馆，以上海为例，有江南造船博物馆、上海铁路博物馆、上海纺织博物馆、中国烟草博物馆、上海汽车博物馆、上海邮政博物馆等。这些博物馆都是由企业自主创办的，收藏与展示本企业（或与本行业相关）一些工业遗物。但是传统工业博物馆收藏与展示的工业遗存都是将其从原来的工厂搬到了博物馆，脱离了其原来的生产环境，工业遗物虽在博物馆中得到了保护，但在展示中却成为孤立的碎片，没有原来的真实场景，难以给观众带来完整的历史感。

20 世纪七八十年代以后，在发达国家保护工业遗产热潮中新建的博物馆，主要都是建在工业遗产地的工业遗址博物馆，并且数量快速增长，在数量占比上大大超过了传统工业博物馆。以英国"铁桥峡"工业景观和德国鲁尔"关税

---

① 陈信润，邓洋阳，顾小光.工业遗产旅游开发模式及策略研究［J］.现代商贸工业，2017（22）：3-5.

同盟矿区"为代表的大型露天工业遗址博物馆的诞生，标志着"遗址性"工业博物馆走向了发展的高峰，成为当前工业遗产博物馆发展的主流。现在全世界被联合国教科文组织列入《世界遗产名录》的40多处工业遗产中，有多处被整体性保护的近现代工业遗产地，都已建设为大型露天工业遗址博物馆。工业遗址博物馆的大量出现是工业遗产保护运动与博物馆结合的产物。遗址性工业博物馆建立在旧工业遗址之上（或遗址范围内），对可移动与不可移动工业遗产、物质与非物质工业遗产以及环境进行综合性整体保护，或以工业建筑遗产作为博物馆馆舍，收藏与展示工业遗产。根据对工业遗址的保护与再利用方式及状况，遗址性工业博物馆又有"大遗址型"和"一般遗址性"两种：一是"大遗址型"工业博物馆，既保护了工业遗产，又修复了生态环境，将整个工业遗址建设成为工业遗产旅游景观区，往往又称为"工业景观公园"。在工业遗址基础上建立城市公共游憩空间，在保护与展示工业遗存的同时，满足游客历史文化体验和休闲游憩的双重需求，将工业时代的建筑、构筑物等不可移动遗产纳入保护展示范围，又承担起对工业遗存、工艺技术以及工业时代社会文化记忆的陈列和教育功能。二是"一般遗址性"工业博物馆。此类工业遗产博物馆馆址坐落于原来的旧厂房或仓库等工业建筑遗产中，或由旧产业建筑经改造而成其馆舍，其馆藏品和展览一般都是原工业遗物和关于工业历史的内容。在大型露天工业遗址博物馆内，也有一些利用旧工业建筑建成的博物馆，这种博物馆可以视为露天工业遗址博物馆中的"馆中馆"。

科技类博物馆是指以科学技术为收藏、保护、研究、传播和陈列对象，对广大公众开放的非营利性常设机构，既包括科技馆（科技中心）之类的综合性科技博物馆，又包括自然博物馆、地质博物馆、天文馆、交通博物馆、航空博物馆、医药博物馆等专业博物馆。还有随着信息技术兴起的虚拟（网络、数字）场馆、流动科普场馆等。科技场馆类科普旅游是以科技馆、博物馆、天文台、气象站等展览、观测场所以及相关主题公园、营地为依托的，通过人性化交互体验式的活动面向公众传播科学文化知识的旅游类型，以开展科普教育为主要功能的科技内涵更丰富，包含的科技内容更全面更大众化，注重互动与体验，将深奥的科学技术原理生动直观地展现，使其成为科技水准高、公众认可度好的科普旅游类型①。

四、利用重大工程发展工业旅游模式

重大科技工程工业旅游具有较强的科普性，部分工程可以让游客亲自体验，加深游客对科技工程的印象；科技工程激发人们对科技的兴趣，帮助人们了解科技前沿的发展与应用；开发最新的科技工业旅游来展现具中国特色的工业文化传承和人类辉煌的工业文明；科技工程工业旅游还可集旅游与购物于一体，游客在参观企业的过程中，可购买自己信任心仪的纪念产品。重大科技工程工业旅游多重的效益性体现在开展科技工程工业旅游可让政府、工业企业、公众等多方受益，有利于普及工业科技知识，提高公众的科学素质；还可拉动区域发展。有利于提高公众的遗产保护意识，增加游客对企业的认同感，从而培育客源市场，能够满足人们在闲暇之余学习工业科技知识、提高自身科学素质、提高工业遗产保护意识的需求，也能为旅游者提供新鲜的事物和舒适的体验。较强的依托性体现在科技工程工业旅游资源具有相对固定性，一般是科技工程现场、工业遗产遗迹等。科技工程的名声越大，经营越有特色，开展科技工程工业旅游才更有成效②。

重大交通建设工程，如公路、铁路、大桥、机场、火车站等，不仅是"交通搭平台、旅游为载体"的形式，比较大型的交通建设工程，如港珠澳大桥、高铁建设、太行山壁挂公路、首都第二机场等，其本身就是兼具交通与旅游双重功能的重大交通建设工程，是促进交通与旅游融合发展的重要载体。例如，在珠海可通过乘船出海的方式，在海天之间近距离地观赏世纪工程——港珠澳大桥，又如北京大兴国际机场，成为北京新的热门"打卡地"，出现了参观游客比坐飞机旅客多的现象。

第四节　中国工业体系与工业旅游资源

中国的工业体系经历了从无到有、从小到大，再从大到强的发展历程，形成了丰富的工业遗产遗存，成为开展工业旅游的宝贵财富和重要依托，在新时

---

① 陈可.黑龙江省科技场馆类科普旅游开发研究［D］.哈尔滨商业大学，2014.
② 吴君畅.工业科普旅游发展及公众认知研究［D］.华中科技大学，2018.

代背景下工业旅游呈现出新的发展趋势和旅游热点。

一、中国工业化发展成就与工业旅游资源概况

从中华人民共和国成立初期的"一辆汽车、一架飞机、一辆坦克、一辆拖拉机都不能造",到如今建成门类齐全、独立完整的现代工业体系,工业经济规模跃居全球首位,中华人民共和国成立70周年来,工业和信息化发展经历了翻天覆地的变化。

2019年9月,在国务院新闻办举行的中华人民共和国成立70周年工业通信业发展情况发布会上,工业和信息化部部长用"第一制造大国""完整的工业体系""创新驱动发展""两化深度融合"和"中小企业蓬勃发展"五个关键词概括了中华人民共和国成立70周年来工业通信业发展成就[①]。例如,1956年7月13日,新中国第一辆汽车——解放牌载重汽车在长春下线,结束了中国不能制造汽车的历史。2007年,长春汽车博物馆的开放拉开了长春工业旅游序幕,长春汽车博物馆是长春汽车文化园的核心项目,文化园以汽车文化为主线,集中展示一汽、中国乃至世界汽车发展的历程和汽车文化[②]。1957年10月,武汉长江大桥建成通车。武汉长江大桥是中华人民共和国成立后修建的第一座铁路、公路两用长江大桥,被称为"万里长江第一桥"。毛泽东曾经在《水调歌头·游泳》中提到的"一桥飞架南北,天堑变通途",就是描述的武汉长江大桥,对于沟通中国南北交通这一重要作用的真实写照,具有非常重要的价值,成为新中国国家建设的重要标志,被列入首批中国20世纪建筑遗产名录[③],成为湖北武汉必去的三大景点之一。1961年,上海江南造船厂造出了新中国第一台万吨水压机,结束了中国不能制造大型锻件的历史。1968年1月8日,中国首艘自行设计建造的万吨级远洋船建成——"东风号"的成功,拉开了我国大批量建造万吨以上大型船舶的帷幕。江南造船厂前身为1865年创建的江南机器制造总局,历经150多年的变革和发展,作为中国近现代造船工业

---

① 央广网.5个关键词看中华人民共和国成立70周年工业发展成就［EB/OL］. http://finance.cnr.cn/gundong/20190920/t20190920_524785720.shtml

② 王玉珏,王昊飞.长春汽车博物馆拉开长春工业旅游序幕［EB/OL］. http://auto.sohu.com/20070716/n251068074.shtml

③ 烟雨江南飞.湖北武汉必去的三大景点,武汉长江大桥是其中之一!［EB/OL］. https://baijiahao.baidu.com/s?id=1616548740785047109&wfr=spider&for=pc

的见证，是中国民族工业不断发展壮大的缩影，每年接待大量参观游客及高校学生。游客通过观看宣传片、参观展示馆、数字化造船实验室、民船生产现场等①，了解到我国先进的制造水平，感受到江南造船现代化造船新实力。1964年10月16日，中国成功爆炸第一颗原子弹，成为世界上第五个拥有核武器的国家。1967年6月17日，中国第一颗氢弹爆炸成功，中国成为世界上第四个掌握氢弹技术的国家。位于四川绵阳的梓潼"两弹城"三线建设工业遗址园是原中国工程物理研究院院部旧址，是继青海之后第二个核武器研制基地的总部。现有邓稼先旧居、大礼堂、办公楼、档案馆、模型厅、情报中心、将军楼等保留下来的建筑167栋。2018年四川省工业旅游示范基地公布，梓潼两弹城三线建设工业遗址园榜上有名②。1969年10月1日，首都北京开出了新中国第一趟地铁——北京地铁一号线。目前中国的地铁总里程超过5500公里，运营规模位居世界第一。1969年北京地铁建成后，只是小范围地接待乘客，并且只供参观，这其实是早期的工业旅游。据北京市基础设施投资有限公司职工回忆，那时候要得到参观券，须持单位介绍信统一领取。这张参观券就是北京地铁的第一代乘车凭证，是地铁车票的雏形和过渡形式③。1970年4月24日，中国发射首枚地球人造卫星"东方红一号"，中国人探索宇宙的序幕就此拉开。2000年10月31日，我国自行研制的第一颗导航定位卫星——"北斗导航试验卫星"发射成功。2020年6月23日，北斗三号最后一颗全球组网卫星在西昌卫星发射中心点火升空，7月31日上午，北斗三号全球卫星导航系统建成开通。如今位于上海自贸区临港新片区的中国科学院微小卫星创新研究院航天卫星科普教育基地由卫星展馆、卫星指挥测控大厅、卫星总装厂房、EMC暗室等内容构成。游客可以通过图文展览、实物模型展示、VR演示、航天文创等形式了解中国卫星发展历程及卫星创新院的科研成果。④1979年7月，王选

---

① 崇明旅游.崇明这一条工业旅游线路，带你了解"江南造船"的魅力［EB/OL］.https：//www.sohu.com/a/297793729_391460.

② 绵阳日报.两弹城荣膺省工业旅游示范基地［EB/OL］.http：//epaper.myrb.net/html/2019-01/09/content_10875.htm.

③ 人民网.北京地铁：从凭信参观到四通八达［EB/OL］.http：//news.sohu.com/20090902/n266408950.shtml.

④ 祝越.了解大国重器如何诞生！临港新片区启动首批6条工业旅游线路［EB/OL］.http：//www.whb.cn/zhuzhan/cs/20200730/363812.html.

院士带领团队用自行研制的汉字激光照排系统，输出印制中文报纸，曾掀起了我国印刷技术革命①。1983 年 12 月，我国第一台每秒钟运算 1 亿次以上的"银河"巨型机由国防科技大学计算机研究所研制成功。1992 年 10 亿次的"银河 II"和 1997 年 100 亿次的"银河 III"巨型计算机相继在长沙问世。随后 2009 年国家超级计算天津中心"天河一号"首次拿下全球榜单冠军后，2013 年 6 月广州中心"天河二号"和 2016 年 6 月无锡中心"神威·太湖之光"（首台全部使用国产处理器构建的超级计算机）先后登场，中国超算快速崛起并连续"霸榜"5 年，令世界瞩目。坐落于天津的国家超级计算天津中心专门辟有展厅，通过背板、实物、影像等形式展示了"天河一号"的应用领域和相关研究成果②。1987 年 9 月，北京计算机应用技术研究所建成我国第一个 Internet 电子邮件节点，揭开了中国人使用互联网的序幕。1994 年 4 月 20 日，第一条 64K 国际专线接入中国——中国正式接入互联网，加入国际互联网大家庭，中国从此开始有了"网民"。随着互联网的应用，一批如阿里巴巴、腾讯、百度等国内资产规模较大、社会影响力突出、具有良好发展潜力和较强社会责任感的互联网企业③应运而生。这些企业也无不开展了团体工业旅游参观的项目，领略企业文化，参观企业布局，了解前沿技术，亲身感知互联网技术给世界带来的变化。1991 年 12 月 15 日，我国自己设计建造的第一座核电站——秦山核电站并网发电，结束了我国大陆无核电的历史。秦山核电站并网发电后，吸引了大量中外游客慕名前来参观。2003 年 10 月 15 日，航天员杨利伟乘"神舟五号"飞船成功升空，绕地球飞行 14 圈安全着陆，我国首次载人航天飞行圆满成功。2008 年 9 月，我国自行研制的"神舟七号"载人飞船发射升空。航天员翟志刚首度实施空间出舱活动，标志着我国首次实现太空行走。2016 年 9 月，具有我国自主知识产权、世界最大单口径、最灵敏的射电望远镜落成启用，被誉为"中国天眼"，成为射电望远镜领域的领先者。"中国天眼"在贵州省黔南州平塘县落成启用，让平塘县天文小镇成了"世界上看得最远的地方"，被

---

① 国家博物馆.汉字激光照排系统科研实物入藏国家博物馆［EB/OL］.https：//baijiahao.baidu.com/s?id=1656042733212006929&wfr=spider&for=pc.

② 兰琳宗，陈斯阳.超级计算机"超级"在哪？［EB/OL］.http://www.ccdi.gov.cn/xbl/201811/t20181112_183257.html.

③ 傅宏波.悄然兴起的工业旅游［EB/OL］.http://news.sina.com.cn/c/2004-02-16/15232875016.shtml.

国家旅游局和中国科学院评为首批十大"中国科技旅游基地"之一①。"中国天眼"已向游客开放，可让游客近距离观看"天眼"，成为天文爱好者最想去的地方，不但可以了解到丰富的天文知识，还有机会探索外太空的奥秘。2018年10月24日，港珠澳大桥正式通车运营。港珠澳大桥集桥梁、隧道和人工岛于一体，连接了珠海、香港、澳门三地，建设难度之大，被业界誉为桥梁界的"珠穆朗玛峰"，也被英国《卫报》评为"新世界七大奇迹"之一。港珠澳大桥贯彻了大型化、工厂化、标准化、装配化"四化"理念，把粗放型的桥梁建设变成工业化生产体系②，是我国重大工业成就之一，向世界展现了"中国力量"。2019年9月25日，北京大兴国际机场正式投运，以"中国速度"创多项纪录：世界规模最大的单体机场航站楼，世界最大的减隔震航站楼，全球首座双层出发、双层到达的航站楼，全球第一座高铁从地下穿行的机场，世界最大的无结构缝一体化航站楼，被称为新世界第七大奇迹建筑③。

凡能对旅游者产生吸引力，可为工业旅游开发利用的企业生产场所、设施设备、展示设施、生产过程、生活环境、管理经验、企业文化和生产成果，以及工业遗产、工程项目等都可成为工业旅游资源。根据国内外相关研究成果，将工业旅游资源分为工厂企业、工业遗产和工业项目3类。其中，工厂企业类资源最为常见，我国目前的工业旅游示范点多属于此类；工业遗产是具有历史、工艺、建筑、科学和社会价值的工业文化遗迹和遗物；工业项目主要是矿产、电力和港口物流等领域户外露天的在建或建成的工业工程项目④。

① 带你去旅游吧.探秘"中国天眼"，去贵州平塘天文小镇来一场科技游［EB/OL］. https：//www.sohu.com/a/292427647_100206008.

② 南方都市报.港珠澳大桥见证我国粗放型桥梁建设向工业化生产转变［EB/OL］. https：//www.sohu.com/a/226069193_161795.

③ TOP趣旅行.大兴机场游客是旅客的23倍！大兴机场游客是旅客的23倍！［EB/OL］. https：//xw.qq.com/cmsid/20191009A0986U00?f=newdc.

④ 杨文森，付业勤.工业旅游资源类型、发展模式与产品设计研究——以福建省晋江市为例［J］.衡水学院学报，2013，15（1）：107-112.

二、中国工业遗产及其分布情况

（一）中国工业遗产的分布

中国的工业遗产旅游起步较晚，20世纪90年代才出现，对老工业城市和资源衰竭型城市率先进行工业遗产旅游的研究与开发[①]。2006年，在无锡通过了保护工业遗产的《无锡建议》。2016年，国家旅游局公布的《全国工业旅游发展纲要》（2016—2025年）提出，我国将创建千个国家工业旅游示范点，百个国家工业旅游基地，十个国家工业旅游城市，初步构建协调发展的工业旅游产品格局。2018年，工信部发布的《国家工业遗产管理暂行办法》指出要支持利用国家工业遗产资源，开发具有生产流程体验、历史人文与科普教育、特色产品推广等功能的工业旅游项目，打造具有行业和地域特色的工业旅游线路[②]。工业遗产旅游通过挖掘整理工业遗产价值，传承和培育中国特色的工业精神，改造利用部分工业遗产，植入新型业态，促动产业转型升级，是对工业建筑、工业遗产进行保护和再开发、再利用的必然选择[③]。目前我国尚存工业遗产近千处，主要形成于几个重要阶段：一是古代手工业时期；二是清末洋务运动和民国民族工业时期；三是中华人民共和国成立后至60年代；四是从60年代中期到80年代初期。从分布时期看，中华人民共和国成立后至改革开放前的工业遗产占比约2/3；从行业领域看，原材料领域工业遗产占比超过1/3，装备制造、消费品领域工业遗产占比均超过1/5。

在对工业遗产进行工业旅游开发之前，需要明确工业遗产在文化遗产体系中的位置，明确工业遗产的类型特征和工业遗产的特殊性。目前，关于文化遗产的分类，比较权威的是联合国教科文组织的世界遗产分类框架。1972年，《保护世界文化和自然遗产公约》将文化遗产分为文物、建筑群和遗址；2005年，《实施世界遗产公约操作指南》将历史城镇和市镇中心、文化景观、遗产运河和遗产线路归并为"特殊型遗产"。根据文化遗产的分类体系，工业遗产

---

① 奇创旅游集团.记住一个时代，国内工业遗产旅游的发展历程及资源分布［EB/OL］.https://baijiahao.baidu.com/s?id=1639274018601916733&wfr=spider&for=pc.

② 刘东波.体验视角下工业遗产旅游开发策略研究［D］.东北财经大学，2019.

③ 镜头讲故事.五大模式助力工业遗产旅游发展［EB/OL］.https://www.sohu.com/a/150764620_654138.

的分类也由静态的、可移动（工业纪念物）与不可移动（工业建筑、工业遗址）的物质遗产类型，演变出动态的、大尺度的工业景观、工业遗产廊道和工业城镇与市镇中心等物质遗产与非物质遗产相结合的特殊类型，构成了工业遗产的类型体系。工业遗产虽然在范围上归属于文化遗产，但工业遗产又有其不同于文化遗产的特殊性，对工业遗产的保护不能同文物保护那样只注重其历史文化价值和完全实施绝对保护原则。工业遗产价值的核心在于工业遗产的技术价值，工业遗产保护更强调再利用式的保护。因此，在对工业遗产进行工业旅游开发的过程中，除了围绕保护对象的历史因素进行认定外，还要延续影响社会发展的工业遗产所延续下来的技术发展脉络。①

近年来，我国工业文化遗产的保护在政策方面有了长足的发展。2000 年以后，工业遗产的概念和保护开始逐渐为社会各界所认同。2001 年首批国家工业遗产保护名录提出，青海省第一个核武器研制基地及大庆第一口油井首批进入国家保护的工业遗产名录。2002 年颁布了《中华人民共和国文物保护法》。2003 年《中华人民共和国文物保护法实施条例》颁布。同年，住建部颁布《城市紫线管理办法》。2006 年 8 月，中国工业遗产保护论坛在无锡召开，《无锡建议》的通过，标志着中国工业遗产的研究、保护与再利用工作进入了实质阶段。同年，国家文物局发布《关于加强工业遗产保护的通知》，强调要充分认识工业遗产的价值及其保护意义，提出各级政府支持与相关部门密切配合，将工业遗产保护纳入当地经济、社会发展和城乡建设规划。2010 年，中国首届工业建筑遗产学术研讨会发表《北京倡议》，呼吁全社会抢救工业遗产。同年，周宗国城市规划学会工业遗产保护与利用研讨会上，提出《武汉建议》，强调要积极探索对城市工业遗产保护和利用的模式，实现多元化利用。2013 年，国家发改委颁布《全国老工业基地调整改造计划（2013—2022）》，提出合理开发利用工业遗产资源，建设爱国主义教育示范基地、博物馆、遗址公园、影视拍摄基地、创意产业园等，研究建立工业遗产维护利用的长效机制。2016 年 12 月《国家"十三五"文化遗产保护与公共文化服务科技创新规划》发布。《规划》强调，加强历史文化名城、工业遗产等保护，聚焦文化遗产的价值认知、保护修复、传承利用和公共文化服务工作。2017 年，国家旅游局发布了

---

① 曹坤梓.浅议工业遗产保护规划［J］.城市建设理论研究，2013（20）：1-5.

《关于推出 10 个国家工业遗产旅游基地的公告》，在城市产业结构调整大背景下，标志工业遗产再生时代的正式到来。2018 年 1 月，中国工业遗产保护名录（第一批）正式公布，包含了创建于洋务运动时期的官办企业，也含有中华人民共和国成立后的 156 项重点项目，具有代表性、突出价值的工业遗产。同年，工信部发布《国家工业遗产管理暂行办法》，规定了国家工业遗产的认定程序、保护管理职责与流程、利用发展方式以及监督检查机制。2020 年，国家发改委、工信部、国务院国资委、国家文物局、国家开发银行五部门制定《推动老工业城市工业遗产保护利用实施方案》，提出要努力打造一批集城市记忆、知识传播、创意文化、休闲体验于一体的"生活秀带"，延续城市历史文脉。

（二）中国工业遗产的旅游资源构成

我国工业遗产的旅游资源构成，按时间跨度划分为三个阶段。

1. 古代手工业遗产（1840 年以前）

古代的纺织业、冶金业、陶瓷业等手工业的发展，经过年代的更迭留存下的古代工业遗址。中国传统手工业是在古代自给自足的自然经济形态的特定环境中产生并发展起来的，是中国古代经济结构的重要组成部分。最初与农业密切联系，属于农民副业性质的家庭手工业。经过第二次社会大分工，手工业脱离农业，形成独立的个体手工业。之后发展为资本主义简单协作的手工业作坊和工场手工业。而后随着大机器生产对传统手工生产的取代，中国传统手工业主要走的是艺术化发展的道路，传统手工业着重向艺术体验、欣赏等方面发展[①]。中国古代手工业的代表成就主要有冶金业、制瓷业和丝织业。可见，传统手工业，以及其发展流传下来的精粹——传统手工艺，是工业旅游中非常重要的部分。而工业旅游可以帮助传统手工艺进行良好的宣传，通过对企业和行业文化的深挖，通过对手工艺的坚持和对品质的追求进行深入发掘，最终将产品的名气提到新的高度（如申请"非遗"），也促进了产品的销售[②]。

2. 近代工业遗产（1840—1949 年）

甲午战争之后，民族觉醒洋务运动寻求强国之策，留下了很多官办和民营

---

① 刘庆云.我国传统手工业的现代价值研究［D］.中原工学院，2015.

② 蓝裕文化.传统手工业工业旅游典范——梅森瓷器［EB/OL］.http：//www.lanyuwenhua.com/news_detail_1575.html.

的近代工业遗存，以及民国、抗战时期的民用及军工遗产。洋务运动时寻求强国之策，以曾国藩、张之洞、李鸿章等为代表的洋务派官员创办的官办产业，如武汉汉阳铁厂、南京金陵机器局（1865）、大沽造船厂等留下一大批工业遗存；爱国民族资本家积极响应建设，留下的工业遗存，如碧石铁路（碧色寨）、难街火车站等；甲午战争后帝国主义入侵成立工业综合体系，疯狂掠夺中国资源，这一时期留下的工业遗存，如德国青岛工厂、中东铁路建筑群、南通大生纺纱厂等；抗日战争时主要是为抗战而建立的兵工厂、黄崖洞兵工厂、西安大华纺纱厂（1935）等。

3. 现代工业遗产（1949 年至今）

现代工业遗产是中华人民共和国成立后社会主义现代工业发展历程的写照。浓重的红色文化，留下了大量具有时代标签的工业遗产；"大跃进"时期特殊的工业景观，1958 年开始兴建的酒泉卫星发射中心，1959 年的石油工业中的松基三井，1958 年开始兴建的核试验基地；"文革"十年中为备战考虑的"三线建设"运动，西南地区形成了一批新兴的工业城市，如贵州遵义、广西柳州、四川达州等地区；改革开放之后传统制造业在一定程度上活力降低，老工业基地产业转型过程中涉及大量工业用地重新利用，如东北老工业基地的振兴、首钢搬迁留下的工业遗产。[①]

三、中国工业区域分布、工业城市分布与工业旅游区域特征

1952 年，沿海和内陆的工业产值在全国工业总产值中的比重分别为69.4% 和 30.6%。到 1984 年，沿海与内陆的工业产值在全国工业总产值中的比重已改变为 59.8% 和 40.2%，全国各省、市、自治区都有了相当规模的工业，除西藏以外，工业总产值都超过了农业总产值，乡镇工业有了较快的发展。1957—1976 年实行计划经济体制时期，中国工业主要依靠发挥社会主义制度优越性和发扬全国人民自力更生、艰苦奋斗精神，不仅赢得了一定的增长速度，而且作为传统工业但是经济薄弱环节的石油工业，以及作为新兴工业的化学工业和电子工业还获得了较快的发展，作为高科技产业的核工业和航天工业还获得了突破性的发展。1979 年以来，中国工业生产一直呈高速发展势头。

---

① 记住一个时代，国内工业遗产旅游的发展历程及资源分布［EB/OL］. https://baijiahao.baidu.com/s?id=1639274018601916733&wfr=spider&for=pc

1997 年，完成工业增加值 31752 亿元，按可比价格计算，比上年增长 11.1%，其中轻工业增加值 14680 亿元，重工业增加值 17072 亿元，分别比上年增长 11.7% 和 10.5%。今天，中国不仅能制造飞机、船舶、汽车，还能制造人造地球卫星以及现代化的工业设备。一个具有一定技术水平的、门类比较齐全的、独立的工业体系已经建立起来。

（一）我国工业区域及城市分布

辽中南地区重点发展钢铁工业和门类齐全的重型机电设备制造业等。辽中南工业基地是我国最重要的经济区和重工业基地之一，是我国重要的重工业基地，也是我国最大的重工业基地。它位于渤海湾北环和黄海的西北岸，包括了除朝阳市、阜新市区及阜新县以外的辽宁省域，面积 118501 平方公里。

成渝经济区自然禀赋优良，产业基础较好，城镇分布密集，交通体系完整，人力资源丰富，是我国重要的人口、城镇、产业集聚区，是引领西部地区加快发展、提升内陆开放水平、增强国家综合实力的重要支撑，在我国经济社会发展中具有重要的战略地位。努力把成渝经济区建设成为西部地区重要的经济中心、全国重要的现代产业基地、深化内陆开放的试验区、统筹城乡发展的示范区和长江上游生态安全的保障区，在带动西部地区发展和促进全国区域协调发展中发挥着重要的作用。

沪宁杭工业区位于长江三角洲与钱塘江下游带，包括上海、南京、苏锡常（苏州、无锡、常州）、南通、杭嘉湖（杭州、嘉兴、湖州）、甬绍和舟山群岛等地区。扼江海交汇之要冲，位置极为优越，既可沿长江上溯到皖赣、两湖、川黔等广大内陆腹地，又可同我国沿海南北各地以及世界诸国取得便捷联系。区内河湖纵横交错，公路成网，并有宁沪、沪杭和杭甬铁路贯穿其中，内外交通十分方便。

京津唐工业区位于华北平原北部，濒临渤海，主要包括北京市、天津市和河北省的唐山市、廊坊市、秦皇岛市，是我国四大工业基地之一，也是我国北方最大的综合性工业基地。近年来，随着我国经济发展方式的转变和社会经济的发展，京津冀城市群的概念逐渐取代了京津唐工业基地的提法。因此，积极融入京津冀协同发展对唐山来说是一次新的机遇。

珠江三角洲工业区位于广东省中南部，具有平原广阔、气候温和、河流纵横等优越的自然条件，是我国人口、城镇密集，经济发达的地区之一，也是我国对外开放的前缘地带。本区位于我国东南沿海，同香港、澳门毗邻，靠近东南亚，同时是著名的侨乡，有利于吸引海外华人投资，地理位置相当优越。同时，这一地区也是我国三大城市群中的珠江三角洲城市群（其余两个为京津冀城市群和长江三角洲城市群）。

（二）我国工业旅游区域特征

1. 全国整体区域分布特征

从 2001 年国家旅游局首批确定的 41 家工业旅游示范点候选单位，到 2004 年首批正式命名 103 家"全国工业旅游示范点"，2005 年 77 家、2006 年 91 家、2007 年累计到 345 家。区域范围从 2004 年的 27 个省份增加到 29 个省份，覆盖面积广阔。但我国工业旅游受区域经济、交通便利状况、区位资源、文化等差异的影响，显现出明显的区域差异性，在大区域表现出较强的区域集聚性。

表 1-3 全国各区域工业旅游示范点分布情况

区域	工业旅游示范点（个）	面积（万平方公里）	密度（个／万平方公里）
华东	139	62.26	2.2326
东北	41	80.17	0.5114
华南	20	45.26	0.4384
华中	32	73.06	0.4380
华北	57	155.71	0.3661
西南	24	103.40	0.2321
西北	31	232.14	0.1335

注：青海、西藏因没有工业旅游示范点未统计，港澳台未计入。海南省仅以海南岛面积计算。

由表 1-3 可以看出，我国工业旅游具有明显的区域集聚性。华东地区以其优越的资源条件、便捷的交通、雄厚的经济基础以及先进的科学技术占据全国工业旅游的领先地位。而西南、西北由于远离沿海，交通不便，工业集聚程度不高，经济发展速度、经济规模和市场活跃程度落后于其他地区，造成其工业旅游发展与其他地区，尤其与华东、华北地区差异巨大。

2. 工业旅游的差异不仅表现在大区域上，在各省份内也表现出明显的集聚性

以全国工业旅游示范点最多的省份山东省为例，通过对省内各地级市工业旅游示范点数量统计，利用分析区域差异性常用的 Lorenz 曲线对其进行分析，见图 1-1。

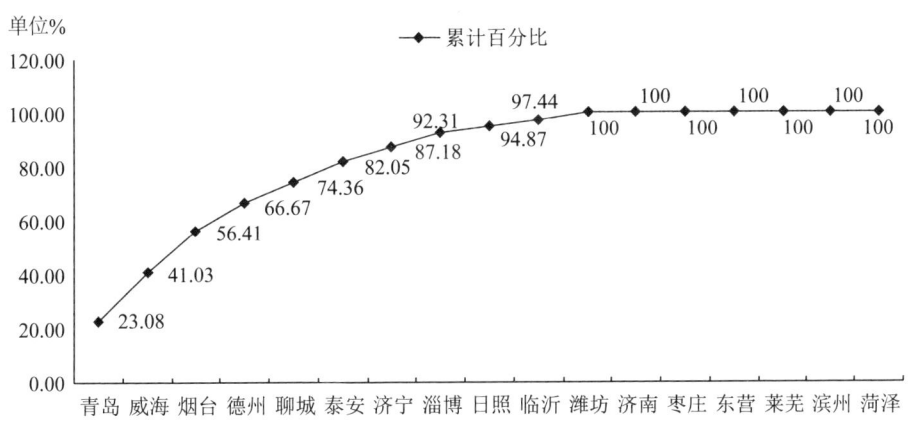

图 1-1　山东各地工业旅游发展水平

由图 1-1 可以看出，前段上升陡峭，随后逐渐趋于平缓，后段为直线。明显的工业旅游在前段地级市分布较多，而后段的几个地级市没有全国工业旅游示范点，反映出山东省内的工业旅游分布极为不平衡。

再者，从山东省的工业旅游示范点地理位置分布来看，主要集中在山东省东西两部分。东部以胶东半岛为集中点，因其有便捷的海上交通运输条件，经济也快速发展。西部则是紧接中部省份，在缺乏东部海上优势的同时，则具有紧邻中部省份市场、客源充足、铁路运输的优势条件。而山东省中部则出现工业旅游的"塌陷"。

（三）我国工业旅游的行业分布特征

我国工业旅游所包含的行业广阔，覆盖十多个行业，但主要以制造业为主。

表 1-4　工业旅游行业分布

行业类别	示范点数量（个）	占总体百分比（%）	行业类别	示范点数量（个）	占总体百分比（%）
酿造业类	52	15.12	陶瓷玻璃类	14	4.07
农副食品加工食品饮料	49	14.24	钢铁制造类	11	3.20
雷雨水力发电类	33	9.39	电器类	9	2.62
服装鞋帽纺织类	28	8.14	烟草类	9	2.62
汽车机车船舶飞机类	26	7.56	港口运输类	9	2.62
石油煤炭矿物开采类	24	6.98	开发区	5	1.45
工艺品类	24	6.98	日用品类	4	1.16
生物科技医药类	23	6.69	其他	24	6.98

由表 1-4 可以看出，我国工业旅游主要集中在制造业上，占总体比例的 72.38%。其中与人们生活联系直接、紧密的酿造类、农副加工食品饮料类及服装鞋帽纺织类在工业旅游示范点占据主体地位。三者的总体数量占全部的 37.5%。而 2004 年首批工业旅游示范点中，以大型机械制造、开采类、水电类三类占主体地位的行业，则由原来的占总体首位的 33.01% 降为 24.13%，退居其次。其他的行业占据总体的比例较少，可以看出我国工业旅游的行业发展具有不平衡性[1]。

四、中国的矿山及国家矿山公园状况

2004 年 11 月，国土资源部发布了《关于申报国家矿山公园的通知》（国土资发〔2004〕256 号），这标志着矿业遗迹的保护和矿山环境的治理向前迈出了新的步伐，2010 年第二次申报国家矿山公园提出"建设特色矿山公园"，对矿山公园的建设指明了方向。

（一）中国矿山公园发展阶段

根据上述两次重要事件，将国家矿山公园发展分为三个阶段：第一阶段是

---

[1]　张淳胜.浅析我国工业旅游的发展特征及建议［J］.牡丹江大学学报，2010，19（5）：92-94.

2003 年以前的萌芽阶段；第二阶段是 2004—2009 年的起步与早期发展阶段；第三阶段是 2010 年至今的特色开发阶段。

1. 中国矿山公园的萌芽阶段（2003 年以前）

中国矿山公园的萌芽阶段依次经历了废弃矿山治理与景观恢复、工业遗址旅游和地质公园时期。国内有记载的最早的矿山治理与保护发生在清朝末年，陶浚宣对位于绍兴东湖的废弃矿山进行了治理与开发，根据矿山遗迹的形状与布局，结合当地自然环境，设计建设了亭台、拱桥、花园等多处园林景观。当代废弃矿山景观恢复起步较晚，20 世纪 50 年代和 60 年代，由于我国处于经济发展初期，有关生态恢复环境保护的研究处于起步阶段。20 世纪 70 年代，国内开始摸索采矿废弃地的再利用问题，基于植被恢复的生态学理念，一些矿区开始尝试利用生态景观建设与环境保护技术对矿山废弃地进行改造，主要运用回填复垦和植被重建的方法改造矿山废弃地的生态环境条件，而没有重视矿业遗迹的保护和利用。

20 世纪 80 年代以后，国内开始注重矿业遗迹的保护和开发。1987 年，在《关于建立地质保护区规定的通知（试行）》（地发〔1987〕311 号）中，首次提出建立采矿遗址保护区。同时，随着旅游业的逐步兴起和快速发展，矿山废弃地的治理融入了旅游观光等内容，继而出现了矿山公园的雏形和具体实践，开启了工业遗址旅游的阶段。

2000 年国土资源部发布的《关于申报国家地质公园的通知》（国土资发〔2000〕77 号）中指出，将"具有特殊学科研究和观赏价值的岩石、矿物、宝玉石及其典型产地"作为地质遗迹景观主要内容之一，自此，矿业遗迹景观都包含在地质公园景观之中。如 2000 年第一批的四川自贡地质公园就保存有世界最早的采盐油气井；2003 年第四批的广东佛山西樵山国家地质公园也将明代采石遗迹列为主要的矿业遗迹进行保护。因此，在萌芽阶段虽然没有提出具体的矿山公园概念，但废弃矿山治理与景观恢复、工业遗址旅游和地质公园建设等为矿山公园的诞生提供了丰富的理论与实践基础。

2. 中国矿山公园的起步与早期发展阶段（2004—2009 年）

2004 年，为有效保护和科学利用矿业遗迹资源，弘扬悠久的矿业历史和灿烂文化，加强矿山环境保护和恢复治理，促进资源枯竭型矿山经济转型，国土资源部发布了《关于申报国家矿山公园的通知》（国土资发〔2004〕256 号），第一次明确提出矿山公园概念，正式命名了国家矿山公园，启动了国家矿山公园的申报与建设工作，并于 2005 年 8 月评审批准了唐山开滦、河南南阳、内蒙古额尔古纳等 28 个申报单位的国家矿山公园建设资格，标志着我国开始正式设立国家矿山公园。

2006 年 1 月，《关于加强国家矿山公园的通知》（国土资发〔2006〕5号）中进一步强调要做好国家矿山公园建设，并提出要将矿山公园建设与矿山环境恢复治理工作紧密结合，各地在开展矿山环境恢复治理工作的同时，在有必要、有条件的地区，要开展重要矿山的自然、文化遗迹的保护和相关服务性设施的建设，使矿山环境恢复治理和矿山公园建设有机结合起来，发挥其更大的综合效益。2007 年，具有标准规范和实践指导意义的《中国国家矿山公园建设工作指南》颁布。

此阶段中国矿山公园开发主题以展示生态环境恢复治理效果和矿业遗迹景观，如相关采矿工具、矿业制品等为主，辅以人文自然景观，以旅游观赏功能为主的同时，融入矿业科普教育功能，基本实现了矿山公园的功能标准，但开发形式单一，各个公园特色不突出。如黄石国家矿山公园设计中，通过种植乡土植物和耐贫瘠、耐干旱且有特色的植物和打造农家蔬菜园和百草园等手段来恢复矿山公园生态环境。对煤气罐、避雷针，以及废弃油罐进行装饰，将质量较好的厂房改为餐厅、咖啡厅、宾馆、娱乐室、健身房等。对因采矿形成的 444 米的"世界第一高陡边坡""亚洲第一大天坑"进行保护，在其周围设置多个观景点，保护或设置博览园，保护园区内现存的铁轨、矿运汽车、斜钻等工业遗留设备。

3. 中国矿山公园特色开发阶段（2010 年至今）

随着矿山公园开发与建设工作在全国范围内的普及，特色模糊的、单纯以旅游观光为主的矿山公园开发模式逐渐失去吸引力。2010 年，国土资源部在第一批国家矿山公园规划与建设的基础上，总结经验与不足，提出要建设具有特色的国家矿山公园，并审批了第二批国家矿山公园资格。

自此，矿山公园开发主题开始向特色化和综合化发展。在保护矿业遗迹与生态恢复的基础上，充分挖掘矿业遗迹资源的独特性，结合矿山公园当地的风土人情、民俗传说的文化内涵，通过旅游规划设计、矿业科普、品牌树立等手段，将矿山公园包装成一个集观光、娱乐、科普、休闲、度假等多功能为一体的综合型公园，使矿山公园实现矿业遗迹、自然景观和人文景观的和谐统一，塑造自身特色品牌。矿山公园开始由单一的"观光型"或"科普型"向"综合型""特色型"矿山公园转变。矿山公园的管理者也在运营中对自身的模式进行有益的探索，提出度假型矿山公园、养老型矿山公园、矿山公园文化产业园等理念。如第二批的湖南宝山国家矿山公园是一座典型的综合型矿山公园，设置了矿山风情街，包含食、住、行、购、娱五大旅游要素。

（二）国家矿山公园的空间分布及影响因素

随着矿山公园数量的不断增加及发展，研究中国国家矿山空间分布特征及其影响因素，可较好地服务于矿山公园的申报、开发、管理与保护工作。一些学者已关注矿山公园的空间分布及影响因素的研究，戴湘毅等在基于文物保护单位的视角分析了中国矿业遗产的时空分布特征，结果表明其分布较广泛，集聚度高而分布不均衡。李纲对矿山公园的结构特征进行了分析。何小芊等采用GIS 空间分析技术对国家矿山公园的空间分布进行探讨，并分析了矿产资源禀赋条件、区域社会经济发展水平、拟建地政府部门和矿山企业的认知水平等影响矿山公园空间分布的主要因素。黎启国等基于可持续发展视角，从国家矿山公园的数量及所属地区特征总结了当前国家矿山公园的空间分布特征，得出分布于 27 个省（市、自治区）的国家矿山公园的区域发展不平衡，即东部高于西部、资源大省申报两极化、经济发达省份申报较多等特征。全国 72 处国家矿山公园在省域分布具有不均衡的特点，在赣、内蒙古、鄂、鲁、冀、京、黑、粤 8 个省市区的国家矿山公园数量占全国总数的 1/2，且多分布于中国的东部及中部，矿山公园的选址一般距区域中心城市较近。随着矿山生态修复意识和矿山公园数量的不断增加，深入探讨矿山公园的空间分布均衡性与周边环境的空间关系及空间分布的影响因子的研究，对实现资源优化配置和矿山公园的合理布局具有重要的作用。

（三）矿山公园建设现状

截至 2017 年年底，国土资源部公布了四批次共 88 家国家矿山公园（资格），分别于 2005 年 8 月批准了 28 家、2010 年 4 月批准了 33 家、2012 年 12 月批准了 11 家、2017 年 12 月批准了 16 家。前三批的 72 家国家矿山公园正式命名 33 家、批准国家矿山公园建设资格 38 家、取消建设资格 1 家。

目前，88 家国家矿山公园的矿山类型主要包含煤炭类 22 家，非金属矿类 21 家，金矿类 14 家，铜矿类 7 家，铁矿类 6 家，其他金属矿类 13 家，石油类 5 家。由国家矿山公园类型分布可以看出，目前国家矿山公园主要以煤炭类、非金属类和金矿类为主，类型分布较为集中。这主要是由于这些矿山公园开展工业遗迹旅游较早，有较为成熟的矿山环境治理和旅游开发经验，同时由于这些类型的矿山在开采时带来的生态环境破坏程度较大，政府对其治理也较为重视。为了有效解决各类矿山生态保护修复的问题，并给游客带来不同的游览体验，获取更多的科普知识，我国国家矿山公园的类型还亟须丰富。

我国国家矿山公园的空间分布为广东省 7 家，黑龙江省、内蒙古自治区、湖北省和江西省均为 6 家，湖南省和浙江省各为 5 家，北京市、河北省和山东省各为 4 家，吉林省、甘肃省、河南省、安徽省、福建省和重庆市均为 3 家，辽宁省、山西省、江苏省、广西壮族自治区和四川省均为 2 家，新疆维吾尔自治区、陕西省、宁夏回族自治区、贵州省、云南省、青海省和海南省各 1 家。由此可以看出，我国矿山公园主要分布在矿产资源丰富和矿业开发历史悠久的地区，空间聚集度高，受自然条件和经济发展水平及拟建地政府部门和矿业企业的认知水平等因素的影响，大部分矿山公园集中在东部和中部省份，西部省份较少，国家公园整体分布不均衡。

五、中国新时期工业旅游新热点

新时期背景下，开展工业旅游契合了现代工业企业转型的需要，也是工业与旅游业深度融合合作的探索和实践，跨行业的合作以及资源的共享使用成为新时期旅游经济发展的新亮点。

（一）桥梁旅游

以港珠澳大桥为代表的一系列跨海、跨江的大型桥梁工程因其恢宏的规模与强大的吸引力，吸引了大批游客前往参观，新时期桥梁旅游也因此兴起。国家六部委联合发布的《关于促进交通运输与旅游融合发展的若干意见》明确提出，鼓励富有观赏价值的大型桥梁等交通基础设施在设计新建时增加停车、观景、卫生等服务设施，已建成的可结合大修、改扩建增加观景服务等功能[①]。

（二）公路自驾游

随着国民经济的发展与人民生活水平的提高，私家车以及租车业务早已不新鲜。越来越多的游客选择自驾车出行，固然旅游目的地吸引物是其出行动因，但现实生活中，公路及其沿途风景已作为旅游资源，影响着游客出行。加之随着公路设计理念的变革，我国也出现了以十大公路奇观为典型代表的具有特殊审美和观赏价值的公路，这些公路奇观各美其美，不仅是公路建设的杰作，更成为重要的旅游资源，吸引自驾旅游者前来开展公路旅游，由此推动公路旅游的发展，这也改变了传统旅游观念，将点型旅游发展到线型旅游，契合全域旅游发展的需要，成为新时期我国旅游业发展的新业态。

（三）动车游

随着中国高铁事业的逐步发展推进，高铁在作为旅游交通工具的同时，以复兴号为代表的高铁自身也成了旅游吸引物，吸引着广大游客对"中国血统"的民族工业精华前往乘坐参观。高铁本身也被赋予了双重属性，在串联景区与客源地和增加旅游吸引物方面扮演着越来越重要的角色。

高铁的开通大大缩短了人们的出行时间。按照旅游距离递减规律，旅游客源地离旅游目的地越近，旅游者出游的可能性就越高；旅游客源地离旅游目的地越远，则越低。而高铁时代的到来使得这一规律的影响变得不再明显。对于高铁沿线的旅游目的地来讲，除能保持原有客源市场稳定增长的基础上，随着旅游半径范围的扩大，原本距离较远的旅游客源市场成为本地促进旅游业发展的生力军。高铁时代的到来，为旅游业的发展模式带来了很大的影响。长期以来，人们外出旅游一般选择组团模式，在这种模式下，一些旅行社为降低成本增加经济收益，缺乏核心竞争力，出现了低价位、低品质、高投诉的现象。高铁的快速发展促使客源市场更大变革，其快速便捷会使老年人和散客市场的客人大幅增加，旅游经营机构必须为游客提供更好的服务，提高服务质量，提升企业的声誉，来进一步促进旅游业的繁荣。

---

① 中华人民共和国交通运输部，关于促进交通运输与旅游融合发展的若干意见［Z］.中华人民共和国交通运输部，2017-02-28.

六、中国工业博物馆资源状况

经过十几年来的持续扩展，中国的工业博物馆在形式、定位、展陈方式等方面已逐步成熟和多样化，成为收藏、阐释、保护和研究工业遗产的重要场所。但是，目前依然存在非国有博物馆遇到设立症结、藏品法律地位不清晰和社会化程度有限等需要解决的难点。

（一）我国工业博物馆现状

《推动老工业城市工业遗产保护利用实施方案》提出要"完善工业博物馆体系""推动建设分行业、分区域、工业博物馆体系"，将建立工业博物馆作为主要任务之一，这成为工业博物馆有序发展的政策基础。

近年来，随着工业遗产保护工作的不断扩展和深入，工业博物馆受到了政府、企业和社会更多的关注。2016 年工信部与财政部联合印发的《关于推进工业文化发展的指导意见》以及 2018 年工信部印发的《国家工业遗产管理暂行办法》均鼓励有条件的地区利用工业遗产建设工业博物馆，将工业博物馆归为工业遗产利用的一条路径。

（二）中国工业博物馆建设形式

2018 年年初，工信部在全国范围内开展了工业遗产、工业博物馆摸底调查工作，共收到 488 家工业博物馆的信息。工业博物馆主要有"重现"的工业博物馆和"新建"的工业博物馆两种建设形式。重现类型的工业博物馆一般是利用了工业遗址或既有的工业空间改建为博物馆，如车间厂房、站房等，内容与所属遗址、空间相关或有所扩展。中国铁道博物馆基于正阳门火车站站房、沈阳工业博物馆铸造馆在沈阳铸造厂厂房基础上扩充延展内容，开滦博物馆由唐山矿的矿井改建而成。而新建的工业博物馆往往不受遗址、主题和尺度限制，自由发挥的空间比较大，一般都会结合当地支柱或特色产业。唐山（中国）工业博物馆、深圳市工业展览馆均属于此。此外，还有比较特殊的一类工业博物馆，是利用一部分工业遗址或旧厂房旧设施建成，但是展出内容突破了工业遗址本身包含的主题，从广义来说，也属于新建的工业博物馆。如重庆工业博物馆，是在重钢（钢迁会）旧址上建立的博物馆，而展出内容扩展到重庆市域的工业发展历程。

工业博物馆根据立足点不同，也有不同的定位。沈阳工业博物馆立足于中国工业发展整体情况，天津近代工业博物馆、杭州近代工业博物馆等立足断代工业史，唐山启新水泥工业博物馆、太原的中国煤炭博物馆立足行业发展总体情况，重庆工业博物馆、柳州工业博物馆着眼于地域工业行业发展，贵州三线建设博物馆、攀枝花中国三线建设博物馆则展示特殊阶段工业发展，还有立足企业自身宣传的武钢博物馆、湖南益阳达人纺织工业博物馆等。

依照不同展陈方式，工业博物馆也以展示生产、产品和历史分类。第一类一般围绕生产工艺流程（生产线、窑址等）或模拟的工艺流程组织展线，与工业生产空间的逻辑顺序关联紧密，如中国阿胶博物馆、湖北水泥遗址博物馆、景德镇陶瓷工业遗产博物馆等；第二类一般围绕产品升级发展的逻辑组织展线，如北京汽车博物馆、成都电子科技博物馆等；第三类一般以工业企业的发展历程为主线，注重图片和档案的展览，如张之洞与武汉博物馆、秦皇岛港口博物馆等，后两种博物馆大都选择新建或利用旧厂房重新组织的博物馆空间。

（三）中国工业博物馆的困境

当前，我国形成了形式丰富、层次多样的工业博物馆体系，但仍然存在以下众多问题：

第一，非国有工业博物馆的设立存在程序困境。非国有博物馆的设立难题由来已久，而在工业博物馆领域尤为突出。工业企业本是最直接、最有条件设立工业博物馆的主体之一，出于企业文化和形象宣传的需要，许多工业企业或其管理者对于设立工业博物馆也有积极性。但是按照现行博物馆法规规定，博物馆在初始登记备案时，需具备一定数量级藏品且公证保全；博物馆正式成立以后，这部分藏品属于社会公共财产而非个人或任何企业，终止博物馆时资产处理仍存在诸多不确定性，这使许多企业对于"博物馆"望而却步，退而设立展览馆、陈列室（有些冠以博物馆之名），不纳入博物馆体系。这样无法直接分享博物馆体系的专业指导和文化红利。

第二，工业博物馆的藏品缺乏法律地位。机械、设备、工具、产品等可移动的工业品在工业时代产生了重要的作用，如首套大型装备、早期的卫星和飞船等，虽然有些已经被认定为文物，但数量上远远未达到实际需求。国家工业遗产名单中，也未对可移动工业遗产做出认定。因此，虽然许多博物馆已经参与到工业品征集收藏中，但实际操作中所藏工业品却没有文物地位，不受文物保护法保护，缺乏必要的保护资源。工业博物馆职能的有效运转需要形成工业藏品认定的常态机制。

第三，工业博物馆的社会化程度尚待提升。这主要表现在两个方面。一是研究有限，许多工业博物馆存在引用并不严谨的历史故事，科学原理、成分结构交代不清等共性问题，这使得在展现本应最有看点、最富教育意义、最可孕育出新产品的环节沦入平庸和"老生常谈"。这种状况，与馆内研究力量缺乏足够的外部科研合作有关。二是开放程度不够。相当数量的工业博物馆，特别是企业博物馆开放时间短，参观流量有限，社会认可度不高[①]。

---

① 马雨墨.我国工业博物馆现状与发展方向.人民日报海外版［N］.2020-06-15（11）.

第二章

中国工业旅游发展模式经验与发展战略

　　中国工业旅游起步较晚，严格意义上的工业旅游到 20 世纪 90 年代末才由实力较强或独具特色的企业以营销为目的而推出[①]。进入 21 世纪以后，工业旅游正式走上了中国旅游发展的舞台[②]。中国工业旅游已粗具规模，陆续推出了一批旅游示范点和旅游线路，吸引了一定的旅游消费者，形成了一定的接待规模[③]，在国内旅游界逐渐得到认识和重视。随着工业产业结构调整和旅游业的转型升级，工业旅游正逐步成为新的经济增长点，"工业 + 文化 + 旅游"成为新时代工业与服务业融合和高质量发展的新业态探索。地方实践表明，工业旅游在促进产业协调发展、优化城市品质、提升企业品牌、传承地方特色文化、促进区域经济增长等多方面均能起到积极作用，是实践高质量发展的新路径[④]。本章在梳理中国现代工业旅游发展进程的基础上，总结我国工业旅游发展的基本模式、类型和存在问题，并提出发展战略。

第一节　中国工业旅游发展的举措与成就

　　我国工业旅游经历了萌芽阶段到加快发展时期，初步形成一定的规模。但

---

①　陈燕 . 浅析常熟工业旅游发展［J］. 江苏科技信息，2009（11）：49-51.
②　苏萍 . 工业旅游：现状与走势［J］. 商业研究，2006（2）：181-183.
③　李淼淼 . 中国工业旅游发展模式研究［D］. 武汉理工大学，2009.
④　王鹳峰 ."工业 + 旅游"是实现工业高质量发展的新路径［J］. 科技中国，2021（6）：59-61.

由于发展较晚，整体还处于初级阶段，需要各方面深化认识，需要国家相关政策支持，引导地方和企业更加重视。一系列政策的出台使工业旅游成为新型工业化的重要增长点和旅游业融合发展的新领域，为中国工业旅游高质量发展迈出了关键的一步[①]。本节将系统梳理国家及地方政府针对工业旅游推出的规范和举措，以及在这些政策的引导和扶持下，各地方及企业发展工业旅游的进展与成就。

一、我国发展工业旅游的主要举措与成就

工业旅游是以保护和开发工业遗产、整合工业资源、彰显工业文化魅力、提升工业企业综合效益为宗旨，以不同形态的工业为载体，打造不同业态和形态的旅游新产品。随着人们生活水平与消费层次的提高，旅游消费正向多元化、多层次方向发展，作为现代旅游产业的重要组成部分，集休闲性与知识性于一体的工业旅游正成为热点。

挖掘工业文化，大力发展工业旅游，是展示我国工业化成就、提升国民工业化素养、塑造中国工业新形象、提升中国工业综合竞争力的重要手段，是推动中国制造向中国创造转变的创新路径，是生态环境修复与接续产业培育的创新结合点，也是实现新旧动能转换的有效着力点。因此国家各部委及地方政府对于工业旅游的政策发布也逐年增多，旨在规范、引导、扶持工业旅游，推动工业旅游创新发展。

（一）工业旅游发展主要举措

1. 国家相关部门推动工业旅游发展

在工业旅游经历了萌芽阶段和起步发展阶段后，全国发展工业旅游的地区和企业逐渐增多，面对这种新情况，国家给出了一系列针对工业旅游发展的促进政策以及行业标准等。

2001 年，以《国务院关于进一步加快旅游业发展的通知》（国发〔2001〕9 号）文件和钱其琛副总理在全国旅游工作会议上的讲话精神为基础，以重点推进工业旅游、农业旅游创建工作为核心，国家旅游局出台了《工业旅游发展

[①] 刘向阳，杨青山，杨友宝. 传统工业城市旅游发展城镇化响应的时序演变过程研究：以长春市为例［J］. 东北师大学报（自然科学版），2018，50（4）：126-133.

指导规范》。国家旅游局在一系列指标和具体情况的对比之下，确定了第一批
100 个工、农业旅游示范点候选单位名单，其中涉及工业旅游的单位达 41 个，
2002 年，国家旅游局出台了《全国农业旅游示范点，全国工业旅游示范点检
查验收标准（试行）》。2004 年 7 月 1 日发布的《关于命名北京韩村河、首钢
总公司等 306 个单位为"全国工农业旅游示范点"的决定》（旅发〔2004〕38
号）中公布了 103 家工业旅游示范点单位。2005 年国家旅游局正式命名的工
业旅游示范点达 180 家单位。

2009 年 12 月，国务院办公厅《国务院关于加快发展旅游业的意见》中提
出培育新的旅游消费热点。大力推进旅游与文化、体育、农业、工业、林业、
商业、水利、地质、海洋、环保、气象等相关产业和行业的融合发展。支持有
条件的地区发展生态旅游、森林旅游、商务旅游、体育旅游、工业旅游、医疗
健康旅游、邮轮游艇旅游①。

2013 年《国民旅游休闲纲要（2013—2020 年）》中也提到要加强国民旅
游休闲产品开发与活动组织，要满足广大群众个性化旅游需求，鼓励学校组织
学生进行寓教于游的课外实践活动等，这都为发展工业旅游提供了政策支持和
广阔市场。

2014 年国务院制定《国务院关于促进旅游业改革发展的若干意见》（国发
〔2014〕31 号）中提出，全面推进"旅游+"战略，推动旅游业发展与新型工
业化相结合。当前，各地正以务实的举措，推动工业与旅游的融合发展，工业
为旅游提供了新热点，旅游为工业带来了丰厚的附加值②。

2016 年 11 月，国家旅游局在新发布的《全国工业旅游发展纲要（2016—
2025 年）（征求意见稿）》中提出，要在全国创建 1000 个以企业为依托的国家
工业旅游示范点、100 个以专业工业城镇和产业园区为依托的工业旅游基地、
10 个以传统老工业基地为依托的工业旅游城市③。纲要同时提出了工业旅游发
展的六大举措，推动工业旅游发展取得新突破。这六大措施分别为：一是加强

---

① 国务院办公厅.国务院关于加快发展旅游业的意见（国发〔2009〕41 号）[EB/OL]. http：//www.
gov.cn/zwgk/2009-12/03/content_1479523.htm.

② 李志刚.多管齐下 共推工业旅游发展 [EB/OL]. http：//www.xinhuanet.com/travel/2016-11/28/
c_1120005885.htm.

③ 赵焕焱.中外工业旅游 18 个案例 [EB/OL]. https：//www.meadin.com/zl/182522.html.

组织领导，充分发挥各地旅游发展委员会（旅游局）的指导协调作用，积极推进工业旅游发展促进中心建设，鼓励工业旅游行业协会建设；二是统筹规划布局，积极推进旅游规划编制工作，优化空间布局，加快探索研制工业旅游示范点规划编制规范，积极开展工业旅游与旅行社的合作与联合；三是完善行业标准，全面推广工业旅游示范点建设与服务标准；四是支持精品示范，认真抓好工业旅游精品建设和示范推广工作，给予资金倾斜，完善公共服务体系；五是抓好综合监管，强化工业旅游经营者主体责任，完善市场退出机制，强化旅游市场行为监管；六是强化政策支持，加大资金投入，创新财税支持，积极开展金融支持，探索土地支持[①]。

2017 年，国家旅游局发布了 LB/T 067—2017《国家工业旅游示范基地规范与评价》等 10 个国家工业旅游示范基地等政策与行标，标准制定是为了适应工业旅游市场需求，改善工业旅游发展环境，提升工业旅游服务质量，进一步加强对工业旅游工作的指导。标准从基本条件、基础设施及服务、配套设施及服务、旅游安全、旅游信息化、综合管理等方面对工业旅游示范基地的建设发展提出了要求，为各地工业旅游示范基地建设提供了重要参考。标准明确了国家工业旅游示范基地的评分规则和细则，让国家工业旅游示范基地的评定更具可操作性。

2017 年，中共中央办公厅、国务院办公厅印发了《关于实施中华优秀传统文化传承发展工程的意见》中实施传统工艺振兴计划、文化遗产保护、培育现代企业文化等要求，都为工业旅游提供了更好的发展机遇。

2017 年年底，国家旅游局发布的《全国工业旅游创新发展三年行动方案（2018—2020）》提出，计划到 2020 年全国工业旅游新增游客 1 亿人次，新增旅游收入 100 亿元，培育 100 家工业旅游示范基地、工业遗产旅游基地等示范品牌单位。

2018 年，原国家旅游局下发了关于印发《全国工业旅游创新发展三年行动方案（2018—2020 年）》，提出坚持"创新是引领发展的第一动力"，按照"改造提升一批、建设发展一批、规划推动一批"的思路，大力发展各类工业旅游业态载体，推进工业旅游逐步从单一趋向多元、从小众走向大众、从观光

---

① 邢丽涛.六大举措助力工业旅游创新发展［EB/OL］. http://news.sina.com.cn/o/2016-11-28/doc-ifxyasmv2107783.shtml

走向体验、从东部导向全国，形成特色鲜明、形式多样、内涵丰富、产业完备的工业旅游产品体系，推动工业旅游做大做强。

2018年，国家市场监督管理总局、国家标准化管理委员会发布了GB/T 36738—2018《工业旅游景区服务指南》，围绕规范工业旅游景区的基础设施、服务项目、环境及安全等管理方面提供基础性保障，为整体提升我国工业旅游景区服务水平，促进工业旅游行业的持续稳定发展发挥重要的推动型作用。

2020年6月，国家发展改革委会同工业和信息化部等五部门联合印发《推动老工业城市工业遗产保护利用实施方案》（以下简称《方案》），拟以老工业城市工业遗产保护利用为切入点，引领带动城市更新改造，推动老工业城市加快从"工业锈带"转变为"生活秀带"。《方案》提到，推动老工业城市工业遗产保护利用是一项系统工程。老工业城市应从尊重历史、尊重文化的角度出发，立足城市发展实际，学习借鉴国内外有益经验，探索加强工业遗产保护利用、打造"生活秀带"的有效路径。主要任务包括6项内容，即开展资源认定管理、推进重点保护展示、完善工业博物馆体系、繁荣新业态新模式、拓展文化生活新空间、塑造城市文明新形象等。

2021年6月，工业和信息化部、国家发展和改革委员会、教育部、财政部、人力资源和社会保障部、文化和旅游部、国务院国有资产监督管理委员会、国家文物局近日联合印发《推进工业文化发展实施方案（2021—2025年)》，提出通过五年努力，工业文化支撑体系基本完善，理论研究与应用实践进一步深入，工业文化新载体更为丰富，初步形成分级分类的工业遗产保护利用体系和分行业分区域的工业博物馆体系；打造一批具有工业文化特色的旅游示范基地和精品线路，建立一批工业文化教育实践基地，传承弘扬工业精神；推动工业文化在服务全民爱国主义教育，满足并引领人民群众文化需要，增强人民精神力量等方面发挥积极作用，推动形成工业文化繁荣发展的新局面。

2. 地方及特定行业相关举措

各地方政府多年来对工业建立健全并积极推广工业旅游相关标准和规范，促进了工业科技资源与旅游要素的融合发展，丰富旅游产品业态，推进了工业旅游发展。

（1）上海市发展工业旅游相关举措

上海的工业旅游发展极具代表性，是我国最为规范和成功的工业旅游发展案例地。上海早在《第七个五年计划期间上海旅游事业发展规划纲要》中明确指出：建立上海近、现代史博物馆，利用电影、录像、激光等方法诠释上海的古代、近代和现代历史。后在《上海市旅游业发展"十五计划"与到 2015 年规划》中首次提出，发展都市观光建设历史文化游览景点、现代文化游览景点，并做好工旅结合开发旅游纪念品，分门别类地扶持建设一批适应市场需求的旅游纪念品生产基地。在《上海都市旅游发展规划大纲（1997—2010 年）》和《上海都市旅游新三年滚动发展计划》中提出"都市工业旅游专项产品"理念，强调旅游业与上海城市发展、上海"三个中心"建设相融合，陆续推出了以参观钢铁、飞机和汽车制造、石化、造船、造币为代表的近十条现代工业旅游观光路线，形成了宝钢工业园区、上海通用汽车有限公司、江南造船厂等工业旅游景点。2003 年上海市计委、旅游委制定的《关于本市旅游业发展三年（2003—2005 年）行动计划》拓展了工业旅游的范围，提出拓展工业旅游范围，考虑将工业遗产活化、行业博物馆等新兴旅游景点纳入工业旅游发展领域。从中可见，1997—2005 年上海市政府对旅游业发展的指导思想非常强调系统挖掘城市内部旅游资源与旅游设施，开始关注工业旅游的发展，开始认识到工业企业旅游在发展现代都市旅游中的重要意义。

2005 年年初，上海市旅游事业管理委员会召开上海市旅游工作会议，会议明确指出要贯彻"五个统筹发展"，大力推动工业旅游向广度和深度发展，进一步提高工业旅游示范点的产品化程度；年末发布《关于做好全国工农业旅游示范点申报工作的通知》（沪旅〔2005〕203 号）；同年，上海市人民政府发布《上海市旅游业发展"十一五"规划》《上海市工业旅游"十一五"规划》，提出根据区域特色工业、创意产业的优势，在浦东新区、卢湾、普陀、杨浦等区大力推进工业旅游的布局建设；强调大力挖掘和整合工业旅游资源，开发工业旅游产品，推动形成一批国家级工业旅游示范点。之后，2007 年制定并颁布了全国首个地方工业旅游服务标准《上海市工业旅游景点服务质量标准》，2009 年出台《上海市 2009—2011 年工业旅游发展三年行动计划》，2012 年出台《上海市工业旅游"十二五"发展规划》等专项政策与规划。可见，2006年以来上海市工业旅游发展的政策环境，已经形成以《上海市旅游业五年发规划》为总体规划、以《上海市工业旅游五年发展规划》为专项规划、以工业旅游年度行动计划为抓手的产业发展规制体系。值得推广的是，2005年5月成立了非营利性社会组织"上海工业旅游促进中心（http：//www.itripsh.gov.cn)"。虽然该机构挂靠市经济和信息化委员会（以下简称经信委），但是业务上一直接受市旅游委、市经信委的双重指导，并且为市工业旅游发展提供决策咨询与行业标准研制、组织实施景点评估等[①]。

2018年上海市旅游地方标准 DB31/T 392—2018《工业旅游景点服务质量要求》和 DB31/T 490—2018《旅游集散站服务质量要求》通过上海市质量技术监督局审查批准，并于2018年2月8日正式发布。《工业旅游景点服务质量要求》和《旅游集散站服务质量要求》吸收了国内外最新研究成果，广泛征求了相关部门和企事业单位的意见，具有较强的前瞻性和可操作性[②]。

总的来说，上海市在工业旅游方面的政府引导和规范作用十分明显，也极大地促进了当地工业旅游的发展。上海工业旅游最大创新是突破政府主导型模式，探索市场导向型模式，政府主管部门指导、引导而不包揽，政府引导、市场导向、企业主体、社会参与[③]。

（2）全国其他省市发展工业旅游相关举措

2008年广州市旅游局提出 DBJ440100/T 13-2008 1《工业旅游景区（点）服务规范 广州市地方技术规范》，文件旨在规范广州市工业旅游服务，并在基本条件、旅游设施、环境、安全、卫生、服务项目、接待人员、管理、旅游吸引力等方面提出了要求。2018年6月，由广东省质量技术监督局发布了广东省地方标准 DB44/T2119—2018《工业旅游景区（点）服务规范》，本标准规定了工业旅游景区（点）的术语和定义、分类、基本要求、设施、服务项目、环境、安全、卫生和管理等要求。本标准适用于开展工业旅游服务的景区（点）。

北京市2008年下发《关于推进工业旅游发展的指导意见》，同年成立北

① 挂云帆.发展阶段_上海工业旅游发展研究［EB/OL］.http：//www.guayunfan.com/baike/44072.html.

② 上海市旅游局.上海市地方标准《工业旅游景点服务质量要求》《旅游集散站服务质量要求》正式发布［EB/OL］.http：//www.shanghai.gov.cn/nw2/nw2314/nw2315/nw18454/u21aw1289350.html.

③ 王兴斌.上海为何没有被列入工业旅游创新单位？［EB/OL］.https：//www.sohu.com/a/120269165_109002.

京市工业产品旅游市场开发工程领导小组；2009 年北京市质量技术监督局发布了 DB11/T665—2009《工业旅游区（点）服务质量要求及分类》，该标准适用于工业旅游区（点）的管理，规定了工业旅游区（点）等级划分的依据、服务质量的基本要求以及旅游设施、服务项目、人员、环境、安全、卫生、管理等具体要求。

山东省 2009 年下发《关于发展工业旅游开发旅游市场工作的通知》，同年举办山东省工业旅游成就展暨工业旅游商品展示会；天津市 2009 年发布地方标准《工业旅游示范点服务质量与评定标准》，后于 2018 年发布了 DB12/T 410—2018《工业旅游区（点）服务质量与评定》；河北省 2009 年发布了 DB13/T 1008—2009《河北省工农旅游示范点评定标准》，后于 2016 年制定了《河北省国有大中型工业企业工业旅游示范点评定实施办法（试行）》。浙江省 2011 年开始"浙江省工业旅游示范基地"的评定工作，制定了评定办法和评定标准；江苏省 2012 年颁布了 DB32T 2039—2012《工业旅游区（点）规范与评定》，并在 2019 年制定并实施了 DB32/T 2039—2019《工业旅游区规范与评定》；湖北省 2013 年发布了 DB42/T 921—2013《湖北省工业旅游景区质量等级评定》；重庆市 2016 年发布了 DB12/T 410—2018《工业旅游区（点）服务质量与评定》；吉林省 2017 年发布了《DB12/T 410—2018 工业旅游区（点）服务质量与评定》等。

甘肃省 2018 年下发《甘肃省工业和信息化委员会关于做好工业旅游相关工作的通知》（以下简称《通知》），将培育发展工业旅游产业，促进旅游企业"增品种、提品质、创品牌"，发展旅游商品，调整产品结构，转变发展方式，实现由旅游大省向旅游强省转变。具体提出三个举措：打造具有鲜明地域特色的工业旅游产品；加强旅游装备新产品研发；扶持旅游小微企业发展[①]。

（3）特定行业发展工业旅游相关举措

一些地区的特定行业如白酒、食品、钢铁等，也在积极推动、规范本行业工业旅游的发展，制定了本行业的规范性文件。2012 年 10 月贵州省质量技术监督局发布了 DB52/T 780—2012《贵州省白酒工业旅游示范点评定规范》，从白酒工业旅游角度，提出了白酒工业旅游示范点参评基本条件、服务

---

① 摩梯文旅.甘肃省多举措推动工业旅游发展［EB/OL］. http://www.motitravel.com/news/shownews.php?lang=cn&id=158.

质量要求和评分表以及申请和评定程序，这对贵州省白酒工业旅游的发展起到了引导和规范作用。2018年11月，广东省中山市食品学会发布了T/ZSSP 0001—2018《食品工业旅游景区（点）服务标准规范》。该标准适用于开展食品工业旅游服务的景区（点），从食品工业的角度，规定了食品工业旅游景区（点）的术语和定义、分类、基本要求、设施、服务、环境、安全、卫生和管理等要求。2019年河北省发布了DB13/T 2995—2019《钢铁工业旅游区服务规范》，针对钢铁行业工业旅游进行了规范。

（二）工业旅游发展成就

国内的工业旅游从20世纪60年代开始，以参观形式开展的工业旅游才开始出现。最初只是一些政府机关、社会团体或高校科研机构，以考察和调研的名义前往一些有着先进经验的企业进行参观学习，部分企业为此开辟了专门参观通道。但是，严格意义上的工业旅游于20世纪90年代中期才在中国大陆出现。1994年，长春第一汽车集团组建了实业旅行社，对外开放部分汽车生产线和样车陈列室。此后，国内一些知名企业也渐次推出工业旅游项目。1997年，宝钢设立旅行社，开始接待少量来宝钢参观的旅游团队，象征性地收取"参观费"；1998年四川长虹集团和青岛啤酒一厂分别向游客开放；1999年年初，青岛海尔集团成立了海尔国际旅行社，并推出了"海尔工业游"项目，投资1亿元兴建了海尔科技馆，不仅在园区、车间内规划了专门的参观路线，还配备了专业的讲解员，把购物、参观、交流和娱乐融为一体；2000年，首钢启动了"钢铁是怎样炼成的"工业旅游项目，以此命名的工业旅游产品后来也在其他钢铁公司落地；北京三元食品有限公司也在同年推出三元牛奶"大篷车"项目，自此开启了新的工业旅游形式。

2000年之后，随着工业旅游产业规模的逐渐扩大，并且在各级政府部门的引导下规范发展，2001年国家旅游局首批确定41个工业旅游示范点单位，到2003年，全国共有27个省区市向国家旅游局申请全国工业旅游示范点验收，累计达104家企业，所涉及的门类共占第二产业行业总门类的60%。由此可见，在短短两年时间里，开展工业旅游的企业翻了一番多，有超过半数的企业年接待游客超过了5万人次，工业旅游得到了长足的发展。但彼时我国工业旅游发展仍旧存在较多问题，突出特点有：参观游览形式较为单一，主要是以厂区内观光兼以购物为主导地位的工业旅游形式；工业旅游资源涵盖门类较全，但游览的对象几乎是大型的现代化制造业企业，只有少许的传统制造业，处于初级阶段，发展思路略显狭窄。国家旅游局先后出台了《工业旅游发展指导规范》《全国农业旅游示范点、全国工业旅游示范点检查验收标准（试行）》《关于命名北京韩村河、首钢总公司等306个单位为"全国工农业旅游示范点"的决定》等文件，逐步规范我国工业旅游发展。国家旅游局还先后发布了四批全国工业旅游示范点，总数已经达到345家。其中，包括2004年的103家，2005年的77家，2006年的91家，2007年的74家。开展工业旅游的各类企业已经遍布全国29个省、市、区，而且越来越多的工业旅游景点加入示范点的队伍[①]。

从总量上看，我国工业旅游示范点从1990—2007年，企业数量稳步增加，1997年快速增长，2000年进入增长高峰期，2004年达到104家，2005年增加到181家，2000年增加到272家，至2007年已达到345家，分布于钢铁、煤炭、水电、服装、酿造等数十个行业。从数量排序看，全国工业旅游示范点排在榜首的是山东39家，占据了示范点总量的11.3%；排在第2~8位的分别是：江苏29家，浙江25家，安徽24家，辽宁21家，河南19家，新疆16家，上海15家；河北、北京、山西均为14家，并列第9；宁夏、海南排在最后，仅为1家；西藏、青海尚无一家（未统计台湾省和香港、澳门特别行政区）。从整体布局来看，主要集中分布在华东地区，其次是华北、中南地区，呈现出明显的阶梯性分布状态。工业旅游示范点较为集中的东部地区经济实力雄厚、工业体系完善、企业管理先进、区域交通便利、人力资源丰富、客源市场充足，这些都是发展工业旅游必不可少的条件。从企业、行业类型看，排在榜首的是工业园区和酿造业；其次是水力、发电类、食品、饮料类；汽车、机车、船舶、飞机制造类排行第三，另外还涉及石油、煤炭、港口类等数十类行业。

在这一阶段，我国工业旅游的发展主体当中，青岛海尔以及上海宝山钢铁公司等是我国现代工业旅游的先驱。青岛在1999年已推出了10个工业旅游项目，包括海尔集团、青岛啤酒集团、青岛港等在内的国内外知名度很高的大企业集团。上海把工业旅游作为都市旅游战略中的重要组成部分，2000年制定

---

① 数据来源：上海工业旅游网，http://www.itripsh.gov.cn.

了 10 条现代工业旅游线路，一些著名企业如宝钢、江南造船厂、大众汽车有限公司、上海石化股份有限公司以及一些跨国公司等都在其中。

目前，中国已开始迎来后工业时代，中国工业也面临着产业转型升级、结构调整、化解产能过剩和增加新兴工业价值的急迫任务。不管是学术界、政府部门，还是某些传统工业部门内部，已经有越来越多的人开始认识到，大力发展工业旅游将极大地促进工业产业向服务业经济转型的步伐。这一点，在近年来的工业旅游统计数据中已经反映出来。2015—2017 年，我国工业旅游接待量年均增长 31%，工业旅游收入年均增长 24.5%。截至 2016 年年末，全国共有 1157 个工业旅游景点，接待游客 1.4 亿人次，旅游收入 213 亿元人民币，吸纳就业 42.8 万人。工业旅游成为旅游产业融合发展和全域旅游的有生力量。

二、工业遗产保护利用和旅游发展的举措与成就

我国政府相关部门从 21 世纪初，便着手制定相关文件保护利用工业遗产，因为发展工业遗产旅游是工业城市或工业区进行转型升级和工业遗产保护的有效方式之一。工业遗产旅游能够充分发挥工业遗产的历史文化价值、科学技术价值、教育价值等，还能通过旅游业的发展，创造新的经济增长点并带动当地经济的转型。

（一）工业遗产保护利用与旅游发展举措

2001 年 1 月《国务院办公厅转发国家计委关于"十五"期间加快发展服务业若干政策措施意见的通知》（国办发〔2001〕98 号），鼓励中心城市"退二进三"，大量工业厂房置换腾挪，并提出"工业企业退出的土地，要优先用于服务业"，指出了将工业遗产作为文创产业基地的改造方向。

2006 年 4 月 18 日，由中国古迹遗址保护协会、江苏省文物局和无锡市文化局联合举办的"中国工业遗产保护论坛"在无锡召开，会上通过了《无锡建议——注重经济高速发展时期的工业遗产保护》，同年 6 月由国家文物局正式发布，成为中国工业遗产保护、研究的纲领性文件，也是我国开始工业遗产研究工作的重要标志，此时，"工业遗产"概念正式走进中国视野，以更加独立的姿态获得关注和认可。

2007—2011 年，国务院开展的第三次全国文物普查工作中，"工业遗产"

作为专题提出，极大调动了各省市挖掘工业遗产的积极性，对于工业遗产的认可程度也逐步提高。全国各地纷纷开始重视工业遗产，开展工业遗产专项调查，并总结调查方法和工业遗产地方特点。

2010年3月，国家旅游局、国家发改委发布《东北地区旅游业发展规划》。在此之前，为深入贯彻落实东北地区等老工业基地振兴战略，加快发展东北地区旅游业，根据《国务院关于进一步实施东北地区等老工业基地振兴战略的若干意见》（国发〔2009〕33号）《国务院关于加快发展旅游业的意见》（国发〔2009〕41号）和国家相关规划①。

2012年2月，中共中央办公厅、国务院办公厅印发的《国家"十二五"时期文化改革发展规划纲要》中提出要开展"工业遗产、元代以前木构建筑、乡土建筑、文化线路、文化景观等文化遗产的调查与保护"，工业遗产首次单独列出，并纳入国家发展规划。

2010—2015年，国家文物局、住建部、工业和信息化部、人民政协、科协等系统下工业遗产研究和保护的相关工作组织和机构逐步建立，开展工业遗产主题活动，发布了一系列文件或宣言。

2014年，国务院发布了《国务院办公厅关于推进城区老工业区搬迁改造的指导意见》（国办发〔2014〕9号），鼓励改造利用老厂区老厂房老设施，积极发展文化创意、工业旅游、演艺、会展等产业②。

2015年《中共中央关于制定国民经济和社会发展第十三个五年规划的建议》中提出"推动东北地区等老工业基地振兴"。

2016年发布《中共中央国务院关于全面振兴东北地区等老工业基地的若干意见》，传统老工业基地转型升级成为热点。加之"中国制造2025""中欧工业4.0""互联网+""一带一路"等系列政策的出台，使得工业化、信息化及其融合发展成为当代中国的热门话题和面临的实际问题，工业遗产的保护和再利用成了走新型工业化道路，促进生产力跨越式发展的重要路径。

2017年11月，全国旅游资源规划开发质量评定委员会发布《关于推出10

---

① 国家旅游局.两部门联合发布实施《东北地区旅游业发展规划》［EB/OL］.http：//www.gov.cn/gzdt/2010-03/19/content_1560378.htm.

② 国务院.国务院办公厅关于推进城区老工业区搬迁改造的指导意见［EB/OL］.http：//www.gov.cn/zhengce/content/2014-03/11/content_8709.htm.

个国家工业遗产旅游基地的公告》，10 个由工业遗产转变成的景区引起了社会广泛关注。

2018 年 11 月，工业和信息化部发布《国家工业遗产管理暂行办法》，提出支持有条件的地区和企业依托国家工业遗产建设工业博物馆；支持和鼓励利用国家工业遗产资源开发具有生产流程体验、历史人文与科普教育、特色产品推广等功能的工业旅游项目，完善基础设施和配套服务，打造具有地域和行业特色的工业旅游线路，建设工业文化产业园区、特色小镇（街区）、创新创业基地等；国家工业遗产所有权人应当在遗产区域内设立相应的展陈设施，宣传遗产重要价值、保护理念、历史人文、科技工艺、景观风貌和品牌内涵等。[①]

2020 年 6 月，国家发改委与工信部、国资委、国家文物局、国家开发银行联合印发《推动老工业城市工业遗产保护利用实施方案》（以下简称《实施方案》），将加快推进老工业城市工业遗产保护利用，促进城市更新改造，探索老工业城市转型发展的新路径。

此外，国家还提出支持和鼓励社会公民、企业公司、非营利机构等通过科研、教育、旅游、公益等适宜方式参与工业遗产的保护。

（二）工业遗产保护利用与旅游发展成就

1. 丰富资源奠定良好的发展基础

随着城市产业结构的调整和城市化进程的加快，全国各地遗留下大量的工业旧址、工业机器、生产设备等工业生产遗迹。以辽宁为例，作为我国重要的老工业基地之一，在工业化进程中遗留下宝贵的工业遗产和工业文明。新中国第一台车床、第一台变压器、第一台压缩机、第一台水下机器人等数百个第一在沈阳诞生，这里曾经创造了中国工业史上的诸多奇迹，同时也形成了浓郁的工业文化。沈阳的铁西工业区被誉为"东方鲁尔""共和国装备部"。鼎盛时期，全市 99 家大中型国有企业有 90 家在这里落户，工业遗存非常丰富，工业建筑摩肩接踵，跨越了日伪统治、解放战争、国家"一五""二五"等近百年的历史时期，承载了沈阳工业大部分的历史记忆；阜新海州露天煤矿经过 50 年的开采，遗留下举世罕见的巨大矿坑。矿坑如果治理改造成功，将变成集工业景观、

---

① 张欣. 工业 5.0 时代，"上海制造"能否牵头中国工业旅游的发展？[EB/OL]. http://www.tripvivid.com/articles/19484.

地质遗址、生态整治为一体的"聚宝盆"。同时如果煤矿的工业遗产旅游开发成功，这里也有望成为世界工业遗产，成为同英国、澳大利亚并存的世界工业遗产第三极。工业遗产遗迹具有丰富的文化内涵和社会价值，它们不仅见证了新中国工业发展的历程，而且是中国近代工业文明文化发展的代表者和标志者。

2. 工业遗产资源保护初显成效

工业遗产保护纷纷引起社会各界的广泛关注，工业遗产入选国家重点文物保护单位名单逐步增加。2000年11月，青城山－都江堰被联合国教科文组织遗产委员会列入《世界遗产名录》，都江堰水利灌溉系统成为我国唯一成功入选世界遗产名录的工业遗产，同时也是全球34处世界工业遗产之一。2001年，大庆油田第一口油井和青海省中国第一个核武器研制基地是首批进入全国重点文物保护单位名单的工业遗产。2006年4月，又有9处近现代工业遗产入选第六批全国重点文物保护单位，它们分别是：汉冶萍煤铁厂矿旧址、南通大生纱厂、中东铁路建筑群、青岛啤酒厂早期建筑、石龙坝水电站、个旧鸡街火车站、钱塘江大桥、黄崖洞兵工厂旧址、酒泉卫星发射场遗址。2007年，在国务院组织开展的第三次全国文物普查工作中，工业遗产普查成果显著，各地新发现了一批重要的工业遗产。

为加强工业遗产保护利用，传承和弘扬中国工业文化，根据《工业和信息化部 财政部关于推进工业文化发展的指导意见》，工信部开展了国家工业遗产认定工作。2017年、2018年、2019年连续3年每年公布1批国家工业遗产名单，分别为11个、42个、49个。

3. 工业遗产景观开发粗具规模

2018年国家旅游局发布了"关于推出10个国家工业遗产旅游基地的公告"，分别是：湖北省黄石国家矿山公园，河北省唐山市开滦国家矿山公园，吉林省长春长影旧址博物馆，上海国际时尚中心，浙江省新昌达利丝绸世界旅游景区，江西省萍乡市安源景区，湖南省株洲市醴陵瓷谷，广西壮族自治区柳州工业博物馆，四川省成都市东郊记忆景区，贵州省仁怀市"茅酒之源"旅游景区等。

工业遗产旅游利用工业遗产和老旧厂房资源，建设工业遗址公园、工业博物馆，打造工业文化产业园区、特色街区、创新创业基地、文化和旅游消费场所，培育工业旅游、工业设计、工艺美术、文化创意等新业态、新模式，不断提高活化利用水平，促进了工业文化与产业融合发展，有效保护利用了工业的遗存遗迹、标识标记、风情风貌，打造文化地标，延续城市文脉，以文化振兴带动城市振兴。

三、矿山生态环境修复与矿山旅游的举措与成就

矿山旅游发展已久，但多为矿山关停后通过生态修复治理发展而成。以"旅游＋矿山"，实现产业的顺利转型，顺应生态环境修复的宏观政策背景，为周边百姓在矿山关停后提供更广泛的就业渠道，为开发企业提供反哺社会的契机，同时带来更加丰厚的经济回报，最终实现既是绿水青山，又是金山银山的生态发展目标。

（一）矿山生态环境修复与旅游发展举措

国内诸多矿山开采历史悠久，山体破坏严重，周边居民多在矿山谋生。历史遗留的矿山由于过去意识和监管不到位，导致开采企业在采矿时不考虑对当地生态环境的破坏及未来生态修复问题，导致历史遗留废弃矿山修复难度大、成本高；近年来很多开采企业通过产业筛选，确定"旅游＋"的发展方向，可以为矿山修复获得更多政策和资金支持。

2009 年起实施并于 2016 年修订的《矿山地质环境保护规定》提出：矿山地质环境保护，坚持预防为主、防治结合，谁开发谁保护、谁破坏谁治理、谁投资谁受益的原则。

2015 年 12 月，国土资源部、住房和城乡建设部、国家旅游局联合出台了《关于支持旅游业发展用地政策的意见》（以下简称《意见》），《意见》积极保障旅游业发展用地供应，支持使用未利用地、废弃地、废弃矿山、边远海岛等土地建设旅游项目。明确旅游新业态用地政策，促进文化、研学旅游发展利用现有文化遗产、大型公共设施、知名院校、科研机构、工矿企业、大型农场开展文化、研学旅游活动，在符合规划、不改变土地用途的前提下，上述机构土地权利人利用现有房产兴办住宿、餐饮等旅游接待设施的，可保持原土地用途、权利类型不变。土地新政鼓励废弃工矿用地开发旅游，对矿山的旅游开发形成有力推动。

2016 年 7 月，国土资源部、工业和信息化部、财政部、环境保护部、国

家能源局联合发布《关于加强矿山地质环境恢复和综合治理的指导意见》（国土资发〔2016〕63号），明确矿山地质环境是生态环境的重要组成部分。63号文提出：着力完善开发补偿保护经济机制，大力构建政府、企业、社会共同参与的恢复和综合治理新机制，尽快形成在建、生产矿山和历史遗留等"新老问题"统筹解决的恢复和综合治理新局面。以"创新、协调、绿色、开放、共享"的新发展理念统领矿山地质环境恢复和综合治理工作，坚决贯彻节约资源和保护环境的基本国策，努力实现国土资源惠民利民新成效。63号文关于"创新发展理念"的诠释：破除矿山地质环境恢复和综合治理的投入、政策、科研等机制障碍。创新尾矿残留矿再开发、矿山废弃地复垦利用、集体土地流转利用等政策，引导社会资金、资源、资产要素投入，积极探索利用PPP模式、第三方治理方式，充分调动各方面积极性，加快治理。63号文同时提出绿色、开放、共享的新发展理念，倡导发展绿色矿山，培育绿色矿业，构建矿产资源开发与矿山地质环境保护新格局。推进废弃矿山的山、水、田、林、湖综合治理，宜农则农、宜林则林、宜园则园、宜水则水，尽快恢复矿区的青山绿水。探索将矿山地质环境恢复和综合治理与地产开发、旅游、养老疗养、养殖、种植等产业的融合发展。鼓励矿山地质环境恢复和综合治理与精准扶贫相结合，留地留技留利于企业职工和矿区群众，促进取得惠民利民新成效。

2017年，财政部、国土资源部、环境保护部三部委发布《关于取消矿山地质环境治理恢复保证金建立矿山地质环境治理恢复基金的指导意见》（财建〔2017〕638号）。文件进一步明确要落实企业矿山地质环境治理恢复责任，由矿山企业综合开采条件、开采矿种、开采方式、开采规模、开采年限、地区开支水平等因素，编制矿山地质环境保护与土地复垦方案。落实企业监测主体责任，根据矿山地质环境保护与土地复垦方案和动态监测情况，督查企业边生产、边治理，对其在矿产资源勘查、开采活动中造成的矿山地质环境问题进行治理修复。因此，很多企业在采矿的同时，考虑未来资源枯竭后周边百姓的就业问题和采矿对生态的破坏如何恢复等问题，企业未雨绸缪，在矿业开采过程中已筹划未来矿山的生态修复及利用问题。

2019年1月，自然资源部以《关于鼓励和引导社会资本投入矿区国土空间生态修复的实施意见》，进一步明确构建"政府主导、政策扶持、社会参与、开发式治理、市场化运作"的治理模式，将市场机制与政府引导相结合，鼓励政府投资融资平台、矿产资源开发和生态修复相关企业与社会资本建立混合所有制企业，参与矿区国土空间生态修复。鼓励设立政府引导性基金，充分吸纳社会投资，通过投资矿区国土空间生态修复获得回报，实现利益共享。对于社会资本投入历史遗留矿区修复的，可优先获得修复后的土地使用权，实行差别化的土地供应方式。

总的来说，矿山生态修复迫在眉睫，与高速发展的旅游业融合是切实可行的有效途径。发展矿区旅游业，不仅为矿山修复提供资金和政策支持，还在取得显著经济效益的同时，解决了矿区大量劳动力释放引起的就业安置问题，对矿山生态修复行业具有重要意义。

（二）矿山生态环境修复与旅游发展成就

目前我国共有矿业城市232座，其中成长型的有19座，鼎盛型的有104座，而衰退型的有55座。作为世界第二位的矿业大国，实际上我国很多矿区都面临着资源枯竭和环境恶化等发展问题，矿区资源枯竭、废弃地景观退化严重、生态平衡失调以及大面积环境污染等问题已经严重阻碍了这些资源枯竭型矿业城市的进一步发展。在这样的背景下，为了实现城市的可持续发展，一些矿区开始利用矿山废弃旧址以及机器设备等开展工业旅游，逐渐转型。这样一方面保护了矿业遗迹，实现矿区景观重置、生态重建；另一方面在保护性开发的基础上取得了社会、经济和生态的综合效益，实现转型发展。

首批共计28处国家矿山公园于2005年由中华人民共和国国土资源部批准建立，其中的湖北黄石、黑龙江鸡西恒山、吉林白山板石、黑龙江嘉荫乌拉嘎、浙江遂昌金矿、河南南阳独山玉等18个国家矿山公园已相继揭碑开园。2011年，国家又批复了第二批国家矿山公园，包括湖南宝山国家矿山公园等。目前，我国有国家矿山公园87个，其中正式命名37个，授予建设资格50个。国内发展较好的案例如黄石国家矿山公园，位于湖北省黄石市，常年的开采形成了落差444米的世界第一高陡边坡、面积达366万平方米的亚洲最大硬岩绿化复垦基地。通过生态恢复的景观设计手法来恢复矿山自然生态和人文生态，将矿区的"十大亮点"与公园建设"无缝对接"，把公园开发建设的着眼点放在弘扬矿冶文化，再现矿冶文明，展示人文特色，提升矿山品位，打开旅游新路上，定位在"科普教育基地、科研教学基地、文化展示基地、环保示范基地"。

目前我国从旅游视角对废弃矿区更新利用时，结合废弃矿山开发条件（采矿规模、地理区位、旅游资源价值和污染程度等），拓展废弃矿区休闲空间，从不同层次，不同尺度创新"废弃矿山＋旅游"开发模式。

1. 形成"废弃矿区＋旅游产品"

依托废弃矿区的资源（山景、水景、人文景观）本底，挖掘和体现废弃矿区工业遗产的历史价值、社会价值、建筑价值及审美价值，拓展废弃矿区消遣、求知、休闲、康体、娱乐、购物等新功能，赋予其新的内涵，形成矿山遗址公园、文化创意园区、旅游综合体、博物馆、休闲游憩园区、生态环境社区等不同类型的旅游产品，丰富工业旅游产品体系。

2. 形成"废弃矿区＋旅游业态"

实施服务于以旅游为核心的"废弃矿区＋"战略，推动废弃矿区与城镇化、农业现代化、新型工业化、现代服务业高度化的融合发展。

"废弃矿区＋城镇化＝矿业遗产旅游小镇"建设。以具有区域特征的特色产业为支柱，以矿产遗迹为"壳"，以矿业遗产为"核"，将生产制造、文化创意、休闲游憩等功能有机融合，结合矿产资源门类，建设一批集工业生产资源和自然景观、人文景观为一体的矿业遗产旅游小镇，如煤矿小镇、金矿小镇等。

"废弃矿区＋农业现代化＝休闲农业旅游"建设。以废弃地区生态恢复与重建为基础，使废弃矿区土地修复后形成的农业与自然、人文景观以及现代旅游相融合，结合农林渔牧生产、农业经营活动、农村文化及农家生活，开辟休闲农业旅游空间。对于历史文化价值相对较低、符合土地修复条件的废弃矿区，都可以开发各种形式的休闲农业旅游，如农耕园、采摘园、农俗园、循环农业示范园、休闲农业庄园等。

"废弃矿区＋工业化＝现代化工业旅游"建设。将废弃矿区与现代企业对接，利用精密的设施设备、先进的工艺流程，科学的现代管理制度等工业资源，以现代生产过程、生产风貌、工作生活场景为主要旅游吸引物，把标准机械的现代工业生产流程提升为旅游体验过程，把封闭的工业区塑造成休闲旅游区，推出一批特色产业园区、工业旅游示范基地。

"废弃矿区＋现代服务业＝深度复合型旅游"建设。利用废弃矿区独特的旅游资源，与教育产业、休闲产业、会展业、影视业、文化业、美容业、体育业等产业相融合，将时尚元素注入传统矿区工业元素中，形成教育旅游、度假旅游、会奖旅游、影视旅游、文化旅游、美容旅游和体育旅游等新兴旅游业态。

四、城镇工业游的举措与成就

城市更新始终伴随着城市的发展而发展，相关理念也在发生转变。在全球可持续发展理念和人本主义思想的影响下，城市开发更加强调综合和整体对策，城市更新也更加强调居住环境的改善、城市建筑的可持续利用以及城市文脉的传承等方面。在新的理念的指导下，工业城市通过新的城市更新与发展战略，实现完美转变，成为大城市更新发展的典范。城镇工业游推动了城市产业结构调整和转型升级，统筹了工业遗产保护利用与城市转型发展，将工业城市工业遗产纳入工业城市更新改造政策支持范围。结合地方资源特色和历史传承，将工业旅游资源融入城市发展格局，保持功能协调、风格统一。

（一）城镇工业游发展举措

2017 年 12 月，国家发改委及有关部门《关于规范推进特色小镇和特色小城镇建设的若干意见》（发改规划〔2017〕2084 号）提出：创新工作思路、方法和机制，着力培育供给侧小镇经济，努力走出一条特色鲜明、产城融合、惠及群众的新路；坚持产业建镇。立足各地区要素禀赋和比较优势，挖掘最有基础、最具潜力、最能成长的特色产业，做精做强主导特色产业，打造具有核心竞争力和可持续发展特征的独特产业生态；立足产业"特而强"、功能"聚而合"、形态"小而美"、机制"新而活"，推动创新性供给与个性化需求有效对接，打造创新创业发展平台和新型城镇化有效载体。

2019 年 7 月，在上海举行的全国工业旅游联盟成立大会上，《中国工业旅游示范城市指标体系》首次发布。工业旅游是城市旅游的生力军[1]，它的兴起既是旅游业自身发展的需要，也是城市工业企业展现其工业文化，实现其综合经济效益的需要。

2021 年已有珠海、上海、北京、重庆以及天津等多个城市发布了有关城

---

① 李建卫. 工业旅游是城市旅游的新增长点［J］. 北京城市学院学报，2006（1）：41-43.

市更新的实施方案或指导意见。相关政策几乎涵盖城市更新行动的各个环节。以重庆市出台的《重庆市城市更新管理办法》(以下简称《管理办法》)为例，该办法对重庆城市更新行动提出了指导意见，并指出城市更新主要内容包括完善生活功能、补齐公共设施短板，完善产业功能、打造就业创新载体，完善生态功能、保护修复绿地绿廊绿道，完善人文功能、积淀文化元素魅力等诸多方面。

（二）城镇工业游发展成就

工业旅游已成为推动城市产业结构调整和转型升级的新支点、新引擎。在开展工业旅游的城市，已经推出合理的工业旅游线路和成熟的景点。如上海把工业旅游作为都市旅游战略的重要组成部分，已制定了多条现代工业旅游线路，一些著名企业如宝钢、江南造船厂、大众汽车有限公司、上海石化股份有限公司以及一些跨国公司等都在其中。青岛推出多项工业旅游项目，包括海尔集团、青岛啤酒集团、青岛港等国内外知名度很高的企业。四川推出了长虹公司、剑南春集团等工业旅游景点。武汉高科技园区向旅游者开发了红桃生物产业园、神龙轿车、可口可乐、康师傅等生产厂家。柳州的五菱汽车厂、两面针股份有限公司被市旅游局列为首批工业旅游点。北京、南京、马鞍山相继推出"钢铁是怎样炼成的"旅游线路，向旅游者展示从矿石粉碎、炼铁、炼钢到制成钢材的全过程，形成了一定的接待规模。

此外，大庆石油、首钢总公司、宝钢集团等企业的工业旅游都属于老工业城市更新升级模式，特别是以黑龙江、辽宁和吉林为代表的东北老工业基地更具有代表性。这些企业都是中华人民共和国成立之初逐渐发展的工业企业，历史文化悠久，基础雄厚，工业旅游资源丰富，并且拥有优越的区位优势，近些年在国家政策的扶持下，开始寻找更新升级的发展新道路。黑龙江是我国工业和旅游大省，工业旅游资源丰富，振兴东北老工业基地政策以及毗邻朝鲜、韩日等优越的地理位置都为工业旅游提供了广阔的发展空间和良好的外部环境。大庆作为黑龙江省工业旅游发展的龙头城市，就是在这些内外部优势的共同作用下形成的，大庆是一座以石油、石化和高新技术产业著称的新兴城市，工业旅游资源丰富。例如，大庆石油工业旅游中心以"石油文化"为核心，以石油生产过程形成的场景、石油矿场、石油纪念馆和展览馆等为工业旅游产品，向旅游者展示我国石油工业技术以及艰苦创业的历史和其中所蕴含的"大庆精神"。

第二节　中国不同类型工业旅游发展进程

为了加快我国工业旅游的发展，我国从国家和地方两方面由上而下地出台了一系列有利举措。在这些强有力措施的保驾护航下，我国工业旅游取得了举世瞩目的成就，不仅提出了"新模式""新经验"，还形成了工业旅游的"新规范"。

一、工业遗产转型文旅创意产业园区模式的进展特点

改革开放之后，产业园区或开发区逐渐发展成一种普遍的工业发展模式，而且越来越显示出工业旅游的潜力，国外的很多产业园区，无论是历史遗留的工业遗产所改造而成的创意产业园区，还是高新技术产业园区都具有观光吸引力。工业旅游对于改善园区环境、提升园区形象起到重要作用。

产业园区模式是将一个地区内众多的创意企业或者产业园作为一个整体，建立购物中心、大型休闲区，将它们打造成具有观光、游览、休闲以及科普等多种功能的综合型旅游区，属于多个企业联合开发而形成的具有多家单项工业旅游产品在内的综合旅游产品的一种开发模式。

产业园区模式的主要特点在于综合性强，首先，是发生在综合性的工业园区或者产业集聚区，并且这些地方的功能完备、基础设施健全、地理位置优越，能够为旅游者提供综合性的服务；其次，它是以整个产业园为对象，在园区内设立统一的管理委员会，负责园区所有工业旅游项目的规划、产品设计以及线路开发等工作，进行整体联动开发，并且有优惠政策引导，在园区的统一规划引导下，能够更加合理地进行企业资源配置，深入挖掘企业的内在潜力，扩展企业的业务，提升企业的整体竞争力；最后，这种模式具有不同的功能，能够满足不同需求，发挥不同作用，如迎合商务型旅游者考察的需求，从而能够引进人才、招商引资，而其休闲和科普功能则能满足一般旅游者的需求，从而有利于进行营销宣传，提高产业园的整体形象。

武汉经济技术开发区、西安高新技术开发区、株洲国家高新技术开发区、

上海卢湾区"8号桥"工业创意园区、苏州工业园区等多个园区内开展的工业旅游项目都属于都市工业园业务扩展模式。这些园区既有高新技术产业也有传统技术转型升级产业，这些产业在园区管理委员会的统一引导规划下，同时配以休闲、观光以及娱乐等多种设施，内部功能齐全，对旅游者产生较大吸引力。上海卢湾区"8号桥"工业创意园区最早是由法租界改造成的上汽集团机车制动器生产基地，但随着企业发展，旧厂房被废弃。2003年下半年，在政府以及社会各界的共同努力下开始对旧厂房进行改造升级。目前，"8号桥"已有境内外近百家著名设计公司和著名品牌落户，成为顶级品牌展示和信息发布的平台、中外经济文化交流的桥梁。为了扩展园区业务，提升整体竞争力，"8号桥"开始打造工业旅游，通过历史文化长廊，向旅游者展示了园区的发展史。"8号桥"工业园目前主要针对的还是一些商务考察式的旅游者，通过参观历史长廊、听取经验分享报告、阅读相关宣传册以及实地考察等多种方式，了解到园区是如何从工业年代向后工业年代转变，以及其转变成后工业年代的发展状况，从而使他们能够更加深刻地了解"8号桥"的发展理念，加深对创意文化的认识。

二、工业企业发展工业旅游模式的进展特点

工业企业展示模式一般都以企业厂区为基地，因为这些地方在自然环境、人文社会环境以及高新技术等方面都对旅游者具有很大的吸引力。这种模式的工业旅游一般都是通过建立展览馆以及引导旅游者参观企业厂区等形式来开展旅游活动。最初这种模式是为了满足商务考察类旅游者的需求，但随着发展的深入，其休闲和科普功能也在不断强化。

现代制造业类企业大多都是在改革开放以后发展起来的新兴行业，这类企业依靠自身灵活的企业机制、国际标准化的生产线以及先进科学的管理模式，快速发展成为行业领先。这类企业虽然处于行业领先地位，但是面对激烈的市场竞争，必须要赢得消费者的认可，才能获得竞争优势。于是这些企业通过让消费者体验产品生产过程、参观厂区厂貌、感受企业先进的管理水平和科学的企业文化，从而在消费者心里树立良好的企业形象，以扩大企业知名度。

工业企业展示模式一般指的是以现代制造业为主的企业通过引导旅游消费者参观体验其生产过程、厂区厂貌向旅游者展示企业产品，并且举办公益性的

行业科普讲座，最终提高企业的关注度。

工业企业展示模式发生在现代制造业企业，这类企业发展速度较快，忠诚稳定顾客较少，面临着激烈的市场竞争，必须要通过宣传企业文化，科普产品知识，提高顾客的信任度，才能最终获得消费者的认可，扩大企业知名度。这种模式的工业旅游必须要通过旅游者亲身体验和感受企业先进的科技和文化，才能起到"活"广告的效应。因此这类模式的目标客户群主要是企业潜在或者未来的客户。

首先开展这种模式的企业一般不将工业旅游作为营利目的，而是希望通过这种方式达到"活"广告的效应，以宣传本企业产品，扩大本企业的知名度，在消费者心里建立良好的企业形象，因此它主要的旅游活动就是参观厂区厂貌、生产流程，宣传企业产品；其次受开展工业旅游目的的影响，这类企业在开展工业旅游时都十分重视旅游者的体验和感受，因此它们一般会在厂区成立专门的参观线路、配有专业的高素质导游员，为旅游者提供完善的导游服务，而且企业一般会在旅游活动开展过程中征求旅游者对产品的看法，以便对产品进行改进升级。海尔集团、长虹集团以及奇瑞汽车制造厂等现代化制造业都是在面临激烈的行业竞争的背景下开展的工业旅游，企业想通过向消费者宣传企业产品和文化来获取他们的支持，最终获取竞争优势。海尔集团成立于1984年，它是在学习德国电器生产技术的基础上，自主创办的具有多种经营模式、多种类型产品的国际化大企业，是我国著名的家电企业之一。随着家电行业的不断发展，海尔集团的市场优势越来越受到行业内其他品牌的威胁，因此为了获取消费者的支持和认可，提高企业的知名度等一系列目标使海尔开始打造工业旅游。海尔集团在推出工业旅游项目后，成立了海尔国际旅行社，并且在海尔科技馆、海尔工业园区、车间内规划了专门的参观路线，配备了专业的讲解员，培养了一支优秀的导游讲解队伍。随着工业旅游的深入发展，目前海尔集团已经开发出了一套完整的现代制造业工业旅游发展模式，重点打造了集团的样品室、生产线和科技馆等产品，并且赋予工业旅游产品科技、文化、旅游和娱乐等多种功能。

三、重大工程发展旅游综合开发模式的进展特点

重大工程是指由国家重点投资、投资金额大，且周期较长的项目，这些顶

目大部分都是由政府直接出资，会对当地的经济和民生发展产生重要影响。一方面，重大工程一般拥有较高的技术含量和科学价值，因此具有一定的科普价值；另一方面，这些工程大多数都位于地形独特、自然人文生态环境较好的地区，具有一定的观光游览价值。因此以重大工程为依托的综合开发模式是工业旅游开发的另一种重要模式。

重大工程综合开发模式是指在我国一些水利、电力或者太阳能等重大工程基地上，在当地水利、电力或风能等大型设施的基础上，以当地独特的地形条件和生态环境形成的景观为依托，通过水利、电力等设施向旅游者宣传科学文化和历史价值，向旅游者展示由重大工程带来的独特景观，从而实现重大工程的旅游、科普和社会经济等综合效益的一种开发模式。

采用这种模式的工业旅游几乎都发生在国内一些较大的工程基地或者新能源开发基地，这些地方依托其强大的工程建筑技术以及独特的地形和自然人文景观，向旅游者展示重大工程的建筑工艺以及工程建筑和当地的地形、水资源、生态人文景观等共同构成的景观。通过展示这些工程建筑技艺以及独特的自然生态景观，让旅游者能够更加生动形象地了解中国工程建筑技艺的伟大，宣传其中的科学文化价值。开展这种工业旅游是以宣传中国工程建筑技术和保护当地的自然生态环境为主要目的，以社会经济效益为辅，因此它面向所有的旅游市场，可满足不同旅游者的需求，但是着重以研学旅游、科普教育等为主。

只有在我国重大工程基地开展的旅游才符合这种旅游开发模式，如长江三峡旅游景区、都江堰风景区以及葛洲坝风景区等。这些工程基地都以强大的工程建筑技术和先进的设施设备为支撑，同时还拥有独特的自然和人文资源，能够满足旅游者学习科学知识、工程建筑技术以及欣赏自然生态景观的需求，这种模式的工业旅游在实现其科学、环境效益的同时也获得了一定的经济效益。三峡大坝是长江三峡旅游景区的重要组成部分，位于西陵峡的中段，景区以当今世界上最大的水利枢纽工程——三峡大坝为依托，全方位展示了工程建筑技术和水利文化，为游客提供游览、科教、休闲、娱乐为一体的多功能服务，是将现代工程、自然风景和人文景观相结合的旅游景区。在景区内部不仅可以观赏到三峡大坝泄洪时的景观，还可以通过模拟展示厅了解三峡大坝的建筑原理和科学技术；在截流纪念园内设有展室，游客可以通过展室内的图文资料了解三峡工程以及大型施工机械的实物展览等。三峡大坝旅游景区在向旅游者普及科学文化知识和技术的同时，保护了当地的自然生态环境，实现了自身的社会经济效益，最终实现重大工程的综合开发。

四、工业博物馆发展工业旅游模式的进展特点

国内工业博物馆较国外起步较晚，数量也较少，国外工业类博物馆数量繁多且类型复杂。国内除沈阳工业博物馆暨中国工业博物馆之外，还有柳州工业博物馆、徐州工业博物馆等，但因其规模较小，展品单一，且展览设计理念也较为落后，而不为人知。国内工业类博物馆当以沈阳工业博物馆为代表，该馆不仅占地面积大、展馆众多（26馆）、馆藏丰富，而且具有较为先进的展览设计理念。除了具有国外普遍具有的科普功能和教育功能，真实性和知识性之外，还增添了许多大众喜闻乐见的娱乐性、趣味性等多处亮点内容，同时采用现代声、光、电等高科技演艺手段，增加了与观众互动的环节，提升了观众的观展品位，加深了对工业博物馆的了解。在前期建筑规划、展陈脚本制作、陈列布展设计等几个方面在国内外也处于领先地位。尤其是运用工业工程相关理论为依托，更是使该馆在设计制作方面具有了较为严谨、科学且带有前瞻性的理论支撑，为该馆争创中国十大精品工程，奠定了良好的基础。

国内博物馆运营模式主要包括以下几种形式：（1）单一化经营模式。单一化经营，又称专业化经营，博物馆各项经营支出均由国家文博主管部门按照规定统一划拨，不允许博物馆自主经营。包括免费门票、免费参观、免费导览讲解等。（2）多元化经营模式。多元化经营模式分为三种基本类型：集中化多元经营、横向多元化经营和混合多元化经营。集中化多元经营是指将一些增加新的、但与原有博物馆业务相关的产品与服务一同被广泛地称为集中化经营。这种经营方式的特征是提供的产品或者服务和现有的产品或者服务有一定的相关性，提供的对象有可能是现有的游客，也可能是新游客；博物馆可能投入相当的资源拓展新的市场。也可能通过现有的营销网络进行经营。横向多元经营是指博物馆向现有的用户提供新的与原有业务不相关的产品或者服务。它的特点是提供的产品或服务与现有的产品或服务没有相关性，并且被提供的对象是现有的游客，而不是新的游客。也就是利用现有的市场，通过现有的营销网络进行经营。混合多元化经营是博物馆增加新的与原有业务不相关的产品或者服

务。它的特点是博物馆提供的产品或者服务和现有的产品或者服务不相关，提供的对象有可能是原来的游客，也可能是新的游客，博物馆有可能投入相当的资源进行新的市场开拓，也有可能通过现有的营销网络进行经营。沈阳工业博物馆属于这个类型。

在运营工业博物馆时，应考虑以下 6 方面问题：第一，根据人民的需求以及偏好，设计博物馆的空间展示。通过博物馆可以带动人们自愿、自主地进行学习，通过自身的兴趣特点以及探索能力对本国文化历史深入研讨。该学习形式是一种非正式的学习形式，而且对学习群里不设置任何要求，这就意味着全国人民都可以通过博物馆文化艺术传播的形式来提高自身的文化修养与艺术修养。第二，通过博物馆的这种非正式的教育方式，达到一种文化修养，艺术修养的传播，从而提高全民自主学习的能力，提高了本国的精神文明建设。还可以通过博物馆文化艺术传播，将很多复杂的学术理论和学术知识传达给想要了解的人们。第三，博物馆展示属于一种艺术、文明的展示窗口，通过对参观者视觉艺术的冲击，达到其提高艺术修养的目的。其本质主要是进行文化传播，知识传播，但是根据人文理论，博物馆的展示必须要具备一定的感性因素，通过感性的方式进行知识交流。第四，博物馆必须要有一定的娱乐性，人们正常的工作、生活压力较大，想要通过旅游、文化艺术浏览的方式来缓解一定的压力，这就要求博物馆在进行文化、艺术传播的同时，一定在其空间设计方面带有娱乐主题元素。第五，通过对博物馆展览实例进行调研发现，传统方式的博物馆展示并不能充分得到参观者的好评。参观者希望通过浏览博物馆的同时还可以达到学习知识的目的。参观者同样喜欢探索未知领域事物和现象，但传统的展陈模式如告知方式、图版方式、讲解方式，不能满足广大求知者的更高诉求，更无法吸引参观者并使其满意。所以现代博物馆对展陈进行了全方位、多视角的科学改进，通过角色扮演、视觉动感、亲身体验来提高参观者的兴趣，最终实现教育目的。第六，随着科技的不断进步，越来越多的人喜欢参观一些高科技馆、工业类馆，所以很多博物馆也效仿此种方式，通过科技手段和图像处理手段来进行展品的设计，打破传统的博物馆参观模式。

第三节　中国工业旅游发展还存在的问题

工业旅游在国内旅游界逐渐得到广泛认识和重视，但由于发展较晚，还处于初级阶段，存在不少问题。工业旅游还没有成为一种广受重视和游客欢迎的重要专项旅游产品，多数还处于比较简单的工业遗产资源、工业空间等的利用。本节将从多个方面探讨中国工业旅游发展存在的问题。

一、工业旅游社会认知力不足

与发达国家相比，我国对工业旅游不仅认识不高，而且认识较晚。英国是世界工业旅游发展的先驱国家，也是工业旅游认识最为成熟的国家之一，目前不仅许多工业革命时代的企业和生产资料（如蒸汽机等）已成为人们的参观对象[1]，而且一些现代的工业企业也越来越受到游客的喜爱。20 世纪 90 年代初，英国已有 640 多家工业企业接待游客，开展旅游业务。英国威尔士地区首府加的夫郡，其周边河谷盛产煤炭。20 世纪初，加的夫曾经是全世界最大、最繁忙的煤炭输出港。到了 80 年代，由于传统重工业调整，煤炭出口量锐减，给当地的经济造成冲击。为了寻找接续产业，当地政府和企业对昔日的煤港进行改造，变成现代化的集装箱码头，同时利用废弃的矿井[2]精心策划建设了一座"大矿坑采矿博物馆"，展示当年的采矿历史和矿工生活[3]。游客们在退休的采矿工人带领下，可以到地下近 100 米的坑道中，亲身体验矿工的生活[4]。而在我国，从政府、企业，到游客及配套服务部门，对工业旅游的认识和重视均显不足。

（一）政府方面对工业旅游重视不足

近年来国家颁布多个推动旅游业发展及工业旅游示范点等文件，工业旅游

---

① 谭婕.湖北工业旅游发展与开发对策研究［D］.武汉科技大学，2011.
② 杨振.我国工业旅游产业发展与组织优化研究［D］.山东农业大学，2010.
③ 柴寿升.休闲渔业开发的理论与实践研究［D］.中国海洋大学，2008.
④ 李淼焱.中国工业旅游发展模式研究［D］.武汉理工大学，2009.

也应势发展，多省政府在出台了各自推动本省工业旅游的文件后，也相继推出了自己的工业旅游线路、工业遗产名录等。即便如此，在各地政府指导工业旅游发展的过程中，仍旧表现出未完全理解什么是工业旅游，如何使工业与旅游有效融合，并出现了很多需要政府重视的问题。

政府未对丰富的旅游资源制定科学有效的开发利用政策，未将发展工业旅游当成一个推动经济发展的重要产业来对待[①]。发展旅游业需要培育旅游市场，搜寻各地具有特色和竞争力的旅游产品，需要政府财政、金融环保、交通、工商等方面的政策支撑[②]。部分政府关注的是单纯发展农业和工业，旅游资源开发利用未纳入政府发展经济的视野。不仅未制定出科学的开发政策，而且在发展经济的过程中还破坏了极为珍贵的旅游资源[③]。近现代的工业遗产和古代文物相比，几乎每天都在被拆除。遗产越年轻，消失越快，大量工业遗产未被纳入保护范围[④]，这些不可再生的工业遗产旅游资源就已被夷为平地，令人痛心。

此外，为经济建设和产业发展提供公共服务是政府的重要职能。旅游产业的发展，同样需要政府提供全方位的公共服务。公共交通的滞后使一些独特的工业旅游资源存在最后一公里的可进入性问题，很难到达，或十分不便；缺乏商业、餐饮、宾馆等配套产业，没有安全的社会治安保障；没有环保维护体系，传统工业脏、乱、差的环境很难有旅游者观光[⑤]。这些问题均不是某个旅游企业仅凭借自身之力能够完全解决的。只有政府充分发挥其服务职能，整合全社会力量，才能为旅游的发展提供良好的环境条件[⑥]。

（二）工业企业对工业旅游的认识和重视不足

多数工业旅游景点脱胎于传统工业企业，在思想认识、旅游产品开发、服务和管理方面存在许多不足[⑦]。尽管一些开发较早的工业企业在工业旅游上已

① 蒋莎.中国旅游产业发展中的政府职能定位分析［J］.云南地理环境研究，2006（5）：108-112.
② 岳明珠.旅游业发展中有限政府主导型模式构建［D］.南京师范大学，2008.
③ 蒋莎.发展旅游业：政府缺位、错位与到位［J］.天中学刊，2005（3）：50-52.
④ 段续，何悦.新华社：中国工业遗产开发渐受重视［EB/OL］.http://www.huaxia.com/jltwlx/yw/jlyw/2014/07/3980654.html，2014-07-16.
⑤ 金英子.常德市旅游业发展政府管理创新研究［D］.湖南大学，2012.
⑥ 蒋莎.中国旅游产业发展中的政府职能定位分析［J］.云南地理环境研究，2006（5）：108-112.
⑦ 孙爱丽.我国工业旅游开发的现状及对策研究［J］.上海师范大学学报（自然科学版），2002（3）：80-85.

尝到一定的甜头，然而在我国依然有一些企业管理层对发展工业旅游有不同看法①。

在欧美发达国家，15% 以上的企业都兼顾发展工业旅游，这已成为工业化发达程度的指标之一。比如，到了美国"汽车城"底特律，一定会去参观福特汽车公司的生产流水线；而到了美国首都华盛顿，游客们就会去看看美钞是如何印出来的。在法国雪铁龙汽车工厂，每年前来参观的游客就超过 20 万人次，抵得上国内一个中小城市的年接待游客数量的总和②。

如果为了做到观光、生产两不误，企业或需要设置观光通道、改造调整生产流程，或需要配备专业的讲解员、接送车辆等③。不菲的前期投入，让一些企业心存顾虑，望而却步④。因此部分企业认为工业旅游投入高、产出慢，积极性不高。在上海，想在节假日过把工业旅游瘾的游客不得不面临景点关门谢客的尴尬；在工业旅游资源十分丰富的老工业基地黑龙江，企业经营者以怕麻烦而且很难挣到钱为由，拒绝游客参观；在广州，因为企业怕麻烦不愿意配合，导致曾经红火过的工业旅游处于两难的境地。

工业企业的决策层往往认为与企业主流产品创造的价值相比，工业旅游直接创收甚微⑤。其实不然，以青岛港为例，该港从 1999 年在青岛市首批推出工业旅游之后，其特有的海港风貌、码头设施、船舶景观、装卸工艺，以及 100 多年积淀起来的浓厚的企业文化等，无不增添了港口旅游的魅力，2001 年累计接待游客 10 万余人次，旅游收入超过 1000 余万元。而青岛啤酒厂传统的酿酒工艺，海尔集团享誉世界的家电产品，卡斯特酒庄壮观的葡萄庄园等，也吸引了全国乃至世界各地的慕名者，给企业创造了可观的经济收入⑥。主要原因在于企业对工业旅游认识过于狭窄，认为工业旅游只是工厂转一转，车间看一看，不会带来收益。只有在企业充分了解了工业旅游的理念和价值后，学会分区域开放，并将参观、购物、休闲等功能结合在一起，才能为企业创造更多财

① 黄芳 . 我国工业旅游发展探析［J］. 人文地理，2004（1）：86-91.
② 史鹤幸 . 工业旅游正当时［J］. 上海企业，2011（1）：16-19.
③ 未来 5 年市场有望超 2000 亿元工业旅游将成新景观［J］. 中国机电工业，2017（1）：26-27.
④ 大东设计院 .2020 工业旅游，当下可为，未来可期［EB/OL］. https://www.sohu.com/a/379059575_488870，2020-03-10.
⑤ 赵地 . 北京发展工业旅游的对策研究［D］. 首都经济贸易大学，2012.
⑥ 黄芳 . 我国工业旅游发展探析［J］. 人文地理，2004（1）：86-91.

富。

即便了解了工业旅游的优势，企业的保守惰性也是阻碍企业发展工业旅游的原因。旅游企业是旅游发展的重要主体之一，任何改革与创新都势必涉及企业的制度、利益、行为的重大变革。旅游企业在旅游制度创新中扮演着重要的角色，但是基于认知能力、长期经验、具体利益等的差异，并非所有企业在任何时期，都是积极支持和致力于旅游制度的创新，也会保守和产生惰性。在长期的经营中，旅游企业会形成固定的经营模式、利益分配机制和思维定式，在面对旅游制度创新时，自然会产生不同的经营主张和利益要求。这在旅游制度创新过程中就表现为不愿意进行变革和创新，认为没有变革的必要性，从而阻止变革、拖延变革、阻碍创新。因此，在旅游制度创新中作为主要创新主体的旅游企业，在面临经营困境和市场变革时，可能会积极推动制度创新，成为创新的主导者、参与者。但在企业经营状况良好、市场稳定的时期，企业就会缺乏创新的积极性，对于变革和创新缺乏热情，参与度不高。

工业旅游的特殊性决定，它必须依附于一定的工业基础之上进行相关的规划开发，而企业管理层往往将目光投向对市场环境的关注[1]，而忽略了工业旅游开发能够有效提升其核心竞争力的重要性。开发工业旅游，不仅仅是游客本身得到益处，工厂企业本身也受益匪浅，有利于提升企业自身的品牌知名度，优化企业资源配置，提升企业管理水平，使其产品可向消费者直接销售，增加企业经济效益。与旅游者直接的接触，创造了与社会交流沟通的环境，有助于树立良好的企业和产品形象，促使企业转变观念、提升管理水平。并且对于加快产业结构调整有潜在的积极影响[2]。显然，工业旅游要在全国范围内得以大面积推进，转变企业的观念乃是当务之急[3]。

（三）服务配套企业方面对工业旅游认识不足

旅行社方面，由于工业旅游在目标顾客的定位上，仍比较侧重于企业间的参观与交流，多属于商务旅游的性质，面对大众旅游尚开发不足，因而在营销

---

① 魏清青.工业旅游开发对策研究——以重庆市为例［D］.四川师范大学，2012.

② 颂之文化.工业旅游开展的意义［EB/OL］.http://www.7dshow.cn/mobile/view.asp?artid=1577，2017-7-14.

③ 黄芳.我国工业旅游发展探析［J］.人文地理，2004（1）：86-91.

上缺乏策划和宣传推销①，等客上门的现象仍然存在，并未主动与当地旅行社合作。旅行社对工业旅游不甚了解，也未提起足够的重视，因此在工业旅游零星发展、刚刚起步的地区，少有将工业旅游景点加入旅游线路中。这不完全是当地旅行社的责任，因为多数工业旅游企业都成立了自己的旅行社，配有专业的导游员，并对旅游资源设置"垄断障碍"②。这难免打击了其他旅行社的积极性。而且有的工业企业的旅行社仍按照企业的工作制，双休日不接待游客；有的工业企业的旅行社提出，凡其他旅行社介绍来的旅游团，必须由企业的旅行社安排食宿及交通，这样，地方旅行社推介工业旅游的积极性自然不高。工业企业的被动与旅行社的低调使得工业旅游在大众旅游方面并没有达到应有的影响力度。

除了旅行社方面的配套服务不足，金融、工商、住宿、餐饮、交通等方面的配套工作也存在很多问题，大部分部门不清楚工业旅游的具体内容、发展的价值以及能吸引多少客流，因此未在工业旅游景区开发及运营过程中形成有效的协作关系。要发展好工业旅游，就不能将眼光仅仅放在参观游览上，必须要注意对旅游产品的有机组合③。目前工业旅游企业所在的工业区大都建筑风格单一、环境的绿化美化水平较低，没有像样的宾馆饭店、商业设施和休闲活动场所。这与已形成一定规模的传统观光旅游景点相比，是一个明显的缺憾，也不符合旅游活动中人们对于审美的要求，因而对工业旅游的发展很不利④。可以说，工业旅游与大旅游概念相匹配的配套设施的完善是任重而道远，这需要政府、各服务部门或工业企业共同配合解决。

（四）游客方面对工业旅游认识不足

提到旅游，大部分游客还停留在自然美景、历史文化等旅游资源上，然而对什么是工业旅游了解不多。2013年曾有记者在长沙街头超市、学校、肯德基和停车场随机询问市民是否知道长沙已经有工业旅游景点，10人中9人都

①　丁剑.青岛市工业旅游的竞争优势分析与发展对策研究［D］.山东大学，2004.
②　李淼焱.中国工业旅游发展模式研究［D］.武汉理工大学，2009.
③　丁剑.青岛市工业旅游的竞争优势分析与发展对策研究［D］.山东大学，2004.
④　黄芳.我国工业旅游发展探析［J］.人文地理，2004（1）：86-91.

表示"不知道""没听说过"。[①] 只有一位正在逛超市的中年男士说知道，还去参观过，他所在公司与可口可乐和比亚迪有合作，去参观纯属工作任务。当时的游客并不是没有意识到这方面的需求，而是由于宣传力度不够等原因，使得需求没有释放，未形成较大市场，也间接导致企业开展工业旅游热情不高。

随着近些年国家旅游局和工信部大力推动工业旅游发展，越来越多的游客知道了工业旅游，然而仍有一部分游客认为工业旅游仅仅是单纯的工厂车间参观，设置工业旅游项目的企业，打开大门，开设一条参观线路，游客走马观花后走人，因此拒绝参加工业旅游。一部分原因是部分企业开展工业旅游形式单一，这样既不能挖掘工业文化内涵，也无法撬动游客消费和借助工业旅游开展为企业"打广告"；另一部分原因是游客不了解工业旅游的形式多种多样，还包括工业遗产旅游、工业博物馆、重大工业项目参观等。

其实在近些年游遍了必游景点的游客已经厌倦了千篇一律的传统景点，在不停地探寻新的刺激。像工业旅游这种景点不同于一般的观光旅游，工业旅游在观光休闲的同时，还能满足游客的好奇心和求知欲[②]。对企业而言，出发点不只是满足游客的好奇心，而是品牌宣传和产品销售，敞开大门让游客了解自己，对产品产生信赖感，其效果是产品广告无法比拟的[③]。众多企业发展工业旅游的最初目的并非为营利等经营因素，但几年市场化发展后，比如苏南的一些轻工企业就实现了较为明显的旅游盈利。

二、工业旅游产品吸引力不足

目前我国工业旅游产品设计创意不足，未形成精品。因为工业旅游发展起步晚以及未引起相关方重视等原因，导致工业旅游产品开发方面投入不足，表现在工业旅游产品的开发层次比较单一，产品的形式和内容均缺乏创新。

一方面，工业旅游游客体验较差，许多工业旅游项目还停留在游览观光层面，也就是看看、停停、走走、听听，参观生产线、播放专题片，谈不上深刻，这一方面是旅游产品的资源优势不具备，另外开发者没有意识到工业旅游

---

① 丁婷婷.长沙"工业旅游"周年，市民想看不知怎么去［EB/OL］.http：//epaper.xxcb.cn/xxcba/html/2014-09/15/content_2804705.htm，2014-9-15.

② 谭婕.湖北工业旅游发展与开发对策研究［D］.武汉科技大学，2011.

③ 颜庭干.循环型工业旅游开发研究［J］.商业研究，2010（11）：145-148.

有着巨大的赋值能力，认为没有价值，便缺乏细致深入的产品设计与钻研。比如参观通道的设立，工业企业为了不影响生产或是出于安全方面的考虑，把旅游活动局限于有限的旅游通道或区域内，这种限制使得多数工业旅游成为简单的走马观花，游客感受到的是约束和形式化的参观，很难对其产生浓厚的兴趣；还有些企业在规划设计之初并未考虑要开展工业旅游，许多旅游项目是在后期才考虑的，企业往往都是在厂房基本建设完了才找工业旅游规划公司介入，给工业旅游的规划留下非常小的空间，而且装入的内容也缺乏体验感，游客只是一味地观光，缺少其他形式的旅游活动 ①，目的也不明确，未能很好地起到宣传企业、促进销售的作用 ②。

另一方面，工业旅游开发形式过于单薄，有些产品一条线路就是一天游览一个企业，这往往更接近于某一家企业的考察活动，未能激起大众游览的兴趣，这种单一的形式吸引的绝大多数是商务人士或专业人员，从而严重阻碍了工业旅游成为大众化旅游产品的目标。所以在解决工业旅游产品缺乏体验性和参与性的基础上，还应与当地优势旅游资源相结合。

基础产品没有做好，就很难形成品牌。虽然很多企业自身的工业产品品牌好，声名远播，但是企业或城市的工业旅游品牌与常规旅游相比，品牌化进程也是刚刚起步。随着工业旅游的发展，品牌工业旅游将会成为行业发展的必然趋势，国内外著名的工业旅游城市都有一批著名的工业旅游线路。如鲁尔区从1998 年开始，将全区主要的传统工业旅游景点整合为著名的"工业遗产旅游之路"③，包含工业旅游景点、国家级博物馆和典型的工业城镇，以及利用废弃的工业设施改造而成的观光塔等，逐步形成了覆盖整个鲁尔区的 25 条专题游线。

品牌形象的本源是消费者对品牌的心理体验，是消费者对品牌气质的识别，是消费者听到品牌后产生的一种心理感觉与审美体验 ④。引起品牌形象树

---

① 杨洁.大连工业旅游开发现状及对策研究［D］.辽宁师范大学，2009.

② 蓝裕文化.工业旅游乃是特色小镇的根基［EB/OL］. http://www.lanyuwenhua.com/news_detail_442.html，2017-10-17.

③ 李虹，杨洁.区域合作视角下的辽宁工业旅游发展［J］.沈阳工业大学学报（社会科学版），2009（2）：152-156.

④ 辛悦.中国工业旅游发展前景分析［EB/OL］.https：//www.fx361.com/page/2019/0601/5177645.shtml，2019-06-01.

立的最重要因素便是人们对品牌的联想，或者说一提到品牌名，消费者便会想到的一些东西[①]。这种联想使品牌形象与众多事物联系起来，驱动形象的建立。尽管工业旅游是建立在品牌效应的基础上，但如何通过工业品牌培育旅游名牌仍是一个新的课题。

一般而言，工业旅游拥有品位较高的旅游资源，且旅游资源本身拥有较高的知名度，但与之相对应的旅游项目却没有做出自己的特色，一般仅限于对既有资源的陈列与宣传，缺乏对游客有持久吸引力的旅游产品[②]。工业旅游发展至今，各企业各自为政、独立作战，缺乏系统运作和整体品牌打造[③]。因此并没有形成真正富有竞争力的旅游品牌，使得工业旅游资源的利用率尚未达到最佳。

国外的工业旅游在这一点上有可借鉴之处，企业不仅创意开发工业旅游，企业之间还能合作打造整体品牌。以日本五大工厂的河流夜游产品开发为例，在日本，化工·钢铁联合企业的夜间照明、烟囱、配管、液体槽群等部位的"结构艺术"，以及悠久的工业遗产文化，通过互联网的传播，深受人们喜爱。几个工业发达、工厂数量多的城市抓住机遇结成发展同盟，以"日本五大工厂夜景"的名义占据了先机。2011年在川崎市召开"工厂夜景峰会"，奠定了发展夜间旅游的基础，加入同盟的还有四日市、室兰市、北九州市、周南市。这些城市在政府的鼓励下，依托优秀的工业遗产文化，借助灯光等技术，以夜间河流游船的形式，设计出特色夜游项目，吸引了众多游客的眼球。在传播工业文化的同时，也大大提高了其经济效益，为其发展带来了新鲜活力[④]。

活化城市文化，塑造特色IP。在日本，喜爱工厂设备设施的旅游爱好者被称为"工厂萌"一族，日本五大工厂夜景进行准确定位后，塑造了这一萌系品牌，实现了品牌营销。日本"工厂萌"源自网络名人石井哲和大山显。石井哲在网络运营上围绕工厂建筑美的社区，2007年3月出版与大山显合著的《工厂萌》写真集，在电视节目中介绍以及先后出版了2套介绍工业区的DVD《工厂萌的那些日子》，两人还亲自组织围绕工厂夜景的旅游线路，对"工厂萌"

① 周凯颖.基于生态设计理念的服装品牌规划与设计研究［D］.江南大学，2010.
② 丁剑.青岛市工业旅游的竞争优势分析与发展对策研究［D］.山东大学，2004.
③ 郝幸田.让工业旅游更亮丽［J］.企业文明，2018（11）：84-87.
④ 域外之音.穿过光影看夜游［N］.上海法治报，2019-10-15（B08）.

的兴起起了不小的引领作用。活化城市文化，塑造接地气的萌系品牌，值得借鉴。

丰富游船内涵，提升游客体验。夜间游船是观光游的产品之一，被称为工厂夜景爱好者的"圣地"的四日市，设计了极具艺术美感的夜晚景象，开发了"四日市夜景游轮"产品，打造出"3D夜景"景观，涵盖了从海陆空角度所能看到的工厂夜景，游客在乘船体验多角度的工厂景观的同时，导游还会讲解四日市的工业文化发展历史、机械设备的趣闻、当地在改善工业污染过程中采取的措施等，吸引了大量的游客。四日市夜间游船产品的设计，不仅关注外在景观的打造设计，还依托城市特色，活化城市文化，为河滨海滨夜间游船产品注入丰富的文化内涵，在传播工业文化的同时，也大大提高了其经济效益，值得国内借鉴[①]。

三、工业旅游安全生产保障力不足

其实工业旅游不但可以带来可观的收入，而且还可以提升企业的知名度。而现在的工业旅游搞不起来，除了线路推出后游客反响不够热烈外，还因为有些企业不是很愿意配合。此外，害怕泄露商业秘密、考虑游客安全、担心影响生产也是阻碍企业发展工业旅游的重要原因。

尽管一些开发较早的工业企业在发展工业旅游上已尝到一定的甜头，然而在我国依然有一些企业管理层对发展工业旅游抱有不同的看法。他们认为企业是产品制造的场所，接待游客，让"闲杂人等"到企业旅游会影响生产活动的正常开展，因而对前来参观旅游的游客抱着敷衍和排斥的态度[②]。而受传统思想影响，一些企业把工业旅游视为副业，企业开展工业旅游是不务正业，认为自己并不缺这个"小钱"。

一些企业觉得接待这些游客给自己添了很多麻烦，有些厂区安全要求较高，只要有一位游客不注意，就容易酿成大祸，进厂前要对游客进行安全教育和检查。对于参观的内容，也存在一定矛盾——参观的内容少了，游客觉得只

---

① 华汉旅业.工业旅游要如何发展才能有特色呢？[EB/OL].https://baijiahao.baidu.com/s?id=1650628612742135426&wfr=spider&for=pc, 2019-11-19.

② 胡迎春.鞍山钢铁集团工业旅游的发展对策[J].沈阳工业大学学报（社会科学版）, 2010（1）：55-57, 62.

能看到一些皮毛，没什么意义，还不如看电视，参观的内容多了、深入了，企业又怕泄密，也存在较多顾虑。

坚持生产与旅游互不干扰，做好保密工作。工业企业毕竟不是纯粹的旅游区点，因此，在开展工业旅游时，不能因旅游而妨碍工厂生产工作的正常开展。值得注意的是，在工业旅游中，有时难免会出现涉及商业机密的时候，尤其是高科技与军工企业更为突出，在这些方面，对一些企业重要的生产车间与部门还应采取一些必要措施，如禁止拍照、录像等，做好安全保密工作，以免造成类似我国宣纸生产技术外泄的不良后果。

上海通用汽车厂就曾因流水线要上新车，车间需对外保密，一度停止工业游项目。上海大众为了确保安全，游客在车间里不能走动，必须乘坐电瓶车，由专人开车讲解，一般每天只接待三四批游客，每批不超过 50 人。由于年龄小的学生自控力较差，大众表示他们只接待高校学生，宝钢也要求来访学生必须是高中以上。

工业旅游本身，展现的是企业的一种透明度。让工业旅游走进车间厂房，让其在众目睽睽之下生产，这对于企业而言，需要底气，更需要勇气。现实中，部分企业还没有这样的胆量。

四、工业旅游盈利持续力不足

目前我国工业旅游与企业发展融合不足，缺乏持续运营模式，回头客较少，一部分原因是由工业企业自身的性质决定，工业企业的可看对象变化不大，工业旅游一般也缺乏旅游产品通常所具有的娱乐性，主要是工业企业的神秘感和人们的求知心理促使人们到工业企业旅游，当人们对其有了一定的了解和认识之后，很难对其再产生强烈的重游愿望，并且游客看了一个旅游产品后，一般不会再去参观其他同类型产品[1]。所以，游客以猎奇为目的观光，多数表示没有再次游玩的打算，导致单一企业重游率低，且影响同类其他企业。因此，工业旅游应有明确的主题策划和营销方向，要从走马观花似的体验游向充满趣味性、科技性的深度游发展。

此外，营销人员不够专业和营销方式比较单一是制约工业旅游营销的两个

---

[1] 孙爱丽，朱海森．我国工业旅游开发的现状及对策研究［J］.上海师范大学学报（自然科学版），2002（3）：80-85.

最大问题。工业企业从事旅游营销工作的人员多是由企业内部某一部门员工兼职负责，如公关部、外联部，没有专门的部门来负责工业旅游产品的营销工作[1]；营销人员也是只懂工业或只懂营销的非专业人员，缺乏二者兼通的复合型人才。此外，现有的工业旅游营销方式只局限于依靠旅行社招徕客源的传统的营销方式，没有结合工业企业自身特点推出有针对性的营销策略和方法[2]。

　　怎样的工业旅游更受消费者青睐，是亟待解决的问题。中国的工业旅游相对来说更偏向于第二产业的二三产结合品。现代化的流水线，玻璃罩着密封无菌的生产车间还有参观完毕后一个接一个的展销柜台等，都像是在强行将自己的产品推销给游客，这种推销方式固然好，并且创造了相当可观的营业额。但从旅游业这个典型的第三产业角度来看，游客消费的不应当仅仅是产品，更多的是服务[3]。如果仅仅是产品，就会产生看过了、买完了，就不想再来了的情况。

　　不难发现国外工业旅游为什么那么有吸引力，成为男女老幼都爱去的地方。最简单的道理就是好玩，娱乐，轻松。连最基本的人性都满足不了，便很难有回头客。以闻名世界的日本白色恋人巧克力工厂为例，该巧克力工业游项目位于札幌，每天都会吸引数万名来自世界各地的游客前来参观。购买门票后即可进入园区，园区设计功能丰富，令游客仿佛置身于"查理的巧克力工厂"之中。白色恋人公园大体可分为两部分：美味的"巧克力工厂区"、典雅的"都铎屋"。而沿着导览指引，游客可前往巧克力工厂区3楼参观白色恋人生产线，观察其著名的猫舌饼干夹巧克力的样子；而在4楼的巧克力吧，旅客可以品尝白色恋人圣代或巧克力饮料；与"巧克力工厂区"相比，都铎屋的童话气质与历史氛围要更加浓厚，这里的2楼是留声机展览馆，收藏有各色造型、素材的留声机。除此之外，还有手工制作巧克力的工艺现场展示以及游客体验工坊。沿参观线路还有购物区，在参观完毕后可以在购物区购买和品尝到北海道著名的白色恋人巧克力夹心饼干和冰激凌作为纪念。游客除了可以参观

　　① 杨洁.大连工业旅游开发现状及对策研究［D］.辽宁师范大学，2009.

　　② 李虹.辽宁工业旅游的SWOT分析与策略选择［J］.大连理工大学学报（社会科学版），2008（1）：34-37.

　　③ 辛悦.特色小镇与工业旅游融合发展的研究［EB/OL］.http：//www.fx361.com/page/2019/0708/5303130.shtml，2019-07-08.

巧克力的流水制作工艺，还可以通过观看专业表演来了解"白色恋人"背后的故事，增加旅游的趣味性①。

同样影响工业旅游持续运营发展的还有管理者的理念。一些开展工业旅游企业的管理者，有开展工业旅游的意识，但是也"不懂旅游"，对旅游市场的规律性把握、工业元素如何变身旅游产品、工业生产与旅游开发如何合理协作等，思路都不够清晰，工业旅游资源的价值没有充分释放，导致企业的工业旅游未形成一定的品牌及影响力，甚至发展出现停滞或萎缩。要做旅游的事，就必须引入旅游专业的人，必须通过专业的旅游服务人员来提升服务质量。从旅游的角度提高整体的工业旅游运营管理水平，才能助推工业旅游的发展②。

五、工业旅游财力、人力、政策不足

（一）工业旅游人才严重不足

1. 精于开发、规划和管理的专业人才比较缺乏

目前我国工业旅游从讲解到路线设计再到提供的服务都不够专业。工业企业往往是用发展工业的思路和经验指导工业旅游工作，开发上缺乏本土特色，缺乏专业的规划人才和机构。如辽宁抚顺的矿山转型开发工业旅游后，景区经营管理人才、招商引资人才及其他需要专业背景的人才仍然短缺。在设计参观游览线路时，工业企业往往过于注重突出新奇和趣味，没有考虑到场地的可承载力和线路安排的合理性，有些游览活动会影响到工人正常的生产过程，部分线路设计存在安全隐患，线路内容设计不够合理；在旅游设施建设上还不够齐全，旅游功能不够完善。工业旅游开发中不进行专业化规划设计，不采用科学有效的管理方式，专业人才和管理能力不到位，工业旅游发展就会相对滞后。

2. 缺乏复合型服务人才

工业旅游处于第二产业工业和第三产业旅游业交叉的领域，所需要的人才既要了解企业的发展历程、企业文化、制造工艺，同时还要具备旅游相关的专

---

① 江苏商报.国外工业旅游都是怎么做的［EB/OL］.http://jssb.njnews.cn/html/2019-08/23/content_69582.htm，2019-08-23.

② 工业旅游酒庄旅游设计.工业旅游最强干货来袭，值得收藏［EB/OL］.https://www.sohu.com/a/252079364_100051959，2018-09-05.

业知识与服务技巧。目前从事工业旅游导游服务的主要是旅游人员或者企业管理人员，面对专业性较强的工业知识，其讲解内容略显肤浅，满足不了旅游者求知、求奇、求新的需求。缺乏复合型人才已经成为制约工业旅游发展的重要因素，工业旅游总体服务水平尚处于初级发展阶段。

（二）资金保障不足，融资难

盈利模式不清晰、定位不明确，运营模式难以确定，收益不能得到保障，令不少项目难以得到投资方的青睐。

关于旅游项目的定位问题，包括策划者及产品内容，都是运营和投资中的难点。项目投融资同时还面临着突破业态规划和用地性质匹配的问题。在此之中，更需要专业运营的支撑，这样才能保证投资假设及指标完成。

除此之外，产权和经营权问题也是项目实现与资本对接的障碍。产权不明晰将导致文旅资源的产权界定和分配的不清晰；另外，项目的价值评估也是难点，导致金融资本难以介入，一些项目的面积看似很大，但只有一小块有证，其他有景观无产权，这些都增加了价值评估的难度。旅游项目的通病往往是需要大量的资金投入，但回收周期往往很长，这与大部分金融资本喜欢短投资、快回报率相矛盾。如某项目的投资额在 50 亿元左右，而资金的回报周期需要 30~50 年，在此之中，项目的运营成本也是对资金链的一道考验。

（三）政策保障不足

工业旅游的发展也必须遵循市场规律。按照旅游者需求设计相应的服务设施和服务标准，旅游部门理应在工业旅游发展中扮演重要的角色。但是从实际情况来看，由于资源所有权分散在其他部门，旅游部门对工业旅游发展的决策和建设发挥的作用非常有限。协同高效的管理体制、完善的产业政策法规体系是提升文化和旅游业发展质量的制度保障。然而，我国工业旅游市场体系仍处于"合而不融"状态，各类要素资源难以自由流动，工业旅游政策法规体系、管理体制与工业旅游新业态的特性尚有诸多不适应之处。正是因为蓬勃发展的旅游产业，相应的政策支持体系还不够完善，导致产业发展过程中出现各类矛盾问题，例如产业发展不协调、产业规划不科学、产业规模不合理等。2013年实施的《旅游法》，只是从法律层面保障了旅游产业发展，还需要更多的配套政策促进旅游产业可持续增长。

此外，从工业旅游发展的实践来看，相关的支持政策明显滞后，特别是财政投入明显不足，这在一定程度上影响了工业旅游的发展。目前，还没有设立工业旅游的专项资金，更没有旅游产业基金。另外，旅游用地政策依然是制约工业旅游发展的瓶颈问题。所有这些都需要尽快完善，以推动工业旅游健康、持续、快速发展。

第四节　中国工业旅游未来发展思路与重点

工业旅游是工业企业化无形资产为有形资产的一种手段，它的"神奇"效用就在于能让社会公众在参观游览中增长见识、了解企业、认同产品，从而达到城市、企业、产品"三赢"的目的。这不仅能拓展对旅游资源内涵的理解，丰富旅游产品体系，更能够凸显旅游业在我国经济转型和促进经济、社会和谐发展方面的良性作用，不失为我国旅游业在未来可以尝试的新思路[①]。结合中国工业旅游业发展存在问题、优势与机遇，提出促进中国工业旅游业发展的具体对策建议。

一、提升对工业旅游认识，做好顶层设计，研究制定扶持政策

想要工业旅游有序健康快速发展，需要对它进行系统化规范，完善其顶层设计：一是在编制十四五规划时，编制中国工业旅游发展专项规划，纳入工业十四五发展规划、文旅十四五发展规划等；二是深化创新工信部与文旅部促进工业旅游发展的合作机制；三是鼓励组建促进工业旅游发展的工业旅游行业协会和联盟，鼓励支持有条件的院校成立工业旅游促进中心、协同创新平台等。

（一）十四五发展规划

旅游政策是国家对旅游产业的顶层设计，是国家或地区政策决策者对旅游

---

① 李森焱.中国工业旅游发展模式研究［D］.武汉理工大学，2009.

发展意志的体现，是一定时期内旅游发展的目标以及相应的行动准则[①]。旅游发展的顶层设计指引着旅游业的发展方向，对旅游业的发展具有重要的引领作用。制定合理有效的旅游政策，发挥政策的导向性作用，处理好旅游经济、旅游环境与可持续发展、旅游政策利益相关者之间的关系、科学认识旅游政策的经济、社会和环境影响等都值得深入研究，旅游政策研究为国家或地区旅游业的可持续发展提供决策依据[②]。因此建议在编制十四五规划时，编制中国工业旅游发展专项规划，纳入工业十四五发展规划、文旅十四五发展规划等。

（二）工信部与文旅部合作

2016 年和 2017 年，国家分别召开了两届全国工业旅游创新大会，工业旅游终于打破了在中国沉寂近三十年的局面，迎来了新的发展机遇。随后，国家相关部门以及各地旅游局也纷纷出台相应政策，为中国工业旅游的发展提供政策引导和支持[③]。此外，还需要借助政府部门力量推进体制创新，深化创新工信部与文旅部促进工业旅游发展的合作机制。

（三）协会和联盟

2019 年 7 月 9 日，全国工业旅游联盟成立大会在上海举行，来自联盟 100余家会员单位，部分地区政府及工信、文旅等主管部门，数家媒体代表出席了会议，共同见证了联盟的成立。目前全国仅有少数几个省市建立了工业旅游协会或联盟，如上海工业旅游促进中心、辽宁省工业文化发展中心、成都工业文化发展促进会等，因此建议国家从政策上支持鼓励组建促进工业旅游发展的工业旅游行业协会和联盟，鼓励支持有条件的院校成立工业旅游促进中心、协同创新平台等。

二、引导地方政府加大力度统筹推进工业旅游发展

紧密结合新型工业化的要求，发挥各省工业基础条件好、门类齐全、知名

---

① 韩卢敏.旅游政策：旅游发展的顶层设计——国外旅游政策文献综述［J］.经济研究导刊，2019（13）：155-158.

② 韩卢敏.旅游政策：旅游发展的顶层设计——国外旅游政策文献综述［J］.经济研究导刊，2019（13）：155-158.

③ 马宁.工业旅游资源价值评估及其开发模式与策略研究［D］.中国海洋大学，2009.

品牌多的优势，以供给侧结构性改革为主线，以"旅游+"为路径，深度挖掘各地工匠精神，讲好工业故事，提升各地工业知名度和美誉度。坚持规划引领，突出特色，完善设施，优化服务，将工业旅游培育成旅游发展的新领域和工业转型的新动能，构建主题鲜明、形式多样、内涵丰富、功能齐全的工业旅游体系。

（一）坚持理念和规划引领

1. 树立工业遗产保护理念

挖掘整理工业遗产，加大对具有历史文化价值的百年老厂区、老厂房等工业遗址的保护力度，结合新旧动能转换和生态环保要求，在有代表性的工矿企业拆除或搬迁前，经过文化、旅游、环保等领域专家考察论证，保留一批具有历史、社会、技术等价值内涵，适宜发展工业旅游的厂矿企业，打造工业遗产旅游基地，吸引广大游客参观游览，实现经济效益和社会效益双赢。

2. 开展工业旅游资源普查

由旅游、经济和信息化、文物部门共同组织开展，摸清各地具备市场开发价值的潜在工业旅游资源数量、质量、分布及特点，建立工业旅游资源数据库，并对工业旅游资源科学分类，对各类资源发展基础进行综合分析，研究制订发展计划。

3. 科学编制规划

以省或市为单位科学编制工业旅游发展总体规划，工业旅游发展总体规划要与各省市旅游产业发展总体规划、文化旅游目的地品牌规划相衔接，与各省市城乡建设规划、工业发展规划、土地利用总体规划相协调。引导支持重点城市、重要园区、重点工业企业结合实际制定具体发展规划，进一步统筹空间布局，优化要素利用，完善旅游设施配套，构建各具特色、总体协调的工业旅游发展格局。鼓励新建工业企业将工业旅游与主业生产经营同步规划、统筹推进。

（二）构建工业旅游产品体系

1. 观光工厂

推动各类工业企业开展环境综合整治和美化绿化行动，结合技术改造升级，优化厂区生产生活环境。鼓励具备条件的工业企业按照 4A 级以上景区标准进行景区化改造提升，新建工业企业搞好规划设计，合理划分观光区、体验区、展览区、购物区、游憩区等功能区域，满足游客参观、食宿、购物和休闲娱乐需求。加大对老字号企业厂区风貌、建筑风格、生产工艺等的保护，依托独特的建筑厂房、生产流程、设施设备、生产工艺、企业风貌等资源开发观光项目。

2. 工业博物馆

鼓励支持百年老字号企业打造展示企业发展历程、传承企业发展文化的专题博物馆。支持行业龙头企业挖掘行业文化资源，汇集行业发展各个时期、各种工艺环节的重要历史资料，诠释行业文化，展示行业精神，打造行业博物馆。依托具有历史文化价值和品牌影响力的动态工业产品，打造一批体现时代记忆、展示文明成果、蕴含现代元素的活态博物馆。指导各类企业围绕工业设计、产品研发、加工制造等，建设展示主营业务和主打产品的企业博物馆。引导支持各类博物馆运用现代展陈理念和声光电技术，丰富展陈内容，增强吸引力和观赏性。强化博物馆的科普教育功能，支持各类博物馆举办主题展览，组织学生、游客和市民参观学习。

3. 工业遗址公园

依托老厂区、老厂房，建设一批主题突出、基础设施完备的工业遗址公园。支持社会资本参与工业遗址开发利用，融入现代设计观念和当代生活方式，打造集游憩、观赏、娱乐、餐饮、住宿、科普教育、创意设计于一体的开放空间。支持符合条件的工业遗产申请国家工业遗产认定，支持具有重要文物价值的工业遗产申报各级文物保护单位。

4. 工业文化创意基地

鼓励工业企业和社会资本利用空余或闲置工业厂房、仓储用房、地下空间等发展文化创意产业，吸引文化创意机构和创意人才进驻，打造涵盖品牌企划、平面设计、动漫影视、广告策划、电子商务、文化会展等内容的综合性文化创意高地。支持利用各类工业基地、工业遗址、工业园区等，开展影视拍摄、绘画写生、艺术创作、科普培训、教育实践等活动。

5. 重大工业工程

重大工程建设应与旅游相结合，考虑旅游观光需要，实现现代工程、自然风光和人文景观的有机融合。根据实际情况，依托特大型水利、交通、能源、建筑工程等，打造一批重大旅游项目。支持各市围绕提升城市文化、教育、体育、商业功能，规划建设一批地标性旅游工程。

6. 工业会展节事活动

会展业是展现经济社会发展活力的"晴雨表"、城市创新发展的"助推器"，被称为城市的"面包"。会展业是与制造业直接相关的生产性服务业，与产业链条的上中下游各环节都密切相关，工业会展节事活动是助推工业发展的重要平台和窗口，是生产服务业新的增长点，在打通产业链、形成并完善生态圈、促进产业协同、稳定和优化产业链供应链中具有独有的功能。制造业和工业展会发展潜力巨大，仍将是国内专业展会的领头羊和中流砥柱。工业会展节事活动发展，应与地方特色优势工业有机融合，形成有鲜明地域特色和产业特点的会展节事，依托工业展会城市打造工业博览、节事活动品牌。例如，做大做强国际啤酒节、办好国际装备制造业博览会、国际纺织博览会、中国国际糖酒食品交易会、汽车博览会、家具博览会等工业博览会。支持各市研究出台支持工业会展节事活动的优惠政策，优化工业会展发展环境，构建"会展+"生态圈、打造工业会展标杆品牌。

7. 工业旅游购物品牌

工业旅游是二产与三产相结合的新形态，拓展工业购物是工业旅游发展的重要形态和模式之一，也是工业企业开展工业旅游的重要动力之一。购物型工业旅游，是旅游购物与工业旅游的融合，是以购物消费为特征的工业旅游种类。各地和企业打造工业旅游购物品牌，要依托代表性企业和优势名牌工业产品，将购物培育成为工业旅游的重要吸引物和独特卖点，将工业产品转化为旅游商品。同时，加强对各地地理标志农产品和土特产品的开发，也成为购物旅游的重要吸引物和旅游购物的重要产品。结合地方的优势产业、名牌产品和特色产品，深入推进工业生产与旅游购物紧密结合，推出一批高品质的工业旅游商品品牌。支持各地、各行业创新旅游购物政策，举办旅游购物优惠活动，叫响工业旅游商品品牌。并围绕生活用品、电子商品、图书出版、农产品加工等领域，开发具有观赏性、艺术性、文化性和实用性的便携式工业旅游商品，培育当地工业旅游购物产业体系。

（三）提高工业旅游城镇发展质量

1. 推进中国工业旅游名城发展行动

对于我国著名的工业城市，要加强宣传和引导，推动其发展为工业旅游名城，让城市体会到旅游所带来的高附加值。

在 2007 年，中国工业旅游产业发展联合大会以"发展工业旅游，促进城市转型"为主题，总结和探讨发展工业旅游与城市转型的问题。会议在唐山举办，以唐山为例，其发展工业旅游城市经验就是，用"加"的方式实现"乘"的效益，实现从"门票经济"向"产业经济"的跨越。唐山通过建设中国北方近代工业文化园、发展工业遗产专项旅游、复建具有典型意义的历史建筑物等多种方式，充分发掘唐山工业遗产的价值，形成工业旅游产业集群和新的产业业态。唐山以其拥有的工业旅游资源为基础，实现了将百年工业历史为这座城市留下的物质财富和精神传承相融合，工业遗存与现代城市文明相融合，不仅完成了工业生产到工业旅游的转变，也传承了城市的历史文脉和工业文化积淀，经济业态的变迁成为唐山城市与社会发展历程的缩影，对于城市的可持续发展具有正向作用[1]。

同样，2012 年广东佛山也提出围绕"中国工业旅游名城"的目标，把工业旅游作为推广"佛山制造、中国功夫"城市形象的重要内容和载体，创新工业旅游产品，积极推进特色工业小镇的建设，规范工业旅游统计系统，推进工业旅游标准化工作，创建国家工业旅游创新城市[2]。

2019 年《中国工业旅游示范城市指标体系》让工业旅游城市的建设有迹可循。该体系基于创建中国工业旅游示范城市的目标，以"客观性、系统性、科学性、可操作"为原则，围绕 4 个二级指标，即工业旅游发展基础、工业旅游发展效益、工业旅游服务效益、工业旅游质量效益，制定了 13 个三级指标、48 个四级指标，并设立了指标体系评价对象和内容，阐明了指标体系构建的

---

① 汤润清，刘禹彤.发展工业旅游_促进城市转型_百年工业名城亮出"旅游名片"［EB/OL］. http://hbrb.hebnews.cn/pc/paper/c/201711/06/c31667.html，2017-11-06.

② 中国产业经济信息网.佛山：打造中国工业旅游名城［EB/OL］. http：//www.cinic.org.cn/index.php?m=content&c=index&a=show&catid=54&id=335910，2017-02-27.

过程和方法以及指标体系的评价方式和流程①。

总的来说，应当从国家和城市多方面共同推进工业旅游城市的建设，这是对于具有丰富工业文化底蕴却又正在走向衰落的老工业城市较为适合的发展之路。可以通过确定发展定位、坚持规划先行、实施联合开发、明确多元主题②、调整修建规模、注重特色发展、引入科技元素等方面进行建设。当地政府在夯实基础生态建设、提高城市管理水平上也需要下更大力气，以保证工业旅游名城的创建。

2. 实施中国工业旅游名镇发展行动

特色小镇制度设计具有与当前经济、产业、空间发展背景相契合的优越性，是推进新型城镇化的有效途径。目前国内正在火热地建设各类小镇，在这么多竞争对手的背景下，要脱颖而出，要持续发展③，就要有一个良好的根本，如果没有一个根基，持续性就无法保证，竞争力不够，则最终流为大众，无法创造良好的效益。而以产业为寄托的工业旅游式小镇可以达到多赢的局面，是企业、政府和游客都追捧的组合，所以工业旅游比较容易成为特色小镇的根基。

工业旅游小镇不同于一般的旅游小镇，工业是基础，旅游只是一个转换器或孵化器功能，能够衍生出更多的关联产业。旅游小镇是建立在旅游资源优势基础上的，以旅游观光、休闲度假为吸引核，通过人气的搬迁作用形成流动效应，工业特征不是很明显，不占据主体部分。工业旅游通过人财物的流动变迁，打造成为功能叠加的复合产业小镇，具有可持续发展的潜力，打造生产、销售、旅游、消费的良性生态闭环，为企业和区域带来新的经济增长模式。以工业旅游为根基，衍生出关联产业，提升产业链价值及人气聚合度，形成三产融合的特色小镇，才是具有可持续发展潜力的成功模式。旅游带来了人气，顺带着带来住宿、餐饮、娱乐、购物需求，进而促进完善配套设施，形成关联产业价值。还可以以此为依托，开发契合度高的旅游项目，延长游客游览时间。

---

① 工业旅游规划与研究.《中国工业旅游示范城市指标体系》公布［EB/OL］. http://www.cinn.cn/gywh/201907/t20190715_215499.html，2019-07-15.

② 民革大庆市委.关于加快发展大庆工业旅游为建设现代化国际化城市提供重要支撑的建议［N］.大庆日报，2012-01-16（6）.

③ 人民网—人民日报.人民日报新知新党：推动特色小镇创新发展［EB/OL］. http://opinion.people.com.cn/n1/2018/0523/c1003-30006556.html，2018-05-23.

而且，工业旅游对企业、政府和消费者都是有利的，是企业的宣传名片，是政府的政绩融合出发点，也是消费者好奇心得到满足的场所，工业旅游对企业形象与产品销售具有促进作用，花钱不比广告多，效果却比广告好。比如法国的酿酒、香水、服装、汽车、飞机和火箭等企业；还有在德国旅客在参观奔驰汽车公司总装线时，可以穿上工作服，拧上几颗螺丝钉，并体验工人的生活，印有奔驰标志的纪念品，还可以直接把车买走，工业旅游带动了销售[①]。

还有一种情况是特色小镇本身就是某个行业的发源地。比如德国鲁尔区的钢铁小镇，英国铁桥峡谷的钢铁小镇、布莱纳文的煤炭小镇，湖州的丝绸小镇，还有乌镇这个人文和互联网小镇等，都充分地依赖一个行业，开展旅游，促进经济发展。小镇们的特色有煤炭钢铁，也有丝绸和互联网，也有酿酒的茅台镇，绍兴黄酒产业，酿醋产业等，这些都统归工业旅游。因此特色小镇发展和工业旅游结合，开展中国工业旅游名镇活动，可以将小镇的工业历史和小镇文化更好地结合起来，起到传承和创新发展的作用。例如，浙江龙泉的青瓷小镇，被誉为中国青瓷大师的摇篮，民间制瓷历史悠久，是中国五大名窑之一。园区境内有百年青瓷古龙窑，有源底古民居建筑群，有省级非遗经典旅游景点披云青瓷文化园。"中国青瓷小镇"项目建设着眼于整体规划、开发，计划以披云青瓷文化园为中心，将木岱口村曾芹记百年古龙窑、青瓷一条街和源底古村有机融合，打造青瓷产业集聚区、青瓷文化体验区和休闲旅游度假区。

随着工业旅游在中国迎来新的发展机遇，特色小镇和工业旅游突破了行业壁垒，开始新的双向多赢的合作，目前工业旅游特色小镇的发展市场没有给出一个标准化的方案和方向，需要在新的探索和创新过程中，逐渐发展出彰显各地特色、发挥各地特长的工业旅游特色小镇，从国家或地方政府角度实施工业旅游名镇发展行动也是势在必行。

三、引导企业积极发展工业旅游，创新发展模式

发展工业旅游，工业企业是主体，是关键。要充分发挥和调动他们的主创精神和积极性，做好产品设计开发和产品组合，按照产品做专、服务做精、市场做细的原则，形成各具特色的专项工业旅游产品。就工业旅游产品业态培育

---

① 蓝裕文化. 工业旅游乃是特色小镇的根基［EB/OL］. http://www.lanyuwenhua.com/news_detail_442.html，2017-10-17.

而言，要做到三个转变：一是由静态、线性游览向动态、深度体验转变。突破传统的参观工厂区和作业线形式，充分挖掘文化内涵，增加更多具有参与性和体验感的旅游产品。二是由低层次、单一化开发向创意性、复合性发展转变。加大文化、创意、科技等要素的投入，设计出更多时尚化、可消费的旅游产品和业态。三是由零散型、封闭式发展向集聚型、开放式发展转变。要融入城镇化建设进程，与周边旅游产品和业态形成联动，实现对区域经济社会的综合带动效应。

同时要注意我国很多地方在发展旅游业时容易犯盲目从众的错误，一度风风火火既而无声无息的主题公园热就是一个实例。搞工业旅游不能一哄而上，各地各企业应保持头脑清醒，根据自身的条件审时度势地进行开发。开展工业旅游的企业应具备一定的条件，包括：（1）资金相对充足。虽然相对其他类型的风景区工业旅游的投资门槛较低，但想把工业旅游做大、做强、做出特色，也需要为数可观的一笔资金。长春第一汽车集团为全面改善旅游环境，树立工业旅游形象，专门投资 4.3 亿元对广场街道进行大规模的绿化、彩化、亮化和美化改造。（2）企业有一定的知名度。开展工业旅游的企业应该在行业中处于领先地位。选择工业旅游的游客想看到的是具有代表性的工艺，科学的管理，一流的生产线，特别是那些有一定知名度的企业对游客的吸引力更大一些。在国家颁布的首批工业旅游示范点中，我们看到的大多都是行业领头人。（3）与旅游相关的配套齐全。工业旅游并不是简单的"工""旅"结合。开发工业旅游要求相应的配套设施，如专供游客通行的参观通道、厂区内的各种指示标牌、专门的交通运输工具等。当然，由于工业旅游所游览的对象专业性较强，还需配备专职的导游人员进行现场讲解。

四、加大对工业旅游人才、融资、政策等的支持

（一）重视旅游和跨行业人才的培养

着力培养一批工业旅游规划设计、创意策划和市场营销等方面的专业人才，特别要培养既掌握工业知识又熟悉旅游规律的高层次、复合型人才。加强工业旅游企业相关从业人员的培训，着力提高工业企业中旅游讲解员、导游员以及其他服务人员的专业化服务水平。建立健全工业旅游培训机制，采取校企

合作、企业互助、行业帮扶等多种形式，结合企业就业和再就业的培训工程，开展工业旅游服务和技能培训。

工业旅游的发展不仅需要硬件建设，更不能忽略软件强化，重视旅游和跨行业人才的培养是必不可少的。尤其是对旅游行业这一服务性行业来说，"人"是极其重要的影响因素，旅游从业人员的态度和素质向来是旅游行业的一个重要问题，工业旅游也不例外。

首先，加强教育和培训机制，全面提高员工素质。通过加强对企业生产、技术人员、企业管理人员和工业旅游从业人员在旅游经营管理和服务技能方面的培训，提高工业旅游从业人员的服务技能整体素质，形成工业旅游的核心能力。其次，吸收优秀旅游管理人员和相关专业的大学毕业生，这样既有利于管理，也能吸收最新的工业旅游理论经验等。再次，应制定和完善针对工业旅游专业人才的认定、等级管理、职业规范等，加强对相关人员的管理和监督，建立健全工业旅游的人才激励机制，鼓励跨行业人才加入工业旅游的队伍中来。最后，要重视工业文化遗产的保护，联合工信、文物等相关部门对工业旅游遗产进行系统调查，对工业旅游开发中的破坏遗产现象进行重点整治[①]。

（二）实行多元化融资渠道

借助政府部门力量推进体制创新，实行多元化融资渠道。中国发展工业旅游的背景较之发展成熟的发达国家是有差别的，是在中国政治、经济及社会的全面转型时期发展而来的，它起源于国有企业的政务接待和随后而来的经济全球化影响下的商务接待。工业旅游的萌生阶段主要是为了完成政府性质的参观接待任务；起步阶段主要是在由政治色彩浓烈的接待向经济事业型转变的，政府规范化管理背景下发展的。在工业旅游的管理阶段，是政府开始按照市场经济的要求来推进工业旅游发展的各项政策。

由于我国工业旅游起步晚，缺乏先进经验及理论的指导，工业旅游的可持续发展还需要不间断创新，其中体制创新是最重要的部分，也是一个不断完善、不断探索、不断深化的过程。目前对于工业旅游来说，从总体发展战略来讲，是需要政府制定相关政策和措施来引导工业旅游企业的有序、协调发展，

---

① 田伟珂. 产业融合视角下的青岛工业旅游发展研究［D］. 中国海洋大学，2012.

需要按照我国旅游业发展的总体战略方针，并结合市场经济的发展要求来培育工业旅游市场，全面提升工业旅游企业的品牌形象及经济效益，以此来实现工业企业发展与旅游资源开发的互利共赢。在体制创新过程中要处理好政府、企业和非政府组织的关系，政府是工业旅游发展需要依靠的重要主体，政府要制定切合实际的政策来引导工业旅游企业的发展，实现工业企业与旅游业利益的最大化；同时，政府要不断强化公共服务能力，以此来保证工业旅游企业在一个良好有序的外部市场环境中发展并逐步成熟。工业企业是工业旅游企业的载体，是工业旅游产品和服务的生产者及提供者，在激烈的市场竞争环境下，工业企业需要不断增强自主创新能力，积极转变观念，在更大的空间范围内实现发展和突破，要实现工业与旅游业的有机结合。非政府组织是政府与工业企业的桥梁，可以通过信息交流及共享以及开展专业培训和咨询服务来为工业旅游企业服务。

发展工业旅游也需要遵循市场规律，实现从行政主导到市场主导的机制转化，需要在市场经济机制下促进工业企业与旅游企业的分工与合作。工业企业一方面要建立广泛合作的理念，同时需要政府由经济管理职能向为各类市场主体服务转变，加强市场硬件建设，营造促进工业旅游发展的有竞争力的投资、创业和发展环境。

（三）加强政策引导

1. 完善财政补贴政策

工业旅游项目在规划编制、基础设施建设、市场营销等方面享受与其他旅游项目同等优惠政策。各级用于旅游等方面的资金，可用于支持工业旅游基础设施和公共服务设施（如景观环境、参观体验区、标牌设置等）建设。把工业旅游发展与传统工业转型升级、工业园区改造提升相结合，统筹使用工业、城市建设等领域的财政资金。符合条件的工业旅游示范点（基地）纳入各级各类青少年校外实践教育基地等建设范围，加大教育等领域资金投入力度。落实非国有博物馆资金奖励和税收优惠政策。对向公众提供公益服务的工业旅游示范点（基地），根据其服务游客的数量和效果，通过政府购买服务的方式给予相应资金支持。将工业旅游点纳入旅游线路，对组织工业旅游突出的旅行社及旅行电商给予一定的补助奖励。工业旅游商品研发发生的费用支出，符合条件的，可享受研发开发费用税前加计扣除。各级应统筹旅游发展等方面的资金，对省级以上工业旅游示范基地等给予相应支持。

2.优化土地利用政策

认真落实各级支持服务业、旅游业、文化产业发展的用地政策，保障工业旅游项目建设用地需要。在符合规划、不改变土地用途的前提下，工业企业土地权利人利用现有房产兴办住宿、餐饮等工业旅游接待设施的，可保持原土地用途、权利类型不变；土地权利人申请办理用地手续的，经批准可以协议方式办理。原土地使用单位利用现有工业厂房和仓储用房兴办文化创意园区、工业博物馆，涉及原划拨土地使用权转让或改变用途的，可采取协议出让方式供应。对符合规划、不改变用途的现有工业用地，经城乡规划主管部门审查同意，通过厂房加层、老厂改造、内部整理等途径提高土地利用率和增加容积率的，不再增收土地价款。对复垦利用废弃矿山等历史遗留损毁土地建设旅游项目的，按照"谁投资、谁受益"的原则，吸引社会投资，鼓励土地权利人自行复垦。

（四）强化保障措施

1.建立部门合作推动机制

旅游、经济和信息化、国土资源、交通运输、文物等部门要加强协调，建立促进工业旅游发展的协作推进机制。强化规划协调和技术指导，探索建立重大工业旅游品牌协同服务模式，建立工业旅游统计和信息发布制度。旅游部门要充分发挥综合协调职能，定期组织召开相关部门工作会议，统筹部署工业旅游重大事项，合力推进工业旅游发展。经济和信息化部门要积极支持引导具备条件的现代化工业企业利用自身资源和市场网络优势，参与工业旅游。保护具有工业文化特色资源的工矿企业，支持鼓励社会资本适时开展工业旅游开发。支持企业结合文化特色、市场需求开展工业设计，深度挖掘开发工业旅游产品。文物部门要切实加强工业遗产保护工作，支持合理利用工业遗产资源，发展工业文化旅游创意产业。教育部门要积极指导各类学校开展宣传教育活动，促进工业旅游科普知识进校园、进课堂。通过社会实践、教学科研、劳动体育、文学采风、绘画写生等方式，组织开展一系列丰富多彩、富有实效的教学活动。各级政府要鼓励社会团体或企业组建工业旅游发展促进中心，支持相关部门搭建工业旅游促进平台，推进工业旅游规则制定、资源整合、线路推广、市场开拓、品牌培育、人才培养、品牌宣传等工作。鼓励成立工业旅游联盟或工业旅游协会，充分发挥行业互助和行业自律作用，倡导诚信旅游、公平竞争，促进工业旅游规范、健康发展。

2. 完善标准体系

研究制定各省工业旅游示范基地评定标准、各省工业旅游服务规范等，以标准化引领工业旅游规范化。推进旅游基础设施和公共服务设施建设标准化，支持工业旅游企业按照相关标准建设停车场、旅游厕所、旅游咨询服务点，省级以上工业旅游示范点（基地）的厕所要达到国家 3A 级旅游厕所标准。在高速公路、高等级公路以及城市出入口等位置，设立符合标准的工业旅游交通引导标识牌。

3. 强化市场营销

将工业旅游营销纳入各省市旅游品牌营销体系，每年安排一定数量的资金开展专题营销活动。对企业利用自身力量开展工业旅游项目宣传给予必要的指导和支持。支持企业深化与旅行社及旅游电商的合作，推出一批叫得响的精品工业旅游专题线路。支持文化遗产类工业旅游项目以及与生产经营高度关联并能为企业带来客源的工业旅游产品向游客免费开放。加大工业旅游推广力度，整合工业旅游资源、产品和线路，开展联合营销。工业旅游点应设有专门的工业旅游经营管理机构，设立专业旅游市场接待团队和从业人员，以满足接待要求。在企业网站开辟工业旅游专区，扩大宣传营销并加强与旅行社的合作，拓宽运营渠道。整合省市县旅游、经济和信息化、文化、文物、商务、科技、国有资产管理等部门的政务网络资源，对工业旅游重点企业进行联合宣传推介。鼓励各类专业团队通过市场化运作方式介入工业旅游营销，拓展市场，形成自我营销、委托营销、联合营销相结合的立体营销格局。强化精品项目宣传，全方位宣传推广工业旅游，将精品项目纳入各省市旅游产品"捆绑营销"体系。

新时期，新气象。工业旅游要努力打造中国模式，促进传统工业城市的产业转型升级，使原有工业遗产重新赋予旅游价值，走出一条具有中国特色的工业旅游发展道路。

第三章

工业企业（工厂、园区）工业旅游模式案例

依托工业企业（工厂、园区）的工业景观、生产流程、产品销售、企业文化等发展工业旅游，是工业旅游的重要基本形式，通过建立展览馆以及引导旅游者参观企业厂区和体验购买产品等方式，让消费者亲自见证产品的生产过程、感受企业管理和文化、购买企业产品。国内一些著名工业企业，因其知名的工业品牌、壮观的工业景观、独特的工业流程、传奇的工业文化、新奇的行业知识、一流的企业环境、激励的企业创新，成为工业旅游典范。本章系统梳理了我国著名酒业企业、食品和生活用品类企业、钢铁电厂、汽车厂等制造业企业、服装家居用品等轻工业企业发展工业旅游的典型案例，对不同类典型企业的工业旅游模式特征归纳总结，梳理各类工业旅游案例。

第一节　酒业企业工业旅游典型案例

酒是人类生活中的主要饮料之一，酒文化深入人心和日常生活，酒是大众消费品，有很强的参与性，酒旅融合发展受到重视。中国制酒历史源远流长，品种繁多，名酒荟萃，享誉中外，众多著名酒企业开展工业旅游探索了成功案例。本节梳理分析青岛啤酒、汾酒、茅台酒、古井贡酒、北京二锅头、绍兴黄酒等著名酒工业旅游典型案例。

一、青岛啤酒工业旅游案例

青岛啤酒股份有限公司连续近 20 年居中国啤酒行业首位，位列世界品牌 500 强，是世界第五大啤酒厂商。青岛啤酒工业旅游成为知名品牌，被誉为"中国工业旅游旗帜"，是国家首批工业旅游示范点，国家 4A 级旅游景区，"情醉百年"成为青岛市首批旅游业服务名牌。青岛啤酒正式作为工业旅游点对社会及海内外旅游团体开放，是在 20 世纪 90 年代后期。2003 年 8 月，青岛啤酒博物馆落成，打出口号："给我一小时，还您一百年。"讲解员在短短 1 小时内给游客们讲述一个贯穿世纪的传奇故事，青岛啤酒历经百年沧桑，其历史是中国近现代民族啤酒工业发展的一个缩影，又与青岛这座城市的历史同步同频。2007 年 8 月，青岛啤酒公司与世界旅游组织签订了战略合作协议，成为继微软之后该组织在全球的第二家合作伙伴。截至 2020 年年底，青岛啤酒在全国 20 个省、直辖市、自治区拥有 60 多家啤酒生产企业，公司规模和市场份额居国内啤酒行业领先地位，荣膺"最具国际竞争力中国企业""中国信用典范企业""最佳可持续发展企业""中国管理学院奖金奖""最具世界影响力的中国品牌""2015 年度杰出企业奖""亚洲最受尊敬的知识型组织"（Asian MAKE）"全世界信誉最好的 100 家公司"、BrandZ 最具价值中国品牌百强榜单、"2017 全球食品企业百强榜""欧洲啤酒之星"大奖、"世界啤酒锦标赛"金奖、"中国品牌强国盛典榜样 100 品牌"。青岛啤酒工业旅游取得的主要荣誉有：2004 年被评为国家工业旅游示范点；2005 年被评为国家 4A 级旅游景区；2005 年被评为山东省旅游细微化服务先进单位；2006 年被列为第六批全国重点文物保护单位；2016 年被国家旅游局定为首批国家工业旅游创新单位。

青岛啤酒发展工业旅游中，一个具有标志性的载体是建设了青岛啤酒博物馆。[①] 青岛啤酒博物馆坐落在登州路 56 号内 1903 年建设的青岛啤酒厂里，融合了古老的珍贵典藏和现代设计的青岛啤酒博物馆。作为百年青岛啤酒企业文化的一个重要组成部分，博物馆集青岛啤酒的发展历程、深厚的文化底蕴、先进的工艺流程、品酒娱乐、购物于一体，是国内首家啤酒博物馆。博物馆的建成，为国内外游客走近青岛啤酒、了解青岛啤酒，提供了一个独具魅力的平

---

① 青岛啤酒博物馆：老厂区改造出的文化地标 [EB/OL]. https://www.fx361.com/page/2019/0424/5059201.shtml.

台。青岛啤酒博物馆充分利用百年德国建筑与设备，将百年青啤发展历程、百年青啤酿造工艺与现代化生产作业区相结合，融合东西方文化，开发成为融文化历史、生产工艺流程、啤酒娱乐、购物为一体的多功能旅游景点。建成后的博物馆共分为百年历史和文化、生产工艺、多功能区三个参观游览区域。青岛啤酒博物馆位于青岛啤酒厂内，展出面积 6000 多平方米，展馆充分利用百年德国建筑、设备，将百年青啤发展历程、百年青啤酿造工艺与现代化生产作业区相连，是一座世界一流、国内唯一的啤酒博物馆，分百年历史和文化、啤酒生产流水线、多功能娱乐区三个参观游览区域。第一展区是青啤百年历史和文化展区，介绍啤酒的神秘起源、青啤的悠久历史、青啤数不胜数的荣誉、青岛国际啤酒节、国内外重要人物来青啤参观来访的情况。第二展区展示百年老厂房、老设备与现代化的啤酒生产流水线，介绍青岛啤酒的生产流程及历史沿革，重现历史原貌。第三展区是多功能娱乐区、品酒区和购物中心，在啤酒吧可以尽情地品尝多种不同质地的新鲜青岛啤酒。青岛啤酒博物馆的红色厂房代表着青岛啤酒的发展历史，它于 1903 年德国人建厂时修造，为青岛市目前唯一的德式工业用楼建筑和青年派德式建筑。[1] 其中还有德国人留下的中国最古老的酿造设备，有被称为镇馆之宝之一的西门子电机，有为纪念著名啤酒酿造科学家设立的汉森实验室，以及新设置的人工翻麦芽等劳动场景的雕塑模型。[2]

　　青岛啤酒发展工业旅游的另一个重要载体，是举办青岛国际啤酒节。该节始创于 1991 年，每年 8 月第二个周末开幕，为期 16 天，由国家有关部委和青岛市人民政府共同主办，是集旅游、文化、体育、经贸于一体的国家级大型节庆活动和国际啤酒盛会。青岛国际啤酒节发展至今已成为与德国慕尼黑啤酒节比肩的世界四大啤酒节之一。青岛国际啤酒城是亚洲最大的国际啤酒都会，位于香港东路与海尔路交叉路口，前临石老人海水浴场，左傍青岛国际会议中心，分南、北两大功能区，南区为娱乐区，北区为综合区，已建成大型游乐世界。啤酒节已经成为彰显青岛城市个性优势与魅力的盛大节日，向五湖四海的宾朋展现了一个具有百年历史的国际化大公司和一座蔚蓝色充满活力的城市。

---

① 青岛啤酒博物馆——全国工业旅游的"排头兵"［EB/OL］. http://www.qingdaonews.com/content/2004-04/29/content_3069734.htm.

② 谭春波."青岛国际啤酒节"对青岛旅游发展影响研究［D］.西北师范大学，2014.

2021 年 7 月 16 日至 8 月 2 日，第 31 届青岛国际啤酒节在青岛西海岸新区金沙滩啤酒城举行，本届啤酒节首创"线上＋线下"办节新模式，做好疫情防控的同时，为广大游客提供来自 40 多个国家和地区的 1500 余款啤酒，还举办了 200 余场经贸、文体活动。

青岛啤酒工业旅游发展的一个重要特点经验，就是就青岛啤酒集团企业的工业旅游发展与城市整体发展和城市节庆完美结合，坚持企业价值、城市文化与商业文明深度融合。早在 2013 年，青岛市委、市政府召开旅游业发展大会，出台《关于加快旅游业率先科学发展若干政策的意见》，规定"对于利用工业遗产、工业品牌开发建设的工业旅游项目，从前期规划设计即提前介入支持，按照 A 级景区标准规划建成后，给予规划设计费 50% 的补贴"，鼓励引导工业企业开发工业旅游项目产品，大力发展工业旅游。[1] 第一，临近青啤博物馆有特色酒店——青啤之家、澳门豆捞及青岛天幕美食城。美食城利用声、光、电等不同手段，在室内空间营造出蓝天白云、璀璨星空等室外感觉，国内外知名特色餐饮、娱乐、休闲类企业进驻经营，是一座集特色餐饮、娱乐、休闲于一体的商业城。第二，探索青岛啤酒"体验—传播—销售"三位一体营销模式，形成品牌传播塑造、情感营销、体验营销等的组合。品牌传播是该模式核心，品牌传播引领消费者加入"激情成就梦想"的文化体验中来，增强青岛啤酒的品牌知名度，提高消费者的品牌忠诚度。消费者体验是品牌传播和产品销售的连接点和关键点，在产品销售中起到关键作用，消费者畅饮啤酒、增加体验的同时，有力拉动了青岛啤酒销售。产品销售是"三位一体"营销模式的直接目标，品牌传播和消费者体验的最终落脚点还是产品销售。[2] 第三，创新"电商＋文创"模式，打造博物馆个性化名片。创新生产"啤酒豆"，着力在文创产品上持续每年推陈出新，推出特色啤酒、专业酒具、创意生活、服装服饰、美容护肤、食品、玩具、文具、高档工艺品九大品类 400 多种啤酒文化创意产品，打造成为青岛啤酒博物馆的子品牌之一，先后开通淘宝店、微商城、天猫旗舰店和京东旗舰店。2019 年，与京东超市签订战略合作协议，双方在技术合作、品牌共建、产品定制线上线下全渠道打通等方面合作达成了共识，

---

① 青岛工业旅游全国吸睛 百年啤酒厂成典范［EB/OL］. http://news.qingdaonews.com/qingdao/2016-11/29/content_11851022.htm.

② 青岛啤酒三位一体营销模式［EB/OL］. https：//www.docin.com/p-539807587.html.

成为全国首家与京东签署战略合作的博物馆。第四，跨界合作推动拓展青啤旅游文创新领域。按照更时尚化、年轻化的目标，引入全球网红 IP 泰迪等成熟热门 IP 跨界合作，充分利用双方资源实现优势互补，以联合创意、开发、销售的形式，进一步打开消费市场，实现产品内容和品牌价值彼此受益、共创双赢。与国内各高校对接搭建产、学、研平台，与齐鲁工业大学的产、学、研合作，设计醉美人系列、企业文化和理念系列、百年国潮系列等七大系列上百种文创产品，实现落地生产并上架销售。

二、茅台酒工业旅游案例

茅台酒被称为国酒，1915 年荣获巴拿马万国博览会金奖，与法国科涅克白兰地、英国苏格兰威士忌并称"世界三大（蒸馏）名酒"，是我国大曲酱香型白酒鼻祖和典型代表，是地理标志产品，酿制技艺入选国家首批非物质文化遗产代表作名录，是香飘世界的"国家名片"。中国贵州茅台酒厂（集团）有限责任公司位于贵州遵义市茅台镇，茅台酒工业旅游由厂区参观提炼、茅台酒文化城、茅台镇等组成。2016 年被国家旅游局定为首批国家工业旅游创新单位。茅台酒厂工业旅游主要由茅台酒厂工业旅游区、国酒文化城和茅台镇构成。

为了发展茅台旅游，茅台集团还成立中国贵州茅台酒厂（集团）文化旅游有限责任公司，作为中国贵州茅台酒厂（集团）有限责任公司（以下简称"茅台集团"）全资子公司，以打造"工业旅游整合运营、文创产品开发运营、文化茅台推广传播"三大平台为战略定位，是茅台集团旗下工业旅游、景区管理、文创产品开发与运营主体企业。

茅台酒厂工业旅游区以茅台酒厂厂区为范围，面积约 5 平方公里，围绕国酒生产过程，整合开放生产车间、酒库车间、包装车间等生产参观点，让游客了解国酒生产工艺及流程，国酒工厂和国酒文化是观光体验核心，以讲述茅台酒故事和了解酱香型白酒制作工艺流程为主，形成"酿、藏、品、祭、购"茅台酒文化观光体验精品线路。

国酒文化城景区位于茅台镇酒文化核心体验区，城内数十幢体现汉、唐、宋、元、明、清和现代风格的精致建筑，荟萃了国酒茅台自远古以来的发明发展史实。国酒文化馆内陈列着各代酒礼、酒俗、酒技、酒故、酒史、酒文、酒诗及与酒有关的重要人物故事等书画作品、雕塑、楹匾及实物。茅台集团于1993—1997年投资修建的目前世界上规模最大的酒文化博览馆，1998年被中国文联确定为"中国书画艺术家创作基地"，1999年被上海大世界吉尼斯总部认证为"大世界基尼斯之最"，2000年被列为"全国工业旅游示范点"。2013年，中国酒文化城进行全面升级改造，辅以高科技技术布展，改设中国酒源馆、中国酒技馆、中国酒韵馆、中国酒俗馆、中国酒器馆、茅台馆、茅台名酒世界馆7个展馆。新馆以景观复原、文物展陈、多媒体等手段全方位、立体地展示源远流长的中国酒文化、茅台文化及世界名酒文化。2014年被评为国家4A级旅游景区，2017年被批准为贵州茅台酒博物馆，是贵州省爱国主义教育基地、遵义市爱国主义教育基地。

茅台酒厂的工业旅游，还与茅台镇旅游、茅台酒酿酒工业遗产群保护利用有机融合。茅台镇已建成茅台1915庆典广场、杨柳湾—跃进古街、西山观景台、四渡赤水纪念园、"云上酱香"茅台酱酒文化暨电子商务体验馆、戏楼、红军四渡赤水纪念园景区、"慢悠茅台"河滨路步行街区、"五味茅台"长征路步行街区、茅台数字化水舞秀等酒文化和红色文化紧密结合的观光景点。由于茅台镇独有的地理环境、气候、土壤、微生物、红高粱、赤水河等多种因素综合，出茅台镇，便无法再酿出茅台酒，使这里成为酿酒产业的重镇，也是生产中国酱香型白酒的核心产区，高峰时期有数千家酿酒厂。多年加快茅台镇建设"贵州第一、全国一流、世界知名"文化旅游名镇，发展国酒茅台工业旅游、白酒文化旅游和红色文化旅游、乡村旅游结合。同时，也加快茅台工业遗产的系统保护和利用。茅台酒酿酒工业遗产群始建于清同治元年（1862年），分别建有粮仓、曲药房、窖池、烤酒房等基础设施，加上后来国营茅台酒厂时期修建的各类酿酒厂房共计10处，地界内有古井一口，名"杨柳井"，井水清澈甘美，含丰富的矿物质和微量元素，早期茅台酒用此水酿成。茅台工业遗产群内国家级文物项目数量之多、体量之大居全国酒行业之首，包括现存的清同治元年（1862）、光绪五年（1879）、1929年先后建成的"成义"酒坊、"荣和"酒坊和"恒兴"酒坊旧址，1951年人民政府统一接管后的"贵州省专卖事业公司仁怀茅台酒厂"时期陆续扩建和修建的制曲一片区发酵仓、制曲二片区石磨坊、干曲仓，下酒库第五栋、第八栋酒库等基础设施共计10处。2013年5月，以"茅酒之源"为代表的茅台酒酿酒工业遗产群被国务院批准为"第七批全国重点文物保护单位"。2017年12月，茅台酒酿酒工业遗产群入选第二批中国20世纪建筑遗产，以工业建筑及附属物为载体，含踩曲房、粮仓、曲药房、石磨房、酒库、窖池、烤酒房、古井等完备的酿酒工业体系。茅台酒酿酒工业遗产群位于茅台镇杨叉街，海拔415米左右，冬暖夏热，绿色植被丰广。茅台镇地质地貌构造主要是侏罗白垩系紫色砂页岩、砾岩，形成时间已超过7000万年，受海拔高度和岩石风化后成土母质的影响，茅台地区紫色土广泛发育。紫砂页岩对流经溪水有较好的过滤作用，水富含矿物质成分，使造酒契合于自然，能酿就品位高贵的酒。

贵州省仁怀市茅台镇重点推广"酒旅融合"工业旅游新模式，把"酒"列为旅游产业发展的重点元素，推出可体验、可个性化定制、可品评、集艺术性与观赏性于一体的新型旅游产品，让游客全面了解丰富的酒文化，近距离感受茅台酒的品牌影响力，拓展产业价值空间。坚持走"酒＋旅游"的酒旅融合发展路线，以"茅台"品牌为载体，塑造以茅台酒为核心要素的旅游品牌，倾力打造适应国内外市场的"茅台文化之旅"IP。依托国酒茅台、四渡赤水、丹霞地貌等知名旅游品牌，拥有丰富多元的盐运、长征、古镇等文化资源，以遵义会议会址、赤水河谷生态旅游和茅台酒文化旅游为吸引物的红色文化、生态文化和酒文化，打造精品旅游线路。依托茅台酒厂国家工业旅游示范点，以茅台酒、酒文化等为吸引物，以茅台古镇为支撑，开发以参观和研习茅台酒生产酿造工艺为主的休闲研学游，以品鉴茅台、品读茅台酒文化为特色的沉浸式体验游，以采购茅台酒及周边延伸旅游商品为主的购物游，以欣赏茅台主题演艺为主要内容的文化游。将茅台酒镇打造成一座旅游要素齐备、配套服务功能完善的酒文化城（文化小镇）并辐射带动周边旅游发展，使之与"茅台文化之旅"相匹配。对茅台酒文化深度挖掘，推进酒旅游融合。通过深入挖掘酒文化，加大招商引资力度，先后引进了今日景艺、东升农场、草木年华、国坛酒庄、黔台酒庄、久久坊、酒文化创意园、《天酿》剧场等旅游景区开发企业，支持茅台集团及地方工商资本投入旅游开发。围绕"一心两带三区四游"发展格局，全市在以茅台景区、盐津河景区、吴公岩景区为核心的茅台省级风景名胜区基础上，新增各类景区景点20多处。

以茅台酒和茅台镇为龙头，还大力推进仁怀市全域旅游发展。推进构建"一心两带三区四游"旅游体系，其中"一心"是指茅台镇国酒之心，"两带"

是指赤水河酒文化旅游体验带和仁赤高速休闲产业经济带的旅游体系。随着仁赤高速、茅坛快线建成通车，赤水河旅游公路开通，形成了连接周边县市的1小时交通圈。茅台机场建设加快推进，立体大交通的形成成为仁怀旅游业发展的"助推器"。茅台酒厂及周边资源，形成由赤水河联系的"一心、一带、三区"。以国酒文化旅游区为核心，以酒产业分布带，联动区域范围内的名酒工业园区（生产园区、配套产业园区）、农作物种植观光区，实现"工业旅游地、酒文化体验地、文化产业基地、城镇转型示范地"转变。

三、汾酒文化景区工业旅游案例

山西杏花村汾酒集团位于山西省汾阳市杏花村，是杏花村传统酿酒业继承者，酿制技艺入选国家首批《非物质文化遗产名录》。汾酒历史上有过四次成名：一是早在1500年前的南北朝时期，汾酒就作为宫廷御酒受到北齐武成帝的推崇而一举成名，并被载入廿四史；二是晚唐大诗人杜牧的千古绝唱"借问酒家何处有？牧童遥指杏花村"，使汾酒再度成名；三是1915年，汾酒在巴拿马万国博览会一举荣获甲等金质大奖章；四是中华人民共和国成立后五届评酒会，汾酒连续蝉联国家名酒。[①]

汾酒工业旅游起步较早，20世纪八九十年代，汾酒厂就成了山西热门景点之一。20世纪90年代初，汾酒集团成立文明景点创建领导组统一领导旅游工作，1987年成立厂史展览馆，1990年开办杏花村酒都宾馆，1993年汾酒博物馆开馆，建设中国第一家酒文化研究基地，2000年成立山西杏花村酒都旅行社。先后修建一批酒文化旅游景点，形成了集酒文化、生产工艺参观、园林生态旅游于一体的综合性工业文化旅游景区。文化旅游作为汾酒公司战略性多元化发展的六大重要板块之一，汾酒将集中打造"杏花村（仰韶文化）遗址公园""祭酒广场""如梦杏花村演艺中心"等重点工程项目，努力推动形成"工业＋旅游"发展。先后被授予"山西十佳旅游景点""全国工业旅游示范点""全国重点文物保护单位"。汾酒酿造技艺2006年入选国家首批《非物质文化遗产名录》，"国家级酒文化学术活动示范基地"，2011年被全国旅游景区质量等级评定委员会评为国家4A级旅游景区，2017年入选国家旅游局10

---

① 郭彪.山西汾酒市场营销策略研究［D］.西南交通大学，2011.

个国家工业旅游示范基地。

汾酒文化景区的工业旅游点主要有汾酒博物馆、复古生产线、现代化汾酒酿造车间、陈年酒库、汾酒工业园林等。参观汾酒博物馆，品味源远流长的汾酒文化，了解首批国家非物质文化遗产的汾酒传统酿造技艺，参观杏花村汾酒作坊，在复古生产线品鉴原浆汾酒以及竹叶青、白玉、玫瑰汾酒；观赏知名国有大型企业形象面貌环境等。①

汾酒博物馆于 1993 年 10 月正式开馆，后经几次扩建，占地 10000 平方米，布展面积 4000 多平方米，建筑风格为仿明清木架结构，陈列纵贯了 4000 多年汾酒酿酒历史，以汾酒发展历史为线索，共分为千秋佳酿、晋商酒韵、竹叶青青、清香独帜、杏林墨缘、酒都瑞爵、天工妙手、酒海沐歌、异彩纷呈九个展厅，展示了汾酒在中国历史上的四次辉煌和汾酒厂的发展历史，以及历代文人墨客来过杏花村以后留下的赞美诗句及汾酒传统酿造工艺的全程展示。将汾酒的"千年历史、千年业绩、千年文化、千年贡献"以实物、模型、书画、电子动画等方式展示。馆内藏品以汾酒史料、实物、书籍及历代酒器具为主，收藏有从夏商到民国时期历代酒器具 1000 余件，近现代文人墨客启功、黄胄、范曾等大家赞美汾酒的书画作品 46 件，书画院收藏有 3000 余件书画作品。彰显了高品质、高定位、高水平的汾酒文化历史长廊。

杏花村汾酒作坊位于杏花村镇东堡村卢家街西端，现存古井为元代遗存、建筑为清代遗构，原由南、北相对的两组院落群组成，南院落群统称为"杏花名迹园"，北院落群由并列五个院落组成，由东向西依次为"杏花村"院（以门额命名）、"晋裕公司造酒厂"院（以门额命名）、"勤俭"院（以门额命名）、"作坊院"和"宝泉"院。现除"作坊院""宝泉"院保留外，其余院落院内建筑全毁，仅存院墙及大门。据《汾阳县志》记载，清光绪元年（1875 年）汾阳县王姓乡绅在"甘露堂"遗址上投资成立了"宝泉益"酒坊；1915 年更名为"义泉泳"；1919 年晋裕汾酒有限公司成立，此地成为晋裕公司造酒厂。1951 年因酒厂迁移而闲置。2006 年 5 月，国务院公布其为全国重点文物保护单位。2006 年汾酒酿造工艺入选首批《国家非物质文化遗产名录》，博物馆东院建立了一个仿明清时期的汾酒老作坊，全部生产工艺及用具恢复明清时期的

---

① 入选国家工业旅游示范基地，汾酒那么美，我想去看看［EB/OL］. https：//www.sohu.com/a/206516765_99998600.

手工操作，游客可以感受到汾酒传统生产的全过程，品尝纯手工原浆汾酒。共有储酒库 11 座，储酒大缸选用江苏宜兴的陶瓷缸。

中国汾酒城是以 10 万吨白酒生产为核心的酒业保护开发经济区，其功能定位是白酒生产、白酒储藏、酒类营销、酒文化传播、酒业旅游、饲料加工、生猪养殖、肉食加工和酿酒高粱基地建设。中国汾酒城园区所有建筑的风格全部为外仿古，内现代，外观主要仿造宋、元、明、清的建筑风格，这就更显示出了汾酒的历史厚重感和汾阳深厚的文化底蕴。中国汾酒城全景长达 7 公里，方圆约 15 平方公里，整个工程分为城里城外两大板块六大建设区域。城内由五部分组成：一是年产 10 万吨白酒的粮仓、制曲、酿造、储藏、勾兑、成装等一条龙生产线；二是世界酒博览中心、交易中心等营销场所；三是可存放 5 万吨成品酒的贯通式货架仓库；四是动力分厂和污水处理厂等；五是可储藏 15 万吨原酒的城墙式三层储酒洞。城外有五个相关板块：一是汾酒集团 6 万吨保健酒项目；二是汾酒千年老作坊旅游区；三是酒业经销商总部基地和汾酒文化街；四是酒业附产品循环利用，包括 10 万亩优质酿酒高粱基地和酒糟饲料以及沼气发电等项目；五是酒业相关产业，包括陶瓷瓶、玻璃瓶、彩印、包装及火车站物流等项目。

汾酒老作坊博物馆位于杏花村镇东堡村芦家街的汾酒老作坊是义泉泳、晋裕公司时期酿酒厂旧址，占地面积 9000 平方米，房屋 50 余间，分列街道两旁。南侧为老作坊花园，占地面积 2000 余平方米；北侧有宋代、元代古井各一口，有明代申明亭古迹一处，是全国唯一一座现存仍在使用的集酿酒、贮存、销售为一体的古代酿酒遗存。老作坊博物馆东去 500 米的杏花村文化遗址，出土了大量的包括小口尖底瓮在内的仰韶、商周时期的酒器、酒具，是目前国内发现最早的酿酒遗址。中国最早的股份制酿酒企业，中国第一枚白酒商标都诞生在这里，荣获巴拿马万国博览会甲等大奖章的产品，周总理参加万隆会议、日内瓦会议所用的礼品汾酒都是在这里生产出来的。老作坊博物馆于 1993 年被定为县级文物保护单位，2004 年被公布为省级重点文物保护单位，2006 年 7 月被国务院颁布为全国重点文物保护单位。2012 年杏花村汾酒老作坊被国家文物局列入世界文化遗产预备名单。

制定"111343"中长期发展战略，打造中国最大的酒文化旅游基地，推动企业文化发展。筹资实施一系列建设改造项目：兴建酒都文化广场，拓宽改造酒都大道，全面整修酒都宾馆，推行绿化改进工程等。项目建设注意保持酒都原有韵味，做到艺术美和文化美相辅相成、浑然天成[①]。举办汾酒文化节，创建"诗酒天下第一村"。对汾酒文化的历史脉络进行全面、客观、系统的整理，形成了以历史文化、诗文、典故、产品文化、收藏五大体系为支撑的汾酒文化体系。举办汾酒、竹叶青杯全国主题大赛、全国主题广告创意大赛和山西主题摄影大赛多项活动。打造独具特色的汾酒文化建筑群见证的汾酒文化史的杏花村、古井亭等一批遗址，建成中国第一个酒文化旅游基地。推出文化节，既有汾酒集团职工的演出，也有国家级艺术团体的精彩表演，从中推出一批具有汾酒文化特色的节目，丰富汾酒文化的宝库[②]。

开发以酒文化为核心的旅游产品，产品主要包括古老的名酒生产线、万吨粮仓、传统酒库和万吨贮酒中心、勾兑和过滤工序及成装线[③]。挖掘汾酒文化核心竞争力，实施汾酒差异化路径，开展文化营销模式，把文化力转化为营销力。2011 年，召开"汾酒——新中国第一国宴用酒 62 周年"纪念大会。第一次政治协商会议的亲历者、采访者、知情者、专家学者证实汾酒就是共和国第一国宴用酒，还原了历史真相；2012 年，召开"杏花村遗址发掘三十周年"纪念大会。杏花村的酿酒史可以追溯到 6000 年前，和华夏文明、黄河文明同根同源，是中国酒文化的发祥地；2018 年，开展"行走的汾酒"系列文化大巡展。启动继汾酒在明清大传播之后的又一次里程碑式的"文化之旅"，将"文化汾酒"展现于祖国壮丽山河。从 2017 开始，承办"山西（汾阳·杏花村）世界酒文化博览会"，杏花村酒博会是唯一的酒文化博览会[④]。

四、安徽古井工业旅游案例

安徽古井集团有限责任公司总部坐落在安徽西北部"全国风光优美乡镇"古井镇，是在原古井酒厂基础上发展起来的跨行业大型企业集团，古井贡酒在

---

① 郭双威.建中国最大的酒文化旅游基地［N］.山西日报，2003-10-26（T00）.
② 孟庆伟，王秀萍.汾酒：打造酒文化第一品牌［N］.山西经济日报，2004-09-12（2）.
③ 国内外的著名工业旅游项目［J］.企业管理，2009（11）：48+50.
④ 践行"中国酒魂信仰"筑牢"文化汾酒"［A］.山西省思想政治工作研究会.新时代企业文化创新与发展座谈会交流材料［C］.山西省思想政治工作研究会：山西省思想政治工作研究会秘书处，2019：7.

1963 年全国第二届评酒会上，以"色清如水晶，清香似幽兰，入口甘美醇和，回味经久不息"的风韵被评为八大名酒，被誉为"酒中牡丹"，在全国评酒会上均蝉联国家金奖。古井集团建立了古井酒文化博览园，以博大精深、独具特色的古井酒文化为主线，全面展示了古井酒文化对中国酒文化的继承和发展，荣获"全国精神文明建设先进单位"、国家首批"全国工业旅游示范点"和"全市爱国主义教育基地"等多项荣誉称号。古井酒文化博览园坐落于曹操、华佗的故乡亳州市，有着"徽酒名镇""华夏酒城"之称的古井镇。古井贡酒的历史至少可以追溯到 1800 年前，魏武帝曹操将家乡亳州久负盛名的"九酝春酒"晋献给汉献帝刘协并上表酿造方法，"九酝春酒"即贡酒前身，可谓历史文化积淀深厚。古井人在秉承传统工艺基础上，把"老五甑"操作法与现代酿酒技术相结合，创造独特的古井贡酒工艺。在酿酒车间，那一条条窖池、一口口热气腾腾的蒸锅，伴随着浓郁的酒香，让人们更能够切身感受到古井贡作为名酒的魅力所在。

古井集团以中国老八大名酒古井贡酒传统酿制工艺为主线，以"华夏白酒第一馆"古井酒文化博物馆为中心，以千年地下宋井为特色的工业旅游线路，1992 年，古井集团建成古井酒文化博物馆，大门仿汉代建筑，主体是明清建筑风格。博物馆雕梁画栋，金碧辉煌，内部布展丰厚。一楼是古井酒文化和中国酒文化，二楼三个展厅：古井发展史、名酒荟萃、古井画廊。博物馆汇集从原始社会一直到近代各个时期的酒器，从材质可分为陶器、瓷器、青铜器、金器、银器、漆器、木器、玉器、石器等。博物馆馆藏白酒品种全国最多，荟萃云集全国各地的名白酒 368 种，加上古井酒一共有 500 多种。组织编撰了《酒事集观（白酒卷）》，成为我国对白酒记录最全面的专著①。

完善旅游配套的功能，让游客了解白酒的工艺，感受酒文化和企业文化，创新旅游购物，打造了集交易、品鉴、观光等为一体的全套式商业综合体，并综合利用"互联网＋"等现代商业模式，打造了集白酒文化体验、名酒品鉴、线上线下销售为一体的综合示范基地。与黄山推动全方位、多层次跨界合作，

---

① 古井集团荣膺全国首批工业旅游示范点［EB/OL］. https：//business.sohu.com/20040825/n221730770.shtml.

"名山"与"名酒"的联手。①

五、二锅头工业旅游案例

老北京讲京城有三乐：登长城、吃烤鸭、喝二锅头，三乐不全都不算到过北京。二锅头酒据考证起源于元代，已有 800 年历史，由中国北方的烧酒（俗称烧刀子）发展而来，二锅头最早只是酿酒的一道工艺。酿酒技师在蒸酒时，把第一锅冷却后的酒头和第三锅冷却后的酒尾掐掉，只取品质最好的第二锅酒，故叫作"二锅头"，以这种工艺做出的"龙泉烧锅""义和涌烧锅"在清朝就已成为京城"名酒"。

北京顺鑫农业股份有限公司牛栏山酒厂位于北京市顺义区牛栏山镇，傍依风景宜人的潮白河畔，是上市公司——北京顺鑫农业股份有限公司的分公司，主要生产清香型"牛栏山"牌二锅头和以浓香型"百年牛栏山"为代表的系列产品，最早拥有"中华老字号""中国酿酒大师"的白酒企业、获准使用"纯粮固态发酵白酒标志"的白酒企业；"利用太空开展清香型酒曲实验"、获得"原产地标记保护产品"认定。2004 年北京牛栏山酒厂开始启动工业观光游，2005 年被授予"全国工业旅游示范点"荣誉称号，2016 年荣获中国工业旅游创新成果奖。通过发展工业旅游，牛栏山酒厂让消费者在参观、体验中感知牛栏山的品牌魅力、匠心工艺和企业文化，有效地构建起了消费者与企业之间的沟通桥梁，通过和广大消费者的"亲密接触"，牛栏山酒厂收获了越来越多的消费信任，了解了日益增长的消费需求，赢得了大众口碑。通过展陈设计休闲化、景观设计休闲化、项目构架休闲化，全面解读二锅头与京味文化、京味生活之间的内在联系，助力"牛栏山"品牌发展。

牛栏山酒厂的工业旅游，通过参观聆听、参与体验、现场品味三大环节向观光游客展示二锅头文化：一是参观和聆听，在牛栏山酒厂文化小院里，酒厂复原了传统酿酒全貌，让参观者充分了解牛栏山二锅头酿造技艺的悠久历史、生产流程、精湛技法，感叹二锅头的发展历程、匠心品质和包容精神。二是参与体验，在酿造车间，目睹高粱在经历发酵、蒸馏等一系列复杂的工艺之后变成二锅头酒的全过程，酿酒师傅现场演示"纯粮固态发酵"工艺流程，感受牛

---

① 黄山旅游携手古井集团，开启"旅游+酒业"异业合作新局面［EB/OL］.https：//www.sohu.com/a/419516899_692854.

栏山酒的优良品质。三是现场品味，现场品正宗的二锅头原液，将旅游推向高潮。

北京红星股份有限公司在怀柔厂区建成北京二锅头酒博物馆，游客在博物馆中通过近百件文物了解二锅头的渊源，品尝刚酿出的"新酒"，还可以在特殊设计的"幻境"里清醒地体验"醉酒"。除了以历史实物和场景复原向参观者介绍"二锅头"工艺外，在博物馆的体验区，游客可以直接参与酿酒，品尝刚刚从蒸馏器中提取出的温乎的"新酒"，游客可以订制"二锅头"设计个性酒标，把祝福送给亲朋好友；还有"醉酒体验区"，清醒地感受一次醉酒后的"天旋地转"。

六、绍兴黄酒工业旅游案例

绍兴黄酒是中华传统文化的精华，位于鉴湖源头的"鉴湖黄酒作坊"是中国黄酒业唯一一个国家级工业遗产，被中国酒业协会授予"绍兴黄酒传统酿制工业遗产保护基地"称号。有 300 年的酿酒作坊，是绍兴黄酒酿造的"活化石"。"鉴湖"牌商标是绍兴黄酒的第一个注册商标，生产的加饭酒早在 20 世纪 50 年代就被评为全国八大名酒之一，获得了"国家名酒"称号。绍兴是水乡，也是酒乡，数千年酿造历史，有着良好的产业基础和人文积淀，中国绍兴黄酒集团有限公司是 2018 年浙江省工业旅游示范基地，利用旅游方式整合绍兴黄酒的工业遗产、黄酒生产基地、黄酒文化以及整个黄酒原产地的精华。还将积极打造黄酒小镇，全力推进绍兴市打造"中国黄酒之都"。

绍兴于 1998 年开始探索工业旅游，逐渐形成工业旅游线路并融入绍兴全域旅游中，形成的工业旅游参观点主要有：一是绍兴黄酒城，中国黄酒博物馆，国家 3A 级旅游景区，一个融黄酒博览、文化研究、收藏交流、休闲娱乐、旅游购物等功能为一体的综合性文化旅游体验区。二是古越龙山接待中心，现代智能酿造基地，了解绍兴黄酒的历史、文化、品鉴，参观黄酒生产车间，了解现代黄酒生产工艺的流程与做法。三是古越龙山中央酒库，储藏着上千万坛的原酒。四是黄酒产业园区酿酒一厂，全国单体产量最大的绍兴酒古法酿制基地。五是鉴湖酒坊，中国黄酒行业首个工业遗址，300 年保持着原厂址、原厂房、原品牌、原工艺。

绍兴黄酒是绍兴自然气候、特色物产糯米和鉴湖水以及独特酿酒技艺的神奇结合，绍兴黄酒与绍兴的风土人文一直是水乳交融。黄酒是绍兴的一张金名片，这些点既可以自成一体，也可以与绍兴其他景点结合起来，形成了集游、赏、玩、乐、购于一体的酒乡"微醺之旅"，成为绍兴全城游的新亮点、新增长点。2500 年前，越王勾践投醪劳师，将上等好酒投入一条河中，犒赏三军，留下了"壶酒兴邦"佳话，从此这一缕酒香汩汩而来，成就了一方产业，也赋予绍兴这座千年古城"中国黄酒之都"的美誉。绍兴酒是国家首批原产地域保护产品，绍兴黄酒酿制技艺、绍兴花雕制作工艺分别被列入国家级和省级非物质文化遗产保护名录。从一粒米到一滴酒，280 天的酿造期，10 余道工序，5 个关键工艺点，自然的造化，还有酿酒师傅的匠心。

绍兴一直不断探索黄酒产业与旅游产业的深度融合，创新发展研学旅游等新业态，整合中国黄酒博物馆、古越龙山中央酒库、中国黄酒行业首个工业遗址——鉴湖酿坊等资源，打造黄酒工业旅游基地，做好黄酒文化传播与消费体验。还通过举办黄酒节会，传播黄酒文化，进一步促进黄酒产业与旅游产业融合。"醉在江南"绍兴音乐节、开酿典礼、鉴湖夜话、蟹逅黄酒等活动贯穿其中，跨界融合旅游、文化、音乐、美食等。同时，"风雅绍兴·黄酒文化万里行暨绍兴黄酒原产地保护品牌品鉴之旅"活动在上海、南京、北京、广州、杭州等地开展，不仅实现了"走出去请进来"，也让黄酒节贯穿四季，融入生活。

第二节　乳品和矿泉水企业工业旅游典型案例

乳制品是日益增长的一种饮食需要，是全民体质健康进步的重要环节。在漫长的人类历史中，牛奶是所有饮品中陪伴人类时间最长、与日常生活最密不可分的一种，重要性仅次于水。在漫漫的几千年历史中，中华民族的农耕文明与游牧民族文明相互碰撞，诞生了具有中国特色的乳制品使用方式。乳业是涵盖农牧业、制造业、服务业的民生产业，与人民健康、实体经济高质量发展、稳定扩大消费和推进乡村振兴密切相关，"奶"首次被列为需要保障供给安全的"重要农产品"，发展工业旅游有很好的需求基础，内蒙古伊利集团、蒙牛集团等已经探索了成功的案例。随着生活质量提高，人们对饮用水要求更加关注品质和健康，矿泉水成为日常生活中常见的饮品，生产矿泉水、纯净水的企业迅猛发展，并融合发展工业旅游，如娃哈哈和农夫山泉。

一、伊利集团乳业工业旅游区案例

内蒙古伊利集团是全国乳品行业龙头企业之一，2008 年奥运会和 2010 年上海世博会唯一指定乳制品生产企业，中国驰名品牌。伊利集团总部以伊利·乳都科技示范园为依托，以乳制品的现代化生产车间、先进的生产工艺、心灵的天然牧场和深厚的企业文化等为资源大力开发工业旅游，是全国工业旅游示范点、国家 4A 级旅游景区、国家工业旅游创新单位。2019 年第三届中国工业旅游产业发展联合体全体会议，伊利荣获网友最喜爱"十大工业旅游企业"奖。

伊利集团依托于深厚的乳文化资源、先进的乳制品加工生产智慧化车间及优质黄金奶源带，打造多样化工业旅游，开发了参观考察、商务交流、学子实践、健康体验、文化品鉴、休闲观光等各具特色的旅游产品，成为工业旅游的创新典范。在总部打造了核心景区——伊利·乳都科技示范园，主要包含了伊利金川新工业园液态奶生产线、伊利奶粉全球样板工厂、敕勒川精品奶源基地和敕勒川现代牧业科技示范园等主要旅游景点，从青贮饲料种植、原奶品质把控、全自动生产流水线等多方面展示伊利放心奶的每一生产环节。游客可以亲自见证伊利"放心奶"的生产全过程，真切感受草原乳文化的深厚底蕴。根据不同需求设计了多条精品参观线路，开发了参观考察、商务交流、学子实践、健康体验、休闲观光等不同特色旅游产品，完善相关服务。

伊利工业旅游不仅为游客提供完善的旅游设施和服务，还带给游客沉浸式体验。在生产工厂，游客可通过特设的参观通道，全面了解产品的每一个生产环节和生产工艺，零距离地感受品质透明化；在奶源基地，游客可与小牛进行亲密接触，了解不同奶牛品种，在草原乳文化博物馆，系统了解百年乳业文明史，品尝伊利纯牛奶、金典有机奶、安慕希酸奶、舒化无乳糖牛奶等各类高品质产品。引入智能服务终端，实现了景区自动触发中、英、蒙三语语音导览、VR 现场体感体验、360° 全景在线参观、"摇一摇"生产互动和签到拍照等便捷化的科技互动体验，让游客在游玩中了解企业的生产流程、先进工艺和企业文化。工业旅游已经成为伊利集团打造"透明品质"的重要窗口，成为伊利与消费者进行对话的重要途径，打造"全球健康生态圈"，不断提升中国乳业消费信心、推动中国乳业高质量发展的重要载体。

内蒙古伊利集团在 2005 年就启动了工业旅游计划，推出了多样化的旅游项目并开放了 40 余家工厂，伊利集团陆续在北京、合肥、武汉、黄冈、苏州、济南、新疆石河子、黑龙江杜尔伯特、沈阳、广东佛山、四川邛崃等地区数十个工厂开展工业旅游。伊利工业旅游在全国形成 3 家 4A、7 家 3A、11 家 2A 级旅游景区布局体系，在全国开放工业旅游工厂多达 34 个，累计接待游客总量突破千万人次。

二、蒙牛集团乳制品工业旅游案例

蒙牛是中国生产牛奶、酸奶和乳制品的领头企业之一、中国驰名商标。2003 年成立蒙牛公司旅游部，蒙牛工业旅游走向专业化道路，并于 2004 年被国家旅游局评为首批工农业旅游示范点，2004 年 8 月，蒙牛公司策划并开展了"体味自然之旅，蒙牛邀你草原游"万人游活动，取得空前成功。《中国国家旅游》评选蒙牛乳业荣获 2020 年度中国国家旅游"年度臻选工业旅游品牌"。依托乳业优势，聚焦产业链上下游联动，乳旅融合，走出一条宜居、宜游、宜产、宜业的工业旅游路径，不断提升工业旅游的现代化、集约化、品质化。突出"乳业游"的专业、精品、特色、创新特征，实现从浅层"到此一游"到深度文化体验的转变，以深厚的乳文化丰富工业旅游内容，并提升文化附加值与旅游品质。

蒙牛工业旅游景区，按照《全国农业旅游示范点、工业旅游示范点检查标准（试行）》标准建设，规划开发了数十个参观景点和设计了数条参观线路，完善方便游客的设施和服务，在蒙牛职工餐厅专设了游客就餐区，外国专家公寓"缘园"中心会馆内游客可以品尝产品、观看蒙牛电子资料，公司制高点的观景台上准备了蒙牛纪念品专柜，客人可以一边观蒙牛及盛乐经济园区全貌一边随意选购纪念品，在厂区内外铺设了柏油路，并按国际标准画上了斑马线，增加了国际标准的中英文标识牌、旅游投诉电话等。蒙牛建成全封闭游览通道，有导游负责接待讲解和管理服务，使游客快速了解生产全过程，既能体验蒙牛全流程现代化的世界先进水平的加工及研发设备，又能体验一流品质的各式牛奶及乳制品，重视游览全程的观赏性、科普性、娱乐性和体验性，精心设计出不同游览线路及主题，进一步提升景区服务质量，让游客既可以领略到古老又时尚的工业文化，切身体会到世界顶级品质乳制品的生产过程，感受到流传千年的传统乳业以现代工业的面貌拔地而起，体验到世界最前沿最高端的科技创新成果。还设立了文化长廊，展示牛奶工业发展脉络和蒙牛发展史，主要设施体现连绵的阿尔卑斯山脉衬托着欧式风格的建筑、紫花苜蓿草的清香。

蒙牛工业旅游还打造宜游宜学的智慧旅游景区的服务理念，在发展工业旅游中还十分注重实用性与趣味性结合，设计了丰富多样的旅游体验互动项目，打造蒙牛企业文化展示与游憩互动空间创建为主的主题展示互动区。如通过为小牛犊设立"单身宿舍"，让游客全方位了解乳业上游到下游的各个环节。模拟牧场挤奶、创新厨房、蒙牛企业文化大讲堂、机器人牛博士，游客可以亲身体验奶牛挤奶过程，并通过计时器来挑战熟练工的操作速度，可以参与制作美食甜点，与机器人牛博士交流互动，蒙牛还为游客设立了牛奶时空仓 VR 体验，这是景区最具科技感的互动项目，游客可以坐在时空仓内，戴好 VR 眼镜，观赏 3 分钟环游世界，并置身其中了解蒙牛在世界的战略布局。

蒙牛液态奶生产线和企业文化对游客最有吸引力。建有全封闭游览通道，有专职导游负责游客的接待、讲解和管理工作。蒙牛工业旅游注重购物场所建设，精心打造了产品 BAR，游客可以品尝蒙牛新产品，也可以购买有趣的纪念品，把购物不仅打造成观光游览的重要内容，也有效延长游览的停留时间，促进各类文创与文旅项目的融合发展。打造完整主题活动体系，从热门研学游到亲子互动，各种主题活动形式新颖、风格活泼，由线下参观互动创新转变为线上直播浏览参观，由研学活动的"引进来"实现了研学课堂的"走出去"。在生产车间以设计参观通道等方式展示蒙牛牛奶、冰激凌、酸奶、奶酪、奶粉等消费者所喜爱的产品的生产、加工到成品的全线生产流程，从而展现蒙牛企业文化，让广大的消费者了解蒙牛，信任蒙牛，热爱蒙牛。

蒙牛工业旅游准备在传统的旅游六大要素中增加"学"，即以参观接待为主的基础上利用蒙牛商学院开发"商务考察游"，使游客在蒙牛全方面感受蒙牛，缩短消费者与蒙牛的距离增加互动。增加蒙牛旅游工业的价值，搭建蒙牛旅游接待平台，逐渐由输入（接待）型为主转变为输入输出并举型，在全国各地的蒙牛公司开发同样职能的工业旅游产品，形成网络化的经营管理。在蒙牛工业旅游景区，游客不仅能参观生态养殖牧场，更能零距离接触奶牛、体验养殖乐趣，同时进行旅游观光、亲子活动、团队拓展、科普体验等多种项目。构建起了"可观（景观）、可玩（参与）、可学（知识）、可购（购物）、可闲（休闲）"的工业旅游运营生态体系。通过积极拓展乳业文化资源的外延，不仅最大限度地促使游客主动了解、接触乳业的现代化发展历程，感动、自豪于中国乳业的突飞猛进，也成功创造出新的消费需求点。构建主题鲜明、形式多样、内涵丰富、功能齐全的旅游体系，将工业旅游培育成蒙牛发展的新领域和新动能，强力塑造乳业旅游品牌力。

蒙牛工业旅游园区位于盛乐经济园区，紧邻209国道，距离呼和浩特市30公里，占地面积266亩的蒙牛六期，是蒙牛工业旅游新亮色。拥有亚洲的单体液态奶加工厂，是集教学、培训、研发、生产、仓储、参观于一体的智能化工厂，同时也是目前智能化程度最高的乳制品生产工厂，日生产能力1500吨，年处理牛奶47万吨，从收奶到产品出库全部由中央控制系统控制机器人操作，设备先进，配备有环保电瓶车、多种语言无线耳机等旅游设备，通过参观蒙牛六期可以感受到现代化的乳制品生产工艺和企业经营理念。澳亚牧场位于盛乐经济园区，距离蒙牛工业园仅10公里。由蒙牛公司与澳大利亚公司和印度尼西亚三林集团三方投资、设计、兴建，被誉为"牧场联合国"，是中国的单体牧场，形成了万头奶牛养殖基地。该牧场拥有世界上的挤奶组合型设备和机械人挤奶设备。牧场配备环保型、无公害、无污染的粪便处理系统，满足参观者猎奇的心理，感受现代化牧场科学的管理和生产模式，给游客前所未有的感观体验。

三、娃哈哈工业旅游案例

娃哈哈集团是我国的饮料食品行业的龙头企业，娃哈哈下沙工业园（杭州下沙经济技术开发区内）是首批全国工业旅游示范点、杭州社会资源国际旅游访问点、杭州市重点涉外参观单位。可参观娃哈哈生产流水线，品尝娃哈哈饮料，感受娃哈哈名企的文化发展。

在娃哈哈总部基地，娃哈哈工业游的主要旅游项目主要有以下几点。一是形象展示，园区在综合大楼一楼设立游客接待中心，展示了娃哈哈下沙工业园布局模型，二楼通过光、电、声等高科技手段全方位展示介绍娃哈哈的发展及管理和文化等。二是看宣传片和品尝饮料，设有会议室，可以观看娃哈哈的企业宣传片（中英文），了解娃哈哈。三是参观生产流水线，各分公司车间均设有专门的参观通道，可以坐电动车参观整个制瓶、灌装、包装全自动的生产过程。四是旅游购物，园区开辟了卖场。五是"可乐园"和"哈哈园"，可乐园采用江南特有建筑风格和亭台水榭；"哈哈园"中则站立着娃哈哈卡通标志。

园区内兼顾游客对不同产品工艺流程的爱好，设计了三条旅游线路。一是南门娃哈哈卡通标志、北门综合大楼、参观企业文化展厅、会议休息室看宣传片及分发企业宣传资料、参观百立碳酸公司碳酸饮料和纯净水生产线、参观饮料公司含乳饮料生产线、北门旅游商店购物、畅饮各类饮料、乐维公司观看果汁、营养快线等热灌装生产线。二是南门娃哈哈卡通标志、北门综合大楼参观展厅、休息室看宣传片及分发企业宣传资料、参观非常可乐公司碳酸、热灌装饮料生产线、百立碳酸公司碳酸饮料、纯净水生产线、北门旅游商店购物、畅饮各类饮料、乐维公司果汁、营养快线等热灌装生产线。三是南门娃哈哈卡通标志、北门综合大楼参观展厅、非常可乐公司碳酸、热灌装饮料生产线、百立碳酸公司碳酸饮料、纯净水生产线、会议休息室看宣传片及分发公司宣传资料、午餐、北门旅游商店购物、畅饮各类饮料、饮料公司含乳饮料生产线－乐维公司果汁、营养快线等热灌装生产线。

除了在杭州总部发展工业旅游，娃哈哈在其他地区的基地也发展工业旅游。天津娃哈哈工业园区位于武清区豆张庄乡，厂区内有娃哈哈形象展厅、娃哈哈热灌产品生产参观走廊、水汽产品生产参观走廊、娃哈哈华北片区检测中心实验室4处工业生产性工业游景点。2010年，天津娃哈哈工业园区旅游景区被评为天津市工业旅游示范点。

四、农夫山泉工业旅游案例

农夫山泉集团是中国饮用水行业标杆式企业，从1996年成立伊始就选择依水建厂、罐装的生产模式，先后在全国范围内建成了浙江千岛湖、吉林长白山、湖北丹江口、广东万绿湖、陕西太白山、新疆玛纳斯、四川峨眉山、贵州武陵山等水源地。农夫山泉发展工业旅游，最初是邀请消费者到工厂和水源地进行参观，2014年下半年开始在集团层面发力进行工业旅游的开发建设，2015年则进一步推广到了全国所有水源地，全面探索工业与自然完美结合的溯源之旅。农夫山泉作为以生产为主的工业企业，发展工业旅游的主要目标是品牌形象的塑造，将游客作为消费者，帮助其到水源地实地了解一瓶水的生产过程，帮助农夫山泉培养忠实客户群体，游客在近距离了解生产过程，知道生产优质水的讲究和学问，并亲眼见证了高科技的运用和水源地得天独厚的自然优势，就会产生坚实的品牌忠诚度。

农夫山泉工业旅游区是一座以"农夫山泉工厂"为核心并融合山泉山景的旅游区。整个景区内有两大核心景点线：一是农夫山泉生产基地；二是在工厂背后美丽纯净的自然风光和一流生态环境。每一个水源地及工厂在建设初期，就联合国外专业的团队规划设计参观步道、展示厅、交互中心等区域，并成立专门的工业旅游部负责工业旅游项目，从前期开发，到讲解员培训，再到营销推广全部工作。在几年前，都知道农夫山泉只是个卖饮用水的企业，主要业务线就是生产及销售各类品质、规格的矿泉水。而在农夫山泉企业成功开拓出具有他们产品特色的工业旅游区以后，农夫山泉的业务线就不再只是单一的饮用水生产及销售了，还横向拓展了以水为主题的旅游线。

农夫山泉的工业旅游内容主要包括：一是引领游客观看企业宣传片，了解水源地背后的故事，所处的生态风貌、开发建设的困难与艰辛；二是参观生产线，了解生产工艺全过程，实地探寻水源，游客置身旖旎瑰丽风光中体验科技与自然完美结合的溯源之旅；三是了解集团旗下的全系产品和企业文化，除了天然水农夫山泉还针对不同人群开发一系列不同形象和特色的品牌饮品；四是在不同的时间段推出不同的游客体验活动，参与包装涂鸦的活动，感受与企业的亲密互动等。

农夫山泉遍布全国各地的八大水源地及工厂均处在国家级胜景中，但在地理风貌上又各具特色，无一例外均把工厂生产场景、现代化生产设施、企业文化、仙山秀水与当地人文风俗融为一体，全智能化生产线上的先进技术和园区的优雅环境令游客为之折服。彰显农夫山泉"大自然的搬运工"这一定位，发挥"水源地建厂、水源地生产"的优势，使得农夫山泉的工业旅游项目是工业与自然的完美结合。

建德农夫山泉生产基地位于建德市新安江街道朱家埠，这是一个集科研、开发、生产、营销于一体的饮料深加工企业，是环境优美的花园式工厂，拥有现代化的高科技设备、全自动化的生产工流程、全透明的旅游观光通道。峨眉山农夫山泉工业旅游区已经是国家4A级景区，距离峨眉山景区仅仅十来公里。农夫山泉广东万绿湖的参观通道内，不仅有农夫山泉八大水源地的介绍，还有水循环、水生态等各种有关水的科普知识，还为亲子游和研学游的孩子们准备了水知识的小课堂，可以自己动手体验，了解健康的饮水理念和水知识。农夫山泉（淳安茶园）工厂位于千岛湖毛竹源旅游码头附近，拥有现代化的高科技设备、全自动化的生产工流程、全透明的旅游观光通道，可以欣赏到农夫山泉的整个生产过程，了解农夫山泉是如何生产出来的，亲身体验一下农夫山泉天然水的独到之处。农夫山泉旅游基地不仅仅只是简单地做旅游，在旅游中还增加旅游中学知识环节。

第三节　药业和化妆品等工业旅游典型案例

医药产业是支撑发展医疗卫生事业和健康服务业的重要基础，随着医药行业不断创新发展，有一些医药和化妆品等企业开展工业旅游。统筹利用医疗、中医药、生态旅游等优势资源，发挥旅游市场作用，开发建设一批集养老、医疗、康复与旅游于一体的医药健康旅游示范基地，进一步健全社会养老、医疗、康复、旅游服务综合体系。

一、片仔癀药业工业旅游案例

漳州片仔癀药业股份有限公司是闻名海内外的著名中成药生产企业，独家生产极具传奇色彩的国家一级中药保护品种——片仔癀。片仔癀是国家商务部认定首批"中华老字号"，福建首枚"中国驰名商标"，片仔癀为国家一级中药保护品种，其处方和工艺为国家绝密级秘密，有"国宝名药""福建三宝"美誉。有近五百年悠久历史，是国家一级中药保护品种、国家级非物质文化遗产，"片仔癀中药工业园"被认定为"福建省工业旅游示范点"。片仔癀的"癀"在闽南地区意为"热、毒、肿、痛"，"片仔癀"意为"一片即可去癀"。在国药界，有"北有同仁堂，南有片仔癀"一说。明朝至今，片仔癀随着华侨，沿着海上丝绸之路，声誉远播东南亚，直至世界各地。

漳州片仔癀药业股份有限公司以发展中医药文化和推动片仔癀品牌建设为目标，以建设"片仔癀博物馆"为主要载体，以优美的厂区、花园、草地造景为依托，采用科学内容与艺术外貌相结合的方法，展示公司中医药文化和产品的生产过程、工厂风貌等场景，以博物馆为主设立了药材标本馆等系列景点，建设"片仔癀中药工业园"，形成博物馆展览和中成药生产基地两个中心、五个功能区格局，创新发展工业旅游，展示国宝名药漳州片仔癀的独特魅力。

片仔癀博物馆以我国中医药发展为背景，以片仔癀发展历史文化为主线，运用实物陈列、动物标本、展品、视频、图片等形式，结合声光电技术，生动展示传统中医药文化和片仔癀的历史、文化、产品，设立专业的文化讲师全程免费解说，成为宣传国宝名药"片仔癀"和中医药文化的重要阵地。百草园种植了铁皮石斛、遍地锦、龙葵、桂花树（银桂）、樟树等植物，可以了解中药知识及中药材生长情况，还设有接待区、参观游览区、参观通道、休憩点和购物点等便利服务。

除了在漳州，片仔癀药业在厦门、苏州等全国各地建设片仔癀博物馆和体验店，逐步形成覆盖全国并拓展到全球的片仔癀销售和文化传播网络。片仔癀博物馆是片仔癀药业推广品牌及提升消费体验的新型终端营销模式，将"文化传播＋品牌展示＋产品推介＋现场体验"有机结合，产品包含片仔癀（锭剂、胶囊）和护肤化妆品，以及日化（牙膏、洗发水等）、普药、器械、保健食品的展示。博物馆将片仔癀中医药文化精华与产品宣传展示巧妙地结合，让广大消费者在片仔癀传统中医药文化的氛围中，体验片仔癀的深厚文化底蕴和优质服务。

二、江苏隆力奇生物科技股份有限公司

江苏隆力奇生物科技股份有限公司成立于1986年，位于隆力奇生物工业园内，总部位于苏州市，主要经营化妆品、家用洗涤品、养生保健产品、家具、房地产、物流等八大系列1000多个品种。隆力奇是目前国内规模最大、技术力量最先进的日化产品、保健养生品的研发和产销基地、民族日化行业的领军品牌。20世纪90年代初，隆力奇就已经开始进行工业旅游方面的探索。1993年，隆力奇在上海成功举办了"万人游蛇园活动"。隆力奇生产的神蛇粉在上海大药房售卖火爆，每逢周日，排起长龙，月销售额达数百万元。2004年，隆力奇获批首批全国工业旅游示范点；2016年，隆力奇获批"首批国家工业旅游创新单位"；2017年，隆力奇养生小镇成为"国家工业旅游示范基地"。2016年9月，隆力奇特色养生小镇正式开镇。目前小镇内建有东方蛇园、

"江南奇兵"训练场、金力奇有机农场、真武观、工业4.0智能化工厂、东方红木馆、主题酒店、特色餐厅等多种业态为一体的，围绕健康、养生为主题的景点及体验区。隆力奇养生小镇围绕旅游"食住行游购娱"六要素已经全面到位，成为一个特色鲜明、功能齐全、宜居宜游宜商的养生特色小镇。在隆力奇养生小镇，旅游业发展与新型工业化相融合的发展力量正日益彰显，已经成为本地区乃至全国工业文明与生态文明融合发展的标志性企业。[①]

以隆力奇大产业为依托，以城镇化标准建设，打造蓬勃活力和吸引力的隆力奇养生小镇，打造充满活力的养生旅游综合体。大力发展美丽健康产业，形成以工业旅游为主体，弘扬中国养生文化，建设成一个集多种业态聚合的旅游综合体，设有工业旅游区、养生保健区、休闲游憩区、智能化新工厂、研发中心、爱家生活体验馆、培训中心、真武观、有机农场等组成部分。这里管理现代化、产品多样化、生产智能化、人才高端化、厂区景观化、市场国际化。养生小镇做到环境美、空间美、工艺美、流程美、视觉美，全力打造"道家文化、中医养生"智慧品牌，建成融游憩、休闲、养生为一体的生命涵养旅游景区。在业态聚合、充满活力的旅游综合体内，游客们从工业旅游区、智能化新工厂到养生保健区、爱家生活体验馆直至研发中心、有机农场，体验到工业旅游的智慧和神奇，也真正让观光旅游成为度假旅游。

依托现代信息技术，打造工业旅游新亮点，秉承智能化、绿色化、富有人文精神建设小镇，迎接工业4.0时代，即利用信息化技术促进产业变革的时代，利用网络资源、信息、物体和人之间能实现物联网及服务互联网，推进开展工业旅游。先后制定《工业旅游购物服务规范》企业标准，斥资6亿元建造"智能化新工厂"，采用"六西格玛"管理系统，展示企业标准化流水生产线，并有机串联东方蛇园、爱家生活体验馆、真武观等，打造保健、休闲、养生工业旅游亮点。在小镇业态聚合充满活力的旅游综合体内，游客们从工业旅游区、智能化新工厂到养生保健区、爱家生活体验馆直至研发中心、有机农场，体验到工业旅游的智慧和神奇，也真正让观光旅游成为了度假旅游。

隆力奇集团按创新、协调、绿色、开放、共享发展理念，结合自身特质，找准产业定位，资源整合，科学规划，挖掘产业特色、人文底蕴和生态禀赋，

---

① 隆力奇养生小镇：打造工业生态文明样板［EB/OL］. http://www.zhixiaosj.com/html/content-6-5495-1.html.

形成"产、城、人、文"四位一体有机结合的重要功能平台。建设隆力奇小镇是促进隆力奇转型升级、培育新增长动力的重要力量；是隆力奇实现品牌竞争、提升综合收益的有效手段；是促进政府、游客和社区居民多方受益、形成多赢格局的重要渠道，投入以旅游和机器人智能化生产为动力，以社区互联网为覆盖，形成更大范围的销售网络，同时加强发展现有 12 个通路的销售提增。①

隆力奇工厂采用"透明化"设计，对外公开产品的整个生产过程。不仅向游客展示自身的生产技术、优美的自然人文景观，以及内涵丰富的企业文化，更让消费者能近距离地深入企业、了解企业产品。为让消费者零距离感受隆力奇产品生产制造过程，从而进一步提升消费者的信赖，2012 年，隆力奇建造了全球顶尖的智能化新工厂，引进了世界一流的自动生产线和生产设备。意大利 ACMA、诺顿牙膏机、德国 GEA 乳化锅、英国勃朗生产设备，全面提升智能工厂标准。隆力奇的工业旅游突破了传统的工业旅游的单一内容，不断创新业态，隆力奇还成了影视剧青睐的拍摄基地，多部影视剧剧组都曾来隆力奇取景并顺利完成拍摄。

三、新疆伊帕尔汗香料股份有限公司

新疆伊帕尔汗香料股份有限公司是新疆第四师国有股份制香料企业，集种植、生产、加工、销售于一体，目前已开发出七大类 130 多种薰衣草系列产品，产品涉及美容、保健、香薰、理疗、家居饰品、礼品等诸多领域。②伊帕尔汗系列产品在 2005—2010 年乌洽会上，屡次获得银奖、特色产品奖及兵团新产品开发奖；荣获 2005 年新疆国际旅游节伊犁风情游金奖，并被新疆国际旅游节组委会认定为新疆特色产品，成为新疆各级政府接待馈赠来宾的首选礼品。2006 年伊犁首届农产品博览会荣获金奖，同年在上海农产品交易博览会一举获得"最畅销产品奖""最佳产品设计奖"等奖项，为新疆产品进入国际大都市起到了很重要的作用。2007 年获得乌洽会最具新疆特色产品奖和兵团新产品开发奖，同时获得伊犁百强企业最具成长力奖。2008 年获得新疆著名

---

① 隆力奇养生小镇：打造工业生态文明样板［EB/OL］. http://www.zhixiaosj.com/html/content-6-5495-1.html.

② 李雯婷. 伊帕尔汗香料股份有限公司发展战略研究［D］. 石河子大学，2018.

商标荣誉称号。2010 年荣获"新疆名牌产品"荣誉称号。2012—2013 年获得伊宁市民俗文化节旅游产品金奖,2012 年被国家农业部批准为"农业产业化兵团重点龙头企业"。2014 年 3 月"伊帕尔汗"品牌被国家工商行政总局批准为"中国驰名商标"。2014 年 8 月伊帕尔汗在新三板挂牌上市成功,成为国内香料行业首家上市公司。2014 年 10 月,伊帕尔汗香料公司旗下的占地 13360平方米的现代化生产厂区及 27 万平方米的集旅游、观光、摄影、购物、餐饮、休闲为一体的薰衣草观光园区,被评定为国家 4A 级旅游景区。伊帕尔汗薰衣草观光园景区集种植、生产、加工、游览、销售于一体。景区依托薰衣草资源优势及技术优势,经过几年的努力和创新,目前已开发出 7 大类 166 多种薰衣草系列产品,产品涉及美容、保健、香薰、理疗、家居饰品、礼品等诸多领域,产品已荣获"新疆著名商标""新疆名牌产品""中国驰名商标""国家农业产业化重点龙头企业"等多项殊荣,成为中国薰衣草行业的领军旗帜。

自 2009 年以来陆续投入资金不断完善景点的基础设施,修建游客服务中心,健全配套设施,在薰衣草花田中营建观景塔、特色游步道、木栈道、休憩小站等游览观景设施,以环境的综合整治和建设来提高景区的形象和品位,深入挖掘薰衣草紫色生态旅游文化。景区包括三个游览区:一是工业游览区,将薰衣草文化和生产加工工艺融为一体,使游客通过观光通道在品读厚重的薰衣草文化历史的同时,又可以亲身体验和观赏到具有国内最尖端分析数据设备仪器的研发实验室,国内薰衣草标本最全的调香室、整理间、超声波清洗间、远红外烘干间、超零界精油萃取间、精油灌装间、包装间、蜂蜜制作间,纯露灌装间,手工艺制作间及产品展示厅等。二是婚纱摄影区,种植薰衣草、马鞭草、迷迭香、椒样薄荷、大马士革玫瑰、万寿菊、罗马洋甘菊等十几种香料植物。游客经过绿色葡萄长廊和幸福之门进入婚纱摄影基地,游览和体验白色 LOVE 墙、欧式风车、五颜六色的牵手墙、紫色中央休息厅、登高塔、军垦第一蒸馏锅等景点。香遇—香识—香知—香恋—香爱五个爱情主题观景、摄影、休憩小站贯穿景区木栈道穿过花田,观景塔耸立在花田中央,一望无际的薰衣草紫色花海尽收眼底。三是综合服务区——包括游客服务中心和餐饮区。

新疆伊帕尔汗香料股份有限公司在工业旅游的开发中,不仅仅依靠工业旅游来吸引游客,而且是工业旅游与观光旅游、养生保健三者结合起来,开发结合了工业旅游（薰衣草生产加工工艺）、观光旅游（薰衣草观光）、养生保健（薰衣草制品的养生功效）等旅游内容，使整个景区具有独特的魅力，丰富工业旅游内容和提高吸引力。

四、青蛙王子（中国）日化有限公司

青蛙王子（中国）日化有限公司（以下简称"青蛙王子"）位于福建省漳州市，是一家集研发、生产和营销为一体的综合型企业，也是福建省漳州市龙文区第一批省级观光工厂。公司倡导"分龄护理更专业"的理念，产品涵盖孕婴童3大年龄段，主要包括孕妈肌肤护理、婴幼儿肌肤护理、儿童肌肤护理、儿童口腔护理等系列。

青蛙王子积极开展工业旅游，建设有"青蛙王子主题观光工厂"，项目占地面积97亩，总建筑面积11万多平方米，分为文化宣传区、观光体验区、娱乐休闲区、商业购物区、主题动漫区五大功能区，包含青蛙王子主题广场、青蛙王子电影院、青蛙王子博物馆、研发中心、消费者体验区及实验区、国内产品展示厅、国贸产品展示厅、空中花园休闲区、牙膏工厂、口腔护理教室、青蛙王子商超等观光点，是集健康性、娱乐性、观光性、游戏性、体验性、参与性和互动性于一体的青蛙王子动漫主题乐园体验旅游区。在观光体验区，以3~12岁这一目标消费者开展精准营销。顺应游客更加注重个性化与体验性的趋势，运用数字科技等手段，设立口腔护理课堂、DIY课堂、青蛙王子AR体验课堂等体验性项目。开辟多条参观通道，开放部分生产流程，设立专门用于展示企业发展历程与荣誉的展厅，提升游客情感体验。

福建旅游主管部门自2015年起在全省启动观光工厂评定工作后，龙文区出台专门的扶持政策，规定对新评定为省级观光工厂的视同国家4A级旅游景区予以奖励。有效串联观光工厂与传统景区，旅游部门与当地旅行社进行对接，将本地观光工厂纳入其旅游观光线路中，使工业观光成为一种全新的企业文化营销，实现工业旅游与传统旅游的和谐，把观光工厂打造成具有多元业态的工业旅游项目。

第四节　钢铁、电厂等制造企业工业旅游典型案例

钢铁行业是国家的脊梁，而《钢铁是怎样炼成的》对人们的影响至深。本节介绍鞍山钢铁集团、宝钢集团、一汽集团、首钢集团、海尔集团、奇瑞集团、海南核电等著名制造企业的工业旅游典型案例。

一、宝山钢铁工业旅游案例

宝山钢铁股份有限公司是中华人民共和国成立以来建成的规模最大、现代化程度最高的大型钢铁联合企业，年产钢能力 2000 万吨左右，是全球第三大钢铁制造企业，从 2003 年起连续进入世界 500 强，在全球上市钢铁企业中粗钢产量排名第二、汽车板产量排名第三、取向电工钢产量排名第一，是全球碳钢品种最为齐全的钢铁企业之一。

宝钢集团的工业旅游自 1997 年起步，下属宝钢国际旅行社开始接待少量以游客身份来宝钢参观团队，象征性酌收"参观费"。1999 年宝山区提出，要充分利用和发挥宝钢这一中国最大的现代化钢铁基地的优势，推出宝钢工业旅游，让游客在领略"钢铁是怎样炼成的"的同时，也了解了宝钢的企业文化和国际现代大工业的品牌历程。游客可以从原料码头开始，参观三座世界级高炉、热轧厂、冷轧厂、展示厅、钢管厂、文化馆等，丰富多彩的项目足以令人大开眼界。宝钢推出工业旅游以来，接待游客数量与年利润均居国内工业旅游项目前列[①]。宝钢于 2001 年 8 月正式向国家旅游局申报"中国工业旅游示范点"。在上海市旅游委和宝山区旅游局的参与下，宝钢工业旅游不断深化文化内涵，丰富活动内容，建立了一套完整的管理制度，逐步朝规范化、产业化方向发展，并带动了区域旅游业的发展。目前，宝山区已基本形成以"宝钢工业旅游为龙头，爱国主义教育为主体"的特色旅游项目。建立起一支有文化、有礼貌、有形象、有品位的高素质旅游接待队伍，树立了良好的窗口形象，成为

---

① 国内外的著名工业旅游项目［J］.企业管理，2009（11）：48+50.

工业旅游的著名品牌。在具体运作过程中，初步尝试了以经济运作方式组织公司大型活动的模式，摸索出了用经济手段活化现有旅游资源，实现生产、旅游共同发展的新路子。

宝钢历史陈列馆坐落于宝钢3号门内原丁家桥宝钢工程指挥部旧址，展示了宝钢一期创业史、宝钢二期和三期发展整合史以及当前宝钢面临的战略机遇期和展望。展示形式丰富多样，有照片、录像、油画、蜡像、实物、多媒体影像技术等，精心布置的陈列馆令人目不暇接，展馆还融入了许多高科技成分，吸引青年们参与互动。宝钢所处的地理位置，在历史上既是上海人民粉碎"倭寇"骚扰、民族英雄陈化成在鸦片战争中英勇抗击帝国主义列强侵略的所在地，又是1932年"九·一八"、1937年"八·一三"2次淞沪抗战和1949年上海解放的主战场。宝钢工业旅游既能展示中国现代工业的成就，又能让参观者缅怀历史、感悟未来，具有十分深远的意义。[①]此外，宝钢是全国造林绿化先进单位，现代化的厂区绿化覆盖率近40%，上百头梅花鹿悠闲散步在厂房前驼鹿园内绿色的草坪上，让你可以体会出宝钢那种以人为本，注重生态环保和可持续发展的现代理念。

宝钢先后投资开发出展示厅、观光厅、群牛雕塑、生态园、原料码头、热轧、冷轧、高炉等景点，宝钢在向游客展现一流生产工艺、宣传先进管理理念和企业文化过程中，也展示我国钢铁工业发展成就。参观点主要包括：原料码头、三号高炉、热轧车间、冷轧厂房、生态动物园、雕塑群、无缝钢管厂、高速线材车间等。宝钢工业旅游不断深化文化内涵，丰富活动内容，建立了一套完整的管理制度，逐步朝规范化、产业化方向发展，已基本形成以"宝钢工业旅游为龙头，爱国主义教育为主体"的特色旅游项目，带动区域旅游业发展，将"宝钢工业之旅"与上海著名的"柑橘之乡"——长兴岛，以及上海的母亲河——黄浦江的旅游资源组合起来，推出"游浦江看宝钢逛橘乡"。

二、鞍山钢铁集团有限公司

鞍山钢铁集团有限公司是中华人民共和国成立以后第一个恢复建设的大型钢铁联合企业，是中华人民共和国最早建成的钢铁生产基地，被誉为"中国钢

---

① 马文斌，田穗文，唐晓云，杨莉华.工业旅游现状及前景分析——以宝钢工业旅游项目为例［J］.桂林工学院学报，2004（1）：118-122.

铁工业的摇篮"。2010年5月，鞍山钢铁集团和攀钢集团实现联合重组，重组为现在的鞍钢集团公司。鞍钢集团公司成为国内最具资源优势的钢铁企业，已形成跨区域、多基地、国际化的发展格局，获得国家首批"创新型企业"、首批"全国企事业知识产权示范单位"。鞍钢的工业旅游始于1999年，2001年"鞍钢工业之旅"被辽宁省政府、省旅游局授予"辽宁省工农业旅游示范点"。2004年，又以高分入围"国家工农业旅游示范点"。1998年，一批德国游客到鞍山钢铁公司参观，在参观过程，这些游客看到企业工业设备非常高兴。当时企业认为如果发展工业旅游，会有很好的发展前景。1999年，鞍钢集团开始开发钢铁工业旅游，成立钢花旅行社，并确定了工业旅游线路。

鞍钢工业旅游开发重视工业遗产保护和再利用。2014年，鞍钢集团展览馆正式开馆。该馆是在1953年建设的鞍钢炼铁厂二烧车间旧厂房的基础上改建而成，可以看到门前停放的蒸汽式火车头，拥有95年历史的炼铁老高炉，还能看到原厂房的烧结机、工业吊车、老机器设备等工业遗产。展馆有数万件实物、图片和珍贵史料展馆集中展示鞍钢集团辉煌的历史，也反映了鞍山钢铁公司对工业遗产的保护和利用成就。目前，鞍山钢铁工业旅游是以观光模式为主，比如参观齐大山铁矿厂和红矿选矿工艺，俯瞰大孤山露天铁矿采场，瞻仰炼钢十号高炉，参观热轧带钢厂1780生产线等。这些旅游观光项目对游客有一定的吸引力，使得游客从原料的选取到钢铁的加工制作过程等有了更充分的认识。满足了游客的好奇心的同时，增加了游客对钢铁工业知识的了解，更是加深了"钢铁是怎样炼成的"的印象。[①]

以鞍钢厂区内老1号高炉和孟泰纪念馆为代表的物质工业遗产，见证了鞍钢的工业发展和老一辈鞍钢人甘于奉献的精神。以孟泰精神为代表的鞍钢精神是鞍钢发展的重要的非物质工业文化。孟泰是中华人民共和国成立后第一代全国著名的劳动模范，是鞍钢乃至全国工人阶级的光辉典范。鞍钢集团为了发扬孟泰精神，建造了孟泰同志塑像，基座上镌刻着"孟泰精神永放光芒"的题词。孟泰精神指的是工人阶级爱厂如家、艰苦创业、自力更生的可贵精神。孟泰精神作为鞍山钢铁重要的非物质工业遗产对于发展工业旅游具有重要的激励意义和教育价值。塑造和弘扬孟泰精神，有助于丰富鞍钢工业旅游内涵。鞍山

---

① 刘馨怿.鞍山钢铁工业旅游开发研究［D］.沈阳师范大学，2015.

市文化旅游和广播电视局将"鞍钢工业之旅"作为鞍山旅游品牌进行培育，推出"钢铁是怎样炼成的"特色旅游产品，受到了广大游客的喜爱，"鞍钢工业之旅"已经成为鞍山市的五大特色品牌[①]之一。鞍山钢铁公司在工业旅游品牌的基础上，形成了六条旅游线路，分别是采矿、选矿、烧结、炼铁、炼钢、热轧，而旅游形式主要有一日游和半日游两种，并且具体设计了两条线路，一日游A线和B线，B线与A线线路基本一致，只是将终点站做了调整，将热轧带钢厂变为大型厂；半日游A线和B线，B线在A线的基础上，进行稍微调整，取消了热带钢厂。鞍钢工业旅游主要的景点有："建设者"火车头、鞍钢1号高炉、炼铁总厂与鞍钢第二炼钢厂、大孤山露天铁矿采场、齐大山铁矿厂和红矿选矿工艺。[②]

三、武汉钢铁集团工业旅游案例

武汉钢铁集团是中华人民共和国成立后兴建的第一个特大型钢铁联合企业，拥有矿山采掘、炼焦、炼铁、炼钢、轧钢及物流、配套公辅设施等整套先进钢铁生产工艺设备，联合重组鄂钢、柳钢、昆钢后成为生产规模近4000万吨的大型企业集团，居世界钢铁行业第四位。2010年香港教育总署组织4000名大学生到武钢博物馆参观交流，提出到武钢厂区生产线参观的申请，武钢博物馆获批探索开展工业旅游项目。2011年，武钢开始了工业旅游；2012年，武钢工业旅游线路荣获"2012年度武汉品质旅游产品（线路）"荣誉称号。

武钢的一日游线路：武钢博物馆、武钢热轧总厂、武钢高铁重轨车间。武钢工业旅游的主要亮点：一是参观中国首家钢铁博物馆——武钢博物馆。"钢铁是怎样炼成的"仿真区，采用了大量的声光电等高科技手法，通过"矿出采掘""转炉出铁""热轧机""硅钢轧机"等生产工艺的演示，使参观者身临其境地感受钢铁冶炼的全过程。大量的声光电等高科技手法，通过"矿出采掘""转炉出铁""热轧机""硅钢轧机"等生产工艺演示产生巨大的震撼。二是参观热轧总厂。武钢热轧总厂是我国最大的热轧板及中厚板生产基地之

---

① 五大特色品牌指的是：鞍钢工业之旅世界第一玉佛、亚洲著名温泉、国家名胜山、中国玉都和祖国钢都。

② 刘馨怿. 鞍山钢铁工业旅游开发研究［D］. 沈阳师范大学，2015.

一，在五六米的高空观看壮观的热轧生产过程，由原料板坯经过加热、除磷、粗轧、精轧、剪切、冷却卷取、入库、精整的生产流程。高铁重轨车间是在2008年全面建成的，是目前我国最现代化的高速铁路用钢轨及型钢生产之一，在此，可全面感受高速铁轨制作。三是感受高铁重轨车间。高铁重轨车间于2008年全面建成，是目前我国最现代化的高速铁路用钢轨及型钢生产之一，在此，可全面地感受高速铁轨的制作。"二热轧车间"和"硅钢生产车间"，所有模型均能全程模仿。武钢博物馆"镇馆之宝"是代表武钢诞生的第一炉铁水，见证武汉近代工业发展的"定汉神铁"。2010年11月，武钢博物馆挂牌为"省级科普教育基地"。2018年，江北公司文旅分公司成立，推进研学旅游项目。

5G时代，传统钢铁业转型升级，智慧、环保制造是方向。距离一号高炉100米外，现代化的炼铁集控中心已经建成，所有高炉都在此进行操控，实现"无人化"生产。炼钢、条材、热轧等主要工厂也在进行颠覆式智能化改造。2019年10月14日，武钢一号高炉宣布停产，作为中国钢铁工业发展史上地标性建筑的一号高炉，被作为工业遗产保存下来，变身工业遗址公园，让更多人身临其境地体验那段激情燃烧的岁月。

四、海南核电有限公司

海南核电有限公司把昌江核电站建成花园式发电厂，打造成为工业旅游景点。海南昌江核电站位于海南省昌江县海尾镇塘兴村，可容纳建设4台大型核电机组，总投资近190亿元人民币，由中国核工业集团公司和中国华能集团公司共同出资建设。该核电工程项目将建设两台核电机组，是海南史上投资最大、技术先进、工艺环保的能源项目。海南核电工业旅游开发始终秉承"安全是核电企业的生命线"这一原则，立足于履行核电企业向公众传播核电知识的社会责任并得到广泛认可。海南核电工业旅游项目自2015年度正式启动并向公众开放，目前项目主要包括核电科普展厅、车览核电厂区、近距离参观核心厂区、大件码头等项目，通过这些项目，公众可以直观感知核电安全文化，了解核能及核能应用基础知识，理性认识国家核应急体系。每年接待游客、学生、媒体上万人次。来自社会各界、全国各地的游客，主动近距离认识核电、了解核电，对核电知识的传播起到良好的推动作用，也改变了核电科普"送货上门"的状态。2016 年项目被授予"海南核电科技馆""海南省青少年科普教育基地"称号。①

海南核电有限公司将工业旅游列为年度重点工作，纳入标准化管理，根据核电质量管理体系，探索制定工业旅游基地管理制度标准，包含质量手册、程序文件、作业文件、记录文件等。具体制度有《海南核电科普展厅管理办法》《公众信息与沟通》《环境监测大纲》《应急启动与响应》《展厅设备管理制度》《展厅参观须知》《展厅工作人员日常行为规范》《展厅讲解员工作规范》等。设置专职展厅讲解员、科普讲师、特邀专家讲师、公司各专业员工等，打造专业讲师队伍；根据不同公众开发标准的讲解词和课件，使核电科普更接地气、更密切群众、更易被公众接受。加大对展厅讲解员、科普讲师的知识和技能培训力度，推动景区服务标准化建设。持续提升设施配置标准化，对公众展厅、停车场、进场道路、接待中心、引导标识、消防设施、应急通信基站、绿化等"硬件"设施建设和升级，并根据季节性特点持续优化旅游线路等方式，持续增强公众的参观感受。通过制定应急预案和紧急救援体系、加强人员培训、优化管理水平等"软件"服务内容进行标准化的建设和提升，在细节性、文化性、特色性方面展现海南核电不同的工业旅游特色。

创新发展模式，打造海南省知名科普品牌。创新"核电 + 校园行"模式，形成海南省知名的科普品牌。自 2013 年起，海南核电联合中共海南省委宣传部、海南省教育厅、海南省核应急办公室和海南省科学技术协会四单位，连续 5 年组织海南"绿色核电、魅力海南"科普知识校园行活动，每次活动都制定标准化的方案，通过邀请师生实地参观、组织研学旅行、举办科普讲座、发放科普书籍和纪念品等活动方式，与近万名师生面对面交流互动，将核电科学知识的种子播撒在孩子们的心中。活动得到了海南各市县宣传部、教育局、核应急办和科协的大力支持，受到了各大媒体的关注，人民网、海南新闻联播、海南日报、南海网、南国都市报等媒体纷纷进行了报道。

坚持绿色发展理念，按照打造"花园式"厂区理念，实施厂区绿化工程设计施工一体化项目。厂区种有浓郁热带风情的椰树、棕榈树、旅人蕉、芒果树、莲雾树、百香果、鸡蛋花等植物，一年四季郁郁葱葱，鲜花不断，是名副

---

① 为什么国家旅游局给海南核电送了块"新招牌"［EB/OL］. https：//www.thepaper.cn/newsDetail_forward_1569880.

其实的花园工厂。厂区公众展厅占地 1053 平方米，是全国首家采用全数字化电子沙盘的核电科普展厅，分为"形象展示区""互动体验区""公众科普区"三个独立功能区域，配备有专业讲解人员。游客可在"形象展示区"观看海南核电厂区全貌、了解海核文化及项目建设全过程；在"互动体验区"直观了解核电厂发电原理，亲自动手操作核燃料装卸模拟设备；在"公众科普区"参观到我国发现的第一块铀矿石标本模型、第一颗原子弹模型、核潜艇模型和压水堆核燃料模型，了解核技术历史发展和应用。[①]

第五节　汽车船舶等制造企业工业旅游典型案例

当今社会已经进入汽车时代、航洋时代，汽车生产制造、船舶生产制造等工业旅游日益凸显吸引力，许多企业探索了工业旅游成功案例。本节研究梳理中国第一汽车集团、中国一拖集团、奇瑞集团、上海大众汽车、上海外高桥造船海洋工程有限公司等的典型案例。

一、中国第一汽车集团工业旅游

中国第一汽车集团有限公司是新中国汽车工业的发源地，直接运营红旗品牌，同时拥有自主品牌一汽解放、一汽奔腾等品牌，"一汽"是毛泽东主席亲笔题写厂名和亲自命名的产品品牌。[②]2005 年 1 月，中国一汽通过全国第一批工业旅游示范点的验收，2006 年，建设一汽红旗文化展馆，展馆分为三个展区，A 区主题为"艰苦创业、为国争光"，讲述从 1958 年到 1981 年"红旗"从诞生到停产的不凡经历，及新中国第一代创业者为国家富强迸发的劳动热情和大胆创造力；B 区主题为"锲而不舍、勇于探索"，讲述从 1981 年到 2006 年一汽红旗面临的挑战和压力，一汽人顽强抗争的艰辛历程；C 区主题为"创新发展、引领未来"，讲述从 2007 年至今一汽红旗复兴计划的进展和实施，表现了一汽人务实、科学的创新态度及追赶时代进步的自强精神。

---

① 胡蝶，杨挺.全域旅游背景下工业旅游标准化建设研究——以海南核电工业旅游基地建设为例［J］.中国核电，2020，13（1）：125-130.

② 王丽君.长春市工业旅游开发研究［D］.东北师范大学，2008.

一汽集团工业旅游的主要内容有：一是参观现代化汽车生产装配线，包括卡车装配线和轿车装配线，可以参观载重卡车和各种变形卡车及红旗、捷达、奥迪和高尔夫等轿车生产流程。二是参观汽车博物馆，保存了大量的珍贵汽车样本，包括一汽生产的纪念车和外国的老爷车、古董车，有一汽生产的我国第一台解放牌卡车、第一辆也是唯一的东风牌轿车、第一台解放牌军用越野车、第一台红旗高级轿车、最后一台解放牌卡车、毛泽东主席等老一辈无产阶级革命家乘坐的红旗高档防弹车、邓小平同志乘坐的红旗检阅车等，还有党和国家领导人，知名人士赠送给"一汽"的礼品车及外国的古董车和文物车共计百余种，记载着世界汽车和中国汽车工业的发展历程。三是参观20世纪50年代初期苏联援建的厂房和住宅楼，反映新中国汽车工业发展里程碑的纪念碑，毛泽东主席题词的"第一汽车制造厂奠基纪念"奠基石等。

一汽工业发展，纳入城市旅游发展，围绕工业企业的工业主题扩展丰富形成全方位产品格局，旅游产品已不仅限于大企业，而是扩展到整个行业及纵横交织的文化活动等。产品围绕汽车主题展开，不断实行外延式开发，从而形成一个汽车旅游产品集合。如其重点发展的旅游项目，既包括现代化汽车生产线的观光，也包括世界名车收藏展示，汽车历史文化塑造，包括组织汽车博览、汽车比赛、特技表演等在内的汽车娱乐活动，以及开发具有汽车文化含义的旅游商品[①]。

最大限度地保护汽车产业园区内建筑物的原风原貌，甚至家属区和住宅区也还原其历史真实性。一些住宅建筑看似不属于工业遗产的保护范畴之内，但在整个园区的和谐统一下，却达到了更为吸引人和还原历史的效果，同时也成为工业旅游的展示景点之一。依托长春市"汽车城"的美誉，将汽车产业开发区打造成为不仅仅是一个产业园区，更是可以等同于具有行政职能的城区。汽车产业开发区内随处可见具有"一五"工业遗产元素的建筑物、住宅以及经由工业旧址改建的主题街心公园、城市广场，以工业文化为主旨的建筑物、博物馆，工业遗产与工业文化已经深入整个城区的骨髓，也同样影响着长春市，形成了长春市独特的汽车文化。发挥品牌优势，利用其历史建筑进行汽车文化的展现，配合长春其他工业遗产形成城市工业旅游产业。[②]

① 吴相利.中国工业旅游产品开发模式研究［J］.桂林旅游高等专科学校学报，2003（3）：43-47.
② "一汽"集团工业遗产项目规划［EB/OL］.http://urp995.com/h-nd-150.html.

另外，政企共建开发红旗绿色智能小镇。以红旗品牌悠久文化的复兴为战略支点，搭建起民族品牌创新创业发展平台，以红旗智能工厂、文化体验、新型产业为重点，以历史保护建筑为特色，以优化文博为内涵，围绕"尚、致、意"的理念进行规划，充分融入红旗的品牌要素，打造长春新红旗生产基地、建立工业旅游引领区。红旗小镇以中国一汽新总部基地为核心，发挥集聚效应。打造智能化、低密度、生态型的城市空间，建设集办公、科研、居住、旅游娱乐、商务金融、文化展示于一体的长春西南城市副中心。围绕企业生产链条，拓展城市服务功能，促进产城融合，打造"汽车人"的宜居幸福家园。

二、中国一拖集团有限公司

中国一拖集团有限公司前身为第一拖拉机制造厂，是国家"一五"时期156个重点建设项目，1955年开工建设，1959年建成投产，生产了新中国第一台拖拉机、第一辆军用越野载重汽车。已经形成以农业机械为核心，同时经营动力机械、零部件等多元产品的大型装备制造企业集团，是中国农机工业的重点骨干企业。2008年2月，国务院国资委批准了中国机械工业集团有限公司与中国一拖的重组方案，中国一拖正式进入中央企业序列。所属第一拖拉机股份有限公司在香港联交所和上海证交所上市，是中国唯一拥有"A+H"上市平台的农机企业。东方红工业游景区位于洛阳市涧西区建设路与长安路交叉口，占地9676亩（折合645万平方米），是中国农机工业摇篮，有"拖拉机城"之称，是首批国家级工业旅游示范点。2004年，中国一拖东方红工业旅游入选国家首批103家"全国工业旅游示范点"。2011年，以东方红工业旅游景区为核心的"涧西工业遗产街区"入选第三届"中国历史文化名街"，成为全国"中国历史文化名街"中唯一的工业主题街区。2012年，中国一拖建成全国首家现代农耕主题博物馆，并对原有工厂参观线路进行重新策划，推出系列化旅游线路，全面市场化运营。随着东方红工业旅游产品品类不断丰富，市场影响力不断扩大，2015年洛阳"河洛文化节"期间，东方红工业旅游景区吸引《奔跑吧兄弟》节目组到景区拍摄节目。2016年10月，东方红工业旅游景区开发的东方红拖拉机仿真模型入选"洛阳礼物"。①

---

① 张智磊.东方红工业旅游获国家荣誉［J］.当代农机，2016（12）：29.

　　洛阳市涧西工业遗产街区是以中国一拖主厂区、广场和广场前中轴线为核心的、苏联在洛阳援建重点工程时建造的厂房和生活区，包括大量的苏式厂房、设备、总装线和苏式居民区。绵延数公里的苏联与东欧风格的工业和居民建筑群，是中国保存最完整的国家第一个五年计划时期的工业建筑风景带，宏大的叙事风格的中轴线设计，流畅丰满的线条，充满象征意义的细节铺叙，是新中国工业化的历史见证。

　　成立一拖旗下的东方红（洛阳）文化传播中心，开发东方红拖拉机系列仿真模型纪念品，打造东方红特色旅游品牌和工业旅游系列产品。充分发挥中国一拖的工业资源优势，积极打造"东方红工业游"特色旅游品牌。依托"东方红工业游"景区的独特魅力，吸引全国各地游客前来观光、考察，感受中国一拖企业文化，认识中国农机工业的历史和力量。[1]打造"履带拖拉机漂移体验游"产品。"履带拖拉机漂移体验游"包括参观中国第一个现代农耕主题博物馆，游览全亚洲最大、中国历史最久的拖拉机制造厂，观看履带拖拉机漂移表演，亲自驾驶和坦克车原理相似的"大铁牛"，还可以在特色十足的工厂大食堂用餐。景区打造"游大厂，开大车，享用定制大食堂，体味人生大场面"宣传口号。食堂推出"恩来套餐"，让游客在享受餐饮的同时，讲述周恩来总理乘坐直升机视察一拖，在工厂食堂用餐的故事。开发"工业游进社区、工业游进学校、工业游进企业"等特色产品。

三、奇瑞控股集团工业旅游案例

　　奇瑞控股集团有限公司是中国汽车产业的优秀代表，2006年，奇瑞工业园被国家旅游局批准为"全国工业旅游示范点"。游客在园区能欣赏奇瑞最新型的各类汽车，在企业文化展示厅了解奇瑞人艰苦创业的光辉历史，还能参观发动机生产线和整车装配线，在特设的空中参观通道上，看千万个零部件组装成一辆崭新汽车的神奇过程。

　　依托奇瑞集团汽车生产制造工艺和独特的企业文化，构建"奇瑞创新之旅"基础要素。特设空中参观通道，让游客目睹诞生在现代化的生产制造车间、高效有序的生产流水线下的无数个奇瑞"新生命"；进行专业讲解，让游

---

[1]　工业旅游：让"东方红"再度红起来［EB/OL］. http：//www.nongji360.com/list/20145/985352892. shtml.

客了解汽车及其核心部件，领略汽车制造的重重工序和汽车工业的艰辛不易。建设企业文化展示厅、录像放映厅、新颖独特的旅游纪念品、多种组合调配的参观线路，满足游客不同需求。

奇瑞工业园区的旅游线路主要包括：一是奇车探秘之旅，游览奇瑞发动机二厂、奇瑞总装二车间，参观发动机展厅、发动机生产线，奇瑞汽车展车区、整车装配线等，了解汽车生产的每个生产工艺流程。二是车梦追逐之旅一，游览奇瑞企业文化展示厅、奇瑞发动机二厂、奇瑞总装二车间，观看奇瑞公司宣传短片，了解奇瑞自主创新发展的辉煌历程，感受奇瑞人的汽车之梦。三是奇瑞车体验之旅，游览奇瑞总装二车间，参观奇瑞整车装配线，全方位体验奇瑞汽车。四是车梦追逐之旅二，游览奇瑞企业文化展示厅、奇瑞总装二车间，观看奇瑞公司宣传短片，全方位了解奇瑞公司企业文化，追逐汽车之梦。

为了开发工业旅游，奇瑞成立专门旅游经营机构，打造专业化、大众化工业旅游。成立芜湖奇瑞旅游有限公司，培养专业规范、具备中英文双语能力的接待队伍，为到访游客提供具有企业特色的 QQ 车模、东方之子车模等旅游纪念品，让游客将奇瑞的奇妙体验带回家。

四、上海外高桥造船海洋工程有限公司

上海外高桥造船海洋工程有限公司成立于 2007 年，是上海外高桥造船有限公司的全资子公司，目标是成为"中国最强、世界一流"的海洋工程建造企业。主要生产经营覆盖海上浮式生产储油装置（FPSO）船体及上部模块、海洋工程船舶、半潜式钻井平台、自升式钻井平台、船舶上层建筑、特种分段的加工制作，海洋平台的修理、钢结构件的设计制造修理等。2012 年，为完善海工产品建造、总装、运出配套设施，外高桥海工开工建设了海工产品总装平台及码头港池工程。海工产品总装平台能够进行自升式平台、半潜式平台浮体和模块等海工产品下水前的总装工作。公司以海工工程产品为主要经营目标，可承建海工装备特种船、生活楼模块及海工装备模块、特种钢结构等工程。迄今为止，公司已承接多项海洋工程项目，如 JU2000E 自升式钻井平台锁紧装置（JACKCASE）、桩腿、平台供应船等项目。

2020 年，外高桥海工开启工业旅游新体验，将船厂打造成为旅游景点，

"库存"钻井平台变身旅游观光平台。7月30日，上海自贸区临港新片区旅游联盟会客厅揭牌，"临港智旅"工业旅游首批6条线路启动。其中，外高桥海工等线路将对外开放，供游客体验。游客在这里将会快速直观了解船舶建造流程，实地观摩"中国第一、世界领先"的外高桥海工明星产品——上层建筑，登上码头参观奇特而又帅气的海工平台供应船和自升式钻井平台。2020年5月，新片区管委会出台《中国（上海）自由贸易试验区临港新片区促进旅游及体育产业高品质发展的若干政策》，鼓励区域内制造业领域单位设计、开发工业旅游项目。政策强调，被新评定为上海市工业旅游景点服务质量优秀单位、上海市工业旅游景点服务质量达标单位的，分别可获50万元、30万元一次性奖励。新纳入临港新片区工业旅游线路开发计划的企业，可获30万元一次性奖励。集团公司深入挖掘体现"临港智造"的优质旅游资源，塑造临港新片区工业旅游王牌，上海打造6条"临港智旅"工业旅游线路，展现从"上天"到"入海"的大国重器奥秘。其中，"临港智旅"工业旅游线路中，第三站蓝色线路"临港启航 逐梦海洋"放在上海外高桥造船海洋工程有限公司。蓝色线路"临港启航 逐梦海洋"展现像搭积木般从钢板建成海洋装备的过程，以及海洋工程产品的类型、钻井平台的样式和海上作业方式。

上海推出了6条"临港智旅"线路：一是蓝色线路——临港启航、逐梦海洋（上海外高桥造船海洋工程有限公司）；二是红色线路——自主研发、大国重器（上海电气临港重型机械装备有限公司＋上海上飞飞机装备制造有限公司）；三是深蓝线路——宇宙遨游、深渊探秘（上海微小卫星工程中心＋上海彩虹鱼海洋科技股份有限公司）；四是黄色线路——挖机传奇、全球瞩目（上海三一重机股份有限公司）；五是绿色线路——新兴能源、技术领先（上海电巴新能源科技有限公司＋中曼石油装备集团有限公司）；六是紫色线路——半导之光、智能燎原（上海交大智邦科技有限公司＋上海旻艾半导体有限公司）。

五、上海大众汽车工业游案例

上海大众汽车有限公司是由上汽集团和大众汽车集团合资，也是国内历史悠久的汽车合资企业之一，是当今国内生产规模最大的轿车生产基地。上海大众汽车三厂的工业旅游项目开始于2003年9月，是上海较早一批全国工业旅游示范基地。大众汽车旅游参观汽车生产流水线的现场，可以亲自见证轿车生产的神奇过程，感受先进的工业制造技术及现代科技所展现的无穷魅力。上海大众汽车有限公司是目前国内生产规模最大、产品保有量最多的现代化轿车生产基地。灵巧的机器人、熟练的装配工人、高效的生产流水线很有吸引力，坐在特制的电瓶车上，穿梭于轿车生产的第一线，零距离接触汽车生产的全过程，亲自见证一辆辆轿车在流水线上诞生。

上海汽车博物馆是国内首座汽车主题博物馆，位于景色优美的汽车博览公园景区内。馆内藏有近百辆珍贵的古董车，展示汽车的百年发展历程，让游客感受到不同时代和文化背景下的汽车风情。另设有亲子小课堂、汽车工坊，可进行互动学习，还能乘坐古董车游公园，近距离感受经典汽车的魅力。上百辆珍贵的古董汽车及丰富的辅助展品，带游客了解汽车百年发展历程中的精彩故事、领略不同时代和文化背景下的汽车风情。博物馆内还设有亲子小课堂、汽车工坊，可进行互动学习，还能乘坐古董车游公园，感受经典复古汽车的魅力。

第六节 家电、服装等日用品企业工业旅游典型案例

家电、服装、眼镜等日用品工业旅游也比较活跃，本节研究梳理青岛海尔、大涌红木、常熟服装、丹阳眼镜等工业旅游典型案例。

一、青岛海尔工业旅游案例

青岛海尔股份有限公司，是改革开放后中国企业发展的缩影，也是中国工业旅游率先试水的企业。1999 年，海尔集团推出了工业旅游项目，依托海尔品牌资源专门成立了海尔国际旅行社。投资兴建了海尔科技馆，在园区、车间内规划了专门的参观线路，配备了专门的讲解员，培养了一支优秀的导游讲解队伍，已形成了以集团样品室为龙头、生产线为依托、科技馆为重点的旅游产品链。海尔公司已形成 10 余处参观点，包括海尔文化广场、海尔中心大楼样品室、海尔科技馆、海尔大学、信息园海尔立体库、海尔彩电生产线、海尔时空飞碟、海尔特种冰箱生产线、海尔开发区物流中心、海尔商用空调生产线景点。海尔集团为回报社会，工业旅游全部免费对社会各界人士开放。海尔科

技馆被评为全国青少年科普教育基地和青岛市首批科普教育基地。①2016 年，海尔集团入选首批国家工业旅游创新单位。

海尔工业旅游的主要节点和线路：一是参观路线海尔工业园—中心大楼—生产线—海尔大学—海尔科技馆。海尔工业园是海尔总部，是中国最大的家电生产与研发中心，是开展工业旅游的主要园区。二是海尔集团的机关办公大楼（中心大楼），有海尔集团发展和海南最新家电产品的展示、未来网络家电产品展示、海尔文化展示。三是生产线，参观空调、洗衣机、手机或模具生产线，了解产品的生产过程和海尔的管理与文化。四是海尔大学，是海尔管理人员短期培训的教育基地。五是海尔科技馆，1999 年被评为全国科普教育基地。还有开发区工业园、海尔现代物流、特种冰箱公司、商用空调公司等。②

海尔依托自己品牌知名度开展工业旅游，以品牌促进旅游，以旅游推广品牌，形成相互促进的良性发展模式。通过发展工业旅游，更加主动展示企业品牌形象，提高企业知名度，传递企业核心理念，提高游客对企业文化的认同。锐意创新，在长期发展过程中积淀独特企业文化，融入发展成为海尔形象的一部分，是企业最珍贵的无形资产。同时，通过开展工业旅游企业生产要素与旅游结合，打造特色旅游产品。游客近距离地观看生产工艺流程，将工厂透明化，游客通过亲眼所见、亲耳所闻，加深对企业产品的信赖，成为潜在忠实顾客。开发体验式旅游项目，带给游客不同体验。海尔工业旅游集购物、参观、交流、娱乐于一体，设置品种齐全的样品室展厅、整洁有序的生产线，集历史、文化、科技于一体的海尔科技馆，提高了海尔旅游游客参与度与沉浸感。海尔科技馆共分为 3 大展区 12 个展厅，尤其是历史家电展厅、海尔文化展厅、未来家电展厅，帮助游客了解家电发展历史，体验未来的智能家电，让游客发挥想象力，提前感受未来的生活。运用亲情化服务，使游客在海尔旅游轻松愉快，印象深刻。③

二、大涌红木文化博览城

中国红木文化博览城位处大涌镇红木产业集聚区的龙头位置，西紧连红木

---

① 看海尔如何打下工业旅游江山［EB/OL］. http：//www.icioc.cn/article_846.html.

② 李森焱. 中国工业旅游发展模式研究［D］. 武汉理工大学，2009.

③ 看海尔如何打下工业旅游江山［EB/OL］. http：//www.icioc.cn/article_846.html.

文化产业园，北依凤凰山，南临岐江河及岐江游终点区，东侧紧邻广珠西线高速和沙溪出口，大涌镇横贯东西的红木产业黄金要道歧涌路和兴涌路交会于此，其区位和交通优势得天独厚。红博城是中山市弘扬传统红木文化、推动红木家具产业转型升级建设的集红木艺术品展览、红木文化旅游、红木家具销售和传统民俗体验于一体的具有中国古典建筑特色的展示体验中心，总投资超过50亿元，项目总占地面积300亩，总投资约48亿元，是2015年全国优选旅游项目和2015年广东省重点建设项目。依托地处珠三角中心和产业集群黄金核心的地缘优势，以植入情景旅游为特色，以汇集精品艺术为方向、集红木家具展示、销售、仓储、物流、会展、设计、鉴赏、收藏、拍卖、文化传播、主题旅游、五星级红木主题酒店、产业总部大厦和休闲娱乐于一体的一站式多功能特大型红木文化旅游商业综合体。

红博城是中国最大的红木家具生产基地之一，也是中国家具行业第一个获得国家级荣誉称号的专业镇。近40年来，大涌人在红木产业精耕细作，逐步取得行业话语权。[1]但随着竞争对手增多，大涌镇也感受到压力。2012年，中山市对红木产业的专题调研指出，中山市的红木家具产业在规模、气势上已明显弱于浙江东阳和福建仙游，如何让大涌红木更红、怎样转型升级等都成为大涌发展的迫切问题。

2013年，中山开始筹备建设的红博城，请来昆明世博园主创团队主笔王洲进行设计，探索中山市红木产业转型升级之路。红博城是广东省和中山市重点建设项目，一开始就抛弃以往"大卖场"模式，定位为文化创意产业园区；除了红木商贸展示交易，还被赋予红木博览、文化旅游、情景体验、珍藏拍卖、艺术交流、中式演出、中式生活、建筑艺术、产业集群等诸多功能。博物馆、珍宝馆、大师园、琴棋书画馆、艺术广场、民国骑楼街、红木家具展销中心、五星级红木主题酒店……红博城与过去的家具卖场大相径庭，变成展示中华文化和红木生活方式的舞台，一改过去家具卖场闹哄哄的感觉，为游客带来"旅游＋购物＋文化"的立体式体验。红博城启动不仅是针对传统家具的延伸，也是市政建设的一部分，作为传统文化传承的载体与展示平台而存在。在建设之初，就已被列入中山市镇共建重点项目、广东省重点文化建设项目、全国红

---

① 中山大涌变身红木文化旅游小镇［EB/OL］. http://sztqb.sznews.com/html/2016-10/23/content_3642951.htm.

木文化产业示范区，并规划为国家级旅游景区。它的建成将有助于提升大涌红木产业的竞争力，它将红木展示与文化普及相结合，打造一个航母级中式古典艺术建筑群落。红博创新"四个一"模式，即红木家具文化展览馆、红木家具文化论坛会、中式家居生活文化节、红木家具商业平台等为抓手，融合旅游元素，配套旅游服务设施，着力打造具有影响力的大型主题文化旅游景区。大批经典红木家具、传统艺术精品、特色民俗、各色岭南美食云集红博城，提供一个红木观光、科普、体验和娱乐的工业旅游好去处。

景观设计采用新时期红木文化与建筑文化的传承之路，结合现代红木艺术品工艺和审美，提纯纯铜文化艺术符号，融合红木产业现代的经营思路，满足现代实用的功能和时尚的审美需求。用红木的文化、现代的空间、传统的建筑神韵设计出大涌独有红木文化的园林空间，功能化的设计满足现代红木产业文化回归的功能和精神需求。博览城景观设计强调文化与建筑空间的融合，外围环境景观在满足场地规划功能需求的同时，针对集中绿地不足的现状，景观设计考虑以树阵为主，不占地面空间，但增加上部的绿化覆盖。沿街商业部分吸收红木文化精髓，全系统的小品、雕塑、铺地以及整个 VI 系统全方位展示红木文化、历史、工艺等，与场地外围环境营造浓郁的文化与商业氛围。内部则充分吸收中国传统园林造景的手法，与大型商业文化 MALL 的室内空间相融合，把园林、红木文化的历史，通过室内的中庭加以诠释，把生态引入商场，带给博览城内部以大型中国文化庭院院落空间的感觉。景观设计基于场地面积不大的局限性，借鉴中国传统私家园林的造景手法，以有序的空间序列来组织空间，让人在游览过程中，体验"起—承—转—合"的空间变化，营造"收—放—收—放"的节奏感与景观体验，同时考虑"抑景""框景""借景"等造景手法，丰富园林景观。而基于场地作为卖场性质的考虑，在景观尺度上比传统园林更人性化，同时错落布置小型聚会平台作为集会、户外销售所用。场地较窄的地方提出街巷化的概念，重现古代小巷风情，同时让人流动线更为合理化。尤其是大师园部分为整个项目的点睛之笔，融合中国传统造园艺术，步移景异，小中见大，尺幅之地，游趣无穷，同时满足商场的现代化要求。植入旅游和文化体验，以独特的艺术设计手法设计了唐、宋、明、清四大园林中厅，以各个不同历史时期的建筑风格营造情景式消费氛围，让消费者感受红木家具所蕴含的历史文化。比如修建民国时期的岭南文化骑楼街，京城建筑等，用这些古典的景观来推动文化发展。同时还引入陶瓷、字画及与文化有关的工艺品，整个博览城的风格将以古建筑为主，目的在于唤起大家对传统文化的兴趣和记忆。利用项目紧邻岐江河的优势，红博城还将作为中山岐江夜游的终点站，届时对外呈现的将是一幅以红木为主题的河岸灯光、古镇酒吧和小桥流水的实实在在的优美画卷。

三、常熟服装工业旅游案例

服装与纺织业是常熟的优势产业，有波司登等许多国内外知名服装企业和品牌，为旅游发展奠定了坚实的产业根基。通过服装纺织业与旅游业的融合，强化常熟"服装之都"的地位。旅游业为服装产业升级提供新动能，向着数字化、场景化、国际化和个性化发展；服装产业为旅游发展提供新的吸引物，实现优势产业的叠加和循环。

充分利用服装产业的优势和工厂基地，发展工业旅游。以服装生产基地为依托，加快推进服装工业园区建设，打造集工业生产、工业参观、休闲购物等于一体的园区。以"服装之都"为口号，宣传企业品牌文化；加快培育向游客提供观光体验、企业文化、服装知识等的专业讲解及服务人员；持续改进"生产线参观—厂区游览—工厂直营店（或个性化定制）"工业旅游观光链。充分利用以波司登"全国工业旅游示范点"为代表的现有资源，形成工业品牌带动旅游、旅游提升工业品牌影响力的格局。大力发展时尚产业和购物旅游，结合服装城发展转型升级智慧商城，利用时尚创意、社交娱乐、ABCD 技术〔人工智能（AI）、区块链（Block chain）、云计算（Cloud Computing）、大数据及大数据分析（Data & Data Analytics）为代表的技术〕等打造购物旅游体验集聚区。通过场景化的提升改造，打造新的融设计、生产、销售、培训、体验于一体的新业态。全方位创新生产方式、销售方式、体验方式，重构产业链。创新服装生产方式，助力发展个性化定制、DIY 生产、各种纪念性服装定制等。充分利用服装产业等载体和资源，发展提升衣品和穿着设计搭配素养技能的培训研学基地。

常熟服装城已成为全国最大的服装服饰专业市场，2007 年来，先后被中国纺织工业联合会和中国商业联合会授予中国男装中心、中国女装中心、中国童装中心、中国鞋业中心等称号，成为国家 4A 级旅游景区，成为集休闲、娱乐、购物于一体的综合休闲购物旅游区。2010 年被国家人力资源和社会保障部、中国纺织工业协会评为"全国纺织工业先进集体"，2012 年，被国家工商总局评为"全国诚信示范市场"。

波司登公司位于常熟古里镇白茆塘畔，是亚洲规模最大、技术最优的羽绒服装生产基地。近年开始发展工业旅游，形成一条成熟的"生产线参观—厂区游览—工厂直营店选购"工业旅游观光链，提供观光体验、企业文化、羽绒知识等服务，有效拉近消费者与企业品牌的情感距离。充分利用旅行社的客流资源，将工业旅游融入常规旅游和国内外旅游的网络体系，扩大工业旅游的影响力，实现资源共享、合作发展。

常熟为了升级服装产业，打造熟云裳小镇，北依千亿级市场中国常熟服装城，东临风光秀丽的昆承湖，西近国家 5A 级旅游景区尚湖度假区，小镇整体规划纺织服装特色产业基地、文化旅游观光地、生态宜居地，打造中国服装产业新智造示范基地、中国服装产业创新示范基地和全球时装产业创意之都。"云裳"代表了小镇未来发展方向，未来常熟云裳小镇要注重"云"产业，重点依托"互联网＋"、云计算、工业互联网、AI 等关键技术，大力发展区域纺织服装产业生产交易的大数据云平台，推动区域电子商务、撮合交易、智能工厂、共享工厂和智能物流的发展。同时，"裳"除了代表产业，更要激活"尚"元素，以时尚创意为导向，通过引和育，攻坚设计师和时尚发布，不断增强常熟在时尚趋势发布领域的全国乃至全球影响力，力争成为中国服装产业新智造示范基地、中国服装产业创新示范基地和全球时装产业创意之都。

云裳小镇规划形成"一带三轴、两心七区"的空间布局。"一带"：指时尚产业联动带，依托莫门塘及其两岸，通过水质改善提升，滨水公共空间品质塑造，形成形态丰富的滨水岸线空间，串联多个产业功能区。"三轴"：指沿 G524 快速路品牌展示周、沿规划四路文化创意轴及沿莫干路—状元堤形成的休闲体验轴。"两心"：中部综合服务中心，提供生活性服务和产业配套综合服务功能；南部时尚展示中心，提供时尚设计、展示等专业化服务。"七区"：指结合现状和规划发展设想，充分考虑服装产业生态链的功能需求，规划建设电商总部集聚区、时尚创意产业区、时尚展销办公区、时尚设计培训区、时尚协作区、智能工厂区以及多个品质生活区七大功能分区。打造"文化＋旅游"深度融合的艺术名片和传统产业转型升级的示范基地。

四、丹阳眼镜工业旅游案例

丹阳被誉为"中国眼镜之都"，年产眼镜架 1 亿多副，占全国总量的 1/3；光学玻璃及树脂镜片 3.2 亿副，占全国总量的 75%，世界总量的 50%，是世界最大镜片生产基地、亚洲最大眼镜产品集散地和中国眼镜生产基地。全世界 40%、全国 70% 的镜片来自丹阳；全国 1/3 以上的镜架产自丹阳。全国眼镜制造业的六成以上的"中国驰名商标"来自丹阳。国家级眼镜产品质量监督检验中心坐落于丹阳。国内唯一眼镜产业知识产权快速维护中心落户丹阳。丹阳眼镜市场形成于 1986 年，经过近 30 年的发展，已成为东南亚地区最大的眼镜产品集散地，并从传统的交易市场成功转型升级为现代服务业，是国家 3A 级商贸旅游景区。丹阳眼镜城拥有中国眼镜城与国际眼镜城两座现代化服务商城，有商铺 1000 余间，经营人员 5000 余人，引领中国眼镜市场新潮流，丹阳眼镜城获得"全国百强市场""央视财经频道 CCTV.经济观测点""国家级眼镜验配服务业标准化试点单位""江苏旅游十大新地标""江苏省转型升级示范市场""江苏省正版正货示范街区"等殊荣。丹阳眼镜城市场交易额近 60 亿元，全年游客超过百万人次，眼镜工业和购物旅游成为丹阳名片。

中国（丹阳）眼镜城位于京杭运河与沪宁城际铁路之间，中山路与站前路交叉口，紧临丹阳火车站与汽车站，以眼镜销售批发为主，是集休闲娱乐、餐饮住宿、商务办公、影视表演等为一体的体验式商业，形成了眼镜行业从设计、生产到销售一条龙的完整产业链。国际眼镜城按照国家 5A 级商贸旅游景区标准打造，汇聚了眼镜行业国内、国际众多知名品牌和商户，拥有华东地区最大中影巨幕影视播放厅与国内规模最大、品种最多、设施最全、展示最广的中国眼镜博物馆，完全摆脱了传统眼镜市场的单一商业模式，是集贸易研发、商务会展、旅游购物、美食物流、金融服务等功能齐全的国内唯一、国际一流的现代化综合性眼镜城，其规模、档次为全国之最。按照"一流的城市新门户、一流的眼镜产业旅游目的地、一流的眼镜产品商贸集散地、一流的大运河景观带、一流的城市交通枢纽中心、一流的大型城市综合体"目标，依托丹阳眼镜产业的独特优势，重点发展以眼镜为核心的特色商贸业，将丹阳打造成商贸业和旅游业发达、现代交通便捷、接待设施完备、综合配套齐全，融运河风情塑造、地域文化传承与都市时尚体验于一体、具有国际知名度的商贸旅游区。

第四章

工业遗产转型发展文化和旅游创意园区模式案例

工业遗产是工业文明的见证，是工业文化的载体，是人类文化遗产的重要组成部分。自 19 世纪后半叶洋务运动以来，特别是中华人民共和国成立之后的不同历史时期，都留下了宝贵的工业遗产。这些工业遗产集中分布在老工业城市，不仅见证了我国近现代工业化不同寻常的发展历程，也蕴藏着丰富的历史文化价值，是社会主义先进文化的典型代表。利用工业遗产发展文化创意园区和旅游，已经成为近年工业旅游和城市旅游发展中的亮点，工业遗产见证了工业活动对历史所产生的深刻影响，见证了我国非凡的工业化成就，见证不同工业化阶段的历史风貌与时代特征，承载着国家民族和城市记忆，蕴藏着丰富的历史文化精神价值，转型发展文化创意产业和工业旅游是对工业遗产、旧建筑保护与再利用的新方式途径，为工厂转型提供多元化新思路。通过发展文化创意产业和工业旅游，创新保护利用工业遗产，使遗产焕发新生机，更好地推动城市复兴和更新，带动区域产业转型发展。近年，我国加大了对工业遗产的保护和综合利用力度，许多城市打造了一批集城市记忆、知识传播、创意文化、休闲体验、创新创业于一体的特色区域，形成多元文化生态和创意服务产业链[①]，协同创新孵化新兴创意企业，建立和完善集群生态体系，创新实现从"工业锈带"到"生活秀带"的转变，为发展盘活工业遗产探索积累宝贵经验。

---

① 马仁锋，沈玉芳.中国创意产业区理论研究的进展与问题［J］.世界地理研究，2010（2）：91-101.

工业遗产保护利用模式把仓库、厂房等工业文明载体改造成为创意产业园或现代艺术区，展示现代艺术、大型雕塑、装置艺术等，利用存量资源注入时尚、个性的建筑元素，吸引众多艺术家工作室入驻，通过构建创意产业的发展平台保护历史建筑，保留城市文化底蕴。我国出台了《推动老工业城市工业遗产保护利用实施方案》，推动工业遗产保护利用与文化保护传承、产业创新发展、城市功能提升协同互进，打造一批集城市记忆、知识传播、创意文化、休闲体验于一体的"生活秀带"，延续城市历史文脉，为工业城市高质量发展增添新动力。要充分认识工业遗产除了物质形态还有制度形态和精神形态，区别于其他自然文化遗存，应突出强调其保护方式的灵活性，寓保护于利用之中，让工业文化融入群众生活和城市发展，融入城市更新与产业迭代升级之中，真正实现工业遗产在发展中保护、在保护中创新发展。我国许多城市推动工业遗产保护与城市形象提升相融合，将能够凸显工业文化特色的景观标志纳入城市建设规划。支持工业遗产保护利用与文化节、艺术节、博览会、体育比赛等交流活动相结合，举办工业遗产主题研讨会和工业文物交流展，拓展工业遗产的价值普及和传播推广渠道，弘扬新时代中国特色工业文化。实施城市工业遗产品牌培育提升行动，形成一批具有示范性、带动性和影响力的工业遗产文化产品和服务品牌，提升城市品质，彰显城市特色。本章梳理总结北京、上海、天津、武汉、重庆、深圳、沈阳、广州等代表性城市较成功的工业遗产发展文旅创意园区和旅游的典型案例。

第一节　北京市工业遗产保护利用的文旅创意园区模式案例

北京是保护利用工业遗产发展文旅创意园区创新探索的标志性城市，打造了首钢文化旅游区、798文化艺术区等标志性案例，许多老旧工厂被创意改造转型升级为文旅创意园区，有的还成了旅游景点，实现了工业遗产的保护创新利用，得以弘扬和焕发生机活力。将工业文化元素和标识融入内容创作生产、创意设计，利用新技术推动跨媒体内容制作与呈现，孕育新型文化业态。完善配套商业服务功能，发展以工业遗产为载体的体验式旅游、研学旅行、休闲旅游精品线路，形成生产、旅游、教育、休闲一体化的工业文化旅游新模式。促进工业遗产与现代商务融合，改造利用老厂区、老厂房、老设施发展文化创意园区和影视拍摄基地，发展以工业遗产为特色的会展经济和文化活动，促进工艺美术产品、艺术衍生产品的设计、生产和交易。

一、首钢工业文化旅游区案例

首钢集团工业遗产转型发展工业旅游，在北京石景山厂区原址上建设"首钢工业文化旅游区"，是一个极具标志性和巨大影响力的案例。首钢集团始建于 1919 年，是我国钢铁工业的缩影，1958 年建起我国第一座侧吹转炉，1964 年建成我国第一座 30 吨氧气顶吹转炉，二号高炉集成先进技术成为我国第一座现代化高炉。1994 年钢产量达到 824 万吨，列当年全国第一位[①]。2005 年国家发改委正式批复首钢搬迁曹妃甸方案，2010 年首钢完成搬迁，2011 年首钢获颁"功勋首钢"纪念牌，首钢工业旅游区是全国工业旅游示范点；2018 年首钢工业遗产公园入选第一批中国工业遗产保护名录。2017 年，国家体育总局授予首钢"国家体育产业示范区"，与首钢总公司签署战略合作协议，国家冬奥集训中心落地园区，国际奥组委主席巴赫莅临北京冬奥组委会及首钢考察，确定 2022 年冬奥会比赛项目自由式滑雪空中技巧单板滑雪大跳台落户园区群明湖畔。2018 年园区将进一步推进"旅游＋体育"的模式，引进各项体育赛事活动。2020 年，首钢园入选首届北京网红打卡地上榜名单，成为新旅游热点。首钢工业文化旅游区已经成为工业遗产旅游典范和我国老工业区改造升级典范。

为了利用工业遗产来发展文化和旅游，首钢集团设立了"首钢工业文化旅游区"，并成立专门运营管理的全资子公司北京首钢园区综合服务有限公司，作为发展文化、旅游、体育和综合高端服务产业的唯一运营平台。2019 年，编制实施《加快新首钢高端产业综合服务区发展建设打造新时代首都城市复兴新地标行动计划（2019—2021 年）》，提出要强化工业遗存再利用，促进文化传承发展，结合首钢工业遗址公园建设，打造工业旅游精品工程，同时推动体育与文化、传媒、创意、科技体验、会展等业态融合发展，打造后工业文化体

育创意基地。以全新的理念打造"新首钢高端产业综合服务区",打造京西高端产业创新基地,其中"六工汇"希望带来更多文创、高科技、体育产业企业,结合首钢文化、产业、生态、活力复兴计划带来新生,共同打造高品质的城市复兴新地标。①

首钢工业文化旅游区由"三带五区"构成,"三带"是滨河综合休闲带、城市公共活动休闲带、长安街西延线绿色生态带;"五区"包括冬奥广场、工业遗址公园、公共服务配套区、城市织补创新广场、石景山文化景观五个功能区。纳入北京"十四五"规划城市更新样本,纳入"永定河大西山文化带整体规划"和"石景山西部旅游规划"。以国际化视野打造科技创新、文体创意和独特旅游休闲生活方式的新名片。②尊重和保护工业遗存,结合北京相关上位规划的布局定位,依据场地自然景观和工业人文环境,顺应城市历史肌理,保留标志性工业元素,在尊重原有工业遗存风貌基础上进行功能改造与城市更新。首钢工业旅游园区保留标志性工业元素,打造工业元素的时尚秀场,在尊重原有工业遗存风貌基础上进行功能改造与空间创意更新,以新旧材料和空间对比延续老首钢工业之美,实现由工业建筑向现代创意空间、文化和旅游休闲服务空间的转变。将曾是中国最先进的高炉——三高炉,创意设计更新改造成为首钢园区首批地标建筑,成为全球首发中心、文化创意展览展示空间和工业旅游核心景观。③

该案例另一大特点是冬奥组委入驻实现高端发力引爆,2016 年 5 月,2022 北京冬奥组委进驻首钢园区,运储铁矿石的料场被改建为办公区。北京冬奥会和冬残奥会展示中心由联合泵站改造而成,利用水塔的弧度空间环境,经数字影像技术活化了清代《冰嬉图》,再现中国悠久的冰雪运动历史。展厅陈列着横跨京张地区的冬奥整体规划沙盘,借助视频和声光电技术,观众犹如置身于赛区之中,全景式体验北京冬奥会带来的日新月异的变化。"四块冰"是首钢园区改造后的"冰雪新世界"。过去的自备电厂精煤车间和车站用房,

---

① 首钢立足城市复兴,或将成为北京西部转型发展核心区 [EB/OL]. https://www.sohu.com/a/322414734_100217331.

② 首钢立足城市复兴,或将成为北京西部转型发展核心区 [EB/OL]. https://www.sohu.com/a/322414734_100217331.

③ 今天,人民日报、北京日报同步聚焦首钢园 [EB/OL]. https://www.sohu.com/a/423203706_658786.

现在已变身为冰球馆、冰壶馆、花样滑冰馆和短道速滑馆，保障国家队冬奥备战。同时，场馆运用了光伏发电、太阳能光纤照明、无负压供水系统、雨水收集和利用系统等新技术，景观道路铺上了建筑垃圾烧制而成的再生透水砖，点滴之间诠释着可持续发展、节俭办赛的冬奥会理念。

首钢工业旅游园区的建设，将绿色首钢、科技首钢、人文首钢相结合，形成融人文历史、自然山水、工业风貌、低碳生态景区等魅力为一体的文化旅游区。为了更好地反映这一主题，发挥首钢在政治和科技知识等方面的教育基地作用，根据景点分布设计三条旅游线路：一是绿色首钢环境游。主要是陶楼、月季园、群明湖、音乐喷泉广场、石景山和古迹等景点。二是钢铁生产工艺游。工艺游以"钢铁是怎样炼成的"为主题，按照钢铁生产的工艺，安排了钢铁工艺流程图、采矿现场照片及矿石、球团、烧结矿等实物展，并配合开放了炼铁厂三高炉、第二炼钢厂、第三炼钢厂和高速线材厂等生产厂。三是高新技术游。主要是参观首钢摩托曼机器人表演、首钢日电电子有限公司芯片实物、首钢环星触摸电脑、首钢东星公司的汽车空调器等高新产品及图片。

二、北京 798 艺术区案例

北京 798 艺术区（以下简称"798"）是国内利用工业遗产打造创意产业园的范本，也可以说是国内名声最大的艺术区，被美国《时代》周刊评为全球 22 个大型城市艺术中心之一，北京市政府将其命名为"优秀近现代建筑"，已成为北京文化和旅游产业标志之一[①]。

798 位于北京市朝阳区酒仙桥街道大山子地区，故又称大山子艺术区，面积 60 多万平方米，核心区域占地面积近 30 万平方米，建筑面积 23 万平方米。前身为北京华北无线电联合器材厂，即 718 联合厂。21 世纪初，798 厂在产业重组发展，开展艺术园区创建加快发展文化创意相关产业，吸引艺术家和文化机构进驻，逐步集聚了画廊、艺术展示空间、艺术家工作室、艺术中心、设计公司、时尚店铺、餐饮酒吧等众多的文化艺术机构。通过对旧厂房改造，发展中不断迭代，通过打造文化创意园区集合不同业态，盘活老化的工业遗产，形成艺术商业街区、逐步形成具有国际化色彩的"SOHO 式艺术聚落"和

---

① 苏金河.中国包豪斯建筑的典范之作——798 工厂［J］.建筑，2011（14）：76-77+4.

"LOFT 生活方式"，成为北京的都市文化的新地标、城市文化休闲目的地。

718 联合厂是德国与中国的合作项目，曾是我国电子工业发展的摇篮，填补了多项国家空白。[1] 随着发展的转型，到 21 世纪初基本处于停产半停产状态，70% 以上的车间停止运行，职工从 20000 人递减至不足 4000 人。后来，718 联合厂各厂房被拆到最后一部分即中心区的 798 厂。1995 年，中央美术学院的教授租用了 798 工厂空置厂房作为雕塑车间，这一举动后来被认为是 798 艺术区发展的伊始 [2]。北京市传统工业发展的衰落及酒仙桥地区工业转型需求促发了 798 原厂区的转型升级。798 早期打造集生产与服务于一体的创意园区，对工业遗存进行生产性保护，继续生产功能，采用部分闲置厂房为艺术产业机构和个体所租用改造 [3]。随着开发的深入和工业企业的撤离，通过建立博物馆、举办工业文化展览等，如"大厦与基石——中国电子工业的创新足迹"展览 [4]。后来，文化创意产业确立为重点支柱产业，借此发展机遇，798 走上了文化创意园区的开发之路 [5]，使这片工业遗产焕发了生机。北京 798 艺术区已逐步实现从原生态的电子制造工厂，向多种文化业态相融合的文化创意产业集聚区的逐步转型。文化创意产业园区是城市文化的内生动力，也是文化创意企业的集聚区。

798 艺术区探索了多种形态业态的综合开发模式，798 艺术区是工业和艺术博物馆的聚集地，包括 798 3D 博物馆、798 国际设计馆、亚洲艺术中心、798 艺术工厂等。798 艺术区是知名艺术机构聚集地和前卫艺术活动的重要举办地。它的商业艺术区包括尤伦斯艺术中心、林冠画廊、佩斯画廊、伊比利亚当代艺术中心等在内的知名艺术机构 [6]。798 艺术区形成了几类功能区：艺术空

---

① 718 联合厂与北京 798 艺术区 [EB/OL]. https://xw.qq.com/cmsid/20180814A16DIQ00?f=dc

② 钱学森图书馆.718 联合厂与北京 798 艺术区 [EB/OL]. https://new.qq.com/omn/20180814/20180814A16DIQ.html?pc.

③ 李雪梅，徐勇，Tony Frank（摄影）.北京 798 从军工厂到艺术区 [J]. 中国国家地理，2006（6）：114–120.

④ 北京 798 艺术区管理委员会.798 艺术区简介 [EB/OL]. https://798.bjchy.gov.cn/sub/viewDetail/266759/11342.htm.

⑤ 奇创旅游规划.798 艺术区，从工业遗产到文化创意园区的转型升级 [EB/OL]. https://www.sohu.com/a/327913143_168681.

⑥ 文创案例库.从北京 798 艺术区看工业遗产资源的保护和整合 [EB/OL]. https://new.qq.com/omn/20180826/20180826G10IIT.html.

间、文化空间、消费空间和交易空间。艺术空间主要集聚了各类画廊和艺术工作室，占地 200~500 平方米，这些艺术工作室或艺术设计公司，基本都是独立经营、独立投资。文化空间主要集聚书店为主，而且都是体量很小的个性化特色化精品书店，一半以上书店小于 50 平方米，以艺术类图书为主。

798 艺术区通过生产性保护工业遗产打造弘扬工业文化和精神的载体，通过丰富园区业态打造成为吸引青年创造者的胜地，持续开展活动打造国际性的文化品牌，塑造全新生活方式打造新时代文化概念的标志。通过低廉的租金和宽阔有特色的厂房以及价格低廉的大食堂，吸引艺术家和有理想的青年创作者在此驻扎发展。随着园区发展，不断提升地价和房租，为保障画廊及工作室的运转，园区内的艺术家和创作者开始开设艺术书店和咖啡馆等，从而丰富了798 艺术区的业态。策划 798 艺术节，打造成为展示艺术区魅力、凸显艺术区特点、打造艺术区品牌的重要艺术活动和国际性的文化品牌[①]。持续开展国际艺术展览、艺术活动和时尚活动，比如一年一度的"北京 798 艺术节"，受到国内外的广泛关注，吸引了众多世界政要、影视明星、社会名流来参观。通过展览、论坛等集结中外美术界、艺评界、文化界的学术力量，增强 798 艺术区的艺术实力，不断提炼中国当代艺术的价值追求；通过各种公众活动，提高中外游客和北京市民参与当代艺术的文化兴趣，让更多的人了解当代艺术、特别是中国当代艺术的创作成果。通过塑造一种新的生活方式，树立新时代文化的标志。开创 LOFT 时尚居住与工作方式，构建 798 生活方式或 798 方式。随着798 艺术区的不断发展，798 已经形成一种文化概念，成为中国当代文化艺术的风向标和文化名片以及中外文化艺术交流的重要平台。

三、77 文化创意产业园案例

77 文创园被称为"胡同里的美术馆"，被列入首批北京市文化创意产业园区名单的代表性园区之一。77 文创园位于美术馆后街 77 号，园区占地 6600 平方米，建筑面积 13000 平方米，与中国美术馆一街之隔，前身为建于 1954 年的北京胶印厂旧址。不同于 798 等工厂，北京胶印厂带着北京胡同的市井气息。2012 年年初，北京胶印厂将原胶印业务迁出，将美术馆后街 77 号院内房

---

① 程大鹏.从"718 联合厂"到"798 艺术区"［EB/OL］.https：//www.sohu.com/a/409951390_819453.

屋整体腾空，打造主题性高端文化创意产业园区，推动北京胶印厂整体转型。打造出以戏剧、影视为主导产业的77文创园。2019年1月25日，北京市正式发布33家首批北京市文化创意产业园区名单，"77文创园"位列其中。①

77文创园能成为北京的文创新地标，得益于其独特的戏曲主题和独特的胡同大院场景。园区入驻和戏剧、影视、设计界的领军企业，与相关公司形成良好的合作关系，构建文化资产运营的创新生态系统，形成了以戏剧和影视为核心业态的高端主题性文化园区。比如，专注于推动两岸戏剧交流的台湾广艺基金会在这里设立了北京办事处；从香港中文大学学成归来的温文在园区里开办了闻铭雅尔文化传媒公司，从事表演艺术管理；从澳大利亚墨尔本留学归来的一群戏剧爱好者组建的墨剧团、民间剧团拿大顶剧社、孙悦戏剧工作室等艺术团体则成了园区的孵化对象，获得了免费使用排练场地等扶持等。②园区打造成为包含77剧场、排练厅、书吧、咖啡厅等配套，成为演出、摄影、聚会、沙龙、文化名人的聚集地、北京市文化亮点新地标。

园区与胡同社区巧妙塑造融合，打造成为"百姓会客厅"。将门牌号与园区融合，77文创园位于美术馆后街的77号，门牌号作了名号。区外环境新旧融合，园区掩映在古朴灰砖街墙之中，远眺有中央戏剧学院、中国美术馆这样颇为恢弘、设计感十足的现代建筑群；近处是亮果厂胡同、小取灯胡同纵横交错，低矮的砖墙灰瓦和年代感十足的老北京民居。艺术与生活相融合，相比于北京其他建筑拔群、配备一流商业设施的文创园，"77文创"园区将周围的社区和居民与"艺术"融为一体，充满北京胡同文化生活气息，是"百姓会客厅"，胡同的入口处，常有孩子玩闹、大爷大妈坐在墙根下的石凳上晒太阳。园区中的北京剧目排练中心被业内称为戏剧界"横店"。北京剧目排练中心建筑面积逾3000平方米的排练中心，坐拥19间专业排练厅（2间110平方米的大排练厅、10间80平方米的中排练厅，6间50平方米的小排练厅，并配有1间130平方米的剧目彩排合成厅），租金仅为周边租赁市场的1/3，每间排练厅每天的租金仅300元，是价格低廉、环境优越的排练场所，也为喜欢戏剧的

---

① 北京胶印厂改造——77文化创意园区［EB/OL］. https://www.sohu.com/a/224144190_407821.

② 戏剧文创园隐身京城腹地 评：有望实现资产增值［EB/OL］. http://www.ce.cn/culture/gd/201403/21/t20140321_2526852.shtml.

市民提供最大实惠。[①]

四、E9 区创新工场案例

E9 区创新工场位于北京市朝阳区黑庄户康中街 E9，前身是三元双桥乳品厂，再往前追溯是"双桥农场"。E9 区创新工场总占地面积 118 亩，由北京著名的乳品厂改造而来，20 世纪 80 年代末，双桥乳品厂生产能力在北京市场所占份额超过 1/4，瓷瓶酸奶是北京标志性特产。1998 年，双桥乳品厂并入三元集团，更名为北京市三元食品乳品一厂，从德国、瑞典进口全套的自动生产设备，单个车间加工液态奶的生产能力提高到 300 吨，成为全国第一家单体车间高产能的乳品厂，生产出我国第一袋利乐包装奶。2014 年，为盘活国有资产，促进国有资产保值增值，在服务北京"四个中心"城市定位以及首农食品集团"文化双桥"战略定位下，搬迁后的乳品厂老厂房开始筹建转型为 E9 区创新工场[②]。E9 区创新工场东区聚焦数字文创、人工智能两大核心业态，重点引入文创、科技领军型企业和独角兽公司。2017 年，E9 区创新工场完成一期改造并开始试运营。截至 2019 年，园区一期项目入驻企业 80 余家，文化科技企业占比超过 85%。

园区成功的一个重要经验，是搭建产业服务平台，为新经济企业持续导入政策、金融、企业服务，实现园区作为双创载体的平台带动作用，构建多层级融资服务体系实现创新集聚效应，创建"企业服务管家"制度，完善上下游全链条。E9 区创新工场以文化创意和前沿科技为定位，凭借新模式、新业态、新理念而独树一帜，并获得朝阳区政府相关部门的大力支持。朝阳区发改委等部门通过"政策进园区"等多种形式持续加强优惠政策宣传力度，让企业在资金和项目申报过程中遇到的问题得到及时有效的解决。E9 区积极搭建政府与企业间的沟通桥梁，是促进优惠政策惠及企业的重要抓手。园区积极发挥作为产业平台的引领带动作用，汇聚各路资源服务企业所需，实现政府、园区、企业三方共赢。在资本、市场、企业服务等层面与集奥聚合、特斯联等多家入园

---

① 胡同创意工厂，引领京城文化生活新时尚［EB/OL］. http://mp.visitbeijing.com.cn/a1/a-powwcmc 9379e06c287e26d76ce24d7

② 三元双桥乳品厂变身创新工场，这里引来不少文创"独角兽"［EB/OL］. https://baijiahao.baidu. com/s?id=1633675560489592395&wfr=spider&for=pc

人工智能和独角兽公司开展合作，通过构建投贷联动的多层级融资服务体系，将股权融资、债权融资、融资担保等金融服务真正落实到园区，助推驻园科技、文创优质企业加速发展。集合入园人工智能企业成熟的科创技术，形成可赋能传统行业的技术产业链，实现新动能快速成长和传统产业转型升级的联动效应。实行"企业服务管家"制度。根据企业需求，提供全年政策申报服务、融资对接、场景落地、品牌推广等支持。打造视觉艺术、设计艺术、综合演绎、非遗民俗、时尚综娱、智能高科、展呈论坛、城市更新公共教育、国际交流十大系统，创造新业态、服务新场景、促进新消费。通过老旧厂房改造拓展多样化文化休闲空间，形成完善的足篮球场、创客食堂、健身房、音乐酒吧、智库咖啡、书店、剧场等各类生活服务配套，为入园企业员工和周边市民打造"10分钟文化休闲体验圈"①。

五、其他文化创意园区案例

北京还有许多工厂转型发展文化创意和旅游休闲产业的案例，胡同和四合院承载着北京城千年文化积淀，胡同里的各类厂房，独特气质和环境氛围吸引着无数创意人，形成各类特色创意园区。在胡同厂房里不仅可以追寻感悟历史文化，还可以体验科技时尚前沿风向标。

"郎园 Vintage"位于大望路，是由充满怀旧气息的红砖厂房改造转型发展而来，2010年年底厂区完成改造并正式挂牌文创园，以"创意办公 + 体验式商业 + 艺展中心 + 设计型餐厅"为四大主要业态，同时涵盖兰境艺术中心、LCD 设计实验室、文创猫、人民智造、郎园果壳空间等方向的孵化器 + 创客空间，吸引了诸如凤凰网、果壳网、罗辑思维、CCTV 北京记者站、京视传媒、宜信宜人贷、然食堂、花田小憩、南庄园等近 50 家大咖与新秀企业入驻。一年一度还举办品牌活动"郎园文化节"，形成丰富多彩的创意市集和时尚联谊沙龙。

草场地艺术区位于北京市首都机场辅路与五环路交界处，形成了当代艺术家的创作基地、展示窗口、交流平台以及教学、培训等多功能的文化场所。进入草场地艺术区的机构、画廊等单位已有 300 多家，已经成为粗具规模的重要

---

① E9区创新工场：上下游全链条促进文创企业发展［EB/OL］.https：//baijiahao.baidu.com/s?id=1676972230802008770&wfr=spider&for=pc.

文化产业聚集区，成为继北京 798 艺术区后，有特色的艺术家的文化创意乐园和国际艺术村和艺术区。

方家胡同 46 号改造自原中国机床厂，成为北京最具创新创意活力的艺术社区，有红方剧场常年的现代舞、演唱会、小话剧等艺术演出，"猜火车电影沙龙""热力猫音乐俱乐部"等也受到热捧。东雍创业谷改造自原北京金漆镶嵌厂，已经被打造为文化孵育平台，在美国纽约证券交易所上市的"当当网"、为世博会和地铁站传送背景音乐的"金音源"，都栖身于这个空间很小的创业谷。人民美术文化园改造自原人民美术印刷厂，保留了原厂区的建筑形态与符号，进驻了一批优秀的建筑设计、创意设计、摄影、服装设计、家具展示、动漫游戏企业。圣唐古驿文化创意园位于东城区雍和宫藏经馆胡同 2 号院，处于藏经馆胡同、青龙胡同、炮局头条三大胡同交界处，地处雍和文化创意产业园中心地带，是一处集创意设计服务、旅游、产品展卖、文化交流等于一体的四合院式创意设计服务特色主题产业园。嘉诚·印象坐落在昔日胡同，也是老式厂房改造而成的文化创意工厂，入驻的设计、展览展示、影视制作等文化创意类企业。咖啡·社区青年汇，打造中国首家创投主题咖啡馆，打造共享图书阅览和健身中心，为创业青年提供了交流共享空间。南新仓文化休闲街被称为"编外的故宫"，位于东四十条东端的南新仓是中国现有保存最完整的皇家粮仓建筑群。演艺昆曲《牡丹亭》300 余场，600 年历史文化遗产与 600 年非物质文化遗产的绝妙组合，成为文化热点。西打磨厂街在前门东区范围内，清末建筑与西式文化糅合的协和医院旧址，旧时银号、旅店，成为新时代文创与科技、古建与流行元素互融的文化街巷。

第二节　上海市工业遗产保护利用的文旅创意园区模式案例

上海是中国现代工业的重要发源地，有数量庞大的工业遗产。在工业遗产保护的创意园区开发模式上，上海也做了大量开创性工作。自 20 世纪末苏州河两岸艺术仓库改造热潮开始，工业遗产的再利用已经经历了 20 多年时间。2010 年上海世博会召开，世博园区规划建设对园区范围内工业遗产的适应性再利用进行了多方面的实践。随着徐汇滨江、杨浦滨江、浦东滨江、北外滩地区的滨水开发再利用不断完善，黄浦江滨江两岸的滨江工业遗产也得到了进一步的保护更新。如上海8号桥创意产业园区，把凝聚着特有的历史底蕴和文化内涵的老厂房变成吸引创意人才、激发创意灵感、集聚创意产业的新载体，入商业、娱乐、休闲甚至是住宅的元素，创新构建活力的城市空间。

一、上海世博园案例

上海世博园是创新利用世博前的工业遗产、世博会后场馆遗产的实践范本。上海世博会场地位于南浦大桥和卢浦大桥之间，地处上海市中心，跨越黄浦江两岸布局，是上海黄浦江两岸开发、旧区改造和产业布局调整的重点地区，也是新一轮城市空间拓展和综合服务功能提升的重要地段。规划用地范围5.28平方公里，园内分为5大场馆群，分别是独立馆群、联合馆群、企业馆群、主题馆群和中国馆群。

世博园区内20%的老建筑保护保留，包括上海开埠后建造的优秀老民居和见证中国工业发展进程的工业遗产，经改建后主要用于展馆、管理办公楼、临江餐馆、博物馆等，完成从工业厂房到博览业之间的转换。江南造船厂改建成中国近代工业博物馆群，作为上海城市的一个新亮点。国际展览局秘书长洛塞泰斯介绍说，上海世博会利用、保护和后续的历史建筑和工业遗产建筑面积，是1851年首届世博会举办以来最大的。这个探索创新得到联合国教科文组织专家的肯定，认为这可以为其他发展中国家在保护工业文化遗产方面作出示范。

2010年上海世博会城市最佳实践区是世博会历史上的一次创举，世博会降下帷幕之际，城市最佳实践区作为"城市再生范例"的实践过程也悄然开始，城市最佳实践区拉开了从"世博亮点展区"到"城市活力街区"的第二次转型，继续城市最佳实践区的历史使命。探索城市"双遗存"（世博前工业遗产和世博后世博遗产）再利用实践范本。

世博园前身为南市电厂厂房，1897年创建，到2007年已走过110年，世博园的地块是当时沪郊的园林半淞园，1937年8月，日军飞机轰炸上海南站，半淞园毁于兵灾，半淞园原址便为南市电厂的一处厂房所用。南市电厂1954年公私合营，成立南市电力公司，次年改为国营南市发电厂。2007年，上海电力工业战略转型，特别是世博会建设需要，南市发电厂停止运行，2010 年世界博览会申办成功后，原址被规划进世博园区，南市发电厂原址成为世博园内的"城市实验区"，后改名为"城市最佳实践区"，成为荟萃世界城市最佳实践案例的世博亮点展区和"街区再生范例"，展示创新实践成果。城市最佳实践区所在区域，原为传统工业集聚地区，保留工业建筑的改造和利用占总建筑面积的 60% 以上，在保留工业建筑的主体结构和基本形体形态的前提下，进行功能化、时尚化、节能化、生态化改造，不仅作为世博会的各种展馆，而且是工业建筑再生的创新实践。

二、上海国际时尚中心案例

上海国际时尚中心位于杨树浦路 2866 号，占地 12.08 万平方米，建筑面积约 13 万平方米。东望黄浦江内唯一的封闭式内陆岛——复兴岛，西临上海最早的发电厂——杨浦发电厂，南依上海市的母亲河——黄浦江，北至蜜蜂毛衣厂原址。原为日资"裕丰纺织株式会社"，建于 1912 年，1949 年改名为国营上海第十七棉纺织厂，1992 年改制为"龙头股份有限公司"。1999 年 9 月被上海市政府评为优秀历史建筑。20 世纪 90 年代末传统纺织工业衰落，国棉十七厂艰难转型升级。

2012 年，上海第十七棉纺厂成功转型成为现在的"上海国际时尚中心"，成为规模最大、时尚元素最为丰富的时尚创意园区，被定位为国际时尚业界互动对接的地标性载体和营运承载基地，具备时尚多功能秀场、接待会所、创意办公、精品仓、公寓酒店和餐饮娱乐等功能；是上海乃至全国设施最完备、配套最齐全专业秀场，也是世界顶级品牌发布首选地，上海国际服装文化节、上海时装周主场。[①]

上海时尚中心打造 4.0 版文创园区，打造城市开放社区。文创园区"1.0"版是原始阶段简单的物业租赁，公司运营管理以粗放式物业运营为产业形态；"2.0"版在此基础上加入主题园区概念；"3.0"版指园区不仅考虑硬件设施环境，更融合与老百姓个人日常生活消费息息相关的参与式、体验型要素，使园区提升为城市中开放式的街区、社区、景区。上海国际时尚中心运营之初，就

---

① 老厂房的新生命 | 上海国际时尚中心 [EB/OL]. https: //sh.focus.cn/zixun/a393dfb07f6001c9.html.

定位升级版本的文化创意园区，通过定期举办插花艺术、茶艺、DIY香水调香课程、DIY饰品、皮具制作等课程、持续举办睦邻节，增强消费者互动体验性。

中心重塑场景运营功能，满足小众群体的时尚需求，将园区运营逐渐转变为场景运营，围绕"场景+"，采取小众性策略。挑选的零售品牌定位与大型购物中心不同，中心主要聚焦于新兴业态、小众品牌设计师、私人定制化产品、彰显个性化的时尚单品，如子曰、Sungdo gin、Jerry Shen等设计师品牌入驻；充分融合设计感与艺术感，打造前店后作坊的生产模式；引进欧洲的创意集成店，如ZUMA等小众创意品牌，独特的小众个性独为"好这一口的粉丝"而设计。

此外，重塑场景展示功能，规划打造展示性高地。重新创意规划设计，在保留着上海纺织工业史的清水红砖老厂房和老仓库基础上，改建成为与国际时尚业界互动对接的地标性载体。优化功能布局提升场景展示效果，保留原厂房屋顶形态的工业建筑风貌，可同时容纳1200人，通过配备专业灯光音响、设置化妆间、展厅等完善的功能配套，成为全国乃至亚洲单体规模最大、设施最完备、配套最齐全的专业秀场。已陆续举办了上海时装周的开闭幕式、上海国际服装文化节、华谊ELLE之夜、轩尼诗新点发布、保时捷新车发布、特斯拉充电桩首发等大型活动，成为各类发布、大型时装表演、派对、演唱会、时尚论坛、品牌服饰发表、精彩赛事以及大型会务的承载基地。

三、上海1933老场坊案例

上海1933老场坊位于虹口区溧阳路611号，建筑外方内圆，东南西北4栋建筑围成的四方形厂区与中间一座24边形的主楼通过楼梯相连，加工车间采用"无梁楼盖"。前身是上海工部局宰牲场，英国建筑设计大师巴尔弗斯设计，被誉为"远东第一"。上海虹口区人民政府和上海市人民政府列为"虹口区历史遗址纪念地"和上海"优秀历史建筑"予以保留[①]。自2006年挂牌、2007年成功举办"上海国际创意产业活动周"后，在2008年10月，园区成功荣获上海年度最佳创意产业集聚区奖；同年11月，又再度被评为"2008创意盛典"优秀创意产业集聚区。在2010年，1933老场坊被评为全国工业旅游

---

① 王哲.基于创意产业园的旅游主题定位因素研究——以"1933老场坊"为例[J].开封教育学院学报，2015，35（1）：285-286.

示范点[①]。涵盖了时尚发布、娱乐总汇、休闲体验、高端餐饮和创意办公五大类别，融合创意、商业、文化和旅游协调发展，以创意时尚为主题定位，试图发展成为上海的时尚消费、体验旅游新地标。

这是创新利用工业厂房发展文旅的创意产业的典型案例，在保留厂区历史背景和建筑特质、继承原有的结构体系和空间关系基础上，将原上海工部局宰牲场改造成独具魅力的创意产业集聚区，打造成上海时尚表演、发布、展示、交易、设计、服务、消费、休闲的中心。结合虹口区北外滩的改变形成互动，成为极具特色的区域性旅游特色产品，成为承接世博游客居住、旅游、消费的重要特色基地[②]。

融合怀旧与时尚元素，延续虹口区建筑人文历史，通过创意设计传递文化和历史的感染力，打造具有上海文化魅力的聚集地。在外部环境的改造上，尊重原始风格，吸引游客眼球的视觉焦点；内部空间的改造上，强调创意氛围营造和时尚感觉设计。通过举办时尚服装发布会、高档聚会排队等活动，打造成为怀旧体验者和摄影师们的爱好地、都市白领时尚消费的集聚地、上海顶级时尚旅游消费场所。

四、上海市 M50 创意园案例

M50位于苏州河南岸半岛地带的莫干山路50号，占地面积约41亩，建筑面积41606平方米，拥有自20世纪30年代至90年代各个历史时期的工业建筑50余幢，是目前苏州河畔保留最为完整的民族工业建筑遗存。M50原为近代徽商代表人物之一周氏的家族企业——信和纱厂。中华人民共和国成立后更名为上海第十二毛纺织厂、上海春明粗纺厂[③]。春明厂1999年年底停止了原主业生产。2000年起，通过都市型工业园区的建设和业态调整，逐步引进了以视觉艺术和创意设计为主体的艺术家工作室、文化艺术机构和设计企业，逐步成为上海具有标志意义的创意园区之一[④]。M50创意园是上海最早的创意产

① 上海虹口门户网站.我区1933老场坊和花园坊成功入选本市首批示范创意产业集聚区［EB/OL］. http://www.shhk.gov.cn/shhk/xwzx/20100409/002004_15d5604c-5f85-4af9-af0e-38b474d7edaa.htm.
② 祁世芳.旧厂房如何"蜕变"为文化创意产业园［J］.中国房地产，2015（29）：40-45.
③ M50文化创意园：摩登的当代艺术王国［EB/OL］.https://www.sohu.com/a/206255892_307247
④ M50创意园：民族工业的发源地之一［EB/OL］.http://sh.sohu.com/20090201/n261996832.shtml

业集聚区之一，也是目前上海最具规模和影响力的创意产业园区之一，曾先后获得上海市首批创意产业集聚区、上海十大优秀创意产业集聚区、全国工业旅游示范点、上海首批文化产业园区、国家 3A 级旅游景区等称号。

创意园区按照定位选择入驻企业，打造浓郁艺术气息，努力打造具有标杆性的文化品牌。有针对性地引进在文化创意领域内有影响力的机构，持续引进包括英国、法国、意大利、瑞士、以色列、加拿大、澳大利亚、美国、意大利、日本、委内瑞拉等在内的多个国家和地区的艺术家工作室以及画廊、服装设计、平面设计、高等艺术教育、建筑设计、家具设计、影视动漫传媒、环境艺术设计、艺术品（首饰）设计、产品设计等设计机构。通过营造苏州河畔浓厚的艺术创意气息，吸引众多国内外的收藏家、媒体、知名人士、艺术爱好者、市民和游客。充分利用园区资源聚集的能力和汇集起来的资源，打造从主体到客体，从实体到载体，逐步形成以"艺术、创意、生活"为核心价值的品牌。每年联合引进的企业和设计机构举办二次联合开幕活动。举办上海国际服装文化节、时尚之夜、法国工商会、中国传统节日乙酉中秋论坛、宝马车展、诺基亚及西门子产品推广等一系列时尚活动，努力打造成为苏州河边独特的人文景观和上海时尚文化新地标。

五、上海 8 号桥案例

8 号桥位于上海建国中路 8 号，建筑面积 12000 余平方米，由旧工业厂房改造，每一座办公楼都有天桥相连，使得整个空间充满工业文明时代的沧桑韵味，已发展成为我国著名的文化时尚聚集地。搭起互动交流桥梁，共同"打造有品质的生活空间"，通过整合资源促成不同的理念、模式、形态以及产品在这里不断创造和提升价值。[①]

"8 号桥"的形成机制属于政府引导下的市场化开发的成功案例。具体表现为：在上海市经贸委和卢湾区人民政府的支持下，上海华轻投资管理有限公司、香港时尚生活策划咨询有限公司共同斥资联合开发 8 号桥；旧厂房的改造更新由日本著名的广川设计事务所负责；依托香港时尚生活策划咨询公司独有的客户资源及公司总裁黄瀚泓先生丰富的开发招商经验和广泛的人脉资源，完

---

① 8 号桥新品牌形象升级发布会［EB/OL］. http://sh.house.163.com/15/1102/18/B7EF5KFA00074M82.html

成招商 ①。以 "创新驱动、转型发展" 为动力，通过 "整合提升、融合发展"，以 "设计产业化、产业集群化、集群品牌化" 来促进设计价值的转换和提升。按照 "整合资源，创造价值，打造有品质的生活空间" 的理念，专注研究、打造、反思和再探索属于自身的独特的品牌理念，将园区打造成为区别于传统的办公楼宇、有品质的生活空间。吸引各类创意产业行业的顶尖公司入驻，汇聚在香港主板上市的最大传播集团之一的现代传播、全球排名第二的办公家具制造商 Herman Miller、唯一独揽四项国际设计顶级大奖的中国设计公司 LKK 洛可可公司、全球第二大广告传播集团 WPP 旗下成员 GREY group 等一系列全球顶尖公司。

第三节　天津市工业遗产保护利用的文旅创意园区模式案例

　　天津是中国近现代工业的重要发祥地，19 世纪下半叶，天津开创中国北方工业化先河，成为工业文明在中国北方的启蒙中心。出现了天津机器局、开平矿务局、大沽船坞等一批工矿企业，架设了我国最早的电报线和电话线，铺设了我国最早铁路，发行了我国第一枚邮票——大龙邮票，组建了直隶工艺总局、北洋银圆局、造币总厂、直隶高等工业学堂等。民国初年到抗战前夕，天津工业迅速发展，兴建了六大纱厂、两大毛纺厂和永利碱厂以及一些面粉、皮革工厂等大批近代企业，到 1949 年天津市共有工业企业 4708 家，成为当时中国第二大工业城市。中华人民共和国成立后，天津成为重要的工业基地，生产了我国第一块手表、第一台电视机，拥有 156 个工业门类近半数。2006 年，天津市开始对工业遗产进行专项保护，进行工业遗产调查。工业遗产保护与利用方式主要有：一是将保护对象列入保护体系，如天津西站老站房；二是开辟为博物馆，如大沽船坞；三是开辟为创意产业园区等，如棉三创意园区；四是改为商业用房；五是以露天遗产为依托开辟为室外公共空间，形成了许多工业遗产转型发展文旅的典型案例。

　　① 范小妮，常青.探索LOFT模式的创意产业园发展之路——以上海8号桥创意产业园为例［J］.江苏城市规划，2008（4）：24-28+46.

一、1946 创意产业园案例

1946 创意产业园区位于天津市河北区万柳村大街 56 号，原为天津纺织机械厂老厂区，该厂成立于 1946 年，是我国最早研制和生产粗纱机、络筒机的大型骨干企业。园区筹建于 2010 年，占地 9.2 万平方米，建筑面积 5.99 万平方米，拥有不同时代的建筑 23 栋。园区北临中山路，南临金钟河大街，西临津京沈高速公路，是天津市河北区的黄金地段。园区内部配以集休闲、旅游、餐饮、医疗于一体的服务配套设施，周边辅以五星级酒店、银行、大型超市等配套服务[1]。

园区打造"一站式"服务的园区，努力打造形成一个多种服务功能正向叠加的平台，建设扶持中心探索特色科技创业服务体系。为入驻商户提供房屋等基本设施，下设扶持中心为区内中小企业提供全方位、多层次服务的重要载体。通过集聚效应，形成核心产业竞争力与创新能力，合理配置资源，实现效益最大化。将文化展示和休闲娱乐巧妙地融合在一起，形成独特的街区式景观带。[2] 扶持中心积极探索具有园区特色的科技创业服务体系建设，以中小企业服务为重点，紧紧围绕中小企业发展的需求，在企业投融资、领军人才服务、政产学研合作、科技服务资源整合等方面开拓创新，配备资金服务处、法律事务咨询、工商咨询、政府项目申报协助、商户培训等服务。

二、天津意库创意产业园案例

天津意库创意产业园原址为天津外贸地毯厂，占地面积 3 万平方米，建筑面积 2.5 万平方米，保留了 20 世纪 50—90 年代不同风格的 16 栋建筑。地处天津西站商务副中心，东临天津西站交通商贸区，西隔天津长途汽车站，与光荣道科技产业园相望，南接城市快速路、城市轨道站、铁路枢纽区，北靠子牙河休闲经济带，与平津战役纪念馆、水西庄历史文化名园隔河而立。园区有发展创意产业浓厚的商业氛围和巨大的市场需求、有方便创意产业与科技产业对接的地缘优势和巨大空间张力、有便利的物流交通条件和带动辐射能力、有蓝

---

[1]　建鑫.从旧厂房到产业园的华丽转身——天津1946·创意产业园［J］.中国房地产，2016（20）：16-18.

[2]　建鑫.从旧厂房到产业园的华丽转身——天津1946·创意产业园［J］.中国房地产，2016（20）：16-18.

天碧水、绿树成荫的环境，能有效激发创意灵感，启迪设计交流的氛围。

在老厂房基础上进行艺术设计和外貌改造，保留了老建筑的历史风貌和建筑结构，又注入了新产业元素，集中体现了城市发展在不同时期的独特风格、艺术特色和科学价值，形成以文化为内容、以科技为载体、以创意为核心的创意产业发展模式，集中发展以城市空间设计为主导定位的产业链。先后带动周边天津市创意街、卓朗科技园、绿色建筑与节能产业创新基地以及大成台湾商业中心的建设与发展。

2012 年 9 月，意库创意产业园区举行了国家级科技企业孵化器揭牌仪式。2013 年 12 月 26 日，意库创意产业园区发起、建设、管理的天津市首家预孵化平台——"中国星合伙人"正式启动。协助在孵企业办理注册、完成科技型企业认定、组织政策讲解会、帮助企业招聘引进人才、帮助企业融资及股权合作等方式，帮助中小企业自主创新能力提升、产品升级及科技成果转换，促进企业快速成长。

三、华侨城 LOFT 美亚创意文化园案例

华侨城 LOFT 美亚创意文化园地处天津西青区中北镇万卉路与卉锦道交叉处，前身是天津美亚汽车厂，总占地面积约 220 亩，是大运河文化带示范典范的标志项目。中北镇素有"汽车城"美誉，天津市汽车制造厂，见证天津汽车工业从无到有，逐渐辉煌的发展进程。

通过科学规划，打造多元化文化产业集群，依托文化创意，引领北方文化创意产业新风尚。通过对运河的科学规划、片区运营，形成集"滨河旅游、休闲娱乐、文化创意主题商业"于一体的多元化文化产业集群，沿用"生长"及"互动"的规划理念，着力于文化、艺术、创意、旅游等领域产业资源优势，引入"当代艺术、先锋音乐、影视演艺、文化创意、新媒体群、智能研发"等产业集群。以文化、艺术为支点，引申出更有朝气的影视演艺、新媒体群、智能研发三大新兴产业，构筑具有时代特色和国际影响力的新兴产业殿堂[①]。举办丰富多彩的文化创意及公共艺术类活动，将其内核与文化、创意产生碰撞与升华，以 OCT-LOFT 创意联盟、柴火空间创客集群为代表的一批活跃的产业

---

① 构筑新兴产业殿堂 中北镇华侨城美亚创意文化园盛大开园［EB/OL］. https：//www.sohu.com/a/251666858_99938734.

群落，推动天津本土文创行业发展，为城市注入经济活力的同时，激发公众对工业遗存进行重新理解与发现、对老工业建筑进行当代审视与思考，使旧厂原貌与新生创意产业互补提升。

依托影视演艺建设天津影视新蓝图，依托新媒体群打造新媒体产业"加速器"。引入影视演艺产业源头，努力建设成为国际知名、国内领军的影视文化产业研发和产业化基地、科技成果转化的辐射源和战略性新兴产业策源地，服务首都和全国文化中心建设，带动中国影视文化创意产业发展。华侨城美亚创意文化园结合工业厂房独特的建筑，打造集影视制作基地、影视作品展播、影视作品交易、文化旅游、影视会展乃至影视基金于一体的综合影视发展基地。全面复合地深化影视产业核心的同时，传承文化精髓，打造城市和地区影视演艺领域新名片。引进新媒体艺术产业的入驻，旨在打造成为天津乃至全国特色鲜明、优势突出的新媒体产业聚集高地，依托于华侨城集团品牌积累与资本积累，成为推进城市"互联网＋文化"产业发展的又一高地。文化园集结网络媒体、移动端媒体、数字电视、数字报纸杂志等全新的数字化媒体形式，成为热衷于新媒体行业创意、策划、制作、发布及引领全新思维模式的新媒体人聚集地，分享智慧成果，关注最新技术。涵盖领军行业的爱奇艺、蜻蜓 FM 等资源平台，带动新媒体产业发展，完善城市及区域产业链条，打造新媒体行业智慧的新高地。

四、天津 C92 创意集聚区案例

C92 创意产业集聚区于 2009 年开园，前身为"天津仪表厂"，始建于 1946 年，诞生出新中国第一块水表。利用工业遗产共建创意设计改造，打造融合商业、艺术、时尚、技术的综合创意休闲街为特色的创意产业园，集聚以创意办公为主吸引摄影工作室、广告公司、动漫企业等创意设计为核心工作室，创新大量引进创意服务业园区内有极具个性的时尚店，小众电影放映场，巧克力俱乐部等品位店，探索形成保留城市印记、焕发旧厂新活力的"C92 创意产业开发模式"。

五、天津 6 号院创意产业园案例

天津 6 号院创意产业园位于和平区台儿庄路 6 号，曾为英国怡和洋行的仓库，始建于 1921 年，总面积 1 万平方米。2000 年开始艺术家在此集聚，2007年开始对园区进行配套建设，动漫、设计、艺术等业态企业逐步进入园区，先后荣获和平区现代服务示范园、天津动漫人才实训基地，2008 年中国最具投资价值创意基地，2009 年中国最佳创意产业园等称号。天津最大的当代艺术经营机构汇泰艺术中心，专门经营欧洲油画的北京列宾画廊，以经营高档油画艺术品及衍生品的雨天锐意画廊，国内第一家私人彩陶博物馆三品堂，国内第一家铂金摄影艺术馆，国内最先进的四维影视基地已落户园区。形成艺术创作、艺术品展示、艺术品销售、艺术品拍卖为一体的完整产业链。另外，6 号院与天津市多所高校结成产学研联盟，与天津工业设计协会达成推进创新设计工业化、产业化战略合作，并将依托中国创新设计红星奖，实现创新设计的市场化，全力建设创新转化基地。

第四节　武汉市工业遗产保护利用的文旅创意园区模式案例

武汉是我国近代工业的发祥地之一，百年工业文化是这座城市无法磨灭的基因，有丰富的工业遗产和深厚的工业文化积淀，有百处工业遗产，2017 年，武汉市发布《武汉工业遗产保护名录》推进工业遗产保护，近年也探索了工业遗产发展文旅创意园区的许多成功案例。

一、汉阳造文化创意产业园案例

汉阳造文化创意产业园位于武汉龟山北路 1 号，建于原鹦鹉磁带厂。100多年前，湖广总督张之洞在汉阳创办了湖北枪炮厂，又称汉阳兵工厂，其生产的仿德国 88 式毛瑟步枪，定名为"汉阳式"步枪，俗称"汉阳造"，是旧中国军队配备的主要兵器，汉阳兵工厂也因此名扬天下。园区产业园背靠龟山，面临长江，集天时地利、历史底蕴和人文环境于一体，是发展文化创意产业的理想之地。"汉阳造"可以说是中国近代工业发轫的重要标志，也奠定了武汉地区工业的基础。园区于 2009 年开工建设，占地 90 亩，建筑面积 7 万平方米。如今"汉阳造"被时代赋予了新的含义——"汉阳造"文化创意产业园。截至目前，园区内主要入驻的是经营广告艺术、创意设计、商务休闲等的文化创意公司，"汉阳造"文化创意产业园成为湖北省唯一一家国家级广告产业园。园区保持了良好的原生态环境，突出工业遗产与科技融合的发展特色。园区先后获评国家广告产业园区、国家文化产业示范基地、全国版权示范园区、湖北省现代服务业示范园区、湖北省旅游创新创业基地、武汉市现代服务业集聚示范区、武汉市首批文化与科技融合示范园区、武汉市文化创意产业最佳园区等荣誉。①

园区采用三元模式，打造"一心二带三片区"空间布局。由汉阳区委、区政府引进上海致盛集团，遵循"科学规划、挖掘文化、强化特色、提升层次"的原则，按照"政府主导、企业参与、市场运作"的三元模式，在保留龟北路片区工业遗址的基础上，按照"整旧如新，差异发展"的思路，通过对原有标准厂房进行重新定义、设计、规划建设，构成一心（以龟北路为轴心），二带（滨湖景观带和绿色生态带），三片区（广告艺术、创意设计、商务休闲）的空间布局。

坚持需求引领，打造引领区域经济发展的新增长极。坚持需求引领，以满足人民群众日益增长的精神文化需求为导向，以人性化的创意设计来顺应需求，以规划合理的项目和载体来满足需求。"汉阳造"文化创意产业园适应时代发展需求，初步形成以广告设计、影视制作、新媒体等为特色的文化创意产业集群，成为武汉市文化产业资源最集中的园区，也是华中地区最具影响力的影视广告及电视新媒体产业园区，引领区域经济发展，具有全国同类园区无可比拟的发展优势。

充分利用"汉阳造"的历史文化，一方面，在旧工业原址上利用原环境进行修旧如旧，保留老厂房的历史烙印，对独特的红砖瓦墙旧式厂房进行保护性开发利用，既保护了工业遗产，又实现了国有资产保值增值和文化创意产业发展共赢的理想追求。另一方面，充分利用"汉阳造"的品牌效应及"汉阳造"的影响，重塑"汉阳造"形象，从制造跨越到创造，从第二产业跨越到第三产业，将老工业基地打造成为文化创意产业孵化区、知名企业聚集区和特色文化包容区。

---

① 张文红.从制造到创造——"汉阳造"文化创意产业园调研报告［J］.长江论坛，2017（4）：54-57.

园区不断提升技术含量，探索产学研结合的创新模式。坚持高投入、合作办学、引进人才，大力提高园区的技术含量，起到了行业示范作用。产业园从2012年起，连续几年都获得高额的中央财政扶持资金，主要用于具有高科技含量的广告云计算中心、广告文化展示中心、广告演播厅、水下广告拍摄中心等公共服务平台的建设。其中武汉市规模最大的水下广告拍摄基地，总投资达66.24万元，水下拍摄空间可达50立方米。依托武汉高校优质的教育资源，与企业一起积极探索产学研结合及专业技术创新、经营方式创新，不少企业与高校达成校企合作教学模式。支持中国当代超写实主义油画的最具代表性的画家冷军、国家一级美术师江中潮等专家学者在园区建立工作室，提升园区人才队伍层次和影响力，以示范作用带动全行业发展。①

二、楚天181文化创意产业园案例

楚天181文化创意产业园位于武汉市武昌区东湖路181号，主体为湖北日报传媒集团原楚天印务总公司印刷厂胶印车间，建立于20世纪80年代，占地面积约60亩，原有旧厂房约3万平方米。园区东接楚天传媒大厦，西南与湖北省艺术馆、湖北省博物馆隔路相望，周边文化企事业单位扎堆，有"文谷"之称。楚天181文创园是全国首家"以现代传媒为主体"的特色文化创意产业园，也是中国文化创意产业发展的新高地。楚天181文创园名称"181"不仅来源于门牌号，还有更深层次的象征意义：两个"1"代表着文化和产业，"8"象征着无穷大。2009年5月，印刷厂整体迁出，原有厂房、一期改建和二期扩建，至2013年5月全部完成。现园区总量7万平方米，入驻的企业60余家，主要包括现代传媒、各类设计、科技与文化融合、艺术品交流和文化演出、商业配套五大类。通过系列运作，为入驻企业搭建一个集创意产品设计、展示、交易于一体的综合性平台，促进企业与园区共同发展，打造和提升181创意园的品牌影响力。②

园区于2009年被列为湖北省重点文化项目和国家新闻出版总署的重点项

---

① 张文红.从制造到创造——"汉阳造"文化创意产业园调研报告［J］.长江论坛，2017（4）：54-57.

② 楚天181文化创意产业园：湖北文化创意新地标［EB/OL］.http://www.lureshow.com/show-22-1248-1.html.

目，并写入湖北省文化事业和文化产业发展十二五规划；2010 年被评为湖北省文化产业发展示范基地；2012 年再次被写入《湖北省"十二五"时期文化改革发展规划纲要》，并被评为武汉市全民创业示范基地和武汉市首批科技与文化融合试点园区；2013 年园区顺利完成了武汉市科技与文化融合园区的验收工作，被武汉文化创意产业协会组织的"武汉文化创意产业年度大奖"评选为最佳园区奖；2013 年，园区还参评了湖北省发改委组织的"湖北省现代服务业示范园区"评选；省文化厅组织的"湖北省文化产业示范园区"评选；省工商局组织的"省级广告产业园区"评选的三个项目的申报工作。

园区充分发挥媒体集团优势，形成媒体集聚效应，实现全媒体覆盖。入驻园区的 60 家企业中，包括中央电视台、《光明日报》《中国日报》《环球时报》等中央级媒体的湖北记者站，荆楚网、腾讯大楚网、文谷网等网络媒体，《大武汉》《地铁刊》《帅作文》《楚商文化》的传统期刊，与湖北日报集团旗下的各大媒体平台形成良性互动，成为集团一张亮丽的文化名片。打造具有国内领先水平的 181 秀场，配备国际顶级声光系统，已承接了时装发布、文艺演出、顶级比赛、新车下线、高档酒会、艺术展览、摄影展等大型公益和商业活动 100 余场，接待参观人员过万人。181 秀场已成为园区主办各种高档文化和商业推广活动最重要的平台之一，是园区展示形象的窗口、提升品牌的亮点，实现了经济效益和社会效益的统一。①

三、"江城壹号"文化创意产业园案例

"江城壹号"文化创意产业园位于武汉市硚口区古田四路 47 号，北接建南泥湾大道，南邻肖家二路，东接古田四路，西临规划路肖家一路。项目选址原为武汉轻型汽车厂，是新中国第一台手扶拖拉机的诞生地。园区占地 100 多亩，建筑面积约 7.1 万平方米，实用面积约为 66300 平方米，由 28 幢老厂房组成②。在时尚街区开辟极具楚文化历史精华的非遗中心，历史传统与现代文明在园区得以传承。园区荣获 2014 年度中国文化创意产业最具发展潜力的十

① 刘伍珍.形成集聚效应 打造文化产业链——楚天181文化创意产业园发展探析［J］.新闻前哨，2014（5）：84-85.

② 老厂房变身田子坊 江城壹号延续文化创意新典范［EB/OL］.http：//wh.fzg360.com/news/view/id/18149.html.

大园区称号。

园区政府支持引导搭建现代文化商业化经营模式，融合国际先进创意理念，充分发挥文化空间再造功能。以文化价值发掘为项目价值核心，打造现代文化商业化经营模式。在整个"江城壹号"项目的规划、建设阶段，始终将文化目标作为核心追求，以文化为灵魂，以创意为核心，以园区为载体，以创新运营为模式，打造出园区四大文化功能，使得每一处休闲消费的场所都有着直接和间接的文化表现、历史和未来相融合的文化内容，形成园区的文化核心价值。依托老旧厂房，融合国内外先进创意产业设计师的理念，构建出既保留传统文化又与时尚生活相结合的特色园区风格。一方面，建设保留武汉传统的制造业工厂印记；另一方面，融合现代动漫、娱乐休闲、咖啡文化等时尚元素。二者相辅相成，互相融合、相互促进，凸显独特园区风格。

提供园区企业品牌文化主题活动服务，将时尚选秀、群众性文艺表演、演唱会、民俗文化展览等现代与传统文化相融合的文化品牌活动组织起来，助推园区的文化商业功能被全面挖掘，让园区成为文化传播舞台，将文化与创意信息以现代化的手段进行传播。吸引文化企业入驻，对文化创意企业进行投资或者辅导，创造新的文化运作项目，如"微电影"的孵化，"三创中心"建设，文化"三千步"项目的投入和培育等，打造创意园区最具特色的文化创意孵化平台，形成城市文化综合体、城市转型趋动与创新发展先试先行的平台。①

第五节　沈阳市工业遗产保护利用的文旅创意园区模式案例

沈阳市是中国工业摇篮，有"共和国工业长子"的美誉，有无数新中国第一，如新中国第一枚国徽到第一台卧式铣床、第一台轮式拖拉机，从第一架喷气式歼击机、第一艘导弹潜艇、第一艘万吨巨轮，到第一辆大功率内燃机车等，遗留下非常丰富的工业遗存，在工业遗产保护利用方面也探索了许多成功案例。

---

① 张晓菲.武汉市文化创意产业园区发展研究［D］.中共湖北省委党校，2016.

一、铁西 1905 文化创意园案例

铁西 1905 文化创意园位于辽宁省沈阳市铁西区北一路兴华街重型文化广场，前身是原沈重集团的二金工车间，占地面积 4000 平方米，建筑面积 1 万平方米。[①] 已成为国家 3A 级旅游景区。

1905 年是中国工业企业萌生之年，沈阳是中国早期民族的工业发祥地之一[②]，1905 文化创意园以此命名。1937 年，日本住友财团在这里建立"满洲住友金属株式会社车间"。1949 年，作为第一家重型机械生产厂，这里炼出了新中国的第一炉钢水。同时，这里也创造了 40 多项"共和国第一"。"一五"期间，改建后的沈阳重型机器厂填补了多项新中国装备制造业的空白，奠定了"中国重机工业摇篮"的地位。2009 年，作为老重型机器厂的沈重集团用最后一炉铁水浇筑了每字重 3 吨的"铁西"二字，并且二字被保存于 1905 文化创意园外墙。2010 年，以老重型命名的重型文化广场竣工，巨型雕塑《持钎人》凝聚了铁西工业记忆[③]。铁西区将这里定位为创意文化的载体。2013 年，比利时华裔徐比莉和她的丈夫以及曾在法国留学的朋友戴璐一起创办了沈阳壹玖零伍文化创意有限公司，接手了 1905 改造项目。他们根植于铁西工业历史深厚的文化土壤，结合文化艺术与商业，在陆离古旧的工业表面里，让工业文化重新焕发生机，创造出一个全新的生活概念[④]。目前，园区聚集着咖啡厅、餐厅、主题酒吧及手作工作室、特色书店等文创小店，还常举办创意市集、展览和演出活动。

园区探索保护与创新的平衡协调，打造国际化文化创意园区。坚持保护与创新的平衡，在项目改造过程中，保留原址独特的工业建筑风貌以及内部的工业框架，建筑外表皮灰黑色的砖墙以及内部的大跨度排架结构没有变化，而在细部的门窗以及天窗上进行了一些改造，并且在建筑内部空间上按照不同需求作出重新划分，大体量的厂房空间被划分为多个不同功能的主题空间。基于对

① 张宇.工业遗产保护视域下的城市文化创意产业整合与优化 [D].大连：大连海事大学，2015.

② 彭晓烈，石铁矛，马青.沈阳城市建筑景观特征分析 [J].沈阳建筑工程学院学报（自然科学版），2003（2）：115.

③ 王彦.工业遗产保护研究——以沈阳1905文化创意园为例 [J].现代工业经济和信息化，2019，9（5）：128-130.

④ 于璇.旅游需求视角下工业遗产类创意空间旅游吸引力研究 [D].沈阳：沈阳师范大学，2017.

工业遗产进行保护的前提，将原沈重集团的二金工车间进行重新设计，在保留基础上进行改造，将历史、文化以及时尚等要素有机结合，改造空置厂房，集结国内知名的餐饮、酒吧、咖啡厅、工作室以及 club，提供吃喝玩乐一体的消费体验，打造成为具有国际化色彩的艺术聚集地。按照国家一级博物馆的陈列标准将很多原始工业遗迹进行真空玻璃封存，用以展览，在内部布置一些工业雕塑以及工业老旧机器设备作为园区装饰。

通过商业与艺术平衡，释放工业艺术的感染力。努力在艺术活动中，不降低 1905 文化创意园的格调，又可以让市民和消费者融入艺术氛围中。以生活运营商的角色，为周边居民及沈阳市民提供更加丰富的业余文化生活以及体验式消费场所，包括每周末的音乐戏剧演出、手作公开课，不定期推出的原创儿童剧，使园区艺术特质在老工业的框架下发生奇妙的反应，在开放的艺术空间中全情释放①。

在发展中努力融合多方资源，打造多业态文创产业综合体。融合国内外的文化、艺术、表演、创意等多方面资源，以艺术空间、文化剧场、文创商业和文化活动四个产业载体，为年轻人群和中产家庭提供艺术生活方式体验和文化消费空间。构建"展览＋演出＋消费＋文化体验"的多业态融合的文创产业综合体，努力创建大众广泛参与的艺术文化生活场景的文创园区和国际文化艺术交流活动聚集的文创园区。

二、铁西梦工场体育文化创意园案例

铁西梦工场体育文化创意园位于辽宁省沈阳市铁西区保工北街，在沈阳弹簧厂原址上改造，2006 年，铁西从工业区向居住区和生活区方向转化，街区既保持了原有的工业轮廓，也延续了老厂房的独特性和不可复制的魅力。将体育与工业文化完美融合，形成衔接过去和未来的新兴体育文化产业。不仅提高了城市体育文化品质，还推动了地区的风貌发展，同时这里也将成为新兴体育文化产业的新地标。

通过构建"文创＋体育"模式，打造体育文创新 IP。以工业印记为底蕴，结合沈阳工业遗存和人文历史，保留工业历史文脉与时代记忆情怀，结合艺术

---

① 王彦.工业遗产保护研究——以沈阳1905文化创意园为例［J］.现代工业经济和信息化，2019，9（5）：128-130.

与工业文化，以"文创＋体育"为概念，打造体育文创新 IP。内部设有篮球训练基地、篮球学校、少儿体能训练馆、沈阳首个空中彩虹跑道，另外还有休闲娱乐场所，如茶饮休闲吧、趣味桌游娱乐中心、摄影基地等，打造创意街区和新兴体育潮流文化产业。

坚持青少年为主体，打造体育文化培训基地。弘扬辽宁体育大省精神，目标为我国竞技体育的发展做出贡献，肩负为国家竞技体育事业输送人才的使命。坚持以多元文化艺术与青少年体育文化培养为主体，为青少年提供全面的培训基地，让孩子通过艺术来表达自己的情感世界，与周围建立起情感的连接。建立健坤篮球俱乐部，打造成为沈阳篮球学校唯一指定训练基地，设置 5~25 岁的青少年为培训对象，打造雄厚的师资力量和独特的教学方法，对孩子进行全面培养。

三、沈阳红梅文创园案例

沈阳红梅文创园位于沈阳市铁西区卫工明渠西侧，北三西路南侧，改建于红梅味精厂旧厂房。占地 6.16 万平方米，拥有工业厂房 13 处，其中 1 栋老发酵厂房是文保建筑，还有 5 栋历史建筑。其中发酵车间是红梅味精生产的主要工艺环节，具有较高的历史价值，打造集文化艺术展览、创业创新、时尚生活于一体的城市特色主题园区。

红梅企业始建于 1939 年，拥有近 70 年的发酵工业生产历史。红梅牌味精于 1979 年、1983 年和 1988 年连续三届荣获国家质量金奖，曾是沈阳的名牌产品，很多年前是沈阳人馈赠亲朋的礼物。1997 年 4 月，红梅牌味精被国家工商总局商标局认定为中国驰名商标——这是味精行业的首个驰名商标，同时也是沈阳市乃至辽宁和东北的第一个中国驰名商标。由于诸多原因，红梅企业 2014 年宣告破产，留下 6 万平方米的厂区，13 处遗存工业厂房，2018 年，沈阳万科获得红梅味精厂老厂区租赁使用权限，建立了万科北方区域首个文创项目。通过区域资源整合，在现代街区中保留一份传统工业记忆。2019 年 9 月 30 日，沈阳红梅文创园正式开园。园区东西串联创新文化业态，南北串联餐饮配套、产业办公、艺术休闲等产业，全面盘活工业区的创新活力。

搭建文化艺术产业交流平台，构建艺术展览、产业办公、艺术孵化、文创商业等多业态集散地，通过区域资源整合来重塑沈阳文化产业形象，建立东北文化创意高地，打造工业精神新领标，向大众呈现工业文化新风貌。采取修旧如旧、原址改造、历史重现等手段对不同类别建筑进行修复加固，最大限度保留原始建筑风貌，并通过下挖、加建等方式拓展建筑空间。将珍贵的历史文化遗产以现代设计语言重新解读，通过多元文化与产业相结合的形式，让老建筑焕发新生，点亮沈城工业记忆，打造全东北最具国际范的网红打卡胜地。

发掘本地艺术资源，引入沈阳故宫、鲁迅美术学院、沈阳音乐学院等IP符号，引进发酵艺术中心、红梅书坊、味觉博物馆等文化IP项目，打造味觉、视觉、听觉交融的感观文化盛宴。利用区域联动优势，把国内优质的创意、科技、时尚、艺术资源引入东北，通过艺术展览、音乐演出、书店、博物馆等内容激活社群文化，为公众提供优质公共文化空间，为城市进化提供新活力。通过国内外大师驻留计划、盛京红梅系列文创产品研发等方式，打造文创产业高地。

第六节 重庆市工业遗产保护利用的文旅创意园区模式案例

重庆市是典型的老工业城市，历经开埠、抗战、中华人民共和国成立后"一五""二五"时期及"三线"建设时期全面发展，遗留众多工业遗产。重庆编制形成《工业遗产保护与利用规划》，深入挖掘工业遗产文化资源价值内涵，突出工业遗产价值特点，采取景观开放、遗址展示、旅游休闲、文创产业、传统工艺制造演绎等模式，将工业文化和创新体验融合，汇聚新兴产业、文创产业，建成一批特色文化创意产业园、文旅街区。加快城市转型升级，在城市整体"空间规划"和"两江四岸"城市设计编制工作中融入工业文化元素，实现"点上点靓、线上贯通、面上提升"，探索形成了许多工业遗产保护利用的案例。

一、重庆工业文化博览园案例

重庆工业文化博览园位于重庆市大渡口区义渡路999号，占地152亩，建设规模14万平方米（含地下部分），以大渡口区重钢集团原址为基础，前身为 1890 年张之洞创立的汉阳铁厂，1938 年西迁至大渡口，曾为中华民族工业发展、抗日战争胜利和新中国建设做出重大贡献。重庆工业博物馆是重庆工业文化博览园的核心部分。作为重庆市四大博物馆之一，担负着"记载重庆工业历史，丰富城市文化内涵"的光荣使命。博物馆由主展馆、"钢魂"馆，工业遗址公园内工业展品专题及装置式陈列共同构成，成为新晋网红打卡点，重庆十大地标性文化设施项目，全国十大老工业基地搬迁改造试点项目，首批国家工业遗产项目，第七批国家重点文物保护单位，全国关心下一代党史国史教育基地，重庆市科普基地等。

重庆工业文化博览园包括工业博物馆、企业馆和工业创意馆三部分，包括公益性展馆、经营性场馆、文化创意用房等。重庆工博园内不仅展示重钢存留物，还展示了许多代表重庆工业的收藏品。重钢留存物中，重钢老厂房标志性的 3 根大烟囱将永久保留。收藏品中，已累计收集到 1000 余件重庆各个发展时期的工业展品，如有镇馆之宝之称的 8000（HP）马力蒸汽机、原重庆特殊钢厂的大型锻压设备 5 吨锤等。其中，8000（HP）马力蒸汽机是 1905 年建造，长 10 米、高 2 米、重 250 吨的巨无霸，代表着百年前世界工业的最高水平，清朝洋务运动末期从英国引进，1938 年再被转运到重庆。1995 年，英国人曾想以百万元的价格回购，但"全世界就仅存这么一台了，肯定不得卖"。市民还可以看到一些成系列的重要展品，如长安系列汽车——面包车、自主品牌轿车、合资企业轿车等约 17 款车。更有许多珍贵的声像、文献资料，将向市民开放。如重庆第一家引进外国设备的企业之一长江电工集团，因早在 1910 年前就分别引进安装英国、德国设备而得名的英厂街、德厂街的厂址老照片等。

依托工业遗存打造泛博物馆体系，融合"文商旅"关联业态，构建城市综合体。依托大渡口区老重钢型钢厂部分工业遗存，立足国际视野，运用当代先进理念与展陈手段，打造具有创新创意、互动体验、主题场景式的泛博物馆体系，开创企业利用工业遗产开发运作公益属性博物馆并兼具经营性产业园的先河。融合"文商旅"关联业态，形成一体化的新产业格局，构建工业遗址、文创产业和体验式商业相融合的城市综合体。利用毗邻项目西侧的工业遗址公园以及东侧铁轨广场等室外环境，创意改造大型设备、器材及工业遗存，构成特色雕塑小品与工业景观，配套建设体现工业文化元素的主题酒店，凸显工业遗产的美学价值、艺术价值，助推城市人文品质提升。

二、重庆 S1938 国际创客港案例

重庆 S1938 国际创客港毗邻重庆大学及磁器口古镇，前身为红岩缝纫机厂，占地面积约 92 亩，建筑面积达 4 万多平方米，是重庆工业升级改造与数字创意产业的示范园区，重点发展设计服务、文化传媒、电子商务、时尚消费、大学生创业和现代金融服务业。

重庆 S1938 国际创客港保留了大量的旧厂房，加固改建危旧厂房，对古树进行了保护，保留具有工业时代的年代感的风貌，增添时尚新元素，将历史与现实完美融合。着力建成规格高、内容新、形式特的创意产业园区，入驻 3D 打印、VR 虚拟现实和机器人表演等数字互动体验项目，让市民既能感受旧工业记忆，又能感受现代科技。

重庆 S1938 国际创客港打造以设计服务、文化传媒、电子商务、时尚餐饮、主题酒店、影视娱乐、互动体验为主的大型数字创意产业园区。园区签约多家知名企业，如享誉国际的工业设计企业嘉兰图、多次荣获国内建筑设计大奖的团队"元象设计"、著名影业集团金逸电影、拥有广泛影响力的重庆大学校友会、全国最大的线上高端机车联盟会"骑者联盟"等。积极进行招商工作，凡符合政府产业政策的企业入驻，将获得长达三年的租金补贴。

利用区位优势，依托重庆主城的教育和文化资源大区的沙坪坝区，鼓励培育发展以创新技术、设计服务、文化传媒、信息咨询、"双创"孵化器等为主的产业格局。主动与高校合作，挂牌成为重庆大学"来华留学生创业创新实践基地"，专门修建直通校园的观光电梯，帮助企业延揽高校人才，推动创新要素聚集。创建各种便利条件方便学生实习工作，邀请学校专家前来研究课题转化科技成果。

三、重庆市其他典型案例

重庆创意公园由重庆日报报业集团和常青藤文创商业管理公司联合打造国家级广告产业园，园区占地面积 210 亩，规划总建筑面积 43 万平方米，意在沿街商业打造 3000 平方米龙头企业展示型办公集聚区。观音桥北仓文创园前身是江北纺织仓库，定位为城市文化创意平台的创想空间，有咖啡馆、清酒茶堂、生活观念杂货铺等常规的文创样式，还借助互联网实现文化创意的 3D 体

验、在线直播，形成了"互联网＋实体"的模式。鹅岭正街1号，是在印制二厂基础上改造，有创意办公室、酿酒厂等艺术与商业的结合体，还建立起纯艺术性的涂鸦吧和剧场。其中"复合型创意市集"最引人注意，成为重庆一块新的文化地标。燕子岩山城后街影视文创园在渝中区琵琶山半山腰，在印制一厂基础上改建，神仙洞是军统头子戴笠和影后胡蝶的同居地，而郭园则是川军名将郭勋祺的公馆，这一发现为印制一厂的改造增添了浓郁的人文气息。喵儿石创艺特区是在白猫日化厂旧址上改造，位于江北区核心区域，紧邻观音桥步行街，利用区位交通优势打造"互联网＋先锋文艺＋体验式商业＋创投空间"的第三代文创园新模式。

N18Loft小院前身是成立于20世纪50年代的重庆印刷五厂老厂区，2011年，印刷五厂破产后，重新设计打造包含文化休闲、手工创意基地、婚纱摄影基地、婚庆基地四大业态。重庆主城一隅的黄桷坪，打造成为工业与艺术的集合地，依托四川美术学院，是重庆旧房最集中的地区，自古都是文人、艺术家、创客等聚集之地，吴宓、郭沫若、沈福文等艺术家都曾在此留下过自己的足迹，曾经的工业仓库早已衰败，一个新的文化创业园快速兴起，园区以原创艺术和创意设计为主，已初步形成了集原创、生产制作、展示、销售、艺术服务等较为完整的艺术产业链，已成为中西部地区原创艺术生产交易集散地、时尚艺术休闲体验地、创意设计总部集散地。"重庆抗战兵器工业旧址群"是抗战时期以重庆为中心的兵工生产基地，2013年5月，重庆抗战兵器工业旧址群被公布为第七批全国重点文物保护单位。

靠近金佛山旅游景区的原国营天兴仪表厂遗址进行旅游开发，将员工宿舍旧址改造为具有"三线"时期特色的主题酒店，酒店内设有公社食堂、黑白照相馆、粮店和供销社等极具时代特征的配套设施，每间客房都有一件关于"三线"建设的物品以及一个关于"三线"建设的故事。依托民国时期中央银行印钞厂打造鹅岭二厂文创园，既保留独栋旧楼原有的风貌，又加入现代设计的艺术风格，融合特色餐饮、网红休闲、实验剧场、创新知识、共享办公等多种业态，形成以创新体验商业为载体的复合型"商旅文"产业项目，是《从你的全世界路过》等多部电影的取景地，成为重庆本地及来渝游客的必打卡景点之一。

洋炮局1862文创园位于嘉陵江畔，是重庆主城区28个传统风貌街区之一，保留了重庆抗战兵器工业旧址群——兵工署第十兵工厂旧址、大石坝兵工厂旧址等，以及长安集团老厂房、江川厂车间厂房、前卫厂车间厂房等风貌建（构）筑物共计 100 余处，结合城市更新改造，布局文化艺术创意区、兵工文化区、防空洞记忆区、特色民宿区、港湾休闲区等功能板块，充分融合"食、住、行、游、购、娱"等多元化体验型旅游业态，形成文商旅"多业联动"，创意创新创业"三创协同"，宜商宜游宜业"三宜互促"的军工旅游目的地。北仓文创街区依托原江北纺织仓库旧址片区城市更新，本着让历史时尚化、空间情景化，让老建筑有机更新、与社区民众有机融合的原则，铸造出新的城市文化生态内容；已建成的"一街区"由一条街道、一座仓库、一个花园，一栋社群大厦组成，以城市文化图书馆、互联网＋文创体验店为核心，每周五晚深夜读书会及每周六晚电影分享会已成常态活动，为市民及创业者提供一个学习、交流、分享的公共平台。

第七节　深圳、广州、东莞工业遗产创意园区模式案例

深圳、广州、东莞等也形成了许多案例，深圳历史虽然只有 30 多年，但这里的工业旧建筑曾经创造了诸多的工业奇迹和工业文明，是深圳改革开放乃至中国改革开放的见证者。深圳拥有一批具有特色的文化产业集群和产业园区，拥有华为、兆驰、华侨城文化集团、中华商务、华夏动漫等一批龙头文化科技型企业和细分领域独角兽企业，有文化企业 5000 多家、文化创意产业园区 27 个、国家级文化产业示范基地 2 个、省级文化产业示范园区 2 个、市级文创园区 10 个。

一、OCT-LOFT 华侨城创意文化园案例

深圳 OCT-LOFT 位于深圳华侨城原东部工业区内，占地面积约 0.15 平方米，建筑面积约 0.2 平方米。OCT-LOFT 由旧厂房改造而成，在旧厂房的建筑形态和历史痕迹得以保留的基础上，衍生出更有朝气与生命力的产业经济，是深圳发展最为成熟的创意产业园之一，荣获全国首批"国家级文化产业示范园区"称号。改造前是深圳经济特区最早的建筑之一，见证了中国改革开放的过程，是深圳文化和历史的重要载体，其文化意义远远大于建筑意义本身。基于

此，在政府对文化和创意产业相关政策指引下，重新发现其历史价值，将工业废弃地视为工业文明遗产，结合旅游开发区域振兴，进行战略性开发与整治。

2005 年 1 月，CAT 当代艺术中心进驻创意文化园南区。2005 年 12 月，首届深圳城市 / 建筑双年展在创意文化园举行。2006 年 5 月，第二届深圳文博会期间，华侨城创意文化园正式挂牌。南区占地面积 5.5 万平方米，建筑面积逾 5.9 万平方米，以 T 当代艺术中心、艺术家工作室、画廊、时装、美食为支点，打造以创意设计、艺术文化、时尚休闲为主题的创意休闲产业聚集区，重点推进文化创意产业园区和特色文化创意街区建设，整体提升区域文化创意产业发展实力。引进了深港两地 40 余家知名的创意、设计及文化机构。2007 年起，基于创意文化园南区的成功运作经验，华侨城启动了北区项目改造升级计划。北区占地面积 9.5 万平方米，建筑面积 15 万平方米，作为以创意设计为主的潮流前沿地带和艺术创作的交易、展示平台，融 "创意、设计、艺术" 于一体的创意产业基地，以多家实力艺术设计机构、创意设计商铺、B10 当代艺术中心为支点打造以先锋音乐影像、创意设计为特色的文化创意街区。2011 年 5 月 14 日，华侨城创意文化园实现整体开园，开始以 "当代艺术、创意设计、先锋音乐" 作为园区三大主要文化特色，并一直将此品牌特色坚持至今。2013 年 3 月，华侨城创意文化园 C 片区升级计划启动，为活跃在珠江三角洲和港澳台的文化人、设计师、先锋艺术家提供一个创意工作场所。[①]

坚持保护为主，打造深圳工业遗产活化的典型样本，融合多元领域，打造深圳新型文化产业开放社区，展现创意园区的 "原创精神"。园区强调保护原有的自然地形地貌，其地域范畴完全以华侨城东部工业区为蓝本，全貌展现深圳经济特区典型工业区的自然生长过程。室内外环境铺装上保留和散布一些零件和细节，体现了深圳经济特区工业历史建筑的自然生长过程。将旧厂房改造为创意产业工作室，如设计、摄影、动漫创作、教育培训、艺术等行业，衍生出更有朝气、更有生命力的产业经济，将原来破旧的工厂区变成了一个活力城区。融合了 "创意、设计、艺术" 多元领域，并以何香凝美术馆作为艺术载体，逐渐形成深圳地标性建筑和新型的文化产业开放社区。打造 "城中村" 创作空间，以绿色生态环境景观为基础，体现视觉品质和环境品质的同时，强化

---

① 跟随这座城市生长——深圳工业遗产活化变身之路［EB/OL］. https://www.sohu.com/a/354088922_487444.

创意文化与市场的互动关系，成为良性循环景观纽带。依托"设计之都"的深圳城市，集聚顶尖的平面设计大师和创意机构入驻，打造拥有多元、立体文化元素的"创想场所"，并激活社区餐饮、艺术书店、设计工作室、画廊、咖啡馆等业态多元发展。[①]

二、深圳艺象 ID TOWN 国际艺术区

艺象 ID TOWN 国际艺术区位于深圳大鹏新区，三面环山，一面临海，占据深圳东部生态创意中心地段，总面积 8 万平方米，建筑面积 3.5 万平方米。脱胎于 20 世纪 80 年代末深圳工业建筑遗产，前身为 1989 年建成的深圳鸿华印染厂，保留着较完整的工业建筑群，分别由 19 座形态、大小各异的印染厂和办公楼组成。其主入口，原为 1989 年建成的鸿华印染厂装卸布匹的货运平台。2013 年，深圳鸿华印染厂综合整治项目被深圳市城市更新办遴选为深圳市 9 个旧工业区综合整治试点项目之一。园区定位为"国际艺术区"，涵盖并整合包括创意设计、国际艺术交流、大师工作坊、教育培训、时尚发布、休闲旅游等复合创意文化功能，使建筑再生，让艺术升华，打造成国内首个滨海生态的国际艺术区，为深港两地乃至国外的艺术家、设计师、文化爱好者提供一个交流传播平台和新时代艺术体验圣地。

以满京华美术馆为核心，带动各类文化艺术活动开展。满京华美术馆的前身为鸿华染印厂的整装车间，新的建造体独立生长于原始的内地坪之上。主展厅被悬置在厂房空中的黑色钢盒体，保留原厂房空间的采光排风结构，为展厅提供柔和的顶光。通过混凝土的间隔，将美术馆首层空间分成不同功能的模块，包括前台、入口展厅、阶梯大厅、艺术商店和可以灵活间隔的多功能空间。首层空间与户外景观相连，营造一个流动的半户外空间叙事，连接艺术与自然、驿动与宁静。

积极与艺术团队合作，举办大型艺术展览及讲座沙龙活动；推动文博会专项活动点到文博会分会场的转变。比如，2019 年文博会艺象分会场活动的展览，由园区入驻的艺术家戴耘主导，以《"生产·生态"——从工业文明到生态文明展》为主题，策划了一场展现这片工业遗址变迁的展览。三十年沧海桑

---

① 盛希希.论深圳 OCT-LOFT 华侨城创意文化园的构建［J］.青岛理工大学学报，2014，35（4）：72-75+123.

田，从 1989 年的深圳鸿华印染厂到 2019 年的艺象 ID TOWN。探索文明内核，将城市、自然、机器、生物这些初始的意象形态，通过创作镜像的转化和凝练，与生命历程对话，承载着动态的时代体验和精神生活。[①]

三、广州羊城创意产业园案例

羊城创意产业园位于广州市天河区黄埔大道 309、311、315 号，地处广州东部新城区中心地带，在原广州化学纤维厂旧厂房的基础上改造而成，总用地面积 17.1 万平方米，总建筑面积 10.8 万平方米，2012 年被广州市政府划入广州国际金融城的扩展区，毗邻广州国际金融城的起步区，也是"2020 广州最具价值文化园区"。对现有羊城晚报报业中心、华多科技、酷狗音乐、金山西山居、创新谷移动互联网孵化器、天闻角川动漫、滚石中央车站、瀚华建筑设计、华阳工程设计、景森工程设计、羊城设计联盟等 100 多家文化传媒、信息科技、艺术设计企业入驻。2014 年以来，该园区在文化创意、移动互联产业集聚上迈出稳健步伐，连续 7 年每年都有企业上市敲钟。文化部将创意园命名为"国家文化产业示范基地"，广东省将创意园纳入"广东省现代产业体系建设总体规划（2010—2015）、广东省建设文化强省规划纲要（2011—2020）、广东省现代产业 500 强项目、广东省重点建设项目"，广州市将创意园纳入"广州市国民经济和社会发展第十二个五年规划纲要、广州市战略性新兴产业发展规划、广州市重点建设项目"。2014 年，创意园被评为广州市第一批重点文化产业园区。

创意园以文化为核心，以科技为重点，以金融为驱动，大力发展文化创意、移动互联和网络金融三大产业，积极推进"文化、科技、金融"创新融合发展，打造国内外具有重要影响力的新型文化产业基地。积极引进文化科技创新企业，加快培育发展现代文化产业，现有酷狗音乐、荔枝、洋葱时尚集团、百度小度、滚石中央车站、金山西山居、中科零壹文创加速器等 130 多家文化科技企业入驻，成为拥有互联网音乐、直播、动漫游戏等多个大型产业链，努力打造电子商务、在线教育、云计算、大数据等多个"互联网+""人工智能+"创新型应用模式的现代文化科技融合产业园。通过携手产业骨干企

---

① 南方都市报. 从旧厂房到文创产业基地，跟城市生长，深圳工业遗产活化变身之路［EB/OL］. https://m.sohu.com/a/349352714_161795/.

业，搭建投融资本平台、公共服务平台、产学研合作平台、产业宣传平台等服务体系，有效创建产业社交空间，营造创业氛围，打造园区互联网创新创业全要素链条。积极推进"文化、科技"创新融合发展，推动创意园进行产业转型升级，加快建设"互联网＋"小镇、国家音乐创意产业基地、国家文化出口基地。

四、东莞 33 小镇案例

33 小镇位于东莞市东城区东升路 33 号，是原乌石岗工业区，建筑面积 15 万平方米，用地面积 17 万平方米，项目建立于三旧改造基础之上，以文化为经、商业为纬，致力于打造东莞人文艺术新高地，是东莞主城区最大的文化创意产业园，曾是诺基亚、索尼等国际品牌重要配件代工厂的所在地，以文化创意为主题，充分融入艺术元素，集时尚体验消费、创意办公、艺术酒店、展览演出、美学空间、创客空间等于一体，打造复合型、多业态组合的文化创意产业园。多元风格构建三种颜色交错构成的外墙砖体，采购年代为 1904 年的老砖用于外立面，与代表岭南文化传统建筑底色的青砖、带有早期工业化痕迹的红砖、时尚跳脱的白砖整合搭配，注入文化元素带动工业园区焕发生机。

33 小镇分为文化创意区、休闲体验区与创客商务区三大功能区。文化创意展示区涵盖创意办公、精品公寓、休闲会所、小型活动展厅、书画交易中心、演艺空间、艺术培训中心、信息中心等组合业态，致力于拉动东莞书画交流、艺术创作与收藏市场。文创商贸休闲体验区设有特色商业、特色餐饮、影院、酒吧街等功能。创客商务区则建立企业孵化器、园区会议中心，实现办公、接待等多种功能。首批国家级孵化器北京中关村厚德创意谷已意向入驻。重要景观有：初见行旅酒店、遇见自己书店、33 艺术中心、小麦田等。初见行旅酒店是基于 20 世纪 90 年代的工业厂房为基础进行改造。工业厂房在一定程度上保留着东莞的城市记忆与工业发展痕迹，酒店的大堂会有一座 15 米高的书墙，24 小时书吧，书籍会贯穿每个角落。小麦田用地面积达 4 万平方米，集合了西方先进设计理念与东方文化的智慧，为创意类企业提供个性化的办公空间。小麦田是融合了人文艺术气氛创客空间，合计有 51 个联合办公卡座 +23 个独立办公隔间 + 两个公共会议室 + 可容纳 100 人左右的路演舞台 + 一个全新社群。在文化的基础上扩大商业价值，提升运营能力，打造提供一站式企业服务的产业集群，举办小型音乐会、高规格企业展会、艺术培训，开展招商推介会，打造具有艺术气息的文创园。构建创客空间，为园区小微企业、有志创业青年量身打造的创意孵化平台，提供一站式企业服务，打造文化艺术、新闻出版、广播电视、计算机服务、广告会展、艺术品交易、设计服务等产业集群。引入国家级孵化器运营单位，为东莞的创业人士提供一个学习、交流及成长、成功的平台。

第八节　南京、苏州、郑州、景德镇等工业遗产创意园区模式案例

南京、苏州、郑州、景德镇等许多城市，也探索了许多工业遗产保护利用的成功案例，本节也进行梳理和介绍。

一、南京 1865 创意产业园案例

南京 1865 创意产业园位于南京市秦淮区秦淮河畔，是在 1865 年清末洋务运动期间李鸿章创建的金陵制造总局旧址上建设，2007 年开园。先后获得国防军工文化教育基地、国家级文化产业试验园区、国家双创基地、中国商旅文产业发展示范园区、国家动漫产业基地、首批江苏省重点文化创意产业园、江苏省文化产业示范基地、全省首批重点现代服务业集聚区、江苏省省级科技企业孵化器等各类荣誉。

园区有深厚的人文历史底蕴，从最早的金陵制造总局到民国时期的金陵兵工厂，再到中华人民共和国成立后的航天骨干企业之一的南京晨光机器厂厂址所在地，继而在晨光机器厂搬迁至开发区后，通过对旧厂址上的建筑和空间进行改造和资源整合，如今是 1865 科技创意产业园。有 9 幢清代建筑、19 幢民国建筑，如同一座近代中国工业博物馆，记录着中国民族工业发展的历史轨迹。园区分五个区，即 A 区：科技创意研发区；B 区：山顶商务区；C 区：科技创意博览区；D 区：工艺美术创作区；E 区：时尚生活休闲区，致力于建造成国内知名的融科技、文化、旅游、商业等为一体的综合性生活地标和创意产业中心。

在地缘界定、权限归属较为复杂的情况下，探索央企与地方政府的产业园合作模式，给予先期入驻企业留区税收返还政策，并对重大项目采取"一事一议"的方式。1865 公司给予入驻企业相应免租期，鼓励优质项目进驻。囿于资金，采取"边建设、边完善"的发展方式。

科学规划，打造综合性城市时尚生活地标，对标德国鲁尔工业区，将园区打造为国内外知名的融文化、创意、科技、旅游、办公为一体的综合性城市时尚生活地标。成立园区管委会，增强一站式服务功能，做好服务平台建设。扎实推动"黄金行动"落实，坚决淘汰劣质客户不手软，在市场机制的作用下，形成良好的产业链和园区客户生态圈。采用产业引导，市场选择，营造良好的产业环境，逐步形成相对稳定的 1865 客户耦合机制，保证文化、创意、科技产业生态系统的相对稳定和健康持续，形成良好的产业链和园区客户生态圈。突破瓶颈和受限体制，寻求新的发展空间。进行二次规划升级工作，强化园区定位。对东部入口广场和南部广场、沿河景观带、招商中心后花园进行设计改造，推进园区绿化景观改造工程。提升运营能力和组织管理能力，加强停车管理规范。打造江苏省文化创意成果展示中心和洪泰众创空间，将展示平台推向新高度。规划商业街区及军工博物园业态，完成园区部分向街区转型，提升园区市场价值和 1865 品牌价值。

二、姑苏 69 阁文化创意产业园案例

姑苏 69 阁文化创意产业园位于苏州环古城河风貌带旁的盘胥路 859 号，在原苏州二叶制药有限公司老厂房基础上建造，因有 69 栋特色建筑而得名。2013 年正式开园，占地 4.3 万平方米，建筑面积 3.6 万平方米，重点发展文化创意产业，配有多功能展厅、创意作品展示区、停车场和公共休息区。现沿街最后三栋单体主招酒吧、咖啡、餐饮等商业客户，园区内现主要入驻办公客户为设计类、高档家具展示文化创意等，拥有独具韵味的文化氛围，办公环境佳。目前，整个园区企业入驻率达 85%，其中文创类企业占比 70%。2016 年11 月，国内工业设计界龙头品牌"洛可可"在姑苏 69 阁文化创意产业园正式落户。作为姑苏区引进的重点企业，苏州洛可可创意产业有限公司的成立，为姑苏古城创意产业带来了颠覆性的创新思维理念。

在设计上，匹配产业园的整体设计格调与设计类企业的氛围，吸引文创重

点企业入驻。在政策上给予相关支持，享受租赁价格优惠、税收优惠等政策，区政府有关部门为入驻企业提供工商注册一条龙服务，交通便捷，设计帮助客户实现转型、拉高产值。在活动上带动文化氛围，常年举办各种文化体验活动，拉动当地设计艺术的氛围。在服务方面，打造文化企业家门口的"服务管家"，成立版权登记站，便利企业原创设计进行登记。对产业园的外立面进行整体翻新，包括对外立面的基础改造和空调外机、电线空调管道遮罩的设计改造。全方面提升绿化景观，以落叶乔木为主，同时搭配灌木、花卉、爬藤等植物，设置公共休憩空间，形成结构合理、层次丰富的绿化景观。升级智能停车系统和智能电表，引入新的线上服务平台，提升姑苏 69 阁的品牌影响力。开展高质量的活动，举办各类文化沙龙、艺术家讲座、艺术设计展览，邀请人社、工商、税务部门讲解人才、金融等政策，为园内企业提供更好、更全面的服务。避免同质化竞争，实现"一园一品"。依托文化积淀深厚、发展文创产业具有得天独厚的优势，提炼泛姑苏文化的 IP，通过全链路设计的方式，衍生出产品、品牌、业态，实现文化 IP 商业化运作，打响江南文化品牌。

三、郑州二砂文化创意园案例

郑州二砂文化创意园位于郑州市中原区华山路 78 号的"中国第二砂轮厂"厂区，项目用地 106.4 公顷。2020 年 10 月 17 日，园区正式开放。二砂文创园是亚洲最大的包豪斯建筑群，也是郑州市"四大历史文化片区"建设项目之一。2019 年由郑州投资控股有限公司、郑州地产集团有限公司、星河控股集团有限公司合资成立郑州星河文化发展有限公司，开启提速建设新征程。首开区以办公大楼，中、小包豪斯及南北配楼为主，重点打造园区品牌展示中心、二砂历史记忆博物馆、星河领创天下、文创企业、网红业态经济。设立于东广场上的"记忆之环"为点睛之笔，直径达 40.2 米、高 10 米的"记忆之环"，象征着二砂最为骄傲的工业结晶——砂轮。首开区还从定格历史记忆开始，建设了二砂博物馆。主楼为昔日的工厂办公大楼，现作为国家级保护建筑，建成"大师工坊"，引进非物质文化遗产大师及项目。依托厂区原有的建筑与景观风貌，打造贯穿东西的产业发展带（一带）和城市记忆之路（一路）两条主线；以中央大包豪斯为主体打造集研发、设计、展示、销售于一体的"创意设计"产业中心和创新型产业服务平台（一体）；东部围绕文旅服务研发产业，打造"河南记忆"文化消费产品研发基地和文化技艺体验与传承中心（东翼）；西部则依托总部基地、加速平台等功能配套，打造助推"数字文化产业"和创意企业成长壮大的产业发展翼（西翼）。

园区秉持"保护"理念，将产业发展与工业遗产保护有机结合。保留特色文物建筑、景观绿带、古树、工业制造机具、烟囱等工业遗存，强化记忆传承，空间布局主要依据核心发展的数字文化、创意设计和工艺美术等产业，辅以公共服务相关配套来进行规划。在文物建筑保留区域，加快文物保护利用展示，打造生产型文化创意园区、旅游景区、生态文创公园、城市公园、市民休憩中心。合理引入新业态重塑产业动能、活化城市生活。采取"文创+科创"融合发展，以科技、旅游、金融的深度融合，文化事业和文化产业互动，非遗文化传承与当代艺术的互动，打造创意新经济，郑州国际化大都市城市文化新地标，现代化时尚艺术体验地和中原文化经济产业性高地。进行产业谋划，面向全国招商，引进知名文化创意企业进驻。坚持特色发展，依托二砂片区拥有亚洲最大的包豪斯建族群，聚焦工业遗存保护，实施品牌战略，打造建筑设计、文化和艺术交流展示平台，形成具有鲜明历史文化元素符号的现代化活力社区。通过首开区中原创新创业与人才孵化基地的打造，计划实现城市升级、引领产业蝶变。

四、建国陶瓷文化创意园案例

建国陶瓷文化创意园位于景德镇城区中心位置，主要载体是原景德镇建国瓷厂，与国家级重点文物单位——景德镇御窑厂仅一街之隔，周边300米范围内有龙珠阁、佛印湖、珠山八友街、景德镇陶瓷馆以及多条代表景德镇历史建筑特色的里弄。建国瓷厂的前身可以追溯到明、清时期为皇家烧造宫室用瓷的部分御窑厂。清朝末年，这部分御窑厂在维新运动影响下由江西巡抚采用官私合营方式，开办"江西瓷业公司"，民国时期为国家资本企业。中华人民共和国成立后恢复生产，成为第一家国营瓷厂。如今，建国陶瓷文化创意园创造性地将老瓷厂与现代的艺廊、展厅、设计室、工作室、制作室、培训室、时尚餐饮酒吧等多元化艺术相融合。打造国际化陶瓷文化创意中心，形成艺术陶瓷创作的完整生产链，提供艺术创作、文化交流、陶瓷贸易一条龙服务。

按照"保护历史脉络、彰显文化精髓、展现创意魅力"的发展理念，建国陶瓷文化创意园通过修缮原有的厂房、窑炉旧址，完整再现景德镇手工制瓷工艺，展示陶瓷制造和烧成工艺的变迁历程，创造性地将老瓷厂与艺术家工作室、艺术馆、手工陶瓷体验区、时尚餐饮酒吧等多元化艺术相融合，打造了一个集创作、展示、旅游、时尚为一体的国际化陶瓷文化创意中心。推出每周五、六夜间高校大学生创意集市，免费搭建创业展示平台，孵化陶瓷创意人才梯队。建立健全陶瓷文化创意产业知识产权保护体系和监督体系，这些陶瓷文化创意产业促进政策，为陶瓷文化创意产业集群发展提供了政策保障。[①]

五、"陶溪川·CHINA 坊"国际陶瓷文化产业园案例

"陶溪川·CHINA 坊"国际陶瓷文化产业园坐落在景德镇市新厂——昌江一线的黄金区位，一轴五片十一厂的布局横跨景德镇两个中心城区，毗邻三院两校，是景德镇的市重点项目，总占地面积 1300 亩。陶溪川是中国首座以陶瓷文化为主体的一站式文化休闲娱乐旅游体验创意园区，是名副其实的"CHINA 坊"，入选第一批国家工业遗产名录。陶溪川过去叫宇宙瓷厂，有为民瓷厂、万能达瓷厂、火车站、粮库、盐业公司、陶瓷器械厂等十多个工业制造业的配套单位，陶溪川以原国营宇宙瓷厂为核心启动区。宇宙瓷厂成立于 1958 年，是景德镇第一家机械化生产的新型陶瓷企业，也是陶瓷工业化梦想的启航地，在陶瓷发展史上具有里程碑意义。该厂是计划经济年代出口瓷的主要生产厂家，出口创汇名列第一，被外商誉为"中国皇家瓷厂"，被国务院定为国家二级企业。厂内 22 栋老厂房风格迥异，完整保存了煤烧圆窑包、煤烧隧道窑、油烧隧道窑和焦化煤气窑四代窑炉，以及各种机器、设备、工具和包含人在内的各类档案等鲜活史料，具有鲜明的工业化时代烙印和历史价值。[②]20 世纪 90 年代，由于市场、体制等因素，包括宇宙瓷厂在内的景德镇"十大瓷厂"相继关停，曾经热闹非凡的车间被分块出租，年久失修的厂房变得破败不堪。特别是城镇化建设的快速推进，这些位于城区、烙有陶瓷人深刻印记的老工厂随时会被蚕食、推倒。如何保护陶瓷工业遗产，延续千年文脉，留住陶瓷人的记忆和乡愁，是一个必须面对的重大课题。

---

① 张梅，殷耀如，李帅.地方传统特色文化创意产业集群的生成模式探讨——以景德镇陶瓷文化创意产业集群为例 [J].改革与战略，2012，28（8）：115-118.

② 陶溪川：一种新的生活方式 [EB/OL].https://www.sohu.com/a/290199088_160257.

景德镇结合老城区改造，大力整合陶瓷文化资源，保护利用陶瓷工业遗存，发展文创产业、旅游业和现代服务业。陶溪川作为重点板块，于2012年2月开始项目策划，2013年4月项目动工，2015年10月业态呈现，部分场馆运营，2016年10月全面开放。[1]创新产业综合性服务模式，打造新型城镇化建设典范。积极构建融陶瓷设计中心、陶瓷智造工坊、邑空间、线上平台、直播基地、线下集市等为一体的陶瓷产业闭环，实现陶瓷产业从设计到生产再到销售的一站式综合性服务模式。以陶瓷产业为核心，强化配套产业，把陶溪川建成融"生产配套服务＋销售渠道支持＋创业资金扶植＋知识产权保护＋综合服务平台"为一体的超级陶瓷产业生态链。立足世界瓷都景德镇，以文化为魂，以陶瓷为基，保护利用陶瓷工业遗产，通过活力再造、结构改造、环境营造，融传统、时尚、艺术、科技于一体，建设成为工业遗产成功转型的样本、产业发展升级与新型城镇化建设的典范。[2]

依托百年工业遗产的工业区改造项目，在老厂改建的同时，注重把"工业精神"融入其中。改造过程中坚持保护好每一块砖、一堵墙、一栋房子、一块铁、一棵树的原真性；坚持把过去100年来，我国工业制造业的足迹发展保护好，把生产工序、产业链、生产场所等完整地保护好。在秉持遗产观的前提下，将过去100年以来人们感觉非常粗糙、不精致的工业场所，打造成为市民和游客向往的地方。

在老工业遗产的基础上，鼓励外来元素的介入，努力吸引外来年轻人创业。目前，陶溪川95%的人口是全国各地来的年轻人，聚焦于三个目标：一是做手工业。景德镇的陶瓷手工业传承了1700多年，继续发扬传统手工业当仁不让。陶溪川手工业从业者基数大，据统计，景德镇约有15万人从事手工业，3万多名外地人在这里做手工业。二是做创意设计。只有工业设计才能给城市带来就业、带来发展规模、带来未来感。三是发扬艺术。艺术是灵魂，是为手工业、设计等带来高度、灵感的金字塔。坚持跨界融合，开展交互式体验，打造陶瓷类文旅产业，不囿于陶瓷，融入餐饮、住宿、音乐、诗歌、文学

---

[1]　江西省人民政府.景德镇：从宇宙瓷厂到陶溪川的蝶变［EB/OL］. http：//www.jiangxi.gov.cn/art/2017/10/17/art_5296_343906.html.

[2]　江西省人民政府.景德镇：从宇宙瓷厂到陶溪川的蝶变［EB/OL］.http：//www.jiangxi.gov.cn/art/2017/10/17/art_5296_343906.html.

等业态。积极举办丰富多彩的娱乐、学术等活动。比如，首届"策展在中国"论坛暨 2018 中国美协策展委员会年会、国际版画展、每年两次的陶瓷"嘉年华"——春秋大集等。打造成为没有围墙、共享开放的生活地，让当地人能参与进来、外地人也能融入进去的新的生活方式。

第五章

重大工程、矿山公园、工业小镇等工业旅游模式案例

中华人民共和国成立以来，特别是改革开放40多年来，一批重大工程和科技项目取得举世瞩目的成就。特别是党的十八大以来，我国工业发展取得重大成就，一大批基础设施、高端装备、战略性新兴产业等方面的重大工程相继问世，公路、高铁、机场、桥梁、隧道、港口、水利工程、科技项目等重大工程科技项目硕果累累[①]，"大国重器"呈现出井喷态势，各项工业门类渐趋全面，为夯实国民经济社会发展、提升综合国际竞争力起到重要作用。这些重大工程科技项目成为多层次、全方位提振民族自尊心和自信心、充分展示国家形象和展现人类文明的重要标志，吸引着国内外游客争相参观游览和深度体验，成为工业旅游的新载体、新方向、新热点和新趋势。重大科技工程工业旅游项目一方面能从不同角度呈现工业生产中的科学技术，激发人们对科技的兴趣，帮助人们了解科技前沿的发展与应用，展现具有中国特色的工业文化传承和人类辉煌的工业文明[②]，还能满足公众放松身心、增长见识和提高自身科学素质等多种需求，成为工业旅游的重要组成部分。在2020年的《政府工作报告》中就曾提出，重点支持"两新一重"（新型基础设施建设，新型城镇化建设，

---

① 胡希捷，朱军，赵旭峰.以重大工程夯实现代化强国基础［EB/OL］.http：//theory.people.com.cn/n1/2018/0326/c40531-29888094.html.2018-03-26.

② 金羊网.打卡又有好去处！广东20条工业旅游精品线路出炉［EB/OL］.https：//www.sohu.com/a/411490263_119778?_f=index_betapagehotnews_3&_trans_=010001_grzy，2020-08-05.

交通、水利等重大工程建设）建设①，一批重大交通建设工程成果显著，这些重大交通建设工程不仅是"交通搭平台、旅游为载体"②的形式，其本身就是兼具交通与旅游双重功能的重大交通建设工程，是促进交通与旅游融合发展的重要载体③。依托特大型水利、交通、能源、科技、建筑工程等重大项目和其自身所蕴含的独特旅游功能价值，能够实现现代工程、自然风光和人文景观的充分有机融合④。本章重点选取水利工程、公路工程、机场高铁、桥梁隧道、科技工程等重大工程建设和科技项目与旅游融合的典型案例、矿山公园发展案例，梳理其发展模式。

第一节　三峡大坝、都江堰、红旗渠等水利工程案例

我国河流水系众多，形成了以黄河、长江、淮河、珠江等流域为主的大江大河水系格局，从古至今衍生出丰富的"水文化""水资源""水环境""水生态"以及"水工程"，例如都江堰、灵渠、京杭大运河、南水北调、三峡、小浪底、红旗渠等知名的水利工程或水利项目，这些水工程随着历史的演变，逐渐从过去的交通运输、灌溉、防洪、发电、调节水资源的分配等功能，逐渐衍生出新的科普教育、旅游观光、研学旅行等新功能，成为当前顺应时代发展和市场需求的工业旅游的重要形态和产品谱系。

一、三峡大坝旅游区

三峡大坝旅游区是集"中国水利智慧、世界山水经典"于一身的首批国家5A级旅游景区，以全方位展示工程文化和水利文化，为游客提供集游览、科

---

①　中国政府网.总理报告新词："两新一重"［EB/OL］. http：//www.gov.cn/xinwen/2020-05/22/content_5513683.htm，2020-05-22.

②　新疆日报.加快构建"交通＋旅游"融合发展新格局［EB/OL］. https：//www.ws.gov.cn/xwdt/jnyw/20190712/i418479.html，2019-07-12.

③　交通运输部办公厅.交通运输部办公厅关于组织开展旅游公路示范工程建设的通知［EB/OL］. http：//www.chinahighway.com/article/62725.html，2017-10-25.

④　山东省人民政府办公厅.山东省人民政府办公厅关于加快推进工业旅游发展的意见［EB/OL］. http：//www.dtdjzx.gov.cn/staticPage/zcfg/sdzcwj/20180103/2414130.html，2018-01-03.

教、休闲、娱乐于一体的多功能服务，将现代工程、自然风光和人文景观有机结合①，是现代水利工程与旅游充分结合的典范。

（一）景区概述

三峡大坝位于湖北省宜昌市三斗坪镇境内，距下游葛洲坝水利枢纽工程38 公里，是当今世界上最大的水利发电工程——三峡水电站的主体工程、三峡大坝旅游区的核心景观、三峡水库的东端②。三峡大坝旅游区作为集"中国水利智慧、世界山水经典"于一身的首批国家 5A 级旅游景区，于 1997 年正式对外开放，总占地面积 15.28 平方公里，由坛子岭、185 平台和三峡截流纪念园三大主要观景点组成。

坛子岭作为三峡坝区最早开发的景区，于 1997 年正式开始接待游客，因其顶端观景台形似一个倒扣的坛子而得名。该景区所在地为大坝建设勘测点，海拔 262.48 米，是观赏三峡工程全景的最佳位置，不仅能欣赏到三峡大坝的雄浑壮伟，还能观看壁立千仞的"长江第四峡"双向五级船闸。整个园区以高度的递增从上至下分为三层，主要由模型展示厅、万年江底石、大江截流石、三峡坝址基石、银版天书及坛子岭观景台等，还有喷泉、瀑布、溪水、草坪贯穿其间，景观布局静中有动、动中有静③。登临坛子岭，可俯瞰三峡大坝和五级船闸全貌，亲身感受三峡工程建设的宏伟与浩大，惊叹中国人民的治水智慧和现代科技带给我们的强烈震撼。

185 观景平台（点）位于三峡大坝坝顶公路的左岸端口处，因与三峡坝顶齐高，同为海拔 185 米而得名。站在平台上向下俯瞰，就如同身临坝顶，可以感受到大坝的高度，同时，海拔 135 米的水位也使游客能在这里领略到平湖的感觉。游客登上海拔 185 米高的坝顶，可以近距离目睹三峡大坝雄姿，领略高峡出平湖的壮丽景观，感悟一个世纪前孙中山先生在《建国方略》中对三峡工程建设的强国畅想，以及毛泽东主席"截断巫山云雨，高峡出平湖，当惊世界

① 马宁.工业旅游资源价值评估及其开发模式与策略研究［D］.中国海洋大学，2009.

② 路雨明.峰前循环剪切作用下岩石节理强度特性研究［D］.重庆大学，2017.

③ 湖北旅游.每日一景｜走进三峡大坝旅游区［EB/OL］.https://www.sohu.com/a/139897929_164 838，2017-05-11.

殊"，数十年心系三峡建设的一代伟人情怀！①

三峡大坝旅游区的重要组成部分截流纪念园作为景区内部交通的中心，有丰富多彩的歌舞及其他节目表演，纪念园内设有展室，游客可以通过展室内的图文资料了解三峡工程。园内还可以看见用立体三角形的截流石组成的假山风景，以及大型的施工机械等实物展览。纪念园地处大坝的下游，是与三峡大坝全景留念的绝佳场所。

（二）发展模式

1. 依托长江三峡品牌，发展观光旅游

依托长江三峡旅游品牌的影响力，依托宜昌作为旅游目的地，以世界上最大的水利枢纽工程为依托，全方位展示工程文化和水利文化，打造具有标志性的国家 5A 级旅游景区，使三峡大坝成为长江三峡旅游和宜昌旅游必游的标志性景区，为游客提供游览、科教、休闲、娱乐为一体的多功能服务，将现代工程、自然风光和人文景观有机结合，使之成为国内外友人向往的旅游胜地。

2. 依托项目载体，发展研学旅游

三峡大坝旅游区依托独特的资源优势、良好的品牌形象、完善的硬件设施和优质的对客服务，荣获了国家首批"全国研学旅游示范基地"荣誉称号。作为举世无双的工程奇观，其所蕴含的科技内涵和形成的工业遗产成为三峡大坝旅游区独一无二的核心吸引物。通过设立三峡大坝水电科技旅游主题，打造水电科普旅游基地，推出科普教育和研学旅游产品，让游客在旅游区不仅可以亲眼见到举世闻名的长江三峡水利枢纽工程，而且可以零距离地在现场聆听当年参加过三峡工程施工的建设者们的精彩讲解，既增加了水电科普知识，又能激发爱国热情。

3. 围绕核心品牌，聚力区域合作

三峡大坝旅游区作为长江三峡沿线接待人数最多的景区，带动了三峡水库坝区旅游产业的发展。并且充分围绕三峡核心旅游资源形成长江三峡旅游一体化旅游宣传营销联盟，共同打造"大三峡"旅游品牌，将开发、整合、宣传区域特色旅游资源，编制、推介区域精品旅游线路，在整合各种媒体资源基础

---

① 三峡游客中心官网．http：//www.sxykzx.cn/．

上，推动各方共享宣传平台，携手组织各项活动，拓展旅游市场，支持各方开展跨区域旅游宣传营销活动，携手举办区域旅游节会、主题宣传推介会等，形成区域旅游发展的合力。

4. 开展多元营销，丰富主题活动

三峡大坝旅游区通过利用事件营销和新媒体宣传等方式，积极组织开展了"三峡大坝抖音挑战赛""最美三峡大坝全国风光摄影大赛""三峡大坝红歌行""三峡大坝集体婚礼""我在三峡祝福祖国"等系列主题活动，组织游客现场零距离互动，充分调动起游客参与积极性、传递红色正能量，极大地激发了游客的爱国情怀。

5. 借助资源优势，加快产业融合

三峡大坝旅游区作为全国首批工业旅游区示范点，以三峡工程为依托，全方位展示工程文化和水利文化开展旅游产品开发和项目建设，游客还可观看大型室内情景演出——《盛世峡江》，多角度展示了三峡地域文化、工程文化、水电科技文化，丰富了文旅结合的方式，同时增加了文化展示的平台。此外，三峡景区作为集三峡工程、中华文明、自然资源于一体的旅游目的地，工文旅多产业相结合也成为其发展的必然选择。三峡地区是中华文明的重要发祥地，土家文化、楚文化、汉文化、峡江文化以及名人游历文化等在此交相辉映。宜昌是巴楚文化的发祥地，以长阳的土家歌舞、枝江的民间吹打乐、咂酒歌、南曲、薅草锣鼓、宜都的民间故事和谜语等为代表的文化演艺活动成为宜昌文化娱乐的重要吸引物，使得水利工程衍生出的水利文化、工业文化与当地的地方文化融为一体。

二、都江堰水利工程旅游

都江堰位于四川省成都市都江堰市城西，坐落在成都平原西部的岷江上，距成都市区约 50 公里，距离青城山风景区约 20 公里，是蜀郡太守李冰父子在前人开凿的基础上组织修建的大型水利工程。都江堰建成后，成都平原沃野千里，成为"天府之国"。直到今天，都江堰工程还在发挥着作用，被人们赞誉为"活的水利博物馆"。

（一）项目概述

都江堰水利工程由创建时的鱼嘴分水堤、飞沙堰溢洪道、宝瓶口引水口三大主体工程和百丈堤、人字堤等附属工程构成。鱼嘴是修建在岷江江心修筑的分水堤坝，形似大鱼卧伏江中，它把岷江分为内江和外江，内江用于灌溉，外江用于排洪。飞沙堰是在分水堤坝中段修建的泄洪道，洪水期不仅泄洪水，还利用水漫过飞沙堰流入外江水流的漩涡作用，有效地减少了泥沙在宝瓶口前后的淤积。宝瓶口是内江的进水口，形似瓶颈。除了引水，还有控制进水流量的作用。

都江堰还有着独具特色的都江堰水文化。由都江堰而产生的具有强烈地域色彩的都江堰水文化包括水文学、水文物、水神学等，诸如"二王庙""伏龙观""观景台"等处的人文景观；改建鱼嘴挖掘出土的东汉李冰石像和"饮水思源"石刻；歌颂李冰父子降龙治水的民间传说和具有一定宗教神学色彩的祭祀活动；以及由此而产生的祭水、祭神、祭人的诗、词、书画的水文学等，在中国历史文化上都占有一席之地。

都江堰规模宏大、布局科学、费省效宏，是中国古代历史上最成功的水利杰作，也是世界水利史上设计施工最完美、最先进、最科学的独一无二的无坝式引水枢纽，更是古代水利工程沿用至今、历经2260年而不衰、硕果仅存的奇观。因为都江堰的存在，才有了成都平原的千里平川和"天府之国"的产生。都江堰被誉为古代水利的一颗璀璨明珠。

（二）发展模式

1. 依托水文化，突出都江堰水利工程特色

宣传和普及水科学知识，开发亲水活动和多种大型水文化展示活动，拉近游客与水的距离；设计特色水文化旅游纪念品，使得游客不仅能走近水、了解水，还能留念水。一方面，突出水文化。都江堰水利工程的水文化体现了古朴辩证的道家思想，它不仅仅承载着传统水工建筑蓄水、灌溉、防洪、排涝等作用，也显示出了为许多水工建筑所忽视的美学特征，创造了与自然和谐共存的水利模式，创造了独特的水工建筑艺术，具有独特的美学价值。另一方面，弘扬李冰精神。李冰建设都江堰的举措，体现了造福于民的为官之道，展现智慧

果敢的圣人风范，有待持续地发扬和传承。

2.坚持开发原则，保障生态效益和社会效益相统一

坚持保护性开发原则。要考虑风景区资源的保护与利用，统筹当地旅游开发与社会经济的可持续发展，统筹风景区建设与水利工程建设管理的有机结合，以及自然景观和人文景观的协调发展和风景区土地利用与旅游开发的方式与强度。

坚持以游客为本，为游客提供喜闻乐见的产品，满足其娱悦身心、增长见识等的需要，充分保障其人身安全。以当地居民为本，为其提高经济收入、改变生活和居住条件、改善周边环境、增加就业提供帮助，给予当地居民真正的实惠。以风景区的职工为本，扩大其收入来源，感受人本关怀，在优美且底蕴深厚的风景区中愉快工作，既陶冶了情操、娱悦了身心，又增加了收入、改善了生活条件。

3.以"全域旅游"理念为统领，营造健康温馨旅游消费环境

将全市丰富的文旅资源串珠成链，激发全域旅游的新动能。营造健康有序、文明温馨的旅游消费环境，通过优化提升"1+3+N"综合监管体系效能，建立执法信息实时互通联络机制，高压震慑"黑车""野导"、欺诈消费等违法行为；进一步理顺"96526"咨询投诉处理机制，完善"7×24小时"线上线下投诉受理服务，对各景区（点）周边的商场、酒店等进行严格督查，并将全市景区（点）全部纳入应急监测平台实时监测；常态化开展旅游志愿服务，游客满意度稳步提升。

三、红旗渠风景区

红旗渠风景区是全国爱国主义教育示范基地、全国廉政教育基地、全国研学旅游示范基地、全国中小学生研学实践教育基地、国家水情教育基地，也是国家重点风景名胜区、国家水利风景区、全国红色旅游经典景区、国家 5A 级旅游景区、全国重点文物保护单位[①]。

---

① 红旗渠风景区官网．http://www.cnhqq.com/.

（一）景区概述

红旗渠风景区地处豫、晋、冀三省交界处的河南省林州市（原林县），景区由红旗渠纪念馆（分水苑）和青年洞（含络丝潭）两个景点组成，是自然育景丽质与人工装点胜迹两种造景因素的完美结合。其中，红旗渠纪念馆（分水苑）作为一座全面反映红旗渠建设历史的专题纪念馆，是一座集收藏、研究、展示、传承红旗渠精神和文化于一体的综合性红色旅游经典景区，纪念馆建筑面积达到6300余平方米，布展面积达到2950平方米，纪念馆采用空间环境、雕塑、绘画、多媒体等艺术手段，营造了再现历史、触摸历史、穿越历史、对话历史的效果与氛围；青年洞位于风景如画的太行山腰，是红旗渠建设最艰巨的地段，是红旗渠的咽喉工程之一，是红旗渠艰苦奋斗精神的实景体验场所，江泽民、李先念、郭沫若等人题词的摩崖石刻点缀其间；络丝潭景点位于浊漳河天桥断处，这里有独特的峡谷风光，更有神奇的美丽传说，使红旗渠景区成为欣赏自然风光与感悟人文精神的绝佳旅游胜地。

"红旗渠"工程最早建于1960年2月11日，为了彻底改变恶劣的生存和发展条件，十万林州儿女踏入了茫茫太行山中与大自然进行了一次空前规模的大决战。他们以"重新安排林县河山"的豪迈气概，凭着一锤一钎一双手，逢山凿洞，遇沟架桥，苦战十年，削平了1250座山头，凿通了211个隧洞，架设了152座渡槽，终于在万仞壁立、千峰如削的太行山腰上建成了全长1500公里的"人工天河"——红旗渠，据计算，如把这些土石垒筑成高2米、宽3米的墙，可纵贯祖国南北，绕行北京，把广州与哈尔滨连接起来。因此，"红旗渠"被世人誉为"人工天河""中国的水长城""世界第八大奇迹"。周恩来总理也曾自豪地告诉国际友人："新中国有两大奇迹，一个是南京长江大桥，一个是林县红旗渠。"历经时代变迁，当年的红旗渠现在仍然发挥着重要的灌溉功能，并因其自然风光和人文精神而衍生和孕育出其特殊的旅游功能。

（二）发展模式

1. 以水利工程为载体，丰富产品体系

在修建红旗渠的过程中，孕育形成了"自力更生、艰苦创业、团结协作、无私奉献"的红旗渠精神，成为红旗渠水利工程衍生出的宝贵精神财富。依托

红旗渠精神，景区组织开展了"红旗渠精神进校园"等系列活动，分别到北京、天津、上海、南京、河南、河北、山东、香港地区和澳门地区等多个城市的大专院校和中小学进行红旗渠精神的宣讲，同时极大地提升了景区的品牌影响力和产品知名度。

此外，景区以情境还原为基点，通过还原 20 世纪 60 年代林县人民修渠的场景，推出"铁姑娘打钎"和"凌空除险"等现场表演，通过怀旧、惊险的演出将游客带回到那段难忘的岁月；同时，景区通过开发打"开山锤"、推"小推车"、抬"太行石"等游客可体验的产品，能够让游客体验修渠的艰辛与不易，从而增强游客的互动体验。

2. 以党团建设为引领，传承红色精神

作为全国爱国主义教育基地、全国红色旅游景点景区、全国廉政教育基地、中央国家机关爱国主义教育基地，红旗渠景区旅游服务有限公司全资投资的唯一一家官方指定的集学习交流、教育培训、能力培养、实践锻炼为一体的培训中心机构——林州市红旗渠教育培训咨询有限公司，以传承、弘扬、宣传红旗渠精神为宗旨，增强党员干部党性、企业职工、中小学生修养为目标[①]。充分借助和依托红旗渠精神开展党团培训特色课程，通过以"红色讲堂""廉政讲堂""劳模讲堂"三大讲堂为载体共同构筑"红旗渠大讲堂"，形成了专题讲座（《从红旗渠到中国梦》《红旗渠精神及其时代价值》《弘扬红旗渠精神，做合格党员》《红旗渠——廉政建设的典范》《红旗渠精神历久弥新》《透过红旗渠看党史》）、音像教学（纪录片《红旗渠》、话剧《红旗渠》、访谈片《红旗渠上的廉政宣言》）、现场教学（参观红旗渠纪念馆、分水闸，重走红旗渠源头、参观扁担精神纪念馆、参观"四有"书记——谷文昌生平事迹展馆、观摩考察"全国先进基层党组织党建示范点——冯家口村"、参观脱贫攻坚示范村——庙荒村、参观乡村振兴示范村——止方村）、体验教学（参观红旗渠咽喉工程、走富民路——太行天路）、实践教学（打"开山锤"、推"小推车"、抬"太行石"，体验修渠的艰辛与不易）、情景教学（观看大型实景演出《又见红旗渠》、观看大型音乐舞蹈史诗《走近红旗渠》）、延伸教学（殷墟博物馆、中国文字博物馆、岳飞庙、羑里城、马氏庄园）为板块的课程体系，并且形成

---

① 红旗渠风景区官网．http：//www.cnhqq.com/tztj/tstj/.

了三日、四日、五日可选择的培训课程产品。

3. 以研学旅游为支撑，打造特色品牌

作为全国中小学爱国主义教育基地、全国研学旅游示范基地、全国红色旅游经典景区、全国红色旅游经典景区、全国中小学生研学实践教育基地，红旗渠风景区成为全国中小学生开展研学旅行的首选之地。依托伟大的红旗渠水利工程和红旗渠精神，景区通过加快研学项目建设，出台研学政策、开发研学课程、打造"爱国主义教育课程""经典红色课程""科普教育课程""历史文化课程"等研学线路和课程体系，并积极开展红旗渠精神进校园系列活动，为中小学生提供了全方位、多维度的研学教育资源，满足了中小学校开展研学旅行的多元化需求。

目前，景区形成了研学课程"十个一"的产品体系，即"当一次红旗渠讲解员""看一场红旗渠电影""走一次红旗渠""推一把独轮车""抢一回开山锤""抬一次太行石""吃一次民工餐""看一场凌空除险表演""学唱一首红旗渠歌曲""开一次红旗渠主题班会"。同时，推出劳动教育课程，设置"平步耕耘""农艺作坊""小车吱扭""勇挑重担""田园锅灶""研磨人生""田园趣吧""凌空攀岩"等体验内容，从而打造极具特色的研学产品体系①。

第二节　大射电望远镜及卫星发射中心科技工程案例

随着科学技术的发展和迭代更新，科技工程在国民经济社会各项事业发展中的作用愈发凸显。科技对于旅游而言，能够极大地丰富游客的旅游体验，同时，科技工程现场、工业遗产遗迹能够为旅游产品的开发提供重要载体和基础。因此，科技工程工业旅游的开展扩大了人们出游的选择范围与学习范围，科技工程工业旅游既能满足人们在闲暇之余学习工业科技知识、提高自身科学素质、提高工业遗产保护意识的需求，也能为旅游者提供新鲜的事物和舒适的体验②。

---

① 红旗渠风景区宣传册

② 邓琼芬，赖益辉，曾志军，俞万源.体验式工业旅游发展模式探究［J］.广东科技，2013，22（22）：2-4.

一、贵州平塘大射电景区

贵州平塘大射电项目作为目前全球最大的射电天文工程，是我国科学工作者开展国家重大科技工程项目的成就缩影，将成为中国傲视苍穹的"天眼"，成为全世界瞩目的旅游焦点和贵州展现给世界的新窗口[①]。

（一）项目概述

贵州平塘大射电景区（大射电观景台、平塘天文科学文化园）位于贵州省黔南布依族苗族自治州平塘县境内，于2016年9月26日起试运营，500米口径球面射电望远镜（以下简称FAST）面向公众开放。500米口径球面射电望远镜工程是由中国科学院和贵州省人民政府共建的"十一五"国家重大科技基础设施建设项目，是具有中国独立自主知识产权的FAST项目，是世界上口径最大、最具威力的单天线射电望远镜，是中国新基建的典型代表，具有极高的参观价值。FAST利用天然的喀斯特洼坑作为台址，洼坑内铺设4050块反射面单元组成500米球冠状主动反射面，采用轻型索拖动机构和并联机器人，实现望远镜接收机的高精度定位。全新的设计思路，加之得天独厚的台址优势，FAST突破了望远镜的百米工程极限，开创了建造巨型射电望远镜的新模式[②]。

500米口径球面射电望远镜被誉为"中国天眼"，由我国天文学家南仁东先生于1994年提出构想，历时22年建成，是由中国科学院国家天文台主导建设，具有我国自主知识产权、世界最大单口径、最灵敏的射电望远镜[③]，"天眼"工程由主动反射面系统、馈源支撑系统、测量与控制系统、接收机与终端及观测基地等几大部分构成[④]，综合体现了我国高新技术创新能力，它将在基础研究众多领域，如宇宙大尺度物理学、物质深层次结构和规律等方向提供发现和突破的机遇，也将在日地环境研究、国防建设和国家安全等方面发挥不可替代的作用[⑤]。

[①]　莫君锋.依托大射电 打造天文经济聚集地［J］.当代贵州，2016（37）：12-13.

[②]　平塘县人民政府.平塘大射电景区9月26日试运营［EB/OL］.http：//www.gzpt.gov.cn/xwdt_500411/zwyw/201609/t20160918_10773406.html

[③]　佚名.FAST射电天文望远镜电磁环境自动化测试系统研究与实现［J］.中国无线电，2017（10）：69-71.

[④]　刘红伟.2016年中国十大科技进展新闻［J］.科技创新与品牌，2017（1）：21-24.

[⑤]　莫君锋.依托大射电 打造天文经济聚集地［J］.当代贵州，2016（37）：12-13.

（二）发展模式

1. 创新引领旅游新模式，推出"静旅游"

中国天眼作为世界最大的单口径球面射电望远镜、国家重大科技基础设施[①]，是进行天文学科普教育和研学旅行的绝佳之地，能够实现科技旅游与天文特色旅游的紧密结合。由于天眼这款望远镜是被动地接收微弱的宇宙电磁信号，自身并没有强大的辐射，对人也不会有任何伤害，只是害怕遭受周边手机信号的干扰。因此，在游客游览时规定要以天眼台址为圆心、半径 5 公里的区域为核心区，永久关停 FAST 电磁波核心区内公众移动通信基站，成为永久的"静默区"，游客在进入"静默区"后，被禁止携带相机、摄影机、手机、手表、手环、打火机、充电宝、车钥匙、电子门感应钥匙、充电器等电子产品进入，就实现了真正的"静旅游"，能够全身心感受和探索天文科技的神奇和奥秘。

2. 打造天文特色小镇，打造旅游＋科普科研

当前，在平塘县克度镇航龙村建有"中国天眼"天文科学文化园，按照城市综合体和国家 5A 级旅游景区建设标准，突出天文科普主题特色，围绕"天文科学教育基地、国际天文文化体验区、地质生态旅游创新示范区、区域性旅游集散中心、国际天文旅游小镇"五大目标，建设集天文科学、宇宙探秘、旅游度假、文化交流为一体的国际射电天文旅游目的地[②]。依托"天眼"工程的中国天眼天文小镇，在中国天眼景区配套了天文时空塔、时光钟摆、时光刻度、喀斯特地质公园、科幻酒店、天幕商业街等多个项目，每年小镇暑假都会迎来很多地方的学生群体，这里已经成为科普夏令营首选地。

此外，为培养更多相关的科研人才，贵州省内许多高校也抓住"中国天眼"这一品牌，大力培育天文学、物理、电子等技术的应用人才；中科院国家天文台与贵州大学共建的天文联合研究中心挂牌成立[③]；贵州大学理学院教学

---

① 孙永政."中国天眼"FAST"静旅游"开启科普与旅游融合发展［EB/OL］. https：//china.huanqiu. com/article/9CaKrnJYt8q，2016-11-07.

② 新华网."中国天眼"FAST"静旅游"_开启科普与旅游融合发展［EB/OL］. http：//www. wjyanghu.com/yhw/info/tourism/2016-11-08/15908.html，2016-11-08.

③ 李唯睿.科技旅游带动山乡巨变［J］.当代贵州，2017（45）：58-59.

实习实训基地在平塘国际射电天文科学旅游文化园正式挂牌成立[①]；黔南民族师范学院成功获得开办天文学专业的资格[②]。

3. 开通旅游直通车，提升可进入性

随着中国天眼景区的游客与日俱增，旅游业态不断丰富，慕名前来游览中国天眼景区的游客与日俱增，为有效提升游客进入景区的便利性，景区开通了贵阳至天眼、平塘县城至中国天眼的旅游直通车，最大限度地满足贵阳、平塘两地游客散客进入中国天眼景区的需求，极大地解决了省外游客、贵阳市民、平塘市民游中国天眼"最后一公里"的交通难题。此外，平塘县在推进全域旅游进程中，着重夯实"快进慢游"旅游交通体系，全域二级油路改造工程全面铺开，先后改造完成了多条公路，便利的交通条件吸引了众多游客到各景区观光游览。

4. 以天眼为核心打造大射电经济区

以中国天眼为核心吸引物，打造集天文工程、现代有机农业、休闲旅游观光、体验农耕文化、科普基地、天文馆、特色酒店于一体的旅游综合体。重点规划启动建设了集旋涡星系广场、中轴迎宾广场、FAST访客服务中心、天文体验园、星辰主题酒店、FAST观景台等项目于一体的平塘国际射电天文科学旅游文化园，围绕天文与旅游、天文与大数据、天文与扶贫攻坚"三个结合"，开展了集天文学术交流中心、天文数据中心、天文科普中心于一体的天文小镇规划修编工作，力争全力实现成为全球重要的射电天文学研究中心、世界重要的天文学数据中心、世界天文学科普中心的"三个中心"目标[③]，聚力形成"大射电经济"，打造形成中国平塘世界天文经济聚集地。

二、酒泉卫星发射中心

酒泉卫星发射中心作为中国科学卫星、技术试验卫星和运载火箭的发射试验基地之一，是中国创建最早、规模最大的综合型导弹、卫星发射中心，测试及发射长征系列运载火箭、中低轨道的各种试验卫星、应用卫星、载人飞船和

---

① 科技旅游带动山乡巨变。

② 中国新闻网.中国天眼掀起小镇旅游风 科普旅游经济初见雏形［EB/OL］.https://www.sohu.com/a/195103181_123753，2017-09-28.

③ 莫君锋.依托大射电 打造天文经济聚集地［J］.当代贵州，2016（37）：12-13.

火箭导弹的主要基地，吸引着国内众多航天爱好者。

（一）项目概述

酒泉卫星发射中心（原总装备部20基地），又称"东风航天城"，是中国科学卫星、技术试验卫星和运载火箭的发射试验基地之一，隶属于原中国人民解放军总装备部，现隶属于战略支援部队，被誉为"我国航天事业的发祥地"。航天城中心有一座白色火箭状抽象雕塑，雕塑周围整齐地分布着宾馆、展览馆和办公楼，航天城内的街道、建筑名称均极具"航天"特色，如太空路、宇宙路、航天路、神舟宾馆、航天宾馆等。自1958年10月20日成立以来，中心先后执行110次航天发射任务，成功将145颗卫星、11艘飞船、11名航天员送入太空。2016年1月8日，酒泉卫星发射中心被国家旅游局授予首批"全国研学旅游示范基地"称号。2017年3月28日，被国家旅游局、中国科学院推选为"首批中国十大科技旅游基地"。2018年1月27日，酒泉卫星发射中心入选"中国工业遗产保护名录"[1]。从1996年开始，酒泉卫星发射中心才对外开放旅游，目前已经对国内游客开放的景点有卫星发射场、指挥控制中心、长征二号火箭、测试中心、卫星发射中心场史展览馆、革命烈士陵园、酒泉卫星发射基地东风水库[2]。

（二）发展模式

1. 依托自身资源，打造专题旅游产品和线路

依托首批"全国研学旅游示范基地""首批中国十大科技旅游基地"和"中国工业遗产保护名录"等品牌，酒泉卫星发射中心形成了参观中国酒泉卫星发射中心历史展览馆、游览中国第一卫星发射场、瞻仰东风革命烈士陵园、聆听航天文化科普讲堂、奔赴戈壁滩放飞水火箭、走进载人航天发射场仰望钢铁巨人等特色旅游产品和线路，并在酒泉卫星发射中心开展了多种类型的夏令营，成功举办了千人走进航天城、中小学生走进航天城、夏令营进驻航天城等较大规模的研学旅游活动，以及"弘扬航天精神，圆梦飞天之旅""鸿鹄丝路梦—古今飞天研学成长营""鸿鹄丝路梦—航天研学成长营"等主题的研学旅

---

① 张丽贝.试论文化遗产开发中的边际递减效应及对策［J］.文物春秋，2019（2）：51-57.

② 陈芳园.酒泉卫星发射中心旅游状况［J］.华夏地理，2015（5）：28-29.

游活动，通过"捆绑"航天城和敦煌莫高窟两大产品，突出娱乐性、学习性、参与性和互动性，激发学生学习中国丝路文化的兴趣，弘扬"两弹一星"精神、载人航天精神和"东风精神"。

2. 串联产品线路，打造精品旅游线路

酒泉卫星发射中心所在地的酒泉市旅游管理部门为有效提升当地航天旅游的品牌知名度和影响力，特将航天旅游作为六大精品旅游线路当中的重要内容，游客可参观的景点包括酒泉卫星发射场、东风场史展览馆、总装测试厂房、宇航员接待中心——问天阁、东方红卫星发射场、东风公园、东风革命烈士陵园、胡杨林等，形成与酒泉市其他旅游产品的多种组合。具体线路为：秋韵度假赏月之旅：兰州→武威（苏武沙漠大景区）→金昌火星小镇→张掖丹霞→金塔沙漠胡杨林景区→酒泉卫星发射中心→嘉峪关→敦煌；休闲自驾观光之旅：西汉酒泉胜迹→肃州湿地→酒泉天宝景区→金塔沙漠胡杨林→酒泉卫星发射中心→阿拉善盟英雄会。此外，河西五市及酒泉卫星发射中心在张掖市成立旅游联盟，为整合河西五市及酒泉卫星发射中心的文化旅游资源和产业要素，进行旅游产品的优化组合，从而为构建国际化区域旅游贸易交流平台提供了重要的组织保障。

3. 做好新媒体网络营销，打响酒泉旅游目的地品牌

酒泉卫星发射中心站在全球、全国的视角，从旅游者心理感应和需求的立场出发，结合敦煌飞天、丝绸之路、"两弹一星"等故事，推出了如"寻梦飞天""丝绸之路探寻""古今飞天"等一系列旅游形象理念，通过网站、移动终端应用、微信微博等新媒体、传统媒体、集散中心等各种信息传播媒介和服务咨询渠道进行宣传。此外，创新开发"互联网＋旅游"形式，通过建设智慧旅游综合平台和大数据中心，完成与天猫、京东、去哪儿、百度直达号等交易平台、开放式电商交易系统建设，加强与百度、携程、途牛等知名网站合作，实现线上营销和线上交易，将酒泉的整体形象宣传出去。

三、西昌卫星发射中心

西昌卫星发射中心是中国卫星发射基地，组建于 1970 年，是我国三大航天发射中心之一，管理使用西昌、文昌两个航天发射场。西昌发射场于 1982 年交付使用，位于四川省凉山彝族自治州冕宁县。西昌卫星发射中心是中国对外开放最早、承担卫星发射最多、自动化程度较高、综合发射能力较强的航天发射场，近 80 颗国内外卫星从这里送入太空。

（一）项目概述

西昌卫星发射中心由总部、发射场（技术区和两个发射工位）、通信总站、指挥控制中心和三个跟踪测量站，以及其他一些相关的生活保障（医院、宾馆等）单位组成。主要担负广播、通信和气象等地球同步轨道（GTO）卫星发射的组织指挥、测试发射、主动段测量、安全控制、数据处理、信息传递、气象保障、残骸回收、试验技术研究等任务。2021 年 7 月 6 日 23 时 53 分，在西昌卫星发射中心，长征三号丙运载火箭将天链一号 05 星发射升空，卫星顺利进入预定轨道，发射任务获得圆满成功。

西昌卫星发射中心为我国航天史上写下了三个第一：在 1984 年 4 月 8 日成功发射我国第一颗地球同步轨道卫星；在 1986 年 2 月 1 日，成功发射我国第一颗通信广播卫星——东方红二号；在 1990 年成功发射我国承揽的商务卫星——亚洲一号。

西昌卫星发射中心的布局主要包括外围布局、控制大厅和发射塔。

1. 外围布局

西昌发射中心坐落在凉山州冕宁县泽远镇峡谷中。卫星发射测试、指挥控制、跟踪测量、通信、气象、勤务保障六大系统的相应场区，都分散在峡谷之中的不同区域。76 米高的发射塔架和 300 多米高的避雷塔，巍峨地耸立于峡谷的底端。这里是一个三面环山，向东南开口的半封闭小盆地，面积约 2 平方公里。塔架由 11 层工作平台和相对应的电缆提杆组成，同时对星箭进行吊装对接，加注燃料和垂直测试。在点火的那一瞬间，平台自动旋转星箭分离，固定火箭的螺栓也随即启爆，火箭喷出熊熊烈焰拔地而起。发射塔架两侧的山体内，是与场区相匹配的指挥、测试、控制以及供应水、电、气的设施。进入火箭发射的最后半小时程序后，地面人员就全部转入山体内。

技术厂区，位于发射场区不远的山坳里。一幢幢乳白色的高大建筑隐没于绿树深处，是卫星发射进行装配、加注、测试及火箭水平测试的地方，也是国内目前最先进、最优越的厂房，如今技术厂区已对外开放，人们不仅可以看到特殊的内部结构，还可以看到一枚专供参观的"长征三号"运载火箭的研制成功，特别是掌握氢氧发动机失重的情况下二次点火的技术，标志着中国运载火箭技术已跨入世界先进行列。

2. 控制大厅

指挥控制大厅是发射中心的"神经中枢"，位于距发射城几公里以外的山湾里。这里集中了中国航天技术水平的各种先进仪器，是最具神秘色彩的电脑王国。大厅最引人注目的是正前方一面 20 余平方米的彩色电视屏幕，旁边还有由许多状态显示板组成的长 18 米、宽 6 米的显示大屏。大厅内还分布着总指挥台、各种控制台、记录仪和显示器。科技人员和贵宾们可以通过电视屏幕和各种显示仪器，清晰地看到火箭从发射架上起飞到飞到一级火箭脱落的实况。指挥者也是通过电脑群送来的各种参数，图像进行监视、判断，从而运筹帷幄、战胜太空的。指挥大厅的四周是大大小小的电脑房，各色显示灯不停地闪烁，将火箭起飞后的各种信息迅速处理传输到各跟量站和设在北京的总指挥所。控制大厅后方的楼厅是参观厅。浏览参观者可以坐在这里透过前方巨大的玻璃窗，观看大型彩色屏幕上播放的发射实况。

3. 发射塔

西昌卫星发射中心目前拥有两个发射塔架。3 号工位：1978 年年底竣工，1984 年 1 月 29 日首发长征三号遥一火箭，2007 年重建以满足发射"嫦娥一号"的需要，又称为新 3 号工位。目前主要用于发射长征三号甲火箭（也可发射长征二号丙、长征二号丁运载火箭），2020 年 2 月 20 日 05 时 07 分，在新 3 号工位成功发射长征二号丁运载火箭，这也是长征二号丁运载火箭首次在西昌卫星发射中心进行发射。2 号工位：1990 年投入使用，早期用于发射长二捆与长征三号甲，目前主要用于发射长征三号乙 / 丙。1 号（未建设）：用于曙光号载人飞船的发射，只完成了铁路、隧洞等基建施工。

（二）发展模式

1. 打造世界航天品牌，带动周边旅游发展

依托航空航天基地，带动周边戈壁、沙漠的旅游发展，形成特色旅游线路。前往航天城，大半路程是在浩瀚的戈壁荒漠中穿过的。寸草不生、平坦得像推土机平整过的黑戈壁，让游客放任自己的思绪浮想联翩，那金戈铁马的古战场、折戟沙场的古代军士似乎就在眼前浮现。在航天城附近的内蒙古额济纳

旗境内，分布着大面积胡杨林，酒泉市金塔县境内也有近万亩胡杨林，当地政府正在打造森林公园。千年胡杨在恶劣的气候环境中生生死死，是荒漠中一道独特的风景线。精心打造"卫星游"沿途的名胜古迹和人文景观旅游线路，带动周边旅游发展。

2. 凸显大国重器，打造游客的"太空梦"

西昌卫星发射基地发射场景区作为爱国主义教育基地，统一实行免费参观。西昌卫星发射中心作为我国首批"红色教育基地"也闯入五大新晋红色旅游目的地，亲子游受热捧。伴随我国探月工程的一步步实现，西昌市的"卫星城"旅游将不断提升吸引力，打造游客的"太空梦"。

3. 弘扬西昌航天精神，打造爱国主义教育基地

西昌卫星发射中心依托西昌航天精神，打造爱国主义教育基地。一代代西昌航天人用青春、智慧和热血，铸就了"艰苦奋斗、求实创新、团结奉献"的西昌航天精神。这种精神，是国防科技战线优良传统和"两弹一星"精神的继承发展，是西昌航天人优秀品格的集中概括，是他们履行使命的动力源泉。西昌航天人正是靠着艰苦奋斗，才能在极端困难中，将荒山沟变成现代化航天发射场；正是靠着求实创新，才能始终赶超一流，创造我国航天史上多项纪录；正是靠着团结奉献，才能创造连战连捷的辉煌战绩。他们几十年风雨问天路的实践启示游客，无论过去、现在还是将来，艰苦奋斗永远是战胜困难的重要法宝，求实创新永远是攻坚克难的不竭动力，团结奉献永远是夺取胜利的有力保障。

四、文昌卫星发射中心

文昌航天发射场位于海南省文昌市龙楼镇，隶属西昌卫星发射中心，是中国首个开放性滨海航天发射基地，也是世界上为数不多的低纬度发射场之一，通过打造航天主题公园、设立发展基金、打造"四基地一中心"等举措，不断提升其影响力和品牌知名度。

（一）项目概述

文昌航天发射场主要由发射场区、配套测控站等区域组成，发射场区包括发射区、技术区、试验协作区、技术勤务保障系统等。项目用地总面积约

18531亩。建设有两个工位大火箭用101工位，中型火箭用201工位，该发射场可以发射长征五号系列火箭与长征七号运载火箭，主要承担地球同步轨道卫星、大质量极轨卫星、大吨位空间站、货运飞船、深空探测器等发射任务。主要承担地球同步轨道卫星、大质量极轨卫星、大吨位空间站和深空探测卫星等航天器的发射任务。发射场完全对外开放，现已具备发射能力。

作为低纬度滨海发射基地，文昌航天发射场不仅可用于满足中国航天发展的新需要，还能借助接近赤道的较大线速度，以及惯性带来的离心现象，使火箭燃料消耗大大减少（同型号火箭运载能力可增加10%），也可通过海运解决巨型火箭运输难题并提升残骸坠落的安全性。

（二）发展模式

1. 依托发射中心，打造我国唯一航天主题公园

依托文昌航天发射场，配套开发海南航天主题公园项目，其主要功能包括：航天科普和科技展示、航天主题娱乐、发射场参观、实时观看火箭发射。项目建设内容中的中国太空营，是海南航天主题公园的重要组成部分，其设施包括航天飞船训练模拟器、航天指挥控制中心模拟现场、航天空间站任务训练模拟器、航天空间站指挥控制中心模拟现场、航天指挥测控中心模拟现场、航天员野外救生设备等。海南航天主题公园建设成为"中国唯一、国际一流""充满航天科技文化和海岛特色"的主题公园，集科学、启迪和教育性于一体的航天爱国主义教育基地，中国青少年了解中国航天事业发展、体验航天科技成果、学习航天精神、领略航天文化的第二课堂，中国航天科学家和"宇航员"的摇篮。

2. 不断创新发展，先进理念和技术凸显特色优势

文昌航天发射场建设并非酒泉、太原、西昌等现有三大航天发射场的重复与翻版，而是在高起点上的创新发展，其引用当今世界航天领域最先进的设计理念和最新技术，包括信息化、智能化、环保诉求等创新元素都贯穿融入发射场设计、建设的全过程，最终建成一个综合发射能力强，安全性、可靠性和信息化程度高，生态环保、世界先进的现代化新型航天发射场。航天发射场建成使用后，酒泉卫星发射中心将承担返回式卫星、载人航天工程等发射任务，太原卫星发射中心主要承担太阳同步轨道卫星发射任务，西昌卫星发射中心的西

昌航天发射场将主要承担应急发射任务，三大发射中心的四个发射场将形成互补关系。

3.设立发展基金，打造"四基地一中心"

吸引带动社会资本共同设立航天城相关产业发展基金，重点打造"四基地一中心"。"四基地一中心"指航天领域重大科技创新产业基地、空间科技创新战略产业基地、航天技术应用产业基地、航天科技服务产业基地和航天超算中心。坚持把国际航天城建设作为推动文昌高质量发展的重要增长极来谋划推动，编制完成了《海南文昌国际航天城概念规划》《海南文昌国际航天城起步区概念规划》；在文城和清澜区域之间选取 1.8 万亩土地作为文昌国际航天城起步区，启动文昌航天超算中心暨航天大数据产业集群项目建设，谋划了文昌国际航天旅游消费中心、海南华侨航天科创园区等航天产业项目。

第三节　国家矿山公园工业旅游发展模式案例

矿山公园指的是矿山地质环境治理恢复后，国家鼓励开发的以展示矿产地质遗迹和矿业生产过程中探、采、选、冶、加工等活动的遗迹、遗址和史迹等以矿业遗迹景观为主体，体现矿业发展历史内涵，具备研究价值和教育功能，可供游览观赏、科学考察的特定的空间地域，矿山公园设置国家级矿山公园和省级矿山公园，其中国家矿山公园由国土资源部审定并公布。矿山公园最大的特色是集中展现了矿山及铁矿悠久的采矿历史和深厚的文化底蕴，是工业旅游的景观代表。

一、湖北黄石国家矿山公园工业旅游案例

黄石国家矿山公园位于湖北省黄石市铁山区，是中国首个国家矿山公园，有 3000 年矿冶史，其中大冶铁矿东露天采坑被誉为"亚洲第一天坑"，2017年被国家旅游局授予"国家工业遗产旅游基地"，已成为国家 4A 级旅游景区，入选《中国世界文化遗产预备名单》，先后被授予"第一批中国工业遗产保护名录""全国工业旅游示范点""全国科普教育基地""国家工业遗产旅游基地"

等称号^①。

公元 226 年，孙权在铁山大兴炉冶锻造刀具，拉开大冶铁矿开采史。1781 年来，大冶铁矿"锻造"了全国"十个第一"：中国第一家用机器开采的大型露天铁矿；亚洲最大最早的钢铁联合企业——汉冶萍公司的主要组成部分；中国近代工业先驱张之洞创办洋务企业唯一保留下来、仍在正常运作的一家；毛泽东主席视察过的唯一一座铁矿山；中国第一支大型地质勘探队——429 地质勘探队在这里成立，中国第一批女地质队员在这里诞生；中国最早聘请外国专家运用地质科学勘探发现的一家大型铜铁矿床；1923 年 1 月，大冶铁矿矿工举行的下陆大罢工是中国第一次以胜利结束的大罢工，为京汉铁路"二·七"大罢工提供了组织经验；见证侵华日军疯狂掠夺中国矿产资源的第一家铁矿山^②。

公园在石海大绿洲再造绿色家园，以"两山"理论为指引，在露天采矿废弃的岩石堆上种植生态复垦林，创造出在石头上种树的奇迹，在废石场上种出了面积达 247 万平方米的刺槐，一跃成为亚洲最大的硬岩复垦林^③，自 2012 年起，黄石国家矿山公园每年 4 月下旬至 5 月初都会举办黄石国家矿山公园槐花旅游节，开创了"石头上种树"的奇迹。铁山的槐花已被打造成为全省继武大樱花、荆门油菜花、麻城杜鹃花、东湖梅花之后的"第五朵金花"。从"工业伤疤"成为一座绿色宝藏，探索"修复环境、改造环境、治理环境、再造环境"的绿色发展之路。

推进"日出东方、矿冶峡谷、矿业博览、井下探幽、天坑飞索、石海绿洲、灵山古刹、雉山烟雨、九龙洞天、激情滑草"十大景观建设。矿业博览园展示矿业发展历程，园内陈列了不同类型的采矿、运输设备，其中有苏制爬犁机、美国 50B 重型矿用汽车和日本大功率铲运机等；矿山博物馆，博物馆内设矿物陈列、古代开采、伟人视察等八大系列，是中国第一座铁矿山博物馆，全力打造"森林化矿山"，形成了"矿在园中、园在绿中、绿在画中"的生态

---

①　中国城市规划.中国工业遗产保护名录第一批名单公布，含京张铁路等百个项目［EB/OL］. https：//www.thepaper.cn/newsDetail_forward_1971863，2018-01-27.

②　黄石公园官网.黄石国家矿山公园［EB/OL］. http：//www.wgdytk.com/Category_55/Index.aspx，2013-07-17.

③　全国能源信息平台.矿山生态修复典型案例［EB/OL］. https：//baijiahao.baidu.com/s?id=1673373555668895934&wfr=spider&for=pc，2020-07-27.

环保格局。

形成反映黄石工矿企业、行业博物馆、产业园、工业园区以及重大工业成就的特色旅游线路:"矿冶"黄石——千年青铜文化追寻、"沧桑"黄石——百年工业探访、"深度"黄石——煤矿地心探奇、"酒城"黄石——畅饮保健酒等,使游客在游玩后一定能更多、更深、更全面地了解作为中国青铜文化和工业文明发源地之一的黄石工业的历史、现状和未来。以黄石国家矿山公园建设为标志,黄石正着力打造包括黄石铜绿山古铜矿遗址、汉冶萍煤铁厂矿旧址、华新水泥厂旧址等特色景区为代表的"湖北黄石工业遗产片区"。工业旅游已成为黄石一张亮丽名片,为老工业基地的转型升级注入强大活力。充分利用市场机制,多元化引资,围绕旅游六要素,深入挖掘工业特色和配套服务,建设独具特色的工人大食堂,打造一批工人餐。开发有工业风的主题酒店、"工宿"、工人大澡堂、工人大剧院等。建设金属艺术馆和铁艺街,引进金属工艺制品企业和非遗传承大师,开发形式多样、特色鲜明的铜雕、铁艺、矿晶等工业旅游商品。以打造"中国最美工业城市、华中滨湖休闲度假之都"为目标,把工业旅游作为"点燃"黄石全域旅游发展的火花,将工业遗产旅游成果延伸到乡村生态旅游,以点带线,以线促面,推动旅游与其他产业融合发展,拉长工业旅游链条,促进城市转型发展[①]。

二、浙江遂昌金矿国家矿山公园工业旅游案例

浙江遂昌金矿国家矿山公园,位于丽水市遂昌县,2005 年批准建设浙江遂昌金矿国家矿山公园,2006 年"遂昌金矿矿山公园"开工建设,2008 年建成国家 4A 级旅游景区。公园已开发黄金青年公寓、黄金博物馆、黄金商业街、金池淘金体验区、黄金冶炼观光区、上元茶楼(金都桃花源)、银坑山水库、瑶池仙境、叠翠农家、金艺科普游、金龙穿山游、金窟探险游等旅游项目及景点,由黄金博物馆、黄金博物馆配套服务区、金色池塘、工艺展示、时光隧道、金都寻忆、古硐探秘、明代金窟、宋代金窟、唐代金窟、汤公遗梦等组成,环境优雅、设施齐全,是长三角地区唯一集休闲、度假、商务会议、求知、探秘、旅游观光为一体的黄金景区。

---

① 纪振兴.黄石市工业遗产旅游发展中政府作用研究[D].华中科技大学,2019.

遂昌金矿矿山公园金银开采历史悠久，唐代上元年间已有采冶活动，宋代设有永丰银场。明代永乐、宣德年间成为全国最大的矿银产地，探矿、采矿、冶炼技术长期居世界领先水平。1976 年，成立了浙江省遂昌金矿。现代矿山集黄金生产与环境保护于一体，生态良好、景观优美，被誉为"江南第一矿"。以灿烂悠久的文化历史（汤显祖采矿遗址等）、民间传说（明代刘伯温探金脉、朱元璋金窟避难、刘基听泉、金银婆婆镇山守金等）和矿业开发历史（如唐代金窟、宋代金窟、明代金窟）相结合，成为中国古代史和现代史上的一颗绚丽多彩的明珠。

矿山公园践行"两山"理念，探索"旅游＋科技＋环境"治理模式，将资源型矿山企业建设成"花园"，遂昌实施酸性废水处理、含硫废石场电石渣覆盖、中和碴压滤、清污分流等一系列生态工程，开展废水循环利用技术攻关，先后完成了金矿全泥氰化技术和含氰工业废水零排放技术改造，对产生的含氰工业废水全部循环利用，实现了零排放。对所有露天的山体荒坡、废弃尾矿、废石堆进行复垦，整个矿区绿化率达 99.9% 以上，走进遂昌金矿国家矿山公园就像是走进了一座花园，其被赞誉是"绿洲中的黄金世界"，矿区域负氧离子可达 1 万个 / 立方厘米，而在北月台区域可达 3 万个 / 立方厘米，公园水库已经连续五年发现桃花水母[①]。遂昌金矿矿山公园既是矿山工业旅游、生态旅游，更是对"遂金"千年历史文化、黄金文化的发掘和传承。既有古代探矿、采矿、冶炼的场景，游客通过现代黄金冶炼工艺观光区，全面了解黄金冶炼的全过程。黄金博物馆中"地球魔术师"展示金矿形成和矿物标本，"黄金是这样炼成的"展示古人采、选、冶的情景和现代黄金生产工艺，"黄金的历史""黄金的用途""黄金的吉祥""黄金的图腾""黄金的养生"展示黄金历史文化[②]。明万历年间，《牡丹亭》的作者遂昌知县汤显祖曾作《感事》："中涓凿空山河尽，圣主求金日夜劳。赖是年来稀骏骨，黄金应与筑台高。"金矿有着许多美丽的神话传说，如刘伯温探金脉、朱元璋兵败入金洞逃生、汤显祖视察矿工生产生活等。悠久的历史赋予了遂昌金矿深厚的文化底蕴，这些都形成丰富的人

---

① 被国家列为世界最高级别"极危生物"，有"水中大熊猫"之称。

② 曹恺，何益民.亮丽的旅游风景线——遂昌金矿矿山公园五大特色打造"黄金之旅"[J].浙江国土资源，2017（7）：54-57.

文旅游景观，成为吸引游客"眼球"的宝贝，创立品牌的灵魂①。遂昌金矿国家矿山公园结合每年"世界地球日""全国土地日""全国科普日"等开展爱国主义教育和国土资源主题科普活动，定期组织丽水、衢州等周边地区的中小学生到矿山公园开展夏令营、冬令营等科普实践活动，被命名为"第四批国土资源科普基地"，成为全国黄金行业第一个资源保护类"国土资源科普基地"②。

三、贵州万山国家矿山公园工业旅游案例

万山古称大万山，因历史上盛产朱砂、水银，储量产量均居国内之首、亚洲之冠，故有中国"汞都"之称。万山国家矿山公园是 2005 年首批国家矿山公园，1985 年，仙人洞等汞矿遗址被贵州省确定为省级文物保护单位，2006 年万山汞矿遗址被核定为第六批全国重点文物保护单位，2009 年万山国家矿山公园揭碑开园，重点项目包括汞都博物馆、苏联专家楼景区和黑硐子、仙人洞古代采矿遗址景区及冷风洞、大坪坑、冲脚地质生态恢复示范点等景点景区③。2013 年被纳入贵州省 100 个旅游景区建设单位，2014 年被评为国家 4A 级旅游景区。万山汞矿遗址也成为进行国史教育和万山汞矿遗址爱国主义教育的重要基地。

万山汞矿储量和产量均居国内之首、亚洲之冠，名列世界前茅，有中国"汞都"之称。万山汞矿遗址是国内现存开采时间最早，历史最长，规模最大的汞矿重要遗址，是研究中国汞矿业史的珍贵实物资料，是中国汞矿开采发展历史的缩影。在唐代时即以"光明丹砂"为皇室贡品。中华人民共和国成立初期至 20 世纪 60 年代，万山汞是我国出口的主要物资之一，尤其作为偿还苏联债务的主要物资。但数千年汞矿开采、冶炼遗留下来的诸如仙人洞、大小洞、黑洞子、云南梯等矿业遗迹历史悠久、内涵丰富，层层叠叠长达 970 公里的地下坑道，堪称地下长城，世界罕见。遗址包括仙人洞、黑硐子、云南梯洞子。遗址内有一埋尸"万人坑"，是帝国主义列强掠夺中国资源的又一罪证。2015

---

① 谢芝兰，叶跃威，李小平，周兴标.黄金工业旅游品牌创建初探——以遂昌金矿为例 [J].黄金，2005（8）：1-4.

② 罗坚波.遂昌金矿：在"十四五"实践中续写"两山"理念新篇章 [J].班组天地，2020（9）：14-15.

③ 万山网.朱砂古镇（万山国家矿山公园）简介 [EB/OL] . http：//www.wsxw.gov.cn/2014/0305/yichan716.html，2014-03-05.

年4月，万山区成立了矿山公园景区管委会。

万山国家矿山公园是一个"泛公园"的概念，无论是博物馆、古代采矿遗址，还是神秘的地下坑道奇观，首先展现的是有关汞工业文明的宏大历史叙事，是世界矿业史上罕见的旷古杰作，矿洞内留下了采矿工人数千年来开凿的石梯、隧道、刻槽、标记、矿柱、巷道等遗迹遗物，以及在采矿、选矿和冶炼中形成的一整套先进独特的工艺技术，是我国汞矿史的缩影。矿山的建设是结合矿山生态环境的恢复和治理，并利用矿山多分布于山区，周围多林木、奇石、秀水的特点，将矿山环境建设成为符合国家标准的、与周围环境相和谐的景观游览地。

四、河北唐山开滦国家矿山公园工业旅游案例

开滦矿山始建于1878年，是洋务运动中兴办最为成功的企业，在中国百年工业编年史上具有里程碑意义，堪称中国近代工业的活化石。开滦国家矿山公园是2005年批准建设的全国首批国家级矿山公园之一。2016年12月30日，国家发改委发布了《全国红色旅游经典景区名录》，开滦国家矿山公园入选[1]。

开滦矿山积淀了厚重的历史文化，留下许多极具典型性、稀有性的矿业遗迹和历史文物。作为一个首开中国近代路矿之源的民族企业，在北京中华世纪坛的青铜甬道上镌刻下三个辉煌印迹："1881年开平煤矿建成出煤""唐胥铁路建成通车""中国制造火箭号蒸汽机车"。由于开滦煤矿的开发，唐山因煤兴市、秦皇岛因煤建港，一座煤矿托举起了两座城市。首开中国最早的机器采矿业、铁路运输业和电力工业，引进西方先进工业文明和生产技术，催生北方工业城市兴起，开滦历经世纪沧桑，见证了中国早期工业发展史、民族屈辱与抗争史、工运与建党史、新中国建设发展史、工人阶级艰苦创业史、改革与转型发展历程，是一个讲述中国近现代工业发展历史的大课堂，一部爱国主义教育的综合性读本。

矿山公园分两大园区：一是在唐山矿区建设"中国北方近代工业博览园"，二是在原唐山矿储煤场旧址建成"老唐山风情小镇"，两大景区由矿用自备铁路连接，形成一个完整的旅游园区。园区内建有博物馆和三个分展馆，内容涵

---

[1] 国家发展改革委官网.全国红色旅游经典景区名录公布_唐山4处景区入选［EB/OL］. http://hebei.news.163.com/tangshan/17/0103/16/C9SAPH6O07291HRJ.html?Baike，2017-01-03.

盖煤炭的生成与由来、古代采煤史拾萃、开滦煤田地质构造及赋存、煤炭开采流程及煤炭开采史、电的使用、电学知识与电力发展史、蒸汽机车史和中国铁路运输史、井下探秘游、采煤塌陷知识等。由"龙号机车游览线"串联组成。开滦博物馆展陈主题为"黑色长河",以翔实的史料、丰富的展品、新颖的展陈形式,阐述了煤的生成与由来以及悠久的古代采煤史,记载了开滦首开中国路矿之源的历史遗踪,重现了因煤而兴的唐山难以抹去的城市文化记忆。馆内展出的中国迄今存世最早的股票——"开平矿务局老股票";尘封百年的"羊皮蒙面大账本";中国第一条准轨铁路上的铁轨;"开平矿权骗占案"跨国诉讼《笔录》等镇馆之宝,以及47件一级文物,72件二级文物,326件三级文物,上万件馆藏珍品。"开滦现代矿山工业示范园",将唐山矿B区工业场区,打造成一个集现代化煤矿工业生产、工业旅游观光于一体的大型工业园区,集中体现现代矿山工业的生态、环保、节能的理念,成为我国现代化矿山工业园区和循环经济的示范园。以特有的文化魅力和品牌价值,成为开滦和唐山精美文化名片;成为传承爱国主义和企业精神的重要阵地;成为找寻城市记忆的一方精神家园;成为青少年接受科普、人文、历史教育的第二课堂;成为国家工业遗产保护的成功范例。矿山公园成为河北省首批"文化产业示范基地",文化产业作为开滦集团转型发展的一条主线,通过挖掘百年开滦深厚的文化资源,开发新型文化产品,培育企业新的经济增长点,增强企业的软实力,为转型可持续发展注入了强大的精神动力①。

五、山西大同晋华宫矿国家矿山公园工业旅游案例

晋华宫国家矿山公园位于山西省大同市,与世界文化遗产云冈石窟隔海相望,于2005年获批为我国首批国家矿山公园之一,2012年建成开园,是国家4A级旅游景区。晋华宫煤都井下探秘游景区目前是世界最大、亚洲唯一、中国第一的可供游客直接体验、感受、参观的煤炭开采场景,能够让游客身临其境地感受煤炭的开采过程,还先后荣获国际休闲生态旅游示范区、全国首批工业旅游示范基地、全国科普教育基地、中国最佳文化生态旅游目的地、煤矿安全教育基地、2014山西百佳休闲旅游产品、第二十一届亚洲旅游业金旅奖、

---

① 杜青松.基于循环经济的煤矿类矿山公园建设模式研究[D].中国地质大学(北京),2011.

全国首批最具特色魅力旅游目的地、山西省十大新锐景区，井下探秘游景区等荣誉。

晋华宫国家矿山公园的主要遗存有 1945 年由国外制造的大型绞车、日本侵华时期掠夺山西煤炭所建的大斗沟石头窑、阎锡山为在晋北地区开发煤炭设立的晋华公司遗址、日本帝国主义侵占大同时期残酷迫害煤炭工人的"万人坑"遗址。拥有煤炭博物馆、工业遗址参观区、仰佛台、晋阳潭、石头村、井下探秘游、棚户区遗址七大景区，是一座集旅游观光、煤炭科普教育、工业忆旧、探险体验、休闲度假、环境保护于一体的大型现代工业文化景观旅游公园。是云冈域旅游景点配套项目，以晋华宫矿"煤都井下探秘游"项目为依托，依靠悠久的采煤历史文化和罕见的侏罗纪煤层地质奇观，重点打造"七大园区"，即发展矿山旅游文化产业、为世人留下矿业完整记忆的文化创意园；集工业遗址保护、体味灿烂佛文化与厚重煤文化为一体的旅游观光园；走资源型企业转型发展之路的转型示范园；体验生活乐趣、倡导绿色环保的采摘体验园；积聚山西地方风味小吃的特色美食园；集食、住、行、购、游于一体的休闲度假园和环境治理与绿色矿山建设于一体的生态示范园。成为展现中国煤炭行业发展和煤炭文化的重要窗口。工业遗址区内陈列的百年绞车，是大同煤矿集团建企以来使用的第一台大型绞车，也是我国仅存的此型号的两台绞车之一。1956 年 6 月 6 日，朱德元帅来到煤峪口矿绞车房看望煤矿工人，和这台绞车的司机、全国劳模——王凤梧亲切握手交谈。为了永远的记忆，把这一珍贵的工业遗存运到矿山公园工业遗址区永久保护[1]。

对矿山公园进行了整体性的改造和设计，同时使矿区的绿化面积达到90%以上，给游客一个舒心的旅游环境。晋华宫矿与佛教石窟云冈石窟临近，地理位置极其优越，对晋华宫的发展规划可以并入云冈旅游区的发展当中；晋华宫矿交通便利，便于游人前去参观游玩；另外晋华宫矿将煤炭生产的整个过程向游客很好的展示，满足游客真实体验的乐趣；也可以使游客在体验井下游的同时，了解到丰富的煤炭文化和知识，对旅游者来说能够有所收获[2]。晋华宫矿

---

[1]　刘俊卿，张文举，赵志忠.山西两项目入选中国工业遗产保护名录［EB/OL］.http：//www.shanxi.gov.cn/yw/sxyw/201802/t20180201_395721.shtml，2018-02-01.

[2]　赵树芬.煤文化的独特魅力.大同煤矿集团公司［EB/OL］.http：//jhg.dtcoalmine.com/102235/82013.html.

旅游特色晋华宫国家矿山公园整体开发过程中突出七大旅游景区，尽可能地满足旅游者的各项需求。在旅游线路的设计上，主要是将矿区工业旅游与云冈石窟的佛教文化旅游相结合，让游客体会到不同旅游文化的魅力。在游客体验上，晋华宫独特的煤炭井下探秘游项目，能够让游客下到井下，亲身体验矿工的生活，了解煤炭开采的过程，增长一定的见识；大同煤炭博物馆是晋华宫国家矿山公园的标志性建筑，煤博馆镇馆之宝"煤精"以"最大的煤块"载入世界纪录；并且铜火锅在博物馆的出现，无疑是增加了旅游的新亮点。工业遗址参观区保存了煤炭工业旧址和地面生产遗迹，这些都是不同时代的记忆，拥有很好的历史价值。另外，晋华宫矿还开展不同形式的主题活动，比如同煤人游矿山工园、一元玩转矿山公园等[①]。

六、辽宁阜新海州露天矿国家矿山公园工业旅游案例

阜新海州露天矿国家矿山公园，2006 年被列为首批国家矿山公园，2009年被批准为全国首家工业遗产旅游示范区，2018 年入选第一批《中国工业遗产保护名录》，是地球陆地上最大的人工废弃矿坑，是资源枯竭型城市转型试点新亮点。

公园确定"中国煤矿工业文化之旅"为海州露天矿国家矿山公园体验式开发的主题。"中国煤矿工业文化之旅"集中体现了海州露天矿百年矿山壮丽的开采史和百里矿山恢宏的奋斗史，浓缩了中国煤矿工业发展的历程，是海州露天矿国家矿山公园的主题内涵和特色所在，是区别其他国家矿山公园的特征与依据。结合海州露天矿国家矿山公园的文化资源特征，为使旅游者获得深刻的旅游体验，以"中国煤矿工业文化之旅"为主线的体验式主题设计包括怀旧主题体验之旅、娱乐主题体验之旅、科考主题体验之旅、教育主题体验之旅、审美主题体验之旅。公园分为世界工业遗产核心区、蒸汽机车博物馆和观光线、国际矿山旅游特区和国家矿山体育公园四大板块上百个景点，是在露天采矿遗址上建设的世界工业遗产旅游项目，是集旅游、考察、科普于一体的工业遗产旅游资源，该矿山公园由露天矿坑、主题广场、博物馆和环坑公路等几部分组成。露天矿坑具有侏罗、白垩等中生代沉积地层完整剖面；主题广场陈列有单

---

① 李青青.山西省工业旅游资源开发利用研究［D］.山西师范大学，2016.

斗挖掘机、蒸汽机车、推土犁、钻孔爆破机等大型采掘运输设备；博物馆分 A 馆和 B 馆；建设的环坑公路将把地质遗迹、采矿遗迹、大型设备、选矿场地等有科普价值的景点连成一线。

海州露天煤矿国家矿山公园以海州露天矿坑、苏联产电镐、潜孔钻机、推土犁等机器设备矿山开采设备、蒸汽机车等运输设备为主要遗存，以中华人民共和国成立后"156 项"重点建设项目之一，当时世界第二、亚洲最大的机械化露天煤矿。全国第一个现代化、机械化、电气化的最大露天煤矿，当时全国四大煤炭生产基地之一；1960 版人民币 5 元券的取景地为理由成功入选。2005 年 6 月，海州露天矿宣告破产。闭坑后留下的世界上最大人工废弃矿坑和一座土岩堆积矸石山严重地威胁着城市地质安全和生态环境，2006 年开始规划建设国家矿山公园，2009 年 7 月海州露天煤矿国家矿山公园开园，成为集旅游、考察、科普于一体的工业遗产旅游地。2015 年，阜新市《阜新市旅游业"十三五"发展规划》提出全力推进一处国家工业遗产旅游示范区，以海州露天矿国家矿山公园为核心，依托孙家湾国际工业遗产旅游度假区、万人坑死难矿工纪念馆、矸子山农业生态园区等项目，打造"工业遗产和红色旅游文化"品牌。2016 年，阜新市《阜新市旅游业发展总体规划（2016—2030）》，提出全力推进海州露天矿国家矿山公园开发，规划建设北部工业遗址区、东部文化创意产业区、南部综合功能区等五个功能区和一条旅游专线。2018 年 9 月，习近平总书记在辽宁考察时和在深入推进东北振兴座谈会上指出，要积极推进资源型地区转型发展，做好阜新海州矿等特大矿坑综合治理，为海州露天煤矿国家矿山公园全方位开发注入了强大动力、指明了建设方向。

海州露天矿国家矿山公园划分为五个不同区域，第一空间区域为国家矿山公园核心区，第二空间区域为北部工业遗址区，第三空间区域为东部文化创意产业区、第四空间区域为南部综合功能区、第五空间区域为西部生态绿化区。第一空间区域——国家矿山公园核心区以海州露天矿国家矿山公园为主，通过环境治理，恢复保护原有矿山景观风貌。规划结合环境治理，重点建设 86 站博览园、露采现场展示园、地采现场展示园、地质遗迹展示园，打造集观光旅游、科普教育、地质遗迹保护为一体的国家矿山公园。矿山公园主题博物馆分为两个馆，东西对称，有地道相连，是集矿山文物展示、矿山文化传承、矿山精神弘扬于一体的综合性博物馆。第二空间区域——北部工业遗址以废旧工业厂房为主体，通过陈列老设备、老产品介绍老生产工艺，展出老照片、老制服，宣传先进人物事迹，推介玛瑙、版画、煤雕等阜新特色产品，配以特色餐厅、酒吧、咖啡馆等，打造集旅游休闲、文化展示、商业配套等多功能于一体的工业遗址公园。目前，机修厂依旧保留了办公楼、职工食堂、内燃机车间、电镐车间、篮球场等遗址。第三空间区域——东部文化创意产业区依托永灵奇石博物馆、福宇古典文化街，建设文化创意产业园。园区采用轻体环保建筑，以园林式布局，展示文化创意主题，打造集收藏展示、交流鉴赏、休闲娱乐于一体的文化创意产业园区。主要景观和建筑包括："一个展馆"（珍奇博物馆）；"两个中心"（奇石文化鉴赏交易中心、旅游综合服务中心）；"四个基地"（青少年科普教育基地、爱国主义教育基地、"鲁美"绘画艺术实习基地、书画艺术展览交流基地）；"五个景观"（水系园林景观、书法艺术石林景观、百米石雕长廊景观、石雕大道景观、三门石雕牌坊景观）。第四空间区域——南部综合功能区以阜新万人坑死难矿工纪念馆、海州露天矿矸石山复垦区为载体，进行资源综合开发利用，打造集爱国主义教育、休闲度假、运动健身为一体的综合功能区。第五空间区域——西部生态绿化区紧邻平西工业园区，为原矿区及矿区职工住宅用地，多为沉陷区，用于生态绿化与生态保护。

七、可可托海稀有金属国家矿山公园工业旅游案例

"可可托海"，哈语意为"绿色的丛林"，蒙古语意为"蓝色的河湾"。新疆可可托海稀有金属国家矿山公园位于阿尔泰地区富蕴县，2013 年被批准为国家矿山公园、中国有色金属工业摇篮、世界上保存最好的地震遗迹"博物馆"之一、中国唯一流入北冰洋河流的发源地[①]、国家 4A 级旅游景区，新疆维吾尔自治区干部红色教育基地、自治区国防教育示范基地、"两弹一星"爱国主义教育基地。

可可托海稀有金属国家矿山公园，有"稀有金属矿物天然博物馆"之称，是世界罕见的大型稀有金属花岗伟晶岩矿床，富含铍、锂、钽铌、铷、铯等稀有金属及云母、石棉、石英等非金属。地球上已知的 146 种矿物中，三号矿脉就有 86 种，是中外科学家研究花岗伟晶岩和稀有金属矿的经典矿

---

① 张焕新.可可托海世界地质公园旅游发展的 SWOT 分析及对策［J］.科技和产业，2020，20（9）：161-165.

区，以稀有金属品种丰富、储量之多、品位较高而名扬中外，被国际地质界誉为"天然地质博物馆"，被地质学界称为地质"麦加"。曾为我国"两弹一星"、航空航天等国防军工产业做出过重要贡献，被誉为中华民族的"英雄矿""功勋矿"。

公园重点项目拟建区位于可可托海镇额尔齐斯河南岸的三号矿脉及周边区域。景区内的景点有"地质圣坑"3号矿脉、阿依果孜矿洞、苏式风格的木桥及建筑物、收藏珍贵矿石标本和企业文化史料的陈列馆、机械厂、87-66选矿厂以及被誉为"共和国水电史上的奇迹"的地下水电站，是一个集地质学术研究、文化、教育及休闲度假于一体的综合特色旅游胜地[①]。推出的旅游景点观光线路为：三号矿脉、地质陈列馆、阿依果孜矿洞。可可托海地质陈列馆原为职工俱乐部，是典型的俄式风格的建筑，始建于20世纪50年代，建成之时是可可托海矿区最大的建筑物，也是可可托海历史文化的重要组成部分，目前是新疆保存最完整的俄式风格建筑物，属于自治区级的文物保护单位。2007年，这座俄式建筑改建为地质陈列馆，成为新疆及全国首家以稀有金属矿物为主要标本的博物馆。2016年，地质陈列馆再次进行了升级改造，2017年7月1日对外开放。该馆充分利用三号矿脉所开采出的、较有突出特点的大量珍贵矿物标本为主。馆藏地质标本及展品400余件，矿种多达94种，内容涵盖企业文化发展史、矿物精品等。

阿依果孜矿洞位于可可托海三号矿脉（岩钟部分）南500米处，是一个矿洞式矿点，于1949年被当地矿工阿依果孜·沙里木发现，以发现者名字命名。20世纪50年代初，中苏金属公司阿山矿管处在阿依果孜矿脉进行地质勘探和采矿工作，一直到1957年，阿依果孜矿洞进行坑探，1958—1959年进行钻探。采矿工作全部是人工用榔头、钢钎、十字镐、铁锹等，辅以小型机械设备（柴油机、压气机、铁风钻、铁矿车）对阿依果孜进行坑道开采，形成如隧道一般的矿洞。直到1964年、1965年，三号矿脉逐步转入露天采矿，阿依果孜矿脉及其他矿脉才停止开采。1971年03号大会战时（当时我国建核潜艇时需要钽铌），阿依果孜矿洞进行了复采，1974年完全关闭。2015年，尘封半个世纪的阿依果孜矿洞开启探秘之旅，打开了红色历史之门，使这个沉默数十载

---

① 可可托海矿山公园.公园概况_景点介绍［EB/OL］. http：//www.xjkeketuohai.cn/，2021-07-23.

的矿洞重现昔日的神秘与神奇。阿依果孜矿洞长约 800 米，洞内寒气逼人。洞内有许多错综、交叉、相通的通道，犹如地下迷宫一般充满着神秘色彩。巷道岩壁上清晰可见凿岩痕迹和层次分明的矿脉。矿洞观光体验，不仅是一次亲近矿洞、深入地层、认识矿物、体验采矿的过程，更能近距离震撼感受老一辈矿工凿岩挖宝的艰辛与不易。

工业遗产作为文化遗产的组成部分，其保护与利用模式也可借鉴文化遗产的保护利用。可可托海风景区工业遗产的整体创造模式加强工业文化与自然资源间的系统联系，在各界面间有机协调，通过串联、交织、强调、融合等手段突出规划设计的整体性，同时各部分在构成、内容与肌理上又要保持各自的特色，形成部分与整体的统一协调。"三号矿脉"是核心工业景观，一号矿脉、二号矿脉、四号矿脉与废弃的沿额尔齐斯河岸一侧的数公里长矿渣堤等工业遗迹群，可以采用生态技术进行生态修复，形成绿色的景观长廊，与国家公园的自然景观融合串联，各矿脉进行功能分区，整体规划全面保护。原有的八七选矿厂、水电站以及相关加工冶炼场地、仓库可以保留原有建筑框架，改变其使用功能，改建成工业博物馆、工业展览馆、科普教育体验区和园区服务管理中心及游客集散中心等。

八、湖南宝山国家矿山公园工业旅游案例

湖南宝山国家矿山公园位于湖南省郴州市桂阳县，自汉唐以来，千余年的矿业开发活动留下了类型多样、内容丰富的矿业遗迹，露采场、中段的古荫洞等矿业遗迹十分珍贵，有独特完整的矿业遗迹景观和深厚悠久的历史文化景观。勘查开发当中所揭示的各种地质成矿作用迹象和矿业遗迹，对研究我国中南部基底古来变质岩系中的金银矿和岩层中生代火山岩系中的铅锌矿——异体共生独特的地质成矿规律，具有重要的地学、矿床学科学价值。宝山矿所蕴含的从汉代开采以来的历史故事、传说及歌赋石碑不胜枚举，如蔡伦铸剑、赵子龙计取桂阳[①] 等。

宝山国家矿山公园的主要遗留地面痕迹为一巨大的露采矿坑，露采场在宝山国家矿山公园的规划中占有了重要的地位，专设有一个露采场景区。露采场

---

① 桂阳县旅游服务中心．千年古郡＿神韵桂阳［EB/OL］．http：//www.hngy.gov.cn/zjgy/39749/content_2388966.html，2016-11-22．

景区边为多年露天采矿遗留下来的巨型坑洞，地形特别，边坡呈层叠状，外观形状与古罗马斗兽场类似，是宝山矿山公园中面积相对较大的地表坑洞①。在对其进行规划设计时，最重要的是对其天然风貌予以保留，不进行大规模改造，主要是通过观景台以及过山车等，让游客能够从多个角度方向、通过多种方式来亲身感受这一奇观。在露采场边坡上修建矿山车轨道，在必要处整理加固露采边坡。露采场景区东南角与主游道相接处设一景观大门，矿山车轨道从大门上架过，形成立体交叉和独特景观。从大门入口处对应的位置竖井设置露采观景台，方便游人游览。

　　规划形成"一心七区"的结构，即游客服务中心，井下探秘区、露采场景区、矿冶博览园区、子龙训练营区、古郡观景台（烹采园区）、矿山风情园区、选冶工艺参观区，是以古代采矿遗址、现代采矿遗址为核心景观，以矿冶历史文化为主题，充分展示古代和现代采掘工艺流程为主要内容的一个当今时尚特色旅游项目②，重点规划建设矿冶博物馆、重点设计隋唐、汉代、宋元三大古代采矿场景、采矿遗址展示、采矿具展示、采矿工艺展示等内容。宝山国家矿山进行规划设计中遵守了遗产保护的"真实性和完整性"原则，宝山进行规划设计是从矿整体出发，保存宝山矿历史文脉和整个景区的完整性。对矿业遗迹进行开发利用的过程中，充分尊重其真实性，即在保留其原有面貌的前提下进行再开发利用，如宝山对地下遗迹、矿坑、遗留建筑物等在保证其真实性的前提下再加以利用。采矿展示区的设计在保护矿业遗迹的前提下，满足游客的实际参与需求。采矿展示区一共有采矿工艺展、作业采场、放矿装车、充填采场、溜矿井等景点组成。

九、广东韶关芙蓉山国家矿山公园工业旅游案例

　　芙蓉山国家矿山公园，位于广东省韶关市区芙蓉山麓，有过辉煌的煤矿和石灰岩矿开采历史，是韶关的历史文化名山，史书记载2100年前的西汉时期就有道士于此修道炼丹。两千多年前，芙蓉山就以道教南五祖炼丹派的发源地

① 侯万荣.略论矿业遗迹的开发和矿山公园的建设［J］.中国国土资源经济，2005，18（10）：37-38.

② 桂阳县旅游局.湖南宝山国家矿山公园4A级景点［EB/OL］.http：//www.hngy.gov.cn/tour/szxgy/you/content_1481497.html，2017-10-20.

而闻名,后世以"蓉山丹灶"列入曲江二十四景。芙蓉山是韶关有名的历史文化名山,众多文人墨客曾登山游玩,并留下许多优美诗文和珍贵资料,如韩愈、苏轼、孙中山、宋庆龄等人。至今山上仍然残存大量采矿遗迹。1993年被划定为韶关国家森林公园的重要组成部分,2004年彻底停止采矿并实施植被保护,2005年成为中国第一批国家矿山公园。2011年6月被评为"广东省青少年科技教育基地"。

矿山公园开发以展示矿业遗迹景观为主体,以千年矿业文明为主题,是一个矿业遗迹景观资源和其他自然、人文资源十分丰富的矿山公园,拥有近千年历史的蓉山古刹、科普教育基地、多普勒气象雷达观测站、结构复杂的岩溶洞窟芙蓉仙洞、将韶关市区三江六岸尽收眼底的芙蓉亭,以及木芙蓉园、木兰园和芙蓉湖等景观,具有很高的游览观赏旅游价值。目前开发有主题雕塑广场、情景园林小品、矿山公园博物馆三大主要景区,是集地质灾害治理、生态环境保护、传承矿业文化和休闲观光功能于一体的综合性国家矿山公园。2009年6月18日,揭牌开园,芙蓉山国家矿山公园以其优越的地理位置、良好的自然环境、优美的风光景致和独特的矿业文化,赢得韶关市民和来韶游客的青睐[①]。整体规划为"一横两纵、四区十园"。公园以主题雕塑广场景区、园林小品景区、矿山公园博物馆为主要景区,此外还有蓉山古刹、气象站、观景台、木芙蓉园、木兰园、芙蓉仙洞、芙蓉湖等景点,是道佛两栖的圣地,历代文人墨客留下许多诗篇。"岭南文化之源在韶关,韶关文化之源在蓉山。"[②] 相传汉代有一位叫康容的道士在此砌灶炼丹,并留下"蓉山丹灶"的美名,后人在康容炼丹处建庵,取名"芙蓉古刹",流传至今。蓉山古刹现位于芙蓉山腰近顶峰处,1900多年来,香火旺盛,僧来讲佛,道来讲道;僧来修寺,道来修观,成为释道两教的福地。历代墨客诗人在游芙蓉山时吟诗作赋,留下了许多脍炙人口的作品。在北伐战争期间,孙中山、宋庆龄等留下许多珍贵图文资料。

芙蓉山国家矿山公园还有芙蓉仙洞、矿山遗迹资源圈和两湖四亭等极具特色的自然景观。芙蓉仙洞是由于喀斯特地下河水位下降而形成的地下洞穴,洞

---

① 隋春花.国家矿山公园旅游价值及其开发研究——以广东芙蓉山国家矿山公园为例[J].边疆经济与文化,2015(6):13-15.

② 朱德瑞.蓉山文化[M].北京:作家出版社,2012:3.

穴长约1.4公里。传说芙蓉仙子生活于芙蓉山中，"芙蓉仙洞"的美誉由此而来。芙蓉山煤炭资源丰富，芙蓉山的矿山遗迹却被很好地保护下来，主要有原石灰石矿采场上开辟地质剖面湖景休闲区、矿产开采遗址以及博物馆内呈现的各种岩石标本。此外，芙蓉山国家矿山公园分别有芙蓉湖、御龙湖、白云亭、芙蓉亭、翡翠亭、天青亭。俗话说"山因水而活""林因亭而美"，在芙蓉山国家矿山公园这样山清水秀、天清气朗、山幽鸟鸣人憩的大自然环境下，令人格外心旷神怡[①]。

十、山东沂蒙钻石国家矿山公园工业旅游案例

山东沂蒙钻石国家矿山公园于2010年8月揭碑开园，是全国唯——家钻石矿山公园，也是山东沂蒙山国家地质公园的金伯利园区。2019年，沂蒙山钻石园区被联合国教科文组织批准为沂蒙山世界地质公园的组成部分[②]。

山东沂蒙钻石国家矿山公园区内地表水体丰富，水质良好，矿区内人工大面积覆土植树，生态环境得到了极大的改善。园区内自然景观主要为大望山自然景观区，大望山与蒙山山脉连为一体，山体高大，集险、幽、旷、雄、秀为一体，山上峰秀林密，石怪松奇。大望山主峰气势磅礴，雄伟壮观。人文景观包括钻石花乡、钻石国际梦想城、金刚石选矿模拟生产线以及钻石博物馆等。钻石花乡占地千余亩。钻石国际梦想城（婚纱摄影棚）主要为室内实景影棚，是亚洲最大的室内外婚纱摄影基地。金刚石选矿模拟生产线，属701矿自主研制、自主设计的金刚石选矿观摩生产线，成为集传统选矿工艺与旅游观光于一体的新式微缩科普生产线，向游客展现了神秘钻石的产出过程。钻石博物馆是标志性建筑，主体建筑分四层，一层为钻石国家矿山公园展厅，二层为沂蒙山地质公园展厅，三层为影视厅，四层为观光休闲厅。博物馆布展形式新颖，布展内容体现了科学性、通俗性、趣味性、互动性和博物性，成为矿山公园进行科普教育的重要场所。

以"中国唯一，钻石品质"为公园旅游形象，挖掘钻石文化和矿冶文化，

---

① 唐勇.韶关市芙蓉山国家矿山公园建设现状与发展策略［J］.韶关学院学报，2017，38（4）：93-95.

② 孙成思.祝贺！沂蒙山地质公园正式成为世界地质公园［EB/OL］.http://www.langya.cn/lyxw/jrgz/201904/t20190417_577002.html，2019-04-17.

依托金刚石矿开采加工的工业遗迹、不同的钻石文化主题，以科普旅游、工业遗迹旅游、主题游乐旅游、购物旅游等业态，通过露天矿坑、矿工厂房、河流、小镇的全域联动开发，以地质资源科普、观光、钻石小镇休闲、沂蒙民俗体验为主打产品，通过资源整合、景观营造、环境美化、项目打造，建设公园具有独特个性、较强参与性、丰富文化性的工业旅游产品。以钻石文化为主线，依据钻石文化不同层面和角度，借助金刚石矿开采加工的工业遗迹，凸显不同旅游文化主题。将园区打造成为青少年科普知识夏令营基地、大学生和科研机构的研究基地、地质院校的研究实习基地。充分运用互联网、微信、APP软件等新媒体，扩大公园的影响力。通过公园旅游管理信息系统等建设，构建互联互通、资源共享、高效便捷的旅游管理信息体系，以加快公园的信息化建设[1]。构建多元化的投资体制，打造全社会参与的运营模式，加强当地居民在矿山公园保护和建设的参与[2]。

第四节　川藏公路、青藏铁路等公路、铁路案例

国务院印发的《"十三五"旅游业发展规划》[3]明确提出，要以国家等级交通线网为基础，加强沿线生态资源环境保护和风情小镇、特色村寨、汽车营地、绿道系统等规划建设，完善游憩与交通服务设施，实施国家旅游风景道示范工程，形成品牌化旅游廊道[4]；2017年7月，交通运输部联合国家旅游局等六部门发布《关于促进交通运输与旅游融合发展的若干意见》，提出加快形成交通运输与旅游融合发展的新格局；2017年11月，交通运输部发布《关于组织开展旅游公路示范工程建设的通知》，提出推进公路交通与旅游融合发展。在公路方面涌现出众多独特的公路旅游景观，以山西黄河、长城、太行一号旅

---

① 唐勇.韶关市芙蓉山国家矿山公园建设现状与发展策略［J］.韶关学院学报，2017，38（4）：93-95.

② 武法东，田明中，张建平，等.中国香港国家地质公园的资源类型与建设特色［J］.地球学报，2011，32（6）：761-768.

③ 国务院.国务院关于印发"十三五"旅游业发展规划的通知［EB/OL］.http://www.gov.cn/zhengce/content/2016-12/26/content_5152993.htm，2016-12-7.

④ 杨建容.全域旅游背景下川藏公路风景道建设思考［J］.市场研究，2018，474（10）：49-50.

游公路、海南环岛旅游公路、河南太行山挂壁公路、湖南张家界天门山盘山公路、贵州晴隆二十四道拐盘山公路、湖南湘西矮寨盘山公路、新疆塔里木沙漠公路，以及川藏、青藏、滇藏、新藏四条入藏公路，都呈现出众多鲜明的特征，备受游客的关注，成为网红打卡地，同时也成为交通与旅游融合的典范。我国高速铁路基本覆盖全部省会城市及50万以上人口城市，覆盖了全国80%以上的国家5A级旅游景区、125个国家4A级旅游景区[①]，使我国成为名副其实的高铁大国。高速铁路凭借速度快、运载量大、安全性高等优势，极大地影响了人们的时空观、出行观及择业观[②]，将深刻改变旅游市场的客源市场结构，促使旅游空间结构趋于均衡化，更是使得高铁作为一项交通工具成为构建"快旅慢游"体系格局的组成部分。

一、川藏公路318、317国道最美大道案例

317国道和318国道，被称为"中国最美景观大道"，已经成为重要的自驾车旅游目的地。川藏公路作为祖国内地进出西藏的五条重要通道之一（另四条为青藏公路、青藏铁路、新藏公路、滇藏公路，其中滇藏公路的214国道线在西藏芒康与川藏公路会合），担负着联系祖国东西部交通的枢纽作用，无论在军事、政治、经济、文化上都有不可替代的作用和地位。它不但是藏汉同胞通往幸福的"金桥"和"生命线"，而且是连接藏汉人民的纽带，更是中华民族勤劳智慧的结晶[③]。

川藏公路一般指成都—拉萨公路，简称川藏线，习称川藏公路，是古代川藏线的现代升级，东起四川成都市，西至西藏拉萨市，由中国的318、317、214、109国道的部分路段组成，是中国最险峻的公路[④]，川藏公路分为南北线，在南北线中间有一些连接的线路，一般也归为川藏公路的一部分[⑤]。

---

① 廖斌，严旭阳等.高铁旅游高质量发展：现状、问题与对策［C］.何德旭等.2020~2021年中国旅游发展分析与预测.北京：社会科学文献出版社，2021：231-246.

② 姚毅.高铁经济对区域经济发展的影响［J］.开放导报，2018（1）：94-98.

③ 宝安日报.川藏线上的民族风情［EB/OL］.http：//barb.sznews.com/PC/content/202102/08/content_988314.html，2021-02-08.

④ 宝安日报.川藏线上的民族风情［EB/OL］.http：//barb.sznews.com/PC/content/202102/08/content_988314.html，2021-02-08.

⑤ 禾子旅行.中国最美公路318，沿途风景独一无二，网友：进藏的最佳路线［EB/OL］.https：//www.163.com/dy/article/FA9H26RF0544F5UN.html，2020-04-15.

南线由四川成都—雅安—泸定—康定—东俄洛—雅江—理塘—巴塘—西藏芒康—左贡—邦达—八宿—波密—林芝八一镇—工布江达—墨竹工卡—达孜—拉萨，全长 2146 公里，属 318 国道。南线是以康定为要点的川康公路和康藏公路的合称，有多个著名险段。北线由成都至东俄洛与南线重合，再由东俄洛与南线分开北上，经八美（原乾宁县）—道孚—炉霍—甘孜—德格—西藏江达—昌都—那曲县—拉萨，全长 2412 公里。分大北线、小北线。南北交接线在昌都—邦达镇。川藏、青藏公路通车前，从拉萨到成都或西宁往返一次，人畜驮运，冒风雪严寒，艰苦跋涉需半年到 1 年。而川藏公路只需数天，改建后路况单程只需 3 天。北线全长 2412 公里，沿途最高点是海拔 5050 米的雀儿山；南线总长 2146 公里，途经海拔 4014 米的理塘[1]。南北两线间有昌都到邦达的公路（169 公里）相连，这部分属于小北线。南线因路途短且海拔比北线低，所以由川藏公路进藏多行南线。沿川藏公路进藏，进藏途中从东到西依次翻过 14 座海拔在 4000 米以上的险峻高山，跨越大渡河、金沙江、怒江、澜沧江等汹涌湍急的江河，路途艰辛且多危险，但一路景色壮丽，有雪山、原始森林、草原、冰川、峡谷和大江大河[2]。川藏线南线可以看到高山、森林、悬崖、河流、峡谷、草原、海子、藏居。而川藏线北线几乎天天风景一样：中间一条河，两边光秃秃的山……很形象的一句话是："南线看风景，北线看人文。"

318 国道，即上海—聂拉木公路，简称上聂线，起点为上海市黄浦区，终点为西藏自治区日喀则市聂拉木县，全程 5476 公里，经过上海、江苏、浙江、安徽、湖北、重庆、四川、西藏八个省份，是中国最长的国道。被中国国家地理杂志在 2006 年第 10 期评为"中国人的景观大道"。其中最美、最精彩的一段属于川藏公路南线的一部分，沿途风景千变万化，可以体验"隔山不同天，一天有四季"的奇妙感觉。又被公认为是中国路况最险峻、通行难度最大的公路，它所穿越的青藏高原东部横断山脉地区是世界上地形最复杂和最独特的高山峡谷地区，被称为"心灵在天堂，身体在地狱"。

打造公路音乐和电影，助推公路旅游品牌建设。2020 年 9 月以 318 国道为主题的摩旅歌曲《G318 自由路标》正式上线。歌曲由湘鄂粤川四地音乐人

---

①

② 喆喆旅行. 中国最险峻的公路，川藏公路［EB/OL］. https://www.sohu.com/a/164573193_485526, 2017-08-14.

联手打造，启动 G318 公路音乐会，拍摄《318 号公路》电影，助推公路旅游品牌建设。

围绕着力建设世界重要的自然与文化旅游目的地，围绕打造"地球第三极"旅游品牌，坚持以"特色、高端、精品"为导向，进一步优化旅游服务软硬件，全面加强旅游项目建设，助推全域旅游。加快构建快行慢游的自驾游、自由行、自助游服务体系。加快推进汽车租赁、自驾营地、餐饮住宿等自驾游服务体系建设，实现落地自驾、异地还车、全程服务等目标，努力建成广大自驾游爱好者、组织者加加油、歇歇脚、供补给、再出发的休整地和大本营。

二、沪昆高铁最美高铁旅游案例

沪昆高铁途经上海、杭州、南昌、长沙、贵阳、昆明 6 座省会城市及直辖市，是中国东西向线路里程最长、经过省份最多的高速铁路，横贯大半个中国。沪昆高铁全长 2252 公里，运行速度为 300~350 公里 / 小时，从起点到终点运行时间由原来的 39 小时缩短为现在的 12 小时，大大节省了旅途时间[①]。沪昆高铁线路串起了沿线美丽的风景线，被业界誉为"中国最有旅游价值的高铁旅游线"，享有"最美高铁"的盛誉。形成贵阳至昆明 2 小时、至长沙 3 小时、至上海 8 小时、至北京 12 小时的快捷交通经济圈，实现与长三角、湖南长株潭、华中地区、山东城市群、京津冀地区等地的紧密连接[②]。

在沪昆铁路开通之后，各大旅行社纷纷推出沪昆铁路旅游产品，大部分旅行社推出了不少于 10 条的高铁旅游产品线路，实现了将高铁与旅游的充分有机融合。例如：昆明铁路国际旅行社制定出 20 余条与高铁相关的旅游产品，包括昆明至贵阳、昆明至广西、昆明至长沙；云南锦爱旅游集团有限公司则根据高铁沿线城市距离昆明的远近，推出不同的旅游产品，如针对贵阳等距离昆明较近的高铁沿线城市推出"高铁周末游"产品，组织、接待游客玩转景区景点，对于距离较远的则推出"高铁沿线游"，玩到最后一站时乘飞机返回[③]。此

---

① 田媛，席婷婷.沪昆高铁对云南省旅游空间格局影响研究［J］.河北旅游职业学院学报，2018，23（1）：9-12.

② 中国新闻网.沪昆高铁开通："最有旅游价值"高铁或带来周末远程游风潮［EB/OL］.http：//www.chinanews.com/cj/2016/12-28/8107856.shtml.

③ 新浪网.昆明各大旅行社推出高铁游线路［EB/OL］.http：//travel.sina.com.cn/domestic/news/2017-03-22/detail-ifycnpiu9480787.shtml.

外，随着全国各条新建高铁线路的开通及运营，各地旅游管理部门和旅行社等旅游企业也相继推出了多条"高铁风景线"，产生了一批将"快旅"与"慢游"融合的新产品，如"高铁＋旅游景区"的融合、"高铁＋租车"的结合、"高铁＋酒店／民宿／客栈"的融合、"高铁＋购物"的结合、"高铁＋餐饮"产品的结合等，实现了将高铁与其他行业的充分有机互动和高效融合。此外，部分地区还制订了高铁旅游团队奖励计划。

沿线旅游景区或其他行业企业纷纷借助高铁进行冠名宣传，通过在高铁座椅头枕巾、小桌板、海报、列车玻璃门、语音播报、LED 显示屏等展示旅游景区或城市形象以实现宣传目的，构建一个流动和立体的旅游形象高铁列车展示载体，打造"移动的旅游宣传（企业宣传）名片"[①]。例如，"红土情深·嘉游赣"暨"山外有山—三清山"沪昆线高铁专列冠名首发仪式于 2021 年 7 月在上海虹桥站举办；龙胜公司出资冠名的"龙胜"号高铁品牌列车首发仪式于 2021 年 6 月在云南昆明举行，使得沪昆高铁沿线城市都成为景区或其他行业宣传展示的窗口和平台。

三、青藏铁路世界屋脊天路之旅案例

青藏铁路起于青海西宁市，途经格尔木市、昆仑山口、沱沱河沿，翻越唐古拉山口，进入西藏安多、那曲、当雄、羊八井、拉萨。全长 1956 公里，是重要的进藏线路，被誉为"天路"。是世界上海拔最高、在冻土上路程最长的高原铁路，是中国新世纪四大工程之一。2013 年 9 月，青藏铁路入选"全球百年工程"，是世界铁路建设史上的一座丰碑。青藏铁路推动西藏进入铁路时代，密切了西藏与祖国内地的时空联系，极大地拉动了青藏带的旅游发展。青藏铁路自身成为游客青睐的"旅游产品"，吸引游客体验这条世界海拔最高的铁路及沿途的美景。

青藏铁路从设计、施工建设到运营维护，始终秉持"环保先行"理念，多次采用了"以桥代路"的办法，既美观实用，又同时兼顾了环保。桥梁多采用集"防晒、防水、防冻、防湿、防降温"于一体的技术，建设兼具冻土隧道和野生动物通道两种功能于一身的"环保桥"。为保障藏羚羊等野生动物的生存环境，

---

① 廖斌，严旭阳等.高铁旅游高质量发展：现状、问题与对策［C］.何德旭等.2020~2021 年中国旅游发展分析与预测.北京：社会科学文献出版社，2021：231-246.

铁路全线建立了33个野生动物专用通道；为保护湿地，在高寒地带建成世界上首个人造湿地；为保护沿线景观，实现地面和列车的"污物零排放"；为改善沿线生态环境，打造出一条千里"绿色长廊"。这些独具特色的环保设计和建设运营理念，也使青藏铁路成为中国第一条"环保铁路"，成为"桥梁风景线"。

借打造青藏铁路特色旅游品牌，在列车内装饰随处可见的唐竺古道历史文化、藏地风情等元素；设计集现代酒吧、咖啡厅、音乐厅等于一体的特色餐车酒吧，在餐车推出民族特色舞蹈、歌曲点唱等"餐饮＋娱乐＋文化"的特色服务；设置的母婴室，为母婴提供独立空间；设置康体室，为有需求的旅客进行基本的身体检查。全力推介青藏铁路旅游品牌，畅享"大美青海"的雄浑瑰丽，触摸"秘境西藏"的庄严圣洁，努力把青藏铁路沿线构筑成享誉全球的世界级旅游干线。

四、雄安高铁站

雄安站位于中国河北省保定市雄县境内，主要服务雄安新区，是京雄城际铁路、京港高速铁路、津雄城际铁路、雄石城际铁路、雄忻高速铁路的交会车站，也是雄安新区开工建设的第一个重大基础设施项目。京雄城际铁路雄安站是雄安新区新的地标、对外窗口，是疏解北京非首都功能的重要枢纽和桥梁纽带，更是国内大循环和国内国际双循环的重要节点，被称为"亚洲第一大"火车站。

雄安站还被称为"亚洲第一大"火车站。原因一是虽然目前它不算最大，前期规划11台19线，但在未来可能会增加到13台23线，面积也将远超如今的体量；二是雄安站采用的是站桥合一的模式，雄安站的站房上面跑着高速铁路，站房范围内使用无砟轨道，在国内尚属罕见；三是建筑难度极大，站桥合一的结构工况复杂，动力性能和结构稳定分析难度大，结构精度与变形控制要求极高，雄安站在规划建设中运用了多种高科技技术和手段，创造了里程碑式的建筑。

雄安站站房以"青莲滴露，润泽雄安"为设计主题，以"清泉源头，风吹涟漪"为设计理念，以"古淀鼎新、澄碧凝珠"为文化理念，以河北省大溵古淀和白洋淀为灵感基础，站房外观呈水滴状椭圆造型，屋盖轮廓如清泉源头，在蓝绿交织的城市组团中又似荷叶上的露珠；平整的建筑屋顶在中部高架候车厅处向上抬起，边缘向内层层收进，如同微风荡漾时湖泊中泛起的层层涟漪；屋面周边由太阳能板渐变到阳光板，使用蓝色渐变色，宛如粼粼波光，契合雄安新区水文化。屋顶在中部高架候车厅处向上抬起，通过曲线的设计手法由高架厅屋面过渡到雨棚，立面形态舒展，又似传统中式大殿，建筑造型与室内空间设计采用建构一体的理念，展现中华传统文化基因。雄安站站内以"建构一体"为设计原则，通过首层的灰色清水混凝土开花柱、弧线型清水混凝土梁以及站台钢结构，将自然、朴素作为理念与特色，优化梁柱关系，强化整体感，表达开放包容、兼容并蓄的建筑气质；屋顶拉开的缝隙形成"光廊带"，将站内两个车场分割开来，并作为上下贯通的采光通廊，解决了采光、通风、消防排烟等要求，将自然光线和崇尚绿色的理念引入站内。

开通 59 公里大兴机场至雄安新区段，设大兴机场、固安东、霸州北、雄安 4 座车站，打造北京至雄安"1 小时旅游生活圈"。京雄城际铁路全线贯通，雄安站同步投入使用，这将大大助推完善京津冀区域铁路网布局，密切雄安新区与北京、天津等京津冀中心城市联系，提高雄安新区的辐射能力，对便利京津冀地区群众往来、加快旅游业发展、产业聚集和区域经济融合，推动雄安新区建设和京津冀协同发展，培育新的工业和科技旅游新业态。

第五节　港珠澳大桥、秦岭终南山公路隧道等桥梁、隧道案例

随着技术的不断发展，众多桥梁隧道工程已经成为我国经济社会发展和对外形象展示的一个符号和窗口，打造了众多"世界之最"项目，例如，曾经保持着世界最长跨海大桥世界纪录的杭州湾跨海大桥、世界上最高的大桥北盘江大桥、获得全球最长大桥吉尼斯世界纪录的丹昆特大桥、横跨胶州湾的特大跨海大桥青岛胶州湾大桥、亚洲第一山区钢桁梁悬索桥清水河大桥、亚洲第一大公路桥坝陵河特大桥、世界上跨峡谷跨径最大的钢桁梁悬索桥矮寨特大悬索桥，这些工程项目不仅发挥着交通运输等功能，还衍生出文化景观功能，使其本身也成为一项旅游吸引物，引发全球的关注和热议。

一、港珠澳大桥

港珠澳大桥位于中国广东省珠江口伶仃洋海域内，是中国境内一座连接香

港、广东珠海和澳门的桥隧工程，该工程是"一国两制"框架下、粤港澳三地首次合作共建的超大型跨海通道，全长55公里，设计使用寿命120年，总投资约1200亿元人民币。

穿越伶仃航道和铜鼓西航道段约6.7公里为隧道，东、西两端各设置一个海中人工岛（蓝海豚岛和白海豚岛）；其余路段约22.9公里为桥梁，分别设有寓意三地同心的"中国结"青州桥、人与自然和谐相处的"海豚塔"江海桥，以及扬帆起航的"风帆塔"九洲桥三座通航斜拉桥，是世界上最长的跨海大桥，因其超大的建筑规模、空前的施工难度以及顶尖的建造技术而闻名世界，是中国建设史里程最长、投资最高、施工难度最大的跨海大桥，荣获第37届国际桥梁大会（IBC）"超级工程奖"、国际桥梁工程界公认的最高奖项——国际桥梁与结构工程协会（IABSE）杰出结构奖（OStrA）等奖项，被称为"新的世界七大奇迹之一"，堪称交通工程界"珠穆朗玛峰"，大桥施工创造了六项世界之最：最长——港珠澳大桥全长5664米的海底隧道，由33节钢筋混凝土结构的沉管对接而成，是世界上最长的海底沉管隧道；最大——沉管隧道浮在水中的时候，每一节的排水量约75000吨，而辽宁号航母满载时的排水量也只有67500吨；最重——沉管预制由工厂化标准生产，使用钢筋量相当于埃菲尔铁塔。在这75000吨重的沉管下面，是预先安装好的256个液压千斤顶；最精心——海上的气候条件，很大程度上决定了沉管浮运和对接的成败。工程方与国家海洋局海洋环境预报中心合作，做精细化、小区域的海洋环境预报，每天坚持监测预报，花费达3000万元，只为每个沉管找两三天的作业时间；最精细——在沉管隧道安装之前，还要在挖好的基槽中做碎石基床基础，即要在40米深的海底，铺设一条42米宽、30厘米厚平坦的"石褥子"，而这条"石褥子"的平整度误差要控制在4厘米以内；最精准——世界最大难度的"深海之吻"将沉管在海平面以下13~44米不等的水深处无人对接。对接在环境复杂的海底进行，受多种环境介质影响，共需对接33次，耗时3年。沉管连接处橡胶止水带要用120年，对接误差控制在2厘米以内[①]。珠澳口岸人工岛总面积208.87公顷，分为三个区域，分别为珠海公路口岸管理区107.33公顷、澳门口岸管理区71.61公顷、大桥管理区29.93公顷，口岸由各自独立管辖。

---

① 新华网.中国交通惊艳世界_港珠澳大桥创造了多个世界之最［EB/OL］.https：//www.chinairn.com/hyzx/20170607/143041589.shtml，2017-6-7.

13.4 公里的珠海连接线衔接珠海公路口岸与西部沿海高速公路月环至南屏支线延长线,将大桥纳入国家高速公路网络;澳门连接线从澳门口岸以桥梁方式接入澳门填海新区①。

港珠澳大桥主桥为三座大跨度钢结构斜拉桥,每座主桥均有独特的艺术构思。其中青州航道桥塔顶结型吸收"中国结"文化元素,将最初的直角、直线造型"曲线化",使桥塔显得纤巧灵动、精致优雅。江海直达船航道桥主塔塔冠造型取自"白海豚"元素,与海豚保护区的海洋文化相结合。九洲航道桥主塔造型取自"风帆",寓意"扬帆起航",与江海直达船航道塔身形成序列化造型效果,桥塔整体造型优美、亲和力强,具有强烈的地标韵味。东西人工岛汲取"蚝贝"元素,寓意珠海横琴岛盛产蚝贝。香港口岸的整体设计富于创新,且美观、符合能源效益。旅检大楼采用波浪形的顶篷设计,为支撑顶篷,大楼的支柱呈树状,下方为圆锥形,上方为枝杈状展开。最靠近珠海市的收费站设计成弧形,前面是一个钢柱,后面由几根钢索拉住,就像一个巨大的锚。大桥水上和水下部分的高差近 100 米,既有横向曲线又有纵向高低,整体如一条丝带一样纤细轻盈,把多个节点串起来,寓意"珠联璧合"。前山河特大桥采用波形钢腹板预应力组合箱梁方案,采用符合绿色生态特质的天蓝色涂装方案,造型轻巧美观,与当地自然生态景观浑然天然,形成一道绚丽的风景线②,强化了大桥的人文内涵和外在观赏性。

港珠澳大桥营运设施总体布局除了办公作息、调度指挥及路政管理等功能的管理养护中心,具备收费、养护、救援等管理功能的大桥管理区,具备监控、养护、救援及政府部门(消防、边检、海关、交警、边防等部门)联勤办公等管理功能的西人工岛,首层具备养护、救援、路政及政府联勤办公等管理功能,二至四层为预留商业开发的东人工岛之外,还将对东人工岛根据三地政策的放开,适时启动对外旅游观光及市场开放的功能。

基于港珠澳大桥的影响力,附近的旅行社推出港珠澳大桥一日游,组织乘客乘坐游轮观看壮观的港珠澳大桥。此外,港珠澳大桥管理局推出了"港珠澳大桥网上展览馆"电脑版和手机版两种方式,其中,手机版秉承了"轻量化、

---

① 港珠澳大桥官网 . https://www.hzmb.org/

② 我爱历史网 . 2009 年 12 月 15 日:港珠澳大桥动工[EB/OL]. https://www.52lishi.com/article/39454.html,2009-12-15.

差异化、互动化"的设计原则,采用了完全不同的参观动线,提高了互动性和体验观感,使得游客可以看到大桥的几个标志性建筑(场景)——九洲航道桥、江海航道桥、青州航道桥、西人工岛、海底隧道、东人工岛,每一个场景中都有不同的互动形式,多种互动形式融合于一个场景之中,像一次次的探宝行动。

2011年4月,中华全国总工会将港珠澳大桥劳动竞赛列为全国重大工程示范性劳动竞赛,在工程建设的8年时间内,超过40家参建单位分十个赛区围绕"六比六赛""比、学、赶、帮、超"开展劳动竞赛,在各个工区掀起一个又一个的建设热潮,激发了广大建设者投身港珠澳大桥建设的热情,确保了大桥工程高质量、高标准顺利完成,使港珠澳大桥成为一张亮丽的"国家新名片"。通过劳动竞赛,涌现了一大批先进集体和英雄人物,这些"大国工匠"们的事迹广泛传扬,让港珠澳大桥的故事既见之于物,又见之于人,使港珠澳大桥成为物理的桥、精神的桥、历史的桥,充分诠释和弘扬了"大国工匠精神"[1]。

港珠澳大桥作为在"一国两制"框架下、粤港澳三地首次合作建设的超大型跨海交通工程,上万名建设者历经九年建设完成的伟大工程,被习近平总书记盛赞为是一座"圆梦桥、同心桥、自信桥、复兴桥"。因此,基于其工程建设的伟大成就,以及其作为推动区域经济协调发展的平台和对外形象展示的重要窗口,2021年港珠澳大桥获批全国爱国主义教育示范基地。借此契机,港珠澳大桥管理局进一步发挥全国爱国主义教育示范基地作用,积极开展"共筑湾区梦想,走进港珠澳大桥"校园交流活动,并且持续改进展览陈列,优化参观线路,进一步发挥自身的宣传教育功能[2]。

二、五峰山长江大桥

五峰山大桥位于中国江苏省镇江市境内,连接北岸丹徒区高桥镇与京口区镇江新区,西距上游润扬长江公路大桥约39公里,东距下游泰州大桥约28公

---

①　港珠澳大桥官网.百名全国劳模到访港珠澳大桥管理局[EB/OL].https：//www.hzmb.org/Home/Reminder/page/article_id/153.html.

②　港珠澳大桥官网.港珠澳大桥获批全国爱国主义教育示范基地[EB/OL].https：//www.hzmb.org/Home/Reminder/page/article_id/1377.html.

里；大桥北起高红路，上跨高桥疏港路、京江路、长江水道、兴港东路后，南至金港大道；途经大桥铁路线路为连镇高速铁路，途经大桥的公路线路为江都—宜兴高速公路。五峰山大桥是中国江苏省镇江市境内连接丹徒区与京口区的过江通道，是连镇高速铁路跨越长江的关键工程，也是江都—宜兴高速公路（苏高速 S39）跨越长江的工程。

（一）项目概述

五峰山大桥北起高红路，上跨长江水道，南至金港大道；线路全长 6408.909 米，主桥长 1428 米；大桥上层为双向八车道高速，设计速度为 100 公里/小时，下层为双向四线高速铁路，设计速度为 250 公里/小时。大桥于 2015 年 10 月 28 日动工兴建；2019 年 12 月 26 日完成主桥合龙工程，大桥全线贯通；2020 年 12 月 11 日铁路桥投用运营；2021 年 6 月 30 日公路桥投用运营。

五峰山大桥分别由上层公路桥、下层铁路桥、南北两座桥塔、缆索、锚碇、引桥及两岸线路互通等部分组成，主桥部分呈西北至东南方向布置。

五峰山大桥填补了世界高速铁路悬索桥、中国公铁两用悬索桥和中国铁路悬索桥三项空白，并在国际范围率先建立起中国高速铁路悬索桥的设计方法、计算理论和相关技术标准。是继南京长江大桥、沪苏通长江大桥之后长江江苏段第三座公铁两用桥；它不仅是中国第一座公铁两用悬索桥，也将是国内运行速度最快、运行荷载最大的公铁两用悬索桥，还将是世界首座高速铁路悬索桥和世界上已建成的跨度最大、运行速度最快、运行荷载最大的公铁两用悬索桥。五峰山大桥的建设将促进扬州交通速度的全面提升，也使得扬州进一步接轨苏南，融入上海一小时的经济圈。

（二）发展模式

1. 创造七项"世界第一"，带动形成游客新晋打卡点

五峰山大桥是我国自主设计的超级悬索桥工程，所采用的一系列新结构、新材料、新工法、新工艺、新技术、新装备，都是依靠国内企业自主生产独立完成，技术上拥有完全独立的知识产权。已获得 50 余项专利。五峰山长江大桥建设创造七项世界第一：世界上首座高速铁路悬索桥，世界上公路铁路车道数最多、荷载重量最大的铁路悬索桥，世界上主缆直径最大的悬索桥，世界上

陆地沉井基础面积最大的悬索桥;世界首座采用板桁结合新型加劲梁结构的公铁两用悬索桥;世界首次在铁路道砟桥面采用轧制不锈钢复合钢板;世界首次在正交异性板U肋与顶板之间采用全熔透焊接技术。形成巨大吸引力,成为游客新晋打卡地。

2. 打造绿色化新典型,助推城市高质量发展

坚持"绿色发展理念",以工程项目为依托,将绿色施工的理念贯穿到整个建设过程中。坚持水与人、水与城、人与自然的和谐共生,生产空间、生活空间、生态空间的互利共荣,谋划长江经济带高质量发展。建立绿色施工组织,制定绿色施工工艺,编制节能减排指标,合理优化南锚碇及南引桥承台施工方案,减少征地和山林砍伐;实施大宗材料集中采购,选择可循环周转材料。采用高效能混凝土添加剂、墩身养护汇水井、现场施工车辆沉淀池冲洗等;对裸露土地进行硬化和绿化,并配备洒水车进行工地降尘,定期开展环水保检查,杜绝环境污染事件发生,普惠民生福祉。

三、沪苏通长江公铁大桥

沪苏通长江公铁大桥是中国江苏省境内连接苏州市和南通市的通道,位于苏通长江公路大桥上游、江阴长江公路大桥下游,是通锡高速公路、沪苏通铁路、通苏嘉甬高速铁路共同的过江通道,跨越长江江苏段。

(一)项目概述

沪苏通长江公铁大桥于2014年3月1日动工建设,2019年9月20日实现全桥合龙,2020年7月1日建成通车。沪苏通长江公铁大桥南起苏州市张家港市、北至南通市通州区,大桥全长11.072公里(其中公铁合建桥梁长6989米),包括两岸大堤间正桥长5827米,北引桥长1876米,南引桥长3369米;大桥上层为双向六车道高速公路(通锡高速公路),设计速度100公里/小时;下层为双向四线铁路,设计速度200公里/小时(沪苏通铁路)、250公里/小时(通苏嘉甬高速铁路)。沪苏通长江公铁大桥采用主跨1092米的钢桁梁斜拉桥结构,是中国自主设计建造、世界上首座跨度超公里的公铁两用斜拉桥。

大桥建设中,形成了65项专利、创造了14项新工法,实现五个"世界首创"——公里级公铁两用斜拉桥设计建造技术世界首创;2000兆帕级强度斜拉索制造技术世界首创；1800 吨钢梁架设成套装备技术世界首创；1.5 万吨巨型沉井精准定位施工技术世界首创；基于实船—实桥原位撞击试验的桥墩防撞技术世界首创。

（二）发展模式

1. 注重铭牌、雕塑、浮雕建设，塑造大桥文化特色

沪苏通长江公铁大桥桥铭牌分设于主航道桥和天生港航道桥两头上层公路中央分隔带处。桥铭牌由上部红色雕塑、下部基座两部分组成。上部雕塑部分采用新型玻璃钢制作，结构牢固耐久；基座采用浮雕与铭文装饰，铭文内容为大桥简介和参建单位名录。铭牌总重量约 10 吨，设计定稿后整体在南京制作完成。雕塑立意取名为"逐梦江海"，上部红色雕塑，以"海鸥逐浪追梦"为基本构图，彰显沪苏通城市群"揽江拥海、包容会通"的恢弘气度，抒发大江两岸人民"勇立潮头、起翔腾飞"的时代精神。雕塑通体采用鲜亮的中国红，文字采用国徽色的麦芽金。浮雕位于基座东西两侧，分别呈现了南通、张家港的地方文化和城市愿景。南通市主题浮雕设计以濠河景观带为蓝本，展现钟楼、文峰塔、南通博物苑等标志性建筑以及部分代表性人文景观，体现江海文化。张家港市主题图案融合长江、鉴真东渡、张家港精神等标志性符号，撷取长江、港口、帆船、永庆寺、暨阳湖塔等具象元素，勾勒城市风貌。

2. 创新数字科技，打造特色旅游吸引物

实现 5G 覆盖。采用 5G 新型微站覆盖，铁路面采用 5G 泄漏电缆覆盖，引桥部分建设多座超高铁塔站点进行补充覆盖。满足用户高速上网、高清语音通话、VR/AR 等 5G 应用，升级 SA 网络，实现低时延、大连接等工业物联网应用。配有桥梁健康监测系统。研发先进的桥梁健康监测系统，实现轨道线路、桥梁结构、行车状态三位一体综合监测模式，根据监测数据进行自动分析和报警，对于人工不易到达的部位，采用视频图像识别的方法发现病害。构建亮化系统。采用全 LED 灯具的照明方案，大桥的主塔、斜拉索、桥梁轮廓、桥墩、拱桥拱身、系杆等为承光载体，在夜空中凸显桥梁结构特征，将桥梁的轮廓、层次、立体形态展示在人们视野中，展现简洁大气、庄重雅致的外观。

3. 坚持绿色建桥理念，打造绿色环保工程

坚持生态保护理念，采取最为严格的生态保护和水土保持措施，强化施工管理，创新工艺工法，打造绿色工程。保护长江生态环境，保障黄金水道畅通。推进"大型化、标准化、工厂化、装配化"施工，沪苏通长江大桥主航道桥沉井基础在船坞里生产，浮运至施工位置后，现场组装完成，对航道影响小，减少噪声污染，避免泥浆流入长江、污染水质。优化施工作业和工艺工法，减少泥浆、废渣、污水排放。建设完善的排水系统和垃圾处理设施，加强船舶作业管理，减少施工、生活污水排放。聘请第三方机构在施工区域设置水质监测点，对长江河床、水文泥沙等情况进行动态检测。加强长江渔业资源和水生动物保护，采购100万尾鱼苗，在长江南通段增殖放流，保护长江渔业资源、修复生物多样性。建设大桥公园，结合地方规划，对南岸大桥公园进行园林绿化设计，打造绿色、和谐的大桥景观，与自然环境融为一体。

四、秦岭终南山公路隧道

秦岭终南山公路隧道是陕西"三纵四横五辐射"公路网西安至安康高速公路的重要组成部分，号称世界上、下行双洞最长、建设规模最大、亚洲最长的高速公路隧道，创造了高速公路隧道建设史上众多第一和最高水平。

（一）项目概述

秦岭终南山公路隧道位于西安至安康高速公路长安——柞水段，隧道始建于2002年3月，于2007年1月举行通车仪式，隧道按双向车道高速公路标准建设，单洞长18.02公里，双洞共长36.04公里，隧道净宽10.5米，限高5米，设计车速80公里/小时，总投资31.93亿元，号称世界上、下行双洞最长、建设规模最大、亚洲最长的高速公路隧道，创造了高速公路隧道建设史上众多第一和最高水平：如该隧道是世界上第一座最长的双洞高速公路隧道，是第一座由我国自行设计、自行施工、自行监理、自行管理，综合技术水平最高的高速公路特长隧道，是目前世界口径最大、深度最高的竖井通风工程，拥有全世界高速公路隧道最完备的监控技术和最先进的特殊灯光带，缓解驾驶员视觉疲劳，保证行车安全等，有"天下第一隧"之称。隧道穿越我国南北地理分界线的秦岭主脊，15分钟车程即跨越秦岭北坡暖温带与南坡北亚热带，使秦岭地理分界线的意义在此直观和形象化，在连接我国南北方的同时也成为一条动态的绿色环保游览观光带，使其本身也成为一个重要旅游吸引物，现在从西安到柞水的车程从 3 小时左右缩短到 40 分钟①。

（二）发展模式

1. 在隧道入口种植绿色植物减少视觉冲击

秦岭终南山隧道洞口处的双洞之间种植了绿色的乔木，洞口的顶部种植了高大的乔木，如此一来就形成了一个绿化长廊，以此来降低洞口处的光亮度，减少对驾驶员的视觉冲击。

2. 设置奇异景观缓解司机视觉疲劳

由于隧道过长，为了能够有效防止和缓解驾驶员的视觉疲劳，整条隧道内还建了三个袖珍"公园"，鉴于隧道内缺乏植物生存所需的阳光和水，因此在隧道内设置了人工仿真植物，在特殊段里各种仿真的树木、花草、灌木等再配合特殊灯光，从而达到了风格迥异和极为神奇的隧道景观，使得驾驶员驾驶机动车辆在这漫长的隧道中行驶的时候，每隔四五分钟就会慢慢地感觉到豁然开朗，并且周围的环境也慢慢地变亮了起来，道路的两边还有着草地、绿树、花丛、景石等，头顶是一片蓝天和白云，令人心旷神怡，给人一种置身于植物园的别样感受，能够有效缓解司机的视觉疲劳。

3. 对隧道灯光照明进行优化设置

穿越整个秦岭终南山公路隧道需要 15 分钟左右，但是由于隧道较长，洞内完全缺乏自然光线，仅靠单一的隧道照明系统，极易造成驾驶人员的视觉疲劳，从而增加交通事故的发生概率。因此，为有效缓解驾驶员视觉疲劳，保证行车安全，在隧道内特别设置了目前世界上高速公路隧道最先进的特殊灯光带，在隧道中每间隔 4.5 公里就有特殊灯光带的设计及使用，每座隧道都设有 3 处特殊灯光带营造的不同的视觉场景，提供给驾驶员不同的视觉体验，将18.02 公里长的隧道分成了 4 个短隧道，为亚洲首创，从而增加了驾驶员及乘客在隧道中的对场景乐趣的体验，从而达到有效调节驾驶员视觉疲劳和消除其焦虑压抑情绪的作用②。

---

① 彭永祥，吴成基.贫困地区区域旅游系统对重大机遇的滞后弱响应——以秦岭终南山公路隧道通车后的柞水旅游为例 [J].干旱区资源与环境，2009，23（1）：131-135.

② 蔡昱昊.公路隧道景观设计的新方法研究 [D].北京交通大学，2016.

第六节　大兴国际机场、上海吴淞口国际邮轮母港等机场、港口案例

《中华人民共和国国民经济和社会发展第十四个五年规划和2035年远景目标纲要》提出，加快建设世界级机场群，稳步建设支线机场、通用机场和货运机场，积极发展通用航空，"十四五"新增民用运输机场30个以上。中共中央、国务院在印发的《国家综合立体交通网规划纲要》中提出，到2035年，国家民用运输机场达到合计400个左右，政策规划的出台将引领各地迎来新一轮的机场建设高潮。目前，全国330多个地级以上市州中，有100多个城市没有机场。未来15年，中国新增规划建设的150多个机场，将主要出现在目前还未拥有机场的中小城市[①]。

此外，为了更好地开展海洋旅游，在原国家旅游局的指导下，分别批准设立了上海邮轮旅游发展实验区（首个）、天津邮轮旅游发展实验区、深圳邮轮旅游发展实验区、青岛邮轮旅游发展实验区、福州邮轮旅游发展实验区、大连邮轮旅游发展实验区，依托当地丰富的港口资源、旅游资源和区位优势，打造以邮轮母港建设为核心而成片开发的面向国内外游客的集旅游运营、餐饮购物、免税贸易、酒店文娱、港口地产、金融服务等于一体的综合服务区。

一、北京大兴国际机场

北京大兴国际机场是世界上最大的单体机场航站楼，是世界上技术难度最高的航站楼，是世界最大的采用隔震支座的机场航站楼，同时也是世界最大的无结构缝一体化航站楼，被英国的《卫报》评选为"新世界七大奇迹"之首。

（一）项目概述

北京大兴国际机场位于永定河北岸，地跨北京市大兴区礼贤镇、榆垡镇，

---

① 未来15年将新增机场150多个，中国即将迎来新一轮机场建设高潮。http://www.avitec.com.cn/avitec/?p=349.

以及河北省廊坊市广阳区，规划用地面积45平方公里，于2014年12月26日正式开工建设，2019年9月25日投入运营，获评"住建部绿色施工科技示范工程""北京市建筑结构长城杯金质奖""2018年度国际卓越项目管理（中国）大奖金奖""北京市绿色生态示范区（2018—2021年）""第十三届中国钢结构金奖年度杰出工程大奖"等荣誉奖项，代表了国际领先水平，打造了多个世界一流的全新标杆，是世界上唯一一座"双进双出"的航站楼。2019年10月27日至2020年3月28日，大兴机场预计开通119条航线，其中国内航线104条，国际及港澳台地区航线15条；覆盖全球118个航点，包括国内航点103个（直航航点93个），国际及港澳台航点15个（直航航点13个，其中欧洲5个、非洲1个、东南亚4个、南亚2个、港澳台地区1个，北美无航点）。

作为一个大型国际枢纽机场，支撑雄安新区建设的京津冀区域综合交通枢纽，将本着可持续发展的原则，采用滚动发展、分期建设的模式，以"精品工程、样板工程、平安工程、廉洁工程"四个工程为指导，将世界一流的先进建设技术与传统的工匠精神相结合，规划将其打造成为未来达到年旅客量超1亿人次的超大型国际枢纽机场，一个建于21世纪的世界级工程。按2025年旅客吞吐量7200万人次、货邮吞吐量200万吨、飞机起降量62万架次的目标设计；建设"三纵一横"4条跑道、建筑面积70万平方米航站楼等设施；本期用地面积27平方公里，其中北京15.6平方公里，河北11.4平方公里。远期将实现年旅客吞吐量1亿人次以上，年货邮吞吐量400万吨，飞机起降88万架次。

（二）发展模式

1. 以文化展览为支撑，突出机场的"韵之美"

机场秉持"文化引领"理念，以建成特色文化鲜明、先进文化引领、品牌影响深远的文化机场为战略目标，通过设置"文化中国"长廊、拾光艺术长廊、"国宝之窗"互动体验馆等展览，突出机场的"韵之美"。其中，"文化中国"长廊由大兴机场与国家博物馆联手打造，将国博馆藏精品以"图片展"的形式进行展示，向世界宣传中国传统文化，让大兴机场不仅成为人流、物流的集中区，更成为文化、艺术的展示集中区。展示共分为四个展区，分别为古代青铜器、古代瓷器、古代绘画及古代佛造像展区；"拾光艺术长廊"由大兴机场与中国手艺发展研究中心联手打造，首期主题为《中国长城国际摄影周巡展》，以长城文化为主线，从主展1500余幅作品中精选67张作品进行展示，大尺幅艺术再现历朝历代的长城遗迹，让游客能够感受长城的魅力所在，感念中华文明的传承与流布，感知家国情怀的浸润与爆发；"国宝之窗"互动体验馆是由大兴机场倾心打造的传统文化沉浸式观展体验项目"国宝之窗"，第一季主题名为"书房的秘密"，全景式还原古代文人书房摆设布局，以传统木作家具布置整体空间，配以传统匠作器具为软装，通过书画文房、琴、棋、茶四个主题空间阐释中国传统文化内容的丰富多彩，从不同侧面表现中国传统文人文化的精雅和内敛，参观者可走进古人书房，读书品茶，抚琴作画，与传统文化零距离互动，感受古典书房意蕴。

2. 以内外设计为依托，彰显机场的"形之美"

机场将世界一流的先进建设技术与传统的工匠精神相结合，再次向世界展示了"中国制造"的精湛，彰显出机场的"形之美"。

从外部设计来看，从高处俯瞰大兴国际机场就像一朵绽放的花瓣，机场的顶部采用了8000多块玻璃，每一块玻璃都不一样；大兴机场的整体造型是以中间的航站楼为核心向四周延展，从空中俯瞰，像一只展翅高飞的凤凰；大兴机场的外部建设材质大面积使用钢材，它的顶部是由63400根钢结构焊接而成，总重量达5.5万吨，约等于半个鸟巢的用钢量，这些钢铁建造也使得大兴机场看起来充满了金属质感，呈现出未来科幻的感觉。

从机场的内部设计来看，机场内部多层空间贯通，使得整个机场的空间连通性非常强，并且使用各种几何图形，使得人们视觉空间被拓展。整个航站楼的中心顶部建了巨大的六边形天窗，形成一个大型光庭。此外，大兴机场内部的承重柱也非常少，主要由8根中心的C形柱支撑，使整个大厅的视野非常开阔，给乘客提供了最大的公共空间。

3. 以艺术景观为点缀，强化机场的"艺之美"

为充分强化机场的艺术气息，在对机场艺术景观小品打造方面，设计了"一线一城""蒲公英""蒹葭""花间集——桃花""汉字兴象""国门印象""时间之花""滴水倒影""二十四节气"悬挂式抽象雕塑等公共景观设施，这些公共景观共同构成了大兴国际机场推出"发现兴世界"旅游项目的重要组成部分，游客通过小程序可免费预约旅游参观讲解服务，并且由首都机场旅业公司旗下星空旅行社进行承揽，参观过程将由讲解员引导旅客游览航站楼公共区域内的上述各"网红"景点。

4.以互动体验为吸引，提升机场的"悦之美"

为了提升机场的生机与活力，机场以增强游客的互动体验为出发点和落脚点，设计了以山的形状为灵感的"形随意动"的座椅，同时座椅也是一处景观小品，座椅底部轨道可滑动自由组合，旅客能够根据需要变换座椅的位置，座椅内部可合拢组合成为一个不受外界打扰的整体。此外，机场还通过打造带翅膀和云朵的滑梯、蹦丘、喇叭等儿童设施以及家长看护陪同座椅形成空间的一体化设计，让孩童在游戏中体验天空的感觉，极大地增强了游客、旅客在大兴国际机场的互动体验。

5.以廊道庭院为载体，丰富机场的"华之美"

大兴国际机场航站楼五个通道口的端头分布有中国风的"花园"，分别是丝园、茶园、田园、瓷园和中国园，为这座科技感极强的机场融入了中国元素。其中，"丝园"寓意未来，体现祥润优雅，该庭院定位为"丝主题"景观，对应五行中的金。场地主题色调为白色，体现中华丝绸意境的现代空间。场地空间格局主要通过提取"丝"的质感和肌理来进行设计。通过铺装、水体、绿化和序列的景观小品来体现"丝"的流动张力以及抽象提炼的丝制造过程的语素意境。同时在场地中设置装置小品，结合休憩功能，使"丝"的流动感更多维度展示。

"茶园"寓意未来，体现安详闲逸。庭院定位为"茶主题"，对应五行中的水。场地主题色调为黑色，体现中华茶园意境的现代空间。场地空间格局主要通过提取"茶园"的特征肌理来进行设计。通过铺装、水体、绿化和茶亭构筑来体现"茶园"的安详闲逸。

"田园"寓意现代，体现活力发展。庭院定位为"田主题"，对应五行中的土，场地主色调为黄色，诠释中华田园文化的景观型空间。场地空间格局利用田地、场地、水体的元素，将空间分为田园风光区、休闲区、经营区。景观中应用大量的特色种植田，并通过仿田园材料的应用，展示了中华农耕与现代生活的融合，通过日常农作的景观型展示营造田园文化的认同感。

"瓷园"主要围绕瓷器历史展开场景构建，分为三大主题场景："瓷之起航、瓷之绽放、瓷之悠长"。以瓷毯为洋，瓷灯为花，瓷林导航，瓷板回味，互动展望"五大"表现形式，对以海上丝绸之路为契机，发展至今的"一带一路"区域合作平台进行回顾与展望，带给人们不同的视觉享受，展示中华瓷器之美。

中国园，可驻足观赏和品味诗情画意。中国园层次丰富精致玲珑，针对国际航线体现"新"主题及庄重深厚的中国传统文化内涵。场地主题色调为红色，提萃中国古典园林的传统景观空间，置身其中能感受到古典园林和传统文化的诗情画意。石径内容选用新英文书法撰写南宋朱熹《观书有感》内容，将整句诗词刻在石材上，将中国传统文化艺术生活与空港功能相结合，生动展现丝路新征程[①]。

二、海口美兰国际机场

海口美兰国际机场作为中国民用航空局全国 23 家"四型机场"（平安机场、绿色机场、智慧机场、人文机场）首批示范项目的机场之一，以发展成为海南自贸港建设新的动力源为其目标愿景，致力于建设成为展现中华风范、海南风情的全球最美机场。

（一）工程概述

海口美兰国际机场（以下简称"美兰机场"）于 1999 年 5 月 25 日正式通航，并于 2002 年 11 月在香港成功上市，是我国重要的国内干线机场之一。机场占地面积 1140 公顷（含美兰二期），飞行区等级为 4E 级，机场跑道长 3600米，宽 45 米；平行滑行道长 3600 米，宽 23 米，可满足波音 747-400 等大型飞机全重起降要求。美兰机场现有航站楼总规模近 15 万平方米，站坪总面积79 万平方米（含两航基地），站坪机位 67 个。2021 年上半年，美兰机场旅客吞吐量达到 996.69 万人次；航班运输起降架次达到 7.49 万架次；吞吐量排名位居全国第 16 位。

美兰机场荣膺全球第八家、国内首家（除港澳台地区）"SKYTRAX 五星级机场"。2019 年 9 月，美兰机场荣获由国际机场协会颁发的 1500 万~2500万规模组"年度亚太区最佳机场""年度全球最佳环境及氛围营造机场""年度全球最佳基础设施及最便利机场"三项奖项。2021 年 3 月，美兰机场荣获国

---

① 北京大兴国际机场官网. https://www.bdia.com.cn/.

际机场协会ASQ大奖"2020年度亚太区最佳机场（1500万~2500万规模组）"，成为全球同量级九大最佳机场之一。此外，美兰机场还多次获得中国民用机场服务质量评价十佳优秀机场奖、ASQ最佳科学样本奖、ASQ亚太区"最佳机场入围奖"、全国用户满意企业、"中国服务"品牌竞争力500强企业、中国民用机场服务质量评价"服务质量优秀奖"等国内外服务大奖。

（二）发展模式

1. 打造旅游综合体——海口航空旅游城

为充分发挥美兰航空的旅游效应，助力海南岛国际消费中心建设，在海口美兰国际机场国内候机楼北侧30米建设了海口航空旅游城，整个项目总占地面积约11.59万平方米，总建筑面积约32.23万平方米。汇集酒店、免税购物、航空科技馆、海南美购、博乐·未来科技馆、跨境电商园区及美兰美食等丰富业态，同时涵盖停车楼以及综合交通换乘中心等服务功能，是将传统空港服务与旅游、商业融为一体的大型旅游综合体。海口航空旅游城楼体以流线造型象征海南美丽自然山水的地域特征，外立面结合多媒体与灯光系统，塑造海南文化门户意象与城市媒体空间形象。内部采用航空主题设计，结合海南地域风情，构筑"人在景中，景在店中，店在城中"的崭新机场消费体验①。

2011年12月21日，美兰机场成为国内首家拥有离岛免税店的机场。cdf海口美兰机场免税店位于美兰机场国内候机楼隔离区内，现已批复面积达3.0546万平方米，经营国家批准的45类免税商品，涵盖400多个国际知名品牌，以经营化妆品、手表、箱包、香水、配饰、太阳镜、酒类、手机等商品为主。此外，将在美兰机场二期进行离岛免税全新升级，将携手中免以"行云流水、奇幻色彩"为主题，打造全国最大的机场免税商业区，为海南离岛免税政策升级和打造国际旅游消费中心提供最佳空间，免税商业面积将达到约1万平方米，目前已引进548个国际知名品牌商家。

2. 加强当地文化元素的融入

在美兰机场二期航站楼建筑造型方面，设计灵感来自"骑楼""船屋""黎锦"等海南标志性文化元素，同时通过中央天街的水磨石、候机区地毯，展示

---

① 海口美兰国际机场官网. http://www.mlairport.com/autoweb/autoweb/secondpage/hkml_hklychkml_jb.html.

沙滩、海浪以及绚丽多彩的海南自然风貌，营造热带海岛风情，并利用充足的阳光、绿化、室内外庭院，创造出温馨舒适的室内外空间，是以人为本，高度结合地域气候和文化特点的建筑作品。

美兰机场素有"花园机场"的口碑，在T2航站楼延续此理念，打造室内天然氧吧。内部园林绿化面积高达2.1万平方米，占航站楼总面积的4.35%，种植169种、21万株海南特色植物，绿化面积位居全国各机场之首，同时结合海南气候、植被特色，在东西两端各设置2000平方米的室外花园庭院，种植椰子树等海南特色热带植物，尽显海南热带自然风情。

3. 大力推动机场智慧节能环保技术应用

智慧机场建设方面，2017年美兰机场与云商智慧物流有限公司建立合作关系，双方在海口与百度公司共同签署战略合作协议，三方将立足航空信息技术领域，以"智慧机场"建设为引领，围绕"互联网＋机场"建设目标，在机场运营、云计算应用等领域开展深度合作。并且作为国内三家机场之一，荣获国际航协IATA快速旅行项目"金色标识"认证；此外，2020年美兰机场荣获"年度智慧机场创新荣誉奖"、2019—2020年度"E航"系列年度信息技术应用优秀实践单位等荣誉奖项。

此外，美兰机场在节能减排项目方面荣获多项大奖，先后被联合国和专业性国际组织、中国机场发展大会授予世界环保最高荣誉"碳金奖"的"中国绿效企业最佳典范奖"单项奖、"年度绿色低碳机场社会责任奖"，2018年美兰机场成功通过国际机场协会（ACA）的机场碳排放认可计划（Airport Carbon Accreditation）1级认证，还荣获2016年第六届机场建设发展国际峰会"绿色高效机场奖""2018年全球机场服务质量卓越成就奖"等荣誉奖项。

4. 强化"一带一路"国家之间的交流合作

为积极响应发展"一带一路"沿线国家的合作伙伴关系理念，美兰机场培训学院协助海南省商务厅培训中心推进"一带一路"机场运行管理、民航安全管理等培训项目，分享与研讨民航优秀管理经验，探讨民航未来发展趋势与共同机遇，加强与"一带一路"国家之间的交流，为双边航空市场架起互通的桥梁，同时美兰机场作为"首批全国职业教育教师企业实践基地"，开展中职国家级项目教师企业实践，为提升海口美兰机场的知名度与影响力起到积极促进作用。2020年12月，美兰机场顺利通过海南省职业技能等级认定机构备案评审，成为海南省第一家通过职业技能等级认定备案的航空运输类企业[①]。

三、上海吴淞口国际邮轮母港

吴淞口国际邮轮港作为上海重要的城市基础设施，弥补了上海港无大型邮轮专用码头的缺陷，与上海北外滩国际客运中心功能互补、错位发展、遥相呼应，共同形成了我国规模最大、功能最全、综合服务最佳的国际邮轮母港，是当前我国邮轮产业发展的中心[②]。

（一）工程概述

上海吴淞口国际邮轮码头及其公共配套设施项目位于宝山区吴淞口北侧的炮台湾防波堤水域岸线，是 2010 年上海世博会配套项目和上海国际航运中心建设的重要组成部分。吴淞口国际邮轮码头水域规划岸线总长 1500 米，一期新建 2 个大型邮轮泊位，同时可靠泊 1 个 10 万吨级邮轮和 1 个 20 万吨级邮轮。码头综合通过能力为 60.8 万人次 / 年。码头上设登船廊道、客运大楼和登船设备，游客通过登船设施进入客运大楼进行通关。吴淞口国际邮轮码头的客运大楼能同时为两艘 10 万吨级以上邮轮的旅客提供候船、通关、换乘、旅游等多项服务。主要由出境功能区域、入境功能区域、行政管理及设备区域、停车区四部分组成。出入境通关换票大厅集旅客办票、候船、送客等功能于一体，并在入口夹层上设置了方便旅客稍事停留、等候的餐饮、咖啡等休息区辅助性功能用房。边检出入境通道，可满足 20 人同时出关，2 小时通关人数可达 3200 人[③]。

港区由引桥、水上平台、客运中心和码头 4 部分组成，年综合接待能力达 60.8 万人次。2012 年是吴淞口国际邮轮港运营的第一年，全年接泊邮轮 60 个航班，接待出入境游客 30 万人次，靠泊船次和接待游客占全国总接待量的一半。截至 2013 年 7 月末，确认接泊邮轮 127 个航班，居亚洲邮轮港第一。2012 年 9 月 15 日，"中国邮轮旅游发展试验区"正式挂牌，实验区的设立意

---

① 海口美兰国际机场官网 http://www.mlairport.com/autoweb/autoweb/secondpage/hkml_gywmhkml_jb.html.

② 蔡二兵，史健勇.上海吴淞口国际邮轮港经营模式［J］.水运管理，2014，36（8）：25-28+31.

③ 朱斌，徐巍.邮轮母港"孵化"水上旅游圈、带、线［N］.文汇报，2010-04-28（12）.

味着吴淞口国际邮轮港将走在中国邮轮产业发展的前沿①。

（二）运营模式

1. 发展模式——出海口交通枢纽型

吴淞口国际邮轮港地处我国长江三角洲经济带的核心地区，腹地经济较为发达，并且港口距离韩国、日本及我国台湾地区的旅游目的地较近，为邮轮旅游业的发展提供了良好的岸上目的地旅游观光资源。吴淞口国际邮轮港的建设充分考虑了出海口优越的地理位置，为广大邮轮游客的出行开辟新的窗口和平台，其发展模式是典型的"出海口型"邮轮港口模式。出海口拥有足够的空间面积满足建设邮轮港口所需的相关硬件设施，较好的航道环境便于邮轮进出港口。

此外，吴淞口国际邮轮港利用自身占据东北亚乃至全球重要交通枢纽的地理位置优势，充分发挥其作为全球交通枢纽的作用。通过建设现代化的邮轮港口硬件设施，积极引进先进的管理理念吸引国内外邮轮的停靠，从而发展成为重要的邮轮港口，也为日后邮轮港口的可持续发展奠定坚实的地理位置基石，因此，其发展模式又具有典型的"交通枢纽型"邮轮港口特征。

2. 管理模式——公共服务式

作为现代高端服务业的重要载体和管理平台，邮轮港口管理模式的分析在邮轮旅游快速发展的背景下被赋予了更加深刻的意义。公共服务式邮轮港口管理模式是指政府公共服务部门不仅投资、维护及管理邮轮的港口基础设施和所有经营性设施，还是港口具体业务的直接经营者的一种邮轮港口管理模式。

上海吴淞口国际邮轮港发展有限公司是由上海市宝山区政府与上海长江轮船公司各出资一半共同建设的一家国有企业，其主要职责是为上海吴淞口国际邮轮港项目进行立项建设和经营管理。因此，在管理运营上，可认为吴淞口国际邮轮港公司采取的是"公共服务港"的邮轮港口管理模式。

3. 推广模式——地方政府主导

作为国内新兴旅游方式的邮轮旅游，在国内邮轮港口建设进入快速发展、邮轮港口之间竞争日趋激烈的背景下，推广宣传邮轮港口的重要性不言而

---

① 叶欣梁，黄燕玲，丁培毅.中国邮轮母港旅游服务接待质量与标准体系探析——以上海吴淞口国际邮轮港为例［J］.北京第二外国语学院学报，2014，36（11）：29-36.

喻。作为一个重要的组织方和出资方，在上海吴淞口国际邮轮港发展有限公司的推广方面，地方政府（上海市宝山区）扮演了重要的角色。目前，宝山区大力倡导区域产业的转型升级，邮轮经济则被作为拉动当地经济转型的重要引擎。

从"中国邮轮旅游发展实验区"成功落地到 2013 年上海邮轮旅游节在吴淞口国际邮轮港的成功启动，再到第八届中国邮轮产业发展大会暨国际邮轮博览会的成功举办以及"亚洲邮轮港口战略合作吴淞口宣言"正式签署，上海市政府和宝山区政府在邮轮港的宣传推广方面无疑起到了主导性的作用。

4.营销模式——专注于邮轮产业链上游

邮轮港口作为邮轮旅游产业链的中间节点，不仅显示出了邮轮港口的重要性，同时也反映出邮轮港口对上下游产业的依赖性。因此，邮轮港口的生存和发展受上游邮轮公司和下游邮轮游客的双向影响。当前，吴淞口国际邮轮港正在着力推进邮轮产品组合包装和设计开发、多元化营销宣传推广手段等方面工作，从而塑造产品品牌，提高其综合竞争力[①]。

四、天津国际邮轮母港

为促进天津市邮轮产业持续健康发展，进一步推动邮轮经济提质增效，培育邮轮经济发展新动能，天津市出台《加快天津邮轮产业发展的意见》。《意见》提出，天津将通过扎实推进中国邮轮旅游发展实验区建设，加大对天津国际邮轮母港运营的支持力度，打造中国邮轮制造维修基地、中国北方邮轮旅游中心和国际邮轮用品采购供应中心。其中，打造中国邮轮制造维修基地，将依托天津新港船舶重工有限责任公司 50 万吨级和 30 万吨级船坞，与中国船舶工业集团有限公司等企业加强业务合作，支持本市重点船舶制造企业制造高标准邮轮；打造中国北方邮轮旅游中心，将充分利用 144 小时过境免签、外国人口岸签证政策，吸引外国游客在津旅游消费，并积极争取国际邮轮入境外国旅游团 15 天免签政策尽早落地，继续争取在自贸试验区开展邮轮靠泊游试点；打造国际邮轮用品采购供应中心，将研究制定邮轮船供创新政策，加快推动东疆保税港区开展邮轮配送业

---

① 蔡二兵，史健勇.上海吴淞口国际邮轮港经营模式［J］.水运管理，2014，36（8）：25-28+31.

务，在已设立出境免税购物区的前提下，打造综合型邮轮船供物流基地 [①]。

（一）工程概述

天津国际邮轮母港是天津滨海新区中国邮轮旅游发展实验区的核心区、中国北方地区邮轮产业发展的桥头堡和天津邮轮经济发展的重要平台，2010 年建成运营。天津国际邮轮母港设计理念新颖超前，建筑规模气势恢宏，成为亚洲最大、设计标准等级最高的邮轮母港。邮轮母港规划面积 120 公顷，岸线 1600 米，码头前沿水深 -11.5 米，港池水深 -10.5 米，按 22.5 万总吨邮轮标准设计可以满足三条大型邮轮或四条中小型邮轮同时停靠的泊位需求，同时兼顾客货班轮和滚装汽车船舶作业需求。邮轮母港周边的交通网络极其发达，共有 11 条高速和 6 条国道从此区域经过；有北京、天津 2 个机场国际、国内航线四通八达；北京与天津之间的高速列车，使京津地区形成了"半小时都市圈"。同时天津也是亚欧大陆桥最近的东部起点，是连接国内外、联系南北方、沟通东西部的交通枢纽，发达的交通网络将邮轮母港与旅游景区及旅游客源紧密地连接起来 [②]。

2018 年，天津国际邮轮母港先后接待歌诗达邮轮公司、皇家加勒比游轮公司、诺唯真游轮公司、丽星邮轮公司和渤海邮轮公司运营天津母港邮轮航线。为顺应国际邮轮到港艘次的不断增加以及邮轮大型化的发展趋势，2014 年二期码头建成并投入使用，泊位总数增加至 4 个，岸线长度可以满足国际邮轮、客货班轮和滚装船舶的作业要求，业态更加丰富，接待能力进一步提升。2012 年和 2013 年，天津国际邮轮母港分别获得中国邮轮产业发展大会组委会颁发的"最佳邮轮港口设施奖"和"最佳接待能力奖" [③]。

---

① 滨海发布官方微信公众号.天津国际邮轮母港锚定"邮轮港城"方向 https：//mp.weixin.qq.com/s?src=11&timestamp=1635667075&ver=3407&signature=Ed8HIS6mJaLoW0Jg7m1HzyYimD-W8VTdbNLBxZxXkUcgRfK1sRXbG2KK7Z7wJBjNB08UStABK46pdocEoJSlkrDKn-3l*50to*r2UC5dkBn4Gai*Q8b-oJosn53Ep9Sm&new=1.

② 张振东.天津滨海新区获批邮轮旅游发展实验区的意义与机遇［J］.中国港口，2013（5）：19-21.

③ 《邮轮志》对天津国际邮轮母港有限公司总经理张振东专访 https：//mp.weixin.qq.com/s?src=11&timestamp=1635656723&ver=3407&signature=k2hwXCt5bbjHboSxfHXoWwxHpRresqqOzqhtJaKnmaA7laef6f80wkP9AjYviOrq4*h-6XJi9Ff0*Hv4Qi5-yayKXxey4Lrm7ff7EVqciXDZP4L0lJJ8u*z6WvTbaIvy&new=1

（二）运营模式

1. 开展标准化建设，提升服务水平

天津国际邮轮母港对标国际一流邮轮母港，落实安全标准化和客运服务标准化，打造"邮轮接待服务质量名牌"，率先通过了沿海港口安全标准化一级达标评审，以及天津市交通运输委员会审核通过《邮轮及客运服务标准化》，开启了安全、质量、效率、卫生、环保"五位一体"的标准化管理模式，提升邮轮母港客运服务质量综合水平。2014 年，天津国际邮轮母港获得中国邮轮产业发展大会组委会颁发的"最佳综合服务奖"。2015—2017 年，天津国际邮轮母港连续三年获得中国邮轮产业发展大会组委会颁发的"最佳候船环境奖"。

2. 丰富邮轮航线格局，加强区域合作

为不断拓展市场份额，提升市场竞争力，在原有中日韩和现有中日经典邮轮航线的基础上，天津国际邮轮母港先后开发运营了天津至台湾直航邮轮航线、环南太平洋航线、环中国海航线。

充分利用京津冀地区丰富的旅游资源，主动吸引国际邮轮公司开辟以天津为始发港的中、长线邮轮航线，开发多元化邮轮航线，进一步优化天津邮轮市场邮轮航线布局，提升天津邮轮旅游产品的吸引力。探索开发邮轮海上游航线，积极争取中资非五星邮轮开展海上游航线试点，并且加大京津冀腹地客源市场开发力度，鼓励旅行社推出以天津国际邮轮母港为起点或终点、涵盖天津旅游亮点的"邮轮＋天津游"线路，吸引内地邮轮旅客游在天津、住在天津、消费在天津。此外，大力开发邮轮入境游。充分利用 144 小时过境免签、外国人口岸签证政策，吸引外国游客在津旅游消费。积极争取国际邮轮入境外国旅游团 15 天免签政策尽早落地。继续争取在自贸试验区开展邮轮靠泊游试点[①]。

3. 拓展邮轮产业链上下游业务

多年来，天津国际邮轮母港与邮轮公司、邮轮旅行社积极合作，开展邮轮船票销售业务。2017 年 9 月，首个国际保税中转集装箱在邮轮母港顺利完成

---

① 滨海发布官方微信公众号.天津国际邮轮母港锚定"邮轮港城"方向 https://mp.weixin.qq.com/s?src=11&timestamp=1635667075&ver=3407&signature=Ed8HIS6mJaLoW0Jg7m1HzyYimD-W8VTdbNLBxZxXkUcgRfK1sRXbG2KK7Z7wJBjNB08UStABK46pdocEoJSlkrDKn-3l*50to*r2UC5dkBn4Gai*Q8b-oJosn53Ep9Sm&new=1.

拆箱，登上"歌诗达幸运号"邮轮，标志着天津国际邮轮母港邮轮船供业务进入一个新的发展阶段[①]。

此外，天津国际邮轮母港大力培育邮轮产业市场主体。支持造船修船、邮轮会展、采购供应等企业在津注册经营。鼓励国际邮轮公司在津设立区域总部，鼓励企业在津设立邮轮公司，支持融资租赁公司开展邮轮租赁业务。

4. 加强邮轮产业人才培养

为实现天津国际邮轮母港高质量快速发展，不断提升邮轮旅游的服务质量和品牌影响力，港口不断探索建立邮轮旅游服务中心和乘务人员服务中心。根据实际市场需求，探索市场化运营邮轮旅游服务中心和乘务人员服务中心，开展游客及乘务人员服务、贵宾（VIP）接待、邮轮乘务人员培训、邮轮人才国际劳务派遣等业务[②]。

---

① 《邮轮志》对天津国际邮轮母港有限公司总经理张振东专访https：//mp.weixin.qq.com/s?src=11&timestamp=1635656723&ver=3407&signature=k2hwXCt5bbjHboSxfHXoWwxHpRresqqOzqhtJaKnmaA7laef6f80wkP9AjYviOrq4*h-6XJi9Ff0*Hv4Qi5-yayKXxey4Lrm7ff7EVqciXDZP4L0lJJ8u*z6WvTbaIvy&new=1.

② 滨海发布官方微信公众号.天津国际邮轮母港锚定"邮轮港城"方向https：//mp.weixin.qq.com/s?src=11&timestamp=1635667075&ver=3407&signature=Ed8HIS6mJaLoW0Jg7m1HzyYimD-W8VTdbNLBxZxXkUcgRfK1sRXbG2KK7Z7wJBjNB08UStABK46pdocEoJSlkrDKn-3l*50to*r2UC5dkBn4Gai*Q8b-oJosn53Ep9Sm&new=1.

第六章

工业旅游名城发展模式案例

　　工业旅游已经成为保护和开发工业遗产、整合工业资源、彰显工业文明魅力、提升企业综合效益的新的经济增长点。尤其是在一些经济较为发达的省份，政府及旅游经营者已经认识到工业旅游具有内容广泛、领域广阔、空间巨大、产业链长、跨界性强等产业特征。发展工业旅游能够促进传统工业城市不断更新，推动老工业区环境改善，优化产业结构，促进企业资源多次开发与利用。发展工业旅游能够让游客感受工业文明辉煌，品味工业遗产魅力，体验工业文明甘苦，感悟智慧创造艰辛，分享工业发展成就，激发人们创新的情怀。许多传统工业城市开始大力推进工业旅游产业发展，这对促进城市更新、经济转型、产业升级、生态修复，实现第二产业与第三产业跨界融合，以及发掘新的经济增长点等具有重要的现实意义。本章从城市工业旅游打造视野，梳理有代表性的工业旅游名城的工业旅游发展模式与案例，研究梳理上海、天津、武汉、重庆、沈阳、大庆、唐山、景德镇、抚顺、东莞等有代表性城市的工业旅游发展模式案例的经验及启示。

第一节　上海市工业旅游发展模式案例

　　上海是中国近代工业的发源地、现代工业的集聚地、先进制造业的抢滩地，凝聚着工匠精神和海派文化精华的"上海制造"，代表着中国制造的高水平。有中国第一座大型兵工厂——江南制造总局、世界上最早的发电厂——杨树浦发电厂、创造多项中国工业第一的江南造船厂……上海不仅拥有工业遗产290处，涉及30多个制造业大类，更有中国商飞、上海汽车、江南造船、宝山钢铁、三一重机、超算中心等体现国内先进制造业最高水平的旅游资源。随着传统的纺织、钢铁产业等的调整、转型、升级，发展工业旅游成了保留工业文明和历史建筑的新亮点。2018年8月，市政府出台《关于促进上海旅游高品质发展加快建设世界著名旅游城市的若干意见》，提出要"着力建设中国工业旅游示范城市"。得天独厚的工业资源、深邃的工业历史、深厚的文化底蕴、完备的产业门类、创新的增长领域、合理的点线分布，为上海工业旅游的发展提供了巨大的优势[①]。本节选取上海市作为案例，介绍其工业旅游发展情况，并探讨对其他同类型城市的启示。

一、上海市工业旅游发展背景

上海是近代和当代中国最有国际影响力的大都市，也是中国最大的工业中心和国际上重要的工业城市。自1843年开埠后，上海在全国的经济地位逐步上升，早在1861年就有了引进国外先进设备的电机缫丝厂，成为中国现代工业和中国工人阶级的摇篮。1919年前后，上海已经是全国工人人数最多、工人比例最高的城市[②]。20世纪30年代，上海成为远东最著名的经济中心、金融中心和贸易中心。1949年中华人民共和国成立至1978年改革开放前，在计划经济体制推动下，上海逐渐发展成为我国最大的工业基地和传统工商业城市；1979—2009年，上海转向经济中心城市；上海逐步迈进全球城市，《上海市城市总体规划（2016-2040）》中，进一步明确上海未来的城市发展目标是建设"卓越的全球城市"。在开埠后160多年的发展过程中，从民族工业到现代工业，工业产业的发展对上海城市地位的取得、巩固和提升起到巨大作用，工业的空间布局演化也对上海城市空间结构的形成和演变产生巨大影响。20世纪90年代后，在上海产业结构调整升级，产业结构优化，逐步转向后工业社会的过程中，第三产业成为上海城市发展的主导经济，第二产业在空间上发生

---

① 沈琦华.上海工业旅游魅力十足［EB/OL］. https：//baijiahao.baidu.com/s?id=1685031749293260405&wfr=spider&for=pc，20-12-03.

② 张玉芳.上海为何能诞生无数个"第一"？［EB/OL］. http：//www.gscn.com.cn/culture/system/2018/03/14/011924889.shtml?ekngdjmohdbaaimo.

迁移，同时在转型升级过程中，日益寻求与第三产业的深度融合，工业旅游正是诞生于这样的城市产业变迁、转型发展的背景之中。上海作为我国近代工业的发祥地和中华人民共和国成立后最重要的工业基地之一，辉煌的工业发展历程为工业旅游发展奠定了雄厚的资源基础和发展源泉，民族工业与传统工业淘汰、升级或搬迁后废弃的旧产业空间和建筑等成为承载新兴产业，发展工业遗产旅游的重要空间和景观资源，其内涵的上海产业文脉和城市精神也为这一类空间的旅游再生产赋予了"地方性"含义和价值；先进制造业等代表上海现代化工业发展水平的产业资源也同时为上海工业企业旅游发展提供了丰富资源[①]。

二、上海市工业旅游资源

百年工业发展历史积淀了丰富的工业资源和深厚的工业文化，也是上海历史文脉和城市精神的重要组成部分。

2009年，全国开展了第三次文物普查，工业遗产首次作为一个普查专类。在这次文物普查中，上海市文物管理部门新发现100多处工业遗产。上海的工业遗产主要分布在开埠后逐渐形成的工业集聚区范围内，基本上在黄浦江和苏州河沿岸的滨水区呈连续带形分布形态，大部分位于上海目前的中心城区。20世纪90年代末期，艺术家、设计师等自发改造和利用苏州河畔的旧仓库旧厂房，苏州河艺术仓库群逐渐形成，引发社会各方包括政府的关注。上海市政府出于对保护工业遗产、延续城市文脉，以及在中心城区布局具备发展潜力的新兴产业的目标，从2005年4月起，分4批共公布了77处创意产业集聚区，其中有63处是在旧厂房和仓库基础上改建而成，这些创意产业集聚区的分布与上海工业遗产分布较大程度上重合，也基本集中于苏州河、黄浦江沿岸的上海中心城区（内环线以内）内。

依托上海丰富的工业旅游资源亮点，以点连线，以线带面，点线面结合，逐步提升上海工业旅游发展水平。

目前，上海市有工业旅游景点近百个，涵盖了工业遗存、工业博物馆、制造类工业旅游、民生类工业旅游、重大工业文明成就五大类项目，其中既有洋山深水港、宝山钢铁股份有限公司这种大型重工业，又有马可铅笔安硕工厂生

---

① 吴杨．上海工业旅游发展的动力机制与模式研究［D］．华东师范大学，2016.

产基地、巴比魔法面点乐园等贴近百姓生活的轻工业；既有上海通用汽车有限公司这种传统工业，又有干细胞基地、自贸区高科技文化装备产业基地、上海超级计算中心这种高新技术产业；既有江南造船责任有限公司对工业遗产进行利用，又有上海环球金融中心这种体现我国重大工业文明成就的现代建筑，可以说包罗了工业旅游的大多数类型，这和上海市十分重视工业旅游发展，大力挖掘工业旅游资源有极大关系，从大处着眼、从小处入手，深入挖掘工业旅游资源，打造特色文化亮点。

上海利用其历史遗留及现代发展所形成的完整工业体系，保障了充足的工业旅游资源，大力发展工业旅游，现有工业旅游线路多条，包括工业遗存体验之旅、智慧城市互动之旅、时速汽车动感之旅、极速汽车动感之旅和中共制造辉煌之旅等。2020 年 7 月，上海市又发布了 6 条"临港智旅"工业旅游首批线路，向着建设中国工业旅游示范城市迈进了一步。首批推出的 6 条以高端制造为特色的工业旅游线路，包括蓝色线路"临港启航 逐梦海洋"、红色线路"自主研发大国重器"、深蓝线路"宇宙遨游 深渊探秘"、黄色线路"挖机传奇 全球瞩目"、绿色线路"新兴能源 技术领先"、紫色线路"半导之光 智能燎原"等，构建了"旅游＋"全产业链体系。

上海主题明确的一系列开展旅游的企业一起形成工业旅游集群，成为工业旅游线路，从而让人更清晰地看清行业脉络和现状。以上海自由贸易区临港新片区为例，大量企业集聚形成了丰富的工业旅游资源。2020 年"临港新片区旅游联盟会客厅"正式揭牌，浦东新区旅游业协会、上海航空假期旅行社有限公司、上海擎梦国际旅行社有限公司、上海蒙汇国际旅行社有限公司 4 家旅游专业机构首批入驻。"临港新片区旅游联盟会客厅"旨在解决旅游初创型企业普遍面临的人员雇佣少、租赁成本高、办公空间小的运营难题。通过向新落户的旅游行业企业提供"共享办公"空间和上下产业链企业间的沟通、交流、展示平台，进一步释放临港新片区旅行社、景区、酒店等旅游资源的集聚效应。

三、上海市工业旅游案例启示

（一）地方政策支持，标准齐备

依据国家 2016 年 11 月提出"到 2025 年，创建 1000 个国家工业旅游示范点、100 个工业旅游基地、10 个工业旅游城市"的发展目标，上海凭借其丰厚的工业文明底蕴，丰富的工业旅游资源，提出要全力打响上海制造等四大品牌。2018 年 8 月，上海市政府出台《关于促进上海旅游高品质发展加快建成世界著名旅游城市的若干意见》（沪府发〔2018〕33 号），提出要"着力建设中国工业旅游示范城市"。2018 年 9 月，上海市旅游局、市经信委、市教委联合发布《上海市工业旅游创新发展三年行动方案（2018—2020）》（沪旅发〔2018〕23 号）。上海工业旅游迎来高品质发展新阶段。

在目前尚无国家层面的工业旅游示范城市评价标准的背景下，为更好地贯彻《全国工业旅游发展纲要（2016—2025 年）》（征求意见稿），加强地区层面工业旅游发展的政策指导，发挥标准化对提升城市工业旅游发展质量的引导支撑作用，构建工业旅游示范城市评价标准，由上海市提出并牵头编制《中国工业旅游示范城市指标体系》，不仅有助于上海更好地担当全国工业旅游排头兵、先行者的使命，更有助于发挥上海工业文明底蕴丰厚、工业旅游资源丰富的优势，进一步打响"上海制造"品牌，实现《关于促进上海旅游高品质发展加快建成世界著名旅游城市的若干意见》（沪府发〔2018〕33 号）提出的"着力建设中国工业旅游示范城市"的目标。

《中国工业旅游示范城市指标体系》基于创建中国工业旅游示范城市的目标，以"客观性、系统性、科学性、可操作"为原则，围绕 4 个二级指标，即工业旅游发展基础、工业旅游发展效益、工业旅游服务效益、工业旅游质量效益，制定了 13 个三级指标、48 个四级指标，并设立了指标体系评价对象和内容，阐明了指标体系构建的过程和方法以及指标体系的评价方式和流程。《指标体系》可用于不同地区间的横向比较或者同一地区不同年度的纵向比较，衡量城市工业旅游发展状况，客观反映发展进程、发现薄弱环节，为提升城市的工业旅游提供科学指导。指标体系的发布将加强地区层面工业旅游发展的政策指导，发挥标准化对提升城市工业旅游发展质量的引导支撑作用。

（二）成立行业联盟，促进发展

上海工业旅游促进中心（以下简称"中心"）由上海市经信委批准，受上海市文化和旅游局指导，在上海市社团管理局登记注册的 5A 级社会组织，是配合政府实施经济方式由生产型经济转向服务型经济、优先发展现代服务业和先进制造业，实现二、三产业融合，打造都市旅游，挖掘和整合工业旅游资源，推动工业旅游发展，丰富国际大都市旅游产品的专业服务机构。十多年来，中心分别被评定为"上海市民办非企业单位规范化建设试点5A级单位""上海市先进社会组织""上海企业管理现代化创新成果二等奖""上海市标准化优秀技术成果三等奖"等荣誉。

上海工业旅游促进中心开展一系列工作，创建全国第一个工业旅游专业服务平台，编制全国第一个工业旅游地方专项规划，制定全国第一个工业旅游地方标准，编印全国第一本具有收藏、使用和观赏价值的上海工业旅游年票，举办全国第一个工业旅游专题论坛，举办全国第一个工业旅游专题培训班，成立全国第一个跨区域的工业旅游景点联盟等。

中心还先后推出"沧桑"上海——中国百年工业探访之旅、"极速"上海——中国交通工业奔驰之旅、"起航"上海——中国船舶工业前进之旅等75条工业旅游线路。每年中国国际工业博览会期间，都会推出"节能科技，绿色生活""创新信息技术，建设智慧城市"等工业考察线路。

结合上海都市旅游发展目标，中心研究上海工业旅游发展战略，制定上海工业旅游"十二五""十三五"发展规划；整合上海工业旅游资源，制定上海工业旅游示范点（等级）评定标准，开展上海工业旅游遗产的保护工作；策划上海工业旅游产品，打造工业旅游精品线路，培育工业旅游和企业品牌；制定工业旅游服务质量标准，开展工业旅游领域的专业培训，规范和提高工业旅游服务质量；组织开展国内外工业旅游企业的交流与合作，开发上海工业旅游市场，形成上海工业旅游发展的合力；配合政府、行业协会及企业做好工业旅游发展的各项推进工作，促进工业旅游项目社会效益、经济效益、形象效益的统一；实施工业旅游网站的建设，加速上海工业旅游发展的国际化信息化进程等，为全国的工业旅游行业联盟工作起到了示范作用。

（三）工业旅游提升城市魅力

上海城市发展伴随着工业发展的过程而逐渐前行。在城市历史发展进程中，城市分别形成了各自的独特风格与历史文化脉络。工业旅游有机整合了各个场所片段的"场所精神"与"场所文脉"，体现了城市的精神与文明，继承与创新了"城市文脉"和"城市心灵史"，是工业社会向后工业社会进化过程中人们的精神追求之一。

从更深层的意义上说，上海城市文脉与精神正是上海的"灵魂"所在，城市的发展历史也是城市自身和所有上海人的"心灵史"。上海工业遗产正是上海城市精神特质和内在气质的所在。老旧厂房作为上海工业遗存，见证了中国近现代工业发展。老旧厂房的改造转型不仅展现了上海产业的优化升级、文化传承延续，同时还是文化创意产业的巨大发展潜力。比如，根据工博会的主题和板块设置，以先进制造业为主线，结合低碳、节能、航空、信息技术等行业特点，整合工业参观考察景点，设计"节能科技，绿色生活""创新信息技术，建设智慧城市"等工业考察线路，为工博会参展商与专业观众提供延伸服务。

上海开放地看待工业旅游的发展空间，使这部分空间真正融合于周边社区之中，更大程度上发挥带动效应。比如，上海较早出现的"田子坊"将该地历史文脉的传承、文化创意产业的发展和周边旧区改造结合起来，打造创意休闲社区。又如，以杨树浦路的上海国际时尚中心（原国棉十七厂）为核心，挖掘杨浦区工业资源，打造"近代中国工业旅游第一街"，带动和辐射杨浦区滨江旅游带。由此，通过对空间的多元化开发，吸引人们重温工业历史与文明，使人们从不同的城市工业场所片段去发掘城市文化底蕴与城市精神，深入认知上海、欣赏上海、认同上海、发展上海①。

第二节　天津市工业旅游案例

天津工业旅游出现较早且近年发展迅速，依托当地良好的传统及现代工业的发展和支持，使得工业旅游不再仅仅是单纯的参观，还充分整合全域资源，注重过程中与参观者的互动体验。通过对现代化创新技术的了解，对历史文化传承的认知，将旅游元素与工业文化完美结合在一起，实现游览和学习的双重意义。以空客 A320、海鸥手表、伊利乳业、利民调料、万寿家食品、桂发祥十八街麻花、中新制药等为代表企业，以及中航直升机、无人机、科大讯飞等更多优秀企业为天津工业游观提供了更多选择。

---

① 杨勇.文汇时评 |"上海制造"赋能城市工业旅游走出新路径［EB/OL］. https://wenhui.whb.cn/third/baidu/201809/26/214722.html，2018-09-26.

一、天津市工业旅游发展背景

天津是中国近代工业的发祥地之一。1860 年天津成为通商口岸以后，西方多国在天津设立租界，自此，天津成为中国开放的前沿和近代中国"洋务运动"的基地。由天津开始的铁路、电报、电话、邮政、司法等方面建设，均开中国之先河，创造了近代中国 100 个第一。中国的第一台电视机、第一部电话、第一架照相机、第一台汽车发动机、第一只手表等，均诞生在天津[①]。20世纪 80 年代以来，汽车工业、生物工程、电子仪表等现代高科技产业落户天津，形成了以电子、汽车、冶金、医药、纺织、机械等行业为主，150 多个工业门户蓬勃发展的现代化工业群落，是我国北方重要的综合性工业基地。

作为中国近代工业的摇篮和现代制造业的中心城市之一，天津拥有一大批特色鲜明、品牌知名度高的工业企业。近年来，随着"旅游 + 工业"深度融合发展，天津桂发祥、海鸥手表、伊利乳业等纷纷推出各具特色的旅游体验项目，工业旅游已成为天津旅游的一张新名片。2009 年 3 月，天津市经济委员会、天津市旅游局共同发布了《关于促进天津市工业旅游发展的指导意见》，提出"利用工业厂区景观、工业生产流程、工业企业文化等相关工业因素，开展工业旅游体验活动，以此满足旅游需求，提高企业综合效益，展示天津市工业经济发展成就"[②]。为了加强对工业旅游示范点的管理，促进工业旅游资源开发、利用和环境保护，2017 年天津市旅游局会同天津市工信委修订了《工业旅游示范点服务质量与评定标准》，将原标准中的"工业旅游示范点"改为"工业旅游区（点）"，并对原有评定条件进行修订，将工业旅游区（点）服务质量划分为 3A 级、2A 级、A 级 3 个等级，从细节方面、文化性和特色性等方面做出了更高要求，并增加了监督、晋升与退出机制。

天津工业旅游中包含各行各业，不同的业态集合在一起各有千秋，各具特点。近年来，天津工业逐步形成八大支柱产业布局，为开发和推动工业旅游奠定了良好基础，培育了空港经济区、北辰经济区等多个工业旅游聚集区，形成了以支柱产业为核心、以拥有众多驰名商标为重点的工业旅游产品格局。天津

---

① 天津族.太怀念! 这18个"老字号国货"，全认识的才算是老天津卫［EB/OL］https://new.qq.com/rain/a/20210803A01N3X00, 2021--08-03.

② 中国旅游报.为什么说天津的工业旅游好看又好玩儿？［EB/OL］.https://www.sohu.com/a/148240389_168296

已有工业旅游示范点 52 家，其中，国家级示范点 6 家、市级示范点 46 家，涵盖食品、酿酒、制造、医药、文化创意、纺织服装、循环经济、物流交通等各行各业。

二、天津市工业旅游资源

（一）天津市工业旅游资源总体情况及分类

近代百年看天津，天津可以说是近代中国历史的缩影，同时也是中国工业的发祥地、中国工业文明兴起的北方原点，工业文明贯穿了整个近代天津的发展历程。

1. 工业遗产旅游资源

天津工业发展历史悠久，自清末开始就已经成为我国重要的工业城市。在洋务运动中，西方工业文明涌入、洋务派长期经营，天津首开中国北方工业化之先河。大沽船坞、天津机器局、开平矿务局等一批工矿企业拔地而起。1866年，设立天津机器局，成为天津近代工业的发端。1870年，李鸿章担任直隶总督兼北洋大臣，立即对天津机器局进行场地扩建和设备更新，并且积极兴办近代军事工业，这些都带动了天津近代工业的兴起。

随着洋务运动的发展，军事企业对能源、原料和运输等都有了更大的需求。为解决煤炭全部进口的问题，1876年清政府组织勘探唐山开平煤矿，并于1878年成立了"开平矿务局"，具有"官督商办"股份制性质。这是中国最早以机械化方式进行采煤的矿区，也是中国首家发放股息的公司。1880年北洋水师大沽船坞建立，占地110亩，设有码头、轮机、铸铁、锅炉、枪炮检查等厂。全坞共有职工600余人，其中一半是技术工人。这些高技术含量、高起点的工业企业，为天津近代工业的发展夯实了基础，同时也培养了第一代产业工人。

天津成为北方洋务运动的中心，新式医学学堂、新式邮政等在天津开办，中国自办的第一条铁路，第一条电报线、电话线，第一所现代大学——北洋大学相继在天津诞生。天津一度成为中国近代铁路与通信中心，营造出工业文明发展的最初氛围。20世纪初，天津实施"新政"，兴办实业掀起了高潮。1903年，周学熙这位近代著名实业家任总办，创办了直隶工艺局。随后直隶高等工艺学堂、造币总厂、北洋银圆局等相继成立，紧接着天津织染缝纫公司等几十家官办、商办、官督商办的企业先后成立。据统计，从1902年到1911年不到十年间，天津出现过139家重要的工业企业，涉及矿业、机器制造、水泥、食品、纺织、化工等多个行业。天津民族资本的近代工业由此孕育诞生。

进入中华民国以后，天津近代工业快速发展。这期间，企业数量显著增加，天津工业经济快速发展。裕元、裕大等纱厂、面粉厂、油漆厂等一批技术含量高、投资规模大的企业纷纷成立。天津三条石地区地处南、北运河与河北大街相交形成的三角地区，因濒临三岔河口，期初便于为运河船只服务，而后逐渐发展成小型民族铸铁、机器工业的聚集地。到20世纪二三十年代，发展到鼎盛时期，在"长仅里许，宽约丈余"的三条石大街上分布着80多家铁工厂，密密麻麻，成为当时有名的"铁厂街"。而整个三条石地区内的铸铁厂、机器制造厂达到了300多家，成为华北地区名副其实的机械、铸铁业的中心。

中华人民共和国成立之时，天津共有工业企业4708家，门类相对齐全，形成了化工、造纸、纺织、印刷、机器制造、食品等比较完整的工业体系。工业投资总额和工厂总数仅低于上海，居全国第二位，工业实力雄厚，成为北方工业基地和经济中心。

丰厚的近代工业发展底蕴为天津留下了丰富的工业遗产，为天津工业旅游的开发奠定了坚实的基础，也注入了深厚的文化积淀。从洋务运动以来，天津一直是中国工业第二城。百年老品牌，是天津工业的一大特点。这些老品牌有的消失在时光中，有的如今依然屹立于市。老品牌承载着一代人对于时间的独特记忆，这些老品牌如今也成了天津工业旅游名片，是天津旅游的重要组成部分。还有些老品牌在市民的追忆中重现。如今的光荣牌酱油、十八街麻花、老美华布鞋、盛锡福帽子等经过了时间的洗刷，已成为天津的老字号，这些拥有百年历史的津门老字号成为天津旅游独特的风景线，也是独特的文化符号。参观老字号产品的制作过程，聆听老品牌的发展故事，品尝经典麻花的味道，不失为一种独特的旅游方式。在中国工业遗产保护名录的前后两批评选中，天津共有9项工业遗产入选。第一批3项（全国共100项），分别是北洋水师大沽船坞、天津金汤桥、天津碱厂。第二批6项（全国共131项），分别是天津解放桥、大清邮政津局、关内外铁路、比商天津电车电灯股份有限公司、津浦铁路、英美烟公司。另外，还有三条石地区遗存的福聚兴机器厂旧址等100多处不同等级的工业遗产。这些工业遗产是天津作为历史文化名城的有力见证，是天津城市发展的宝贵财富，是天津发展工业旅游的坚实基础和有力支撑。

2. 现代工业旅游资源

中华人民共和国成立后，天津工业由原先的以食品、纺织为主，逐步发展成轻、重工业大体相等的综合性工业城市。诞生了我国的第一块手表、第一辆自行车、第一架照相机、第一台模拟电子计算机、第一台电视等一批工业产品，天津成为我国重要的工业基地，为国家经济发展做出了重大贡献。

改革开放以来，天津通过加大科技投入、调整产业结构、建立现代企业制度等手段，使工业整体竞争力增强，发展成为现代工业的集聚地。20世纪90年代，天津工业以结构调整为主线，走出了一条创新之路，不断发展，成为推动全市经济增长的主导力量。天津钢管公司、天津港集团、中坏电子等一批企业不断壮大，带动天津工业的发展。工业成为助推天津经济发展的重要力量。

进入21世纪后，天津工业实施战略东移，工业布局发生变化，滨海新区快速发展，与中心城区以及其他区县三个层面相互联动，共同支撑新的工业发展格局。丰田、三星等一大批国际一流的外资企业相继落户，一批产业聚集区相继建设，体现了天津工业的发展水平，大飞机、大火箭、大乙烯、大炼油等一批标志性项目的投产，创造了天津工业的历史，抢占了产业发展的制高点，为天津工业的腾飞积蓄了力量。

当前，天津工业进入了发展新时期，在高端化、高质化、新型工业化的道路上迈出了铿锵的步伐。航空航天产业、生物技术与现代医药、石油化工产业、装备制造业、电子信息产业、新能源产业、轻纺产业、国防科技产业八大优势支柱产业的比重不断提升，保持在90%以上，工业可持续发展能力和竞争力不断增强，初步构筑起以战略性新兴产业为引领，以高新技术产业为先导，以八大优势支柱产业为重要支撑的现代工业体系。现代制造业的发展，使天津工业得到转型，在全国仍然具有举足轻重的地位。天津拥有众多耳熟能详的工业品牌，成为中国行业的浓缩标志，在全国都具有开拓性的意义。高科技工业的快速发展，使天津工业发展更上一层楼。空客天津总装线厂房被网友评为最具参观价值的工业旅游景点，过去的品牌总和人们的衣食等轻工业有关，如今天津工业旅游有了高精尖的产业。在天津国际邮轮母港，能看到来自五大洲的朋友。作为世界第五大港、世界级最高人工深水港，天津港已经被打造成港口工业旅游的旅游产品，游客可以乘船看到世界最大、最先进的集装箱码头群。此外，科大讯飞、未来网络电视、中航直升机等一些高科技的公司也对外开放，游客可以在这些企业中体验天津高科技的飞速发展。

由此可见，天津作为中国近代工业的发祥地，具有非常雄厚的工业基础，留下了众多有价值的工业遗产，而随着滨海新区的开发开放，又逐步建立了完善的现代工业布局，在开展工业旅游方面具有得天独厚的优势。

（二）天津市工业旅游开发的优势要素

1. 资源特色优势

工业旅游作为一个新兴的旅游门类，旅游的内容非常独特，对游客有着强烈的吸引力，客源市场非常广泛。新颖的工业旅游可以让游客在旅游过程中放松身心，同时还可以学习新奇的知识，并且能够拓宽视野。这也要求工业旅游的资源必须具备全、奇、特的特点。天津作为中国近代工业的发祥地，曾经诞生了100多项全国第一，历经100多年的发展和沉淀，留下来众多的工业遗产，在全市不可移动文物中，工业遗产占了一半以上。天津工业遗产不仅品类众多，而且特色突出，很多项目独一无二，比如能够平转开启的金汤桥、立转开启的解放桥、第一张大龙邮票的天津邮政博物馆等工业遗产，令国内外游客眼前一亮，既有百年历史的沧桑感，又能够满足游客的新奇感。而现代工业高科技突出，空客A320总专线等工业旅游项目，又以一种全新的姿态吸引着世界游客的眼光。天津的工业旅游格局全面，能够满足不同客源市场的需求，具有很广阔的开发潜力。

2. 产业集群和重大项目带动优势

目前，天津市已有52家市级以上工业旅游示范点，其中6家被评为全国工业游示范点，这些重大工业旅游项目逐步形成产业集群效应，成为天津市民乃至周边地区游客到天津来旅游的看点。特别是2007年第三届中国景区博览会上，天津港"海上工业游"盛装亮相，成为天津市主要的工业游项目。坐落于滨海新区的纺织博物馆，将展示天津百年纺织工业历史，7000余件纺织物品演绎天津纺织业发展各个历史时期的成就，成为天津工业旅游又一亮点。滨海新区全面的利用加工制造方面支柱产业的优势，实现"以点带面"，促进天津的工业旅游全面开花，然后再发挥"面"的优势，由整体带动部分，促进众多企业参与其中。开发重大工业项目游，使游客亲身体验滨海新区高端制造业的感观盛宴。大乙烯、大火箭、空客 A320 等重大项目，必然会促进天津工业旅游的蓬勃发展。深入地挖掘这些产业聚集区重大工业项目的旅游潜力，使其成为滨海新区工业旅游的重要载体，游客可以欣赏到这些产业园区厂景、高新设备、生产流程等。这些都是天津发展都市工业旅游的重要载体依托。

三、天津市工业旅游案例启示

（一）以多方协作为纽带

天津工业旅游是在政府主导、工业企业主动、旅行社推广的组合协作模式下推动发展的。天津市旅游局和天津工业旅游促进中心作为政府部门，主导工业旅游规划和工业旅游示范点的评定，各工业企业主动开发工业旅游产品，打造旅游景区吸引游客，旅行社根据旅游市场需求将多个工业旅游景点或者将工业旅游景点与其他类型的旅游景点编制成旅游线路，向市场推广，并组织游客参观。既可以是工业主题游，比如将空客 A320、伊利乳业、纺织博物馆等距离相近的工业企业串成一条旅游线路，形成涉及航天、食品、服装多个方面内容的旅游，也可以是综合主题游，比如将津酒文化园这个工业旅游示范点与桃花堤、北洋大学旧址等自然、人文景区相结合，丰富旅游内容。

（二）以参观先进技术为主动因

工业旅游在国外是从工业遗产旅游开始的。而我国的工业旅游发展最好的大多数都集中在知名企业。这些企业规模大、实力强、厂区环境好，拥有先进的生产设备，具备科学的研发技术，比如天士力、王朝葡萄酒。这些新奇的技术和设备往往是游客前往参观的主要动因。企业正是以此来扩大宣传，提升自身企业和产品的品牌影响力，增强产品市场竞争力。

（三）以促进产业结构调整为出发点

发展工业旅游一方面是盘活工业遗产的一种有效方式，对"老旧"工业遗产进行改造，变成文化创意集群，吸引年轻游客，转向第三产业，延续老厂房的生命；另一方面是激发现代大型工业企业活力的一种有效途径，工业旅游不但提高了工业企业的影响力，也为企业在当下整体工业发展环境不佳的情况下实现产业升级开辟了新渠道，为企业带来经济效益。工业旅游的发展逐步成为改善天津城市形象、调整天津产业结构、带动天津经济效益和社会效益的重要手段。

（四）以现代工业企业为主体

随着天津中心城区的产业升级，一大批工业企业消失在时代发展潮流之中，还有一大批知名企业纷纷迁出。滨海新区成为工业产业的集群，有的老企业在滨海新区设立新厂，并建立了工业博物馆，有的国际大型企业落户滨海，引领时尚，成为天津工业旅游的亮丽风景线。

（五）多种开发模式并存

1. 政府主导模式

政府主导型模式，就是适应天津市产业结构调整和加速发展现代服务业的要求，以政府为主导大力推进工业旅游的发展。政府主管部门要结合天津的实际情况，认真研究、制定天津市工业旅游的发展规划，加强政府的宏观调控职能。该模式的意义在于：一是可以明确天津市工业旅游发展的定位、发展目标、开发途径、空间布局、产品结构以及市场营销；二是引导和扶持精品工业旅游产品的开发；三是制定工业旅游发展的政策，规范市场秩序，创造良好的发展环境；四是可以将工业旅游的发展纳入天津市旅游业总体发展的框架中，在市场营销、宣传、资源整合、组织合作等各方面为工业旅游的发展提供一个良好的运作平台。政府主导型模式尤其是在工业旅游发展的初期阶段将起到很好的效果。

2. 工业企业自主开发模式

实行这种的企业必须要具备良好的旅游项目开发经验、旅游规划设计水平和旅游景区经营能力。企业可以独立对工业旅游产品进行经营，具备高超的旅游商品的设计能力，还能够制定工业旅游的发展规划。比如王朝酒业、海鸥表集团等。这种模式的开发是基于企业多年积累的商务接待经验和能力，企业引进专业的旅游人才来完成自主开发；或工业企业聘请专业旅游公司来进行业务指导；也可以是将工业旅游项目委托给旅游公司来经营。这种模式使工业企业可以充分发挥对自身熟悉的优势，进而有效控制开展工业旅游的深度和时间，同时由于专业人才和旅游公司的参与，可以弥补企业在旅游专业方面的劣势，使该工业旅游项目更加专业化。

3. 工业企业加旅游公司

工业企业加旅游公司模式，是在具有旅游规划、项目开发经验的旅游规划公司和线路组织、市场经营能力的旅游公司以及景点经营能力、旅游纪念品设计能力的企业指导下，制定工业企业旅游的发展规划，指导工业企业进行资源的深入挖掘、配套设施的建设、项目的设计、市场的开发、产品的促销、服务的实施、旅游纪念品的设计，真正实现"工"和"游"的无缝对接。具体方式可以有四种：一是自主管理，即一些大型企业利用多年积累的公务接待经验，通过引进旅游专业人才，自己成立工业旅游经营部门，如成立自己的旅行社或成立工业旅游接待部；二是业务指导，即工业企业聘请旅游公司进行业务指导；三是委托管理，即工业企业将工业旅游项目委托给旅游公司进行管理；四是租赁或承包经营，即工业企业将工业旅游项目租赁或承包给旅游公司进行经营。该模式的意义在于：一是旅游公司的参与可以弥补工业企业经营旅游业经验的缺乏，使开发经营工业旅游项目更加专业化；二是旅行社可以将工业旅游项目纳入其经营的常规线路中，确保工业旅游的客源，同时丰富了旅行社的产品。

第三节　湖北武汉市工业旅游案例

武汉地处江汉平原东部，在中国经济地理圈内处于中国地理上的"心脏"，故被称为"九省通衢"之地。作为我国中部地区最大的城市，武汉是我国重要的工业基地、科教基地和综合交通枢纽，也是华中地区最大的工商业城市。优越的区位条件和快速发展的经济环境，促使武汉旅游业呈现出蓬勃发展之势，旅游业成为武汉市第四个"千亿元产业"。

一、武汉市工业旅游发展背景

武汉是中国近现代工业的主要发祥地之一，也是近现代中国制造业的重要聚集地和老工业基地，百年工业发展史为武汉留下了极具价值的丰富的工业旅游资源。现在的武汉更是国家重点建设的工业城市，拥有钢铁、汽车、光电子、化工、冶金、纺织、造船、制造、医药等完整的工业体系。

武汉工业旅游最早兴起于武汉经济技术开发区，1995年6月，开发区立项开发工业旅游项目，主要是参观现代制造业的工艺流程，涉及汽车、食品、饮料生产线，开发区工业旅游项目共接待参观者百万余人次，取得了巨大的社会效益和良好的经济效益。2002年，汉阳钢厂建成张之洞与汉阳铁厂博物馆，汉阳铁厂门楼和汉阳兵工厂门楼为其配套建筑，一起作为武汉的工业旅游项目和青少年教育基地。2003年，纯口开发区开辟了工业游专线，吸引湖南、河南游客包专列来汉看东方、可口可乐的生产线。武钢集团也推出了工业旅游项目并建成了武钢博物馆，该馆于2008年9月开馆。与此同时，各种类型的工业旅游项目陆续涌现，武汉工业旅游十分红火。

武汉市政府在2009年11月第一次召开的旅游发展大会上提出武汉旅游业的七张王牌：泛水旅游、都市文化旅游、工业旅游、红色旅游、乡村休闲旅游、商贸会展旅游、科教旅游。2011年年初，武汉市青山区正式成立武汉市青山工业旅游促进中心，力图运用其优势的现代化工业旅游资源推动武汉工业旅游新一轮的发展。2012年，东西湖区凭借着强大的工业背景支撑，推出了食品工业游。东西湖区已形成华中地区最大规模的食品工业群，武汉市场上消费的九成啤酒、六成牛奶、五成方便面和四成碳酸饮料均产自该区。国家级吴家山开发区已拥有统一、百事、华润、蒙牛、天喔、益海嘉里等多家知名食品企业。随着工业企业的迅猛发展，武汉北编组站拟建成工业旅游示范区，打造武汉市工业旅游品牌；东湖高新区也将打造首条高科技工业旅游线路，主题定位是"穿越光谷，工业观光"；基于工业遗存的文化创意产业园也陆续涌现于武汉三镇。

二、武汉市工业旅游资源

（一）武汉市工业旅游资源总体情况

武汉是近现代工业的聚集地，拥有种类和数量丰富的工业遗产资源，武汉也是现代工业的聚集地，工业企业类型齐全、分布广泛、实力强大，工业旅游资源总量丰富。

1. 工业遗产旅游资源

张之洞督鄂，武汉近代工业起步，逐渐成为当时内地最大的工业基地和经济中心，百年历史，武汉留下了极具价值的工业遗产。历史显示，武汉近现代工业起源于食品加工业。1861 年武汉开埠后，最先兴起的是外商所办的制茶、蛋粉加工等，俄商顺丰砖茶厂便是武汉当时第一家最具代表性的近代工业企业，并成为当时中国同类工厂中创办最早、规模最大的企业。经武汉市历史文化风貌街区保护委员会调查，1860—1990 年，活跃在武汉这座城市的工业企业有 371 家（解放前 132 家），最早的诞生在 1860 年。目前武汉市有实物可寻的工业遗存 95 家，大部分解放前的工业遗存拆毁严重，132 家仅存 27 处，解放后的 239 家企业仅存 67 处。在现代工业快速发展的今天，这些珍贵的历史工业文化遗产仍是武汉城市血液中不可磨灭的基因，是武汉"建设国家中心城市"的成长基因，因此，有必要对其进行保护式利用和开发，让其得以永续传承。

2. 现代工业旅游资源

武汉现代工业蓬勃发展，目前全市工业生产规划布局主要集中在五大产业集聚区：一是以发展钢铁制造及深加工、船舶机械、石油化工、电力工业、环保产业、建材产业、纺织产业等为主的钢铁化工及环保产业聚集区（青山—阳逻—左岭）；二是以发展汽车及零部件、家电产品和消费类电子为主的汽车及机电产业聚集区（武汉经济技术开发区—汉阳—蔡甸—汉南）；三是发展以光电子和生物医药为主体的高新技术产业为主的光电子及生物医药产业聚集区（东湖新技术开发区—洪山—江夏）；四是以发展食品加工和农副产品深加工为主的食品工业聚集区（东西湖—汉阳黄金口）；五是以在中心城区发展都市型企业和民营经济为主的都市工业聚集区。此外，各种行业博物馆、创意产业园也相继涌现，为武汉发展工业旅游提供了资源基础。

（二）武汉市工业旅游资源分布特点

根据武汉工业旅游资源的分布状况及空间结构，围绕建设中部地区最大工业旅游城市和全国工业遗产保护示范基地的总体目标，实施区域联动、产业融合、多元优化、文化提升、精品品牌五大战略，构筑"一核一环两线四区十一个特色区域"的空间战略布局，以"产业观光为魂、产业文化为魄、科普教育为形、城市为依、两江为魅"，确立工业旅游在武汉城市旅游发展中的形象和地位，并进一步促进武汉工业旅游的高效蓬勃发展。

1. 一核：都市产业观光文化区

都市产业观光核——武汉中心城区，是武汉旅游经济的增长极核、游客集散和服务中心、旅游交通枢纽，是发挥武汉都市旅游功能的核心载体，同时也是实现产业集聚效应的核心支撑。主要展现各类都市创意产业园区、各类行业博物馆、都市特色建筑及重大市政工程建设成果和风貌。

2. 一环：中心都市工业园旅游区

该环工业园旅游区均位于武汉市三环以内，包括中心城区七个各具特色的都市工业园区：江岸堤角都市工业园（发展机电制造、皮革制品和肉类食品加工等，让旅游者感受到老国有企业存量资源）；江汉现代都市工业园（以服装加工、机电制造等为主，规划形成现代都市工业聚集区，建设发展火炬计划研发与创意产业园和科技企业孵化与创业基地）；硚口汉正街都市工业园（小商品加工、服装加工、印务等，让旅游者了解图书音像制品研发、生产和发行经营的全过程，并体验汉正街小商品商贸交易的繁华）；汉阳黄金口都市工业园（以食品加工、汽车零部件、新型建材等为主）；武昌白沙洲都市工业园（船舶机械制造，依托武船和南华高速的高速客船、旅游观光潜艇及豪华游船等资源作为主要品牌产品发展上下产业链）；洪山左岭化工都市工业园（以精细化工、基础化工等一系列化工产业为主导产业，已形成以葛化集团为中枢化的化工产业集群）；青山工人村都市工业园（也被称为青山循环经济示范区，已建设形成"三园一基地"的格局，即工人村都市工业园、环保科技产业园、厂前都市工业园和高新技术产业孵化基地）。

3. 两线：长江、汉江沿线产业文化观光廊

长江、汉江纵贯武汉，白沙洲大桥、长江大桥、长江二桥、长江隧道、二七长江大桥、江南武昌江滩、江北汉口江滩、汉阳江滩、晴川桥、月湖桥、江汉一桥、江汉二桥，都是以两江为魂，沟通武汉地脉、延伸武汉文脉，是具有水上水岸休闲游憩功能的独特建筑景观及都市产业文化观光长廊。突出展现武汉大江大湖文化、沿岸特色都市建筑文化、船舶航运文化、码头文化、商贸交易文化及重大市政工程建设文化景观。

4.四区：四大集聚产业旅游区

在武汉近郊四大集聚产业基地基础上形成了四大集聚产业旅游区：

（1）食品产业集聚旅游区——该区主要依托吴家山经济技术开发区和汉阳黄金口食品工业园，重点发展食品加工和农副产品深加工，发展高新技术产业和高附加值服务业，规划打造生物科技食品工业城，建设食品技术研发、食品信息交流、食品加工、食品物流等功能中心。在本区旅游者通过参观生产流水线，可以了解啤酒饮料行业、乳品行业、休闲烘焙食品行业、各类农副产品等如何生产、入库、上线，如何一步步被加工成食用油、粮食或奶制品等。代表企业有益海嘉里、武汉统一、双汇食品、武烟集团、康师傅、百事食品集团等。

（2）汽车及机电产业集聚旅游区——主要位于武汉经济技术开发区，以国家新型工业化示范基地建设为依托，辐射蔡甸区、汉南区。该区充分发挥"武汉中国车城"的品牌效应，不断发展壮大汽车整车及零部件产业规模，目前已形成了以神龙汽车、东风本田、东风电动车、东风乘用车、三环专业汽车公司等为代表的整车企业，以及以东风鸿泰、友德汽车、东风模冲、提爱思全兴、法雷奥车灯等为代表的汽车零部件企业，已逐渐建设成为展示湖北及中国汽车行业发展最新成果的重要窗口。旅游者在这里可以欣赏到迂回蜿蜒数公里的鱼贯如龙的总装配生产线、机器人手舞足蹈的传装生产线，亲眼见证一辆汽车如何被制造出来。另外，绿树成荫的厂区环境与厂房建筑、办公场所相映生辉。在可口可乐厂区会让游客认识一个全新的、完全自动化的生产车间，使其感受到现代科技给生活带来的巨大改变。

（3）光电子信息及生物医药产业集聚旅游区——该区主要以东湖新技术开发区为主体，位于武汉市东南部的三湖六山之间，自然环境条件优越，形成以光电子信息产业为特色，节能环保、生物医药、现代农业等产业竞相发展的格局，以关东光电子产业园、关南生物医药产业园、光谷软件园等特色园区为代表，在本区可以全面了解武汉光电子信息设计业、制造业、设备制造业等的完整及最新发展状况，也可领略技术先进的生物医药工程技术和新型制造工艺，感受生态环保、休闲舒适、时尚活力的现代化工业园区风貌。

（4）钢铁化工及环保产业集聚旅游区——该区大体位于青山区，以国家节能环保科技产业园和武钢集团为依托，正在推进建设全国精品钢材生产基地、万吨乙烯工程及配套项目，构建新型化工产业集群，打造中部地区石油化工生产基地、产品供应中心和长江中游重要的化工物流基地。在这里，通过参观武钢生产车间及武钢博物馆，旅游者可以了解整个武钢的大致情况，了解中国钢铁冶炼历史和钢铁工业发展历史。同时也可以了解废旧物质如何实现再生循环利用，通过宣传教育增强旅游者的生态环保意识，节约资源，爱护环境。

5. 十一个特色旅游功能区

（1）东湖高新技术开发区：关东光电子产业园、关南生物医药产业园、汤逊湖大学科技城、光谷软件园、佛祖岭产业园与机电产业园各具特色，开发区内科技园、电子信息、生物医药、能源环保、机电一体化、新材料及化工等产业蓬勃发展。依靠东湖，生态环境优美。

（2）武汉经济技术开发区：以东方设计院为核心向四周发散，主要以汽车、汽车零部件、食品、饮料等产业为主。区内有三角湖、后官湖等湖泊，厂区环境舒适。

（3）吴家山台商工业园区：重点发展以统一、百事、华润、蒙牛、天喔、益海嘉里等企业为代表的食品工业及以 TCL、森六、东风实业为代表的机电和汽车零部件产业。

（4）汉阳造创意产业园区：这是一座集文化艺术、创意设计、商务休闲于一体的专业化管理、规范化经营、市场化运作的综合性文化创意产业园。园区在保留原 824 厂老工业基地的原味上，对旧厂房进行量身规划设计，与楚文化、知音文化、长江文化、汉阳造文化、龟山文化、滨江滨湖地缘文化巧妙融合，为其注入新鲜的文化创意理念，使其重新焕发青春和活力。整个园区分为五个功能区：公共活动景观区；主题核心区：标志性建筑"汉阳会"融展览、接待、活动等功能于一体，堪称武汉新一代的地标；艺术原创商务区：聚集画廊、名家艺术家工作室；休闲服务区：有物业管理、银行等辅助性企业，餐饮等休闲娱乐设施；商务区和综艺功能区：汇集创意文化及其他企业办公，并包含综艺酒店，增加园区文化休闲方式的多样化。

（5）江夏经济开发区：位于武汉市东南部汤逊湖畔，拥有 5 万亩无污染的城中湖，山水相映、风光宜人。该区形成了以华工科技产业园、精伦电子为主的光电子通信产业，以武汉医药科技园、普生制药、沃尔药业、三利生物等为主的生物医药产业，以凯迪电力股份公司、武汉博大电气集团、方元环境工程公司等为代表的电力、环保产业，以葛洲坝水泥厂、台湾斯米克集团等为代表的建材化工行业和旅游、房地产及文教产业。

（6）蔡甸经济开发区：位于武汉市西南部，紧邻武汉经济技术开发区，以化工医药产业、通信电子产业、机械汽配产业、现代物流产业等为支柱产业，代表企业有南洋药业、同仁堂药业、同济堂药业、恒生光电、银泰科技、海天汽配城、八达通农产品物流等。

（7）盘龙城经济开发区：以光学电子、医药化工、冶金建材、机械制造、食品加工和汽车贸易为支柱产业，以及与天河机场配套的航空物流港。

（8）汉南经济开发区：位于武汉市三环线，跨江与东湖技术开发区接壤。园区以汽车制造、信息工程产业、生物工程为支柱产业，并集科研科技、生物医药、港口、仓储物流、商贸等于一体。

（9）阳逻经济开发区：地处长江中游北岸，是武汉通向沿海地区的水路咽喉和华中地区对外联络的水上门户，是华中地区重要物流中心和现代港口工业新城。港口物流区主要发展仓储、转运、保税加工及转口贸易等行业，工业园区重点发展纺织服装、机械制造、钢材深加工、建材、农副产品加工等产业，综合配套生活区发展商居、旅游、休闲、娱乐、金融服务等第三产业。

（10）武汉化学工业园区：北湖产业组团以核心项目万吨乙烯为主导产业，左岭综合组团以无机化工原料生产为主，发展精细化工产品。

（11）中国国防科技工业园：位于武汉光谷，重点项目为航天和航空科技、电子信息、生物工程、新材料、光学和光机电一体化等六大领域。

三、武汉市工业旅游案例启示

（一）整合工业旅游产品体系，明确定位

武汉工业旅游产品设计主要依托其自身的工业旅游资源优势和市场平台优势，以武汉市五大工业产业基地为核心的旅游产品体系，将零散分布的工业旅游资源及旅游产品开发所需的各类资源整合成服务于工业旅游这一专项产品的一个完整的技术体系，其目的在于优化旅游市场产品结构，更好地满足旅游者的体验需求，为旅游者创造满意经历。

武汉工业旅游发展的总体定位为：武汉都市旅游业的重要增长点及城市经

济新的增长点，武汉城市文明的特色载体之一。充分发挥武汉工业旅游资源和科教文化资源优势，以工业科教旅游和工业休闲旅游为发展重点，以工业观光、商务旅游为两翼，以武汉城市圈和华中地区相邻城市为核心客源市场，以"大武汉——中国近代工业发展的先驱"或"敢为人先，追求卓越——探访近代中国觉醒之工业路"作为武汉工业旅游对外宣传口号，持续提升工业旅游对城市旅游业的贡献率，力争将武汉建设成中部地区乃至全国最大的工业旅游城市、全国工业遗产保护示范基地和全国工业旅游开发示范城市。

（二）开展主题策划，打好三张牌

武汉工业旅游将重点打造三大工业旅游产品品牌："科普教育牌""产业观光牌"和"生态工业牌"。

1. 科普教育牌

武汉科教旅游资源丰富，借助武汉科教旅游资源的影响力，以具有巨大影响的武汉长江大桥、武汉大学、武钢博物馆、武汉科技馆、"汉阳造"、神龙汽车等为招牌，以产业博物馆、食品工业、工业遗产遗迹、机械化工、高新电子、生态工业园等为重点，打造武汉工业科普旅游精品，突出"华中科普教育基地"的显著特色，充分展现武汉科普教育旅游的时尚、浪漫、活泼和与时俱进的主题风。

2. 产业观光牌

依托武汉完善的工业体系结构和独具魅力的江城风情、长江文化、汽车文化、码头文化、桥文化等优质特色文化，以武钢集团、青山船厂、武汉经济技术开发区、光谷高新技术产业园区、吴家山食品工业园区、汉阳造创意产业园等为招牌，以产业观光旅游、产业文化旅游、产业体验旅游等为重点，展现武汉工业旅游内容丰富、形式多元的风格。

3. 生态工业牌

武汉是武汉城市圈"两型社会"改革试验区建设的核心，在绿色经济、低碳经济、循环经济理念及环境友好型、资源节约型社会建设的指导思想下，武汉两江三镇陆续规划和建成各类生态工业园区：湖北中烟工业有限公司在东西湖区金银湖畔创建了中国烟草行业的第一个生态工业园，这是一座技术领先、布局科学、环境友好的现代化绿色工业园；武汉经济技术开发区一直努力建设以工业共生、物质循环、自然和谐为特征的绿色高新技术产业开发示范区和资源节约型、环境友好型开发区，并成为湖北省唯一通过国家生态工业示范园区建设规划认证的区域；青山区依托钢铁、石化、环保"三大产业"，在"十一五"期间全力建设生态工业城区，并取得了显著的成绩。武汉在工业旅游开发中，充分利用这些生态工业园区良好的生态环境和工业基础，建设高品质的精品生态工业商务考察及观光旅游产品，形成绿色环保、康体休闲、循环节能相互补充，工业资源与生态景观环境资源相结合的多元复合开发模式，各类特色观光产品和商务考察产品汇集的生态工业网络体系，突出展示武汉工业绿色生态、低碳环保、和谐友好、循环创新的主题。

（三）工业旅游产品理念创新

思想理念创新是一切创新的前提，要求突出旅游产品人性化设计，充分体现对旅游者的人文关怀，提供个性化的旅游服务，实现旅游消费过程的互动化，增强旅游内容的体验性。旅游产品的创新是产品的创造性和竞争性开发，把潜在的东西更深层次地挖掘出来，以创新带动需求，引导消费潮流。工业旅游产品是工业旅游发展最为重要的部分，是旅游者直接感受旅游活动的重要载体，也是工业旅游发展繁荣与否的最直观体现。旅游者乐意花费时间和金钱来旅游，为的就是从中获得独特、满意的旅游经历和体验，"经历""体验"的完整与否则重点体现在旅游产品的质量上。

综合武汉工业旅游资源现状，结合武汉都市旅游产业的发展特点，有针对性地设计推出汽车、烟草、钢铁、造船、化工、现代工业园区、食品、生物医药、家电、科普、创意产业、产业博物馆及历史遗迹共13类工业旅游产品主题。在主题理念构思和产品创意设计时重点突出其文化内涵，以形成品牌为目的，并以形象化的语言对每个主题加以概括，突出人性化和体验性。据此可将这13个主题理念分别定位为："沌口汽车城华丽探险之旅""吸烟有害健康——武汉卷烟厂烟草人生之旅""探秘近代工业文明——汉阳兵工厂铁厂寻访之旅""时尚魅影之创意产业动感之旅""钢铁是怎样炼成的——武钢体验之旅""舌尖上的情缘——食品工业味蕾之旅""生活的好帮手——现代家电产业爱家之旅""舟行千里之造船工业之旅""生活揭秘——武汉科普工业精彩之旅""健康是福——医药保健产业脉动之旅""绿色环保、物质循环、低碳节能——武汉化工产业考察之旅""现代工业园区，武汉经济建设的重要载体"
等。

第四节　山东省青岛市工业旅游案例

青岛作为一座著名的旅游城市，除了拥有如火如荼的海滨旅游发展，其工业旅游也一直走在全国的前列。青岛拥有多个全国和全球著名的品牌企业，海尔、海信、青啤、青岛港务局、双星等知名企业都是在青岛这片土地上孕育发展起来的。在国家认定的首批工业旅游示范点中，青岛一个城市占了4席。青岛工业旅游的发展为青岛旅游业和青岛经济的快速增长做出了不可忽视的贡献[①]。

一、青岛市工业旅游发展背景

青岛位于中日韩自贸区的前沿地带，是国务院批复确定的中国沿海重要中心城市和滨海度假旅游城市、国际性港口城市，一带一路新亚欧大陆桥经济走廊主要节点城市和海上合作战略支点。青岛是国家历史文化名城、中国道教发祥地[②]。青岛被誉为中国帆船之都，亚洲最佳航海城，世界啤酒之城、联合国"电影之都"、全国首批沿海开放城市、全国文明城市[③]、中国最具幸福感城市、"东方瑞士"、中国品牌之都等。

青岛是国内较早开展工业旅游的城市之一，20世纪60年代便有了发展工业旅游的尝试。1996年工业旅游在青岛正式开展起来，是在国内较早开展工业旅游的城市之一。青岛工业旅游开发在国内同行中处于领先地位，为中国旅游事业发展做出了自己的贡献。1998年《青岛市工业旅游示范点试行标准》出台，对工业企业的旅游设施、交通设备、旅游厕所等做出初步规定。1999年青岛市率先确立了9家市级工业旅游示范点，其实践经验成为国家旅游局制

① 李春花，李晓莉.青岛工业旅游发展探析［J］.企业技术开发：下，2009，28（10）：38.

② 青岛政务网.历史文化［EB/OL］.http://www.qingdao.gov.cn/n172/n25664338/n26675709/121009111111687261.html.

③ 青岛日报.青岛蝉联全国文明城市荣誉称号［EB/OL］.http://unn.people.com.cn/n1/2017/1120/c14717-29656871.html.

订出台的"工农业旅游示范点"国家标准，2004年4月国家工农业旅游示范点验收现场会在青岛召开，在国家认定的首批工业旅游示范点中，山东省一共有六个，其中青岛就占了四席：青岛啤酒厂、青岛海尔工业园、青岛港、青岛华东葡萄酒庄园[1]。2016年11月，由国家旅游局主办的全国工业旅游创新大会在青岛举办，会上为首批22家国家工业旅游创新单位授牌，青岛啤酒公司、海尔集团入选[2]。截至目前，青岛有38个工业旅游示范点。2018年10月，青岛在第二届中国工业旅游产业发展联合大会发布的"工业旅游城市综合竞争力指数排行榜"中位列第二[3]。

二、青岛市工业旅游资源

（一）青岛市工业旅游资源总体情况和分类

青岛市是我国近代工业化萌芽之地和重要的制造业基地之一，又是山东省经济和对外开放的龙头。青岛市的工业旅游资源丰富，是我国较早开展工业旅游的城市之一。青岛的工业旅游的真正兴起始于1999年，但是在此之前，青岛的许多著名企业就以免费接待参观学习和政府部门考察的形式，开始了工业旅游的探索。

青岛市已开发的工业旅游项目主要有以下几种类型：

1. 依托国家重大工程项目而开发的工业旅游

这些项目因关系到国计民生，作用特殊，因此，往往成为具有标志性和象征意义的国家符号，代表了国家的形象和民族精神。其代表有青岛港和青岛石油化工基地等。

2. 工业遗产旅游项目

在青岛的工业历史中，虽然很多旧厂区、厂房、机器设备等遭到了不同程度的损毁，但还是积淀了丰富的工业遗产，有少数的工业遗产得到了有效的保

---

① 刘文俭.青岛发展工业旅游的经验与借鉴［J］.中国城市经济，2008（10）：54-55.

② 中国旅游报.十大工业旅游城市评选：走进青岛［EB/OL］. https://hb.jjj.qq.com/a/20190923/009208.htm.

③ 人民网—旅游频道.第二届中国工业旅游产业发展联合大会召开［EB/OL］. http://travel.people.com.cn/n1/2018/0928/c41570-30319581.html.

护，并加以开发，成为独具特色的旅游街区和遗产博物馆。如青岛啤酒博物馆。

3. 高新科技引发的工业旅游

信息通信、计算机软件、新材料、新能源、生物制药、航天航空等高新技术，这些都是科技含量极高的人类科技活动的最新成果，对求知欲望强烈的旅游者有较大的吸引力。如青岛海洋生物科技类企业。

4. 基于现代化工业而开发的工业旅游

现代化的流水线，自动化、智能化的工业产品制造技术，自身所具有的较高的技术含量对于游客来说有很高的观赏性，能够满足游客求知需求；同时，其较好的企业文化，也是一种独特的旅游吸引物。青岛海尔集团、海信集团等就是此类的佼佼者。

5. 以"食"为主题的工业旅游

顾名思义，这类工业从事社会终端消费品的生产，其产品与生活消费密切相关，而且与各大旅游要素有直接关联，无论是从事食品加工、酿酒，还是服饰加工等企业都可以开展。如青岛啤酒公司、青岛华东葡萄酒公司、青岛可口可乐饮料有限公司等。

6. 特色工业旅游项目

民族特色工业和手工业是传承中华民族精神文化特质的载体和符号，它们具有特色的历史意义和文化价值，是开发特色旅游的宝贵财富，很有潜力成为具有世界文化意义的特色旅游项目。如青岛即墨老酒厂。

（二）青岛市工业旅游资源优势

青岛发展工业旅游非常切合实际，因为青岛具有工业旅游方面的独特优势，有工业旅游必要的资源和载体。

青岛是全国最早实施名牌带动战略的城市之一。截至目前，青岛市拥有中国大陆唯一的世界最具影响力百强品牌海尔；拥有中国名牌产品69个，国家级品牌拥有量居全国同类城市前列。另外，还拥有山东名牌产品1419个，山东省著名商标91个；青岛名牌215个，青岛市著名商标171个——青岛工业良好的发展态势成为工业旅游高起点、快速发展的有力支撑，享誉中外的名牌企业形成了青岛工业旅游的文化内核，为青岛发展工业旅游培育了丰厚资源。

此外，青岛还有大量的工业遗产，如德战时期留下的港口、纺织企业等工业遗产，都可以作为工业旅游开发的宝贵资源。

青岛地区的旅游产品主要还是以休闲观光类旅游产品为主，产品结构单一，这种旅游发展模式已经限制了青岛旅游业的进一步发展。青岛旅游也要实现可持续发展，就要不断寻求新的旅游项目，更深层次地挖掘旅游资源，丰富旅游产品的种类，促进城市旅游产品系列进一步走向完善配套并与世界接轨。青岛的旅游急需从传统的观光旅游中拓展出来，不断挖掘新的旅游内涵，而发展工业旅游正是提升青岛旅游业的一个绝好机会。

三、青岛市工业旅游案例启示

（一）"品牌文化"成就品牌旅游

要开发工业旅游，企业必须要有足够的吸引力。这种吸引力，不仅缘于其所在城市雄厚的工业积淀，更仰仗于其企业产品的品牌效应，及其企业文化的深刻内涵。青岛之所以成为中国工业旅游的典范城市，一个重要原因是青岛涌现出海尔、青啤、青岛港、海信、双星、澳柯玛等知名大企业为代表的优秀企业文化群体和名牌集群。海尔、海信、青啤、双星等名牌企业不仅树立了青岛这座"品牌之都"的城市形象，还提升了青岛工业旅游的品位。正是优秀的企业文化带动了海尔、青啤、港务局、海信、双星等企业工业旅游快速发展，使其脱离了简单的游览、参观的传统模式，上升为对先进企业文化的感受和对现代科学管理的体验，参加工业游的游客无不为这些企业的创新、创业精神所震撼。这不仅塑造了青岛工业旅游独特的旅游形象，而且也赋予工业旅游丰富的内涵与较高的品位；工业旅游也成了众多企业向名牌企业"靠拢""看齐"的宽阔平台，使这些正在成长期的企业有机会近距离接触到名牌企业的先进文化和管理经验。

（二）政府大力支持，共促工业旅游

山东省及青岛市政府全力支持工业旅游，为工业的发展提供良好的政策与服务环境，在试点基础上突出宣传示范点单位。早在1998年，青岛市便本着"选准、选优"的原则，针对实力雄厚、品牌过硬、地方特色突出、内部管理

规范的企业，并参照国家旅游局制定的《旅游景区质量等级的划分与评定》标准中对国家 4A 级旅游景区硬件要求，以及星级饭店国家标准中的相关服务标准，出台了《青岛市工业旅游示范点试行标准》。标准就工业企业的旅游设施、交通设施、旅游厕所、中英文对照指示牌、安全管理等做出初步规定，并进行了改造，形成了完整的工业旅游线路。从而形成了青岛工业旅游"独特性、文化性、先进性、可参与性"的特色。

（三）重规范管理，提升服务质量

青岛开展工业旅游的一个成功经验是，严格按照"国家工业旅游示范点"标准的要求，从旅游线路、宣传促销、接待程序、导游服务、中英文导示牌、安全警示牌等方面入手进行规范管理；从提高从业人员素质企业、开展旅游专业化服务入手，引入质量管理体系，不断提升服务质量，以适应现代旅游行业的要求。

第五节　重庆市工业旅游案例

重庆市打造了一张张工业旅游新名片，将工业资源转变成游客可近距离感知和体验的旅游产品，让高质量发展、转型升级的成效"看得见"。在工业旅游市场深度挖掘，逐渐树立了多个工业旅游品牌，同时，工业旅游的发展也让众多企业获得了新的利润增长点。当地政府充分整合辖区工业产业资源，并与旅游、科普、教育相融合，形成工业旅游新合力，成为重庆都市旅游新引擎。

一、重庆市工业旅游发展背景

纵观历史，重庆是我国西部地区近代工业最早兴起的城市。从 1891 年开埠到改革开放前，重庆工业经历了四个主要的发展阶段。这四个阶段是以我国近现代三个重大历史事件为时间节点来划分，分别是八年抗战、中华人民共和国成立和三线建设。

重庆近代工业始于 19 世纪末叶。1891 年中英《烟台条约续增专条》商定，重庆设关开埠，重庆城市近代化开始。开埠当年，重庆第一家近代工业即告诞生，即 1891 年成立的森昌泰洋火公司。自此，重庆从一个古代封建城市演变为半殖民地半封建城市的同时，逐渐走向近代工业化城市。相比香港（1842年）、上海（1843年）、武汉（1861年）开埠，此时沿海地区的近代工业发展已进入繁荣时期，尽管重庆对外开放较晚，但是重庆近代工业发展速度及水平在四川省乃至整个西南地区一直处于领先地位。

重庆近代工业在一些手工业工场和作坊的基础上开始发展起来，最先在重庆采用近代科学技术生产的是火柴业，该行业引进了蒸气动力机、排板机、切割机等机器设备，改变了完全由手工作业的方式，使重庆火柴的产量和质量在西南地区以至全国都占有重要的地位。继而，棉纺织、缫丝、矿业、电力、机械、玻璃等行业也相继兴起，由于外国资本工业的入侵和民族资本工业的出现，铁矿、制革、造纸、面粉、制药、香烟、肥皂等近代工业开始发展起来，其中火柴、缫丝、棉织业等行业在全国占有重要地位，在全国很有影响。

一是陪都工业兴盛时期（1938—1949 年）。这次调整开始于沿海工厂的内迁，工厂大量内迁，不仅向重庆转移了数万吨新式机械设备、数百万熟练技工和数亿元工业资本，而且给重庆带来了工业生产管理的人才和管理技术，形成了以重庆为中心的大后方工业生产体系，确立重庆长江上游经济中心地位，标志着中国工业生产力布局第一次历史性大调整的完成。重庆是战时中国工业部门最齐全、工业种类最多、工业生产规模最大、工业产品最丰富的唯一的综合性工业生产基地。既是重庆工业在量和质上的飞跃，又是全国工业一次大整合和大提升，技术和规模进一步壮大。战时工业的特点自然是围绕军事斗争，军事工业是战争时期最重要的行业，其他主要行业也主要是为战争军需配套，形成兵器工业"一支独秀"，相关行业"百花齐放"的良好态势。重庆聚集了国民政府主要的兵工厂及配套的工厂，这些企业代表了中国军事工业的最先进的技术。同样，在各行各业都汇集了全国优秀企业和先进技术，为抗战胜利做出巨大贡献，不少企业在战后以及建国后都成为重庆支柱性企业。

二是现代工业奠基时期（1950—1963 年）。中华人民共和国成立后，重庆工业在百废待兴中稳步崛起。1949 年，重庆约有工业企业 2000 家，经过"一五""二五"建设，在旧工业基础上建成具备一定产业链和配套加工能力的现代工业体系。这一时期是近代工业向现代工业承前启后的过渡时期。"重化工业优先"战略在重庆"一五"计划建设时期表现得十分突出，重庆发电厂、长寿水电厂、重庆酸化工厂、长寿化工厂、重庆木材加工厂等被纳入国家"一五"计划 156 个重点项目，这些重点工业建设项目迅速填补了重庆重工业门类的空白。初步建构起现代重工业的骨干体系，进一步强化了重庆作为西南地区和长江上游重要工业城市的地位。

三是三线建设加速时期（1964—1980 年）。重庆是"三线建设"最主要的城市之一。当时，中央和国务院决定"以重庆为中心，用三年或者稍长一些时间建立起一个能生产常规武器并且有相应的原材料和必要的机械制造工业的工业基地"和"以重庆为中心逐步建立西南的机床、汽车、仪表和直接为国防服务的动力机械工业"。三线建设期间，重庆周围地区兴建了一批兵器、船舶、电子、航天、核工业企业和科研单位，同时，迁建、改建、扩建了一批国防工业配套的机械、仪表、化工等企业，加快了重庆的现代化进程，一举成为国内举足轻重的现代化工业城市。因此，三线建设留给重庆宝贵的工业文化遗产，具有较高的历史价值、社会和文化价值，与抗战时期的工业遗产同样是工业发展中独一无二的财富，必须作为重要的文化遗产加以保护和发扬。

四是改革开放后重庆工业的新时期（1980 年至今）。从 20 世纪 80 年代开始，重庆市已成为中国重型汽车、大型自动化仪表，常规兵器，钢铁生产基地之一，全国三大铝加工基地之一，是西南地区最大的机械、造船、纺织、化工、医药、仪表、军工工业基地。直辖后，重庆老工业基地实现跨越式的腾飞。《重庆市城市总体规划（1996—2020 年）》对重庆城市定位为"重庆是我国直辖市之一、国家的历史文化名城、我国重要的工业城市、交通通信枢纽和贸易口岸，是西南地区和长江上游最大的经济中心城市和科技文化、教育事业的中心"。

二、重庆市工业旅游资源

（一）重庆市工业旅游资源总体情况和分类

工业旅游作为专项旅游的分支，既迎合重庆工业旅游资源发展的需要，又能够满足游客对新的旅游方式的需求。值得欣慰的是，重庆市内的工业资源非常丰富，不但有开埠至三线建设时期遗留至今的老工业企业作为其扎实的工业根基，又不断地融入许多现代化新型工业企业为其优化工业结构。

1. 工业遗产旅游资源

重庆市政府公示了《重庆市工业遗产保护与利用规划》，对该市96处工业遗产（含仓储）进行规划保护，兴建于洋务运动的重庆钢铁厂（全国重点文物保护单位）等历代著名工业遗产包括其中。

这些工业遗产时间跨度自1890年到1982年，包括开埠建市、抗战陪都、西南大区及国民经济恢复、"三线建设"四个时期，包括重庆特钢厂、嘉陵厂、重庆钢铁厂、望江机器制造总厂等。

作为中国著名的"老工业基地"，重庆拥有众多年代久远的各类工厂。《规划》建立了重庆市工业遗产价值评价体系，逐一分析、评定各工业遗产的历史、科技、社会、艺术和稀缺性价值。通过价值评价分值将工业遗产划分为3个保护级别，分别确定保护要求，最终确定96处工业遗产名录。按照规划构建的工业遗产保护体系，针对各遗产的自身特色等不同因素，提出文化展览模式、景观公园模式和创意产业模式等6种再利用模式。

重点保护的工业遗产包括：重庆特钢厂（冶金及加工门类，创办于1919年，现存建构筑物有厂房10处、苏式专家楼1幢、后勤中心办公楼1幢，大部分建筑保存完整，正在改造成博物馆）；嘉陵厂（属机器制造与兵器制造门类，前身为创始于1875年的上海江南制造总局龙华分局，是中国近代最早的兵工企业之一，建筑保存完整）；重庆钢铁厂（属冶金及加工门类，始建于1890年，20世纪30年代迁往重庆）；望江机器制造总厂（属机器制造与兵器制造门类，始建于1931年，现存苏式专家楼1幢，小学1处，职工宿舍若干、厂房若干，保存较为完整）。

2. 现代工业旅游资源

重庆市提出要依托山水都市、三峡库区、武陵山民族地区等独特旅游资源，深化工业和旅游合作，加快推动消费品工业高质量发展。重庆市经济信息委以品牌建设为抓手，启动重庆消费品品牌集中宣传活动，打造"渝见美品"集合品牌形象，着力塑造"重庆味道""重庆工艺""重庆品位"的品牌符号。消费品工业企业将按照旅游消费特点需要，优化厂区场景化体验内容；产业园区将整合辖区内优质消费品工业企业形成区域旅游消费板块；重庆旅游营销中心结合签约园区和企业特点，发挥自身景区、游轮、酒店、线上渠道、旅行社资源，推出旅游线路，开发旅游类研学课堂，打造旅游研学基地，开展专场直播等活动拓宽品牌宣传和市场渠道，共同推动消费品工业工旅融合发展。

（二）重庆市工业旅游资源分布特点

1. 从地域上看

重庆市的工业企业在空间分布上极不均衡。重庆市所辖地域范围很大，辖区面积8万多平方公里，相当于一个中等省的规模。由于历史和地理的原因，地区发展不平衡，大城市大农村并存，使得其总体分布状况是多家大中型工业企业近六成分布在主城九区。其次为万州、涪陵、江津等地。另外，合川、永川、南川、长寿、綦江、璧山等地区也分布着一定数量的大中型工业企业，其他区、县的工业企业较少。

2. 从工业企业的行业来看

重庆作为西南工业重镇和我国的老工业基地有着门类齐全的工业部门。首先，冶金、机械、化工、建材、电子、仪表、医药较有特色。重钢、西铝等工业企业迅速发展，汽车、摩托车具备比较优势，红岩重型汽车、庆铃轻型汽车、长安微型汽车，建设和嘉陵摩托全国知名。国防工业和电子仪表极具发展潜力。此外，重庆还设有国家级的高新技术产业开发、经济技术开发区和省级开发区。以汽车、摩托车为主体的机械装配工业，以天然气化工和医药化工为重点的化学工业，以优质钢材和铝材为代表的冶金工业已经成为重庆的支柱产业。总体而言，重庆市的工业企业以重工业为主，尤其以汽车和摩托车制造为特色。

重庆市还具有独一无二的兵工产业。在重庆著名的"八大兵工"中，其历史可追溯到洋务运动和抗战时期，如长安为当年李鸿章创建的上海洋炮局，乃中国最早的近代工业企业，嘉陵厂历史可追溯到当年的上海龙华枪子厂，重庆钢铁股份有限公司和重庆建设工业有限责任公司分别是张之洞麾下、当年声震亚洲的汉阳钢铁厂和汉阳兵工厂，被称为"民族工业摇篮"。即使年轻一点的望江厂、大江厂等，也有它们厚重的历史故事。能云集如此之多的兵工企业，是重庆得天独厚的资源优势。

在食品方面，重庆最有特色的是火锅，独具麻辣特色。大大小小的火锅店遍布全市，其中也不乏德庄、小天鹅、秦妈、周君记这样的精品。由于参观食品生产不需要相关知识储备，符合大众的口味，而火锅又是重庆人十分钟爱的饮食，所以，开发参观火锅底料生产这样的工业旅游项目有广泛的群众基础，同时也能激起外地游客的好奇心。除了火锅以外，重庆还有很多独具特色的食品。比如豆腐乳、怪味胡豆、合川桃片、江津的米花糖、涪陵的榨菜等。这些特色食品的产地分布在重庆市的各个区县，很具有开发工业旅游的潜力。

在其他行业，重庆也有不少具有开发潜力的企业。造酒行业有重啤、太白酒厂工艺品制作具有特色的有重庆谭木匠工艺品有限公司、陶瓷有限公司、玻璃仪器厂等医药行业有太极、药友、华邦、西南制药等。

三、重庆市工业旅游案例启示

（一）政府主导，以主城九区为中心辐射资源全要素

首先，以政府为主导，加强顶层设计，注重统筹规划。在全域旅游背景下将视野放大，以主城九区的核心工业旅游资源为圆心，辐射全域，包括两江新区八城八园在内的其他区域，比如通用航空产业园、国际博览中心等，使区域内常有丰富多彩的主题活动，吸引不同的客源，发挥人文吸引物的作用。其次，对景区和周边一定范围内的商户进行全域旅游理念培训并进行扶持改造，打造出与众不同的区域气氛，发挥社会吸引物作用。最后，重视环境的建设，主要是自然环境、工业遗产怀旧环境和有科技特色的园区环境，增加环境感染力，发挥环境吸引物的作用。最终形成形象更加丰满、吸引力和留客能力更强、可游玩度更高的工业旅游目的地。

（二）积极动员，发动全部门、全行业、全社会协作

全域旅游背景下的工业旅游，绝不是只依靠单个或几个企业，而是在积极动员、政府主导的基础上发动全部门、全行业，乃至全社会的合作共赢。全部门是指旅游目的地的各大部门都参与旅游的管理、开发和建设，明确各部门在旅游地的任务，以此丰富部门职能，也使得旅游目的地的发展更加顺利。全行业是指在发展工业旅游目的地时，不局限于旅游开发，还要带动周围其他行业的发展，比如，商业、餐饮业、房地产业和手工业等，通过全行业的通力合作，达到推动整个区域经济产业发展的目的。全社会又可以称作全人员，指不仅要发动企业或行政人员，更要发动和吸引周围广泛的人民群众参与到工业旅

游目的地的发展中来。这样可以增加更多工作岗位，促进就业，还能分流企业富余人员，促进企业结构优化升级。

（三）完善设计，全方位满足游客需求

在全域旅游背景下建设一个能吸引游客，并且能良好持久运作的工业旅游目的地，满足游客全方位需求，就必须要考虑带给游客全新体验这一问题。全域积极从基础设施、旅游产品、人性化三个方面加以设计。基础设施的设计尽可能满足游客的基本需求，同时还融入科技元素，并将智慧旅游融入目的地中，塑造具有重庆文化特色的基础设施。此外，还积极响应国家"厕所革命"战略，建设分布更加合理、内部更加清洁、功能更加完善的新型旅游地厕所。在产品设计方面，设计出既具有重庆地方特色，又具有企业自身特色的旅游产品，改变传统参观游览模式，发挥工业旅游的优势，增加互动和体验产品比例，致力于通过主题化、体验化、场景化的多层次旅游产品带给游客丰富体验。在所有方面都贯彻人性化设计这一原则，让游客甚至是工作人员感受到关怀和贴心。

（四）周到服务，形成全时空、全过程、全天候的服务体系

对于以自然资源或历史遗迹等受时间、季节、天气影响较大的旅游地来说，工业旅游地受时间、季节、天气等客观因素影响较小，具有更强的可塑性。城市通过一系列规划以及设施建设，尽可能规避客观因素所带来的影响，维持全域、全时空、全天候运行。比如，创建室内工业体验项目，为室外提供富有变化的照明，以及根据天气状况自动开合的棚子等。同时加强服务方面的设计，在将高科技产品、机器人，以及AI智能等全面融入服务的过程中，涵盖旅游六要素，如实现机器人密集覆盖，使其及时给予游客指引与科普，实现游客在景区可靠刷脸畅通无阻等。让游客从进入景区到离开景区，甚至后期反馈，都感受到周到而便捷的服务。

（五）强化营销，通过全媒体宣传吸引全游客光临

现在早已不是"酒香不怕巷子深"的时代，营销在工业旅游地的建设中起着非常重要的作用。城市通过全媒体营销，将自己推广出去，如在公共交通等大众接触的地方广泛宣传；在微博、抖音等相关自媒体和学校等平台，针对青

少年群体进行宣传；以进社区的方式，对中老年人进行科普宣传；各行业、企业合作，定期交流等。工业旅游地通过上述营销渠道和方式，以充分的宣传和营销吸引所有潜在的游客，达到全游客目标。

第六节 黑龙江省大庆市工业旅游案例

资源型城市是以本地区矿产、森林等自然资源开采、加工为主导产业的城市类型[①]，而资源型工业旅游城市则是利用资源开发过程、加工过程以及工业遗产等作为工业旅游资源而开展工业旅游的城市。本节以大庆市作为案例，介绍其工业旅游发展情况，并探讨对其他同类型城市的启示。

一、大庆市工业旅游发展背景

大庆市，别称油城、百湖之城，是黑龙江省地级市，国务院批复确定的中国黑龙江省西部重要区域性中心城市、中国重要的石油生产和石化工业基地。[②] 大庆是中国最大的石油石化基地，中国第一、世界第十大油田大庆油田所在地；是一座以石油、石化为支柱产业的著名工业城市，是世界能源城市伙伴组织 19 个会员城市之一。大庆油田含油面积 6000 多平方公里，已探明石油地质储量 67 亿吨。2018 年生产原油 3204.4 万吨、天然气 43.4 亿立方米，是一座典型的矿业城市[③]。

作为共和国石油工业"长子"，大庆不仅创造了巨大的物质财富，也孕育了伟大的大庆精神、铁人精神。大庆精神产生于 20 世纪 60 年代的石油会战，大庆精神是为国争光、为民族争气的爱国主义精神；是独立自主、自力更生的艰苦创业精神；是讲究科学、"三老四严"的求实精神；是胸怀全局、为国分忧的奉献精神。当中国经济建设急需石油的时候，以王进喜为代表的一批"大庆石油人"凭借着艰苦奋斗、无私奉献的精神开发建设了当时全中国最大的油

---

① 国务院.国务院关于印发全国资源型城市可持续发展规划（2013—2020 年）的通知［EB/OL］. http：//www.gov.cn/xxgk/pub/govpublic/mrlm/201312/t20131202_66560.html.

② 国务院办公厅.国务院办公厅关于批准 大庆市土地利用总体规划的通知［EB/OL］. http://www.gov.cn/zhengce/content/2018-08/23/content_5315875.htm.

③ 大庆市人民政府.大庆市情［EB/OL］. http://www.daqing.gov.cn/dqsq/.

田，这就是铁人精神；"为国分忧、为民族争气"的爱国主义精神；"宁肯少活20年，拼命也要拿下大油田"的忘我拼搏精神；"有条件要上，没有条件创造条件也要上"的艰苦奋斗精神；"干工作要经得起子孙后代检查"，"为革命练一身硬功夫、真本事"的科学求实精神；"甘愿为党和人民当一辈子老黄牛"，埋头苦干的奉献精神等。铁人精神无论在过去、现在和将来都有着不朽的价值和永恒的生命力。

大庆不仅有鼓舞着几代人的大庆精神、铁人精神，也保留着一大批历史厚重、独一无二的工业遗迹，这些工业遗迹在大庆丰富的旅游资源中有着独特的位置，既是历史的见证又是大庆精神、铁人精神传承的载体。

大庆油田为国家源源不断地输送着石油，结束了中国人依赖洋油的日子，是我国工业文明的一面旗帜。而表现出来的中华民族和中国工人阶级的优良传统与优秀品质，是中华民族精神宝库的重要组成部分，也是大庆这座工业城市的文化自信的来源。

二、大庆市工业旅游资源

（一）石油工业

油田矿区景观。大庆油田是我国最大的油田矿区，矿场上共有6万多台油井，井位密集的地方每万平方米可达到50~100座。陈家大院泡6座丛式抽油机井组平台58口抽油机同时运作的场面，以及中三路沿线抽油机与湖水相映成趣的场景，均已成为主要观赏地。

油田纪念地。主要体现我国石油工业艰苦创业的历史，构成大庆石油工业的一种特有文化。包括大庆油田的最早发现井——松基三井、铁人王进喜领导的井队打的第一口油井——"萨55井"及钻机和泥浆池、铁人王进喜纪念馆、油田历史陈列馆、大庆石油科技馆、研究院岩芯室和大庆石油化工公司展览中心等。这些纪念地目前已成为重要的爱国主义教育基地。

孕育"大庆精神"的企业文化。艰难而辉煌的石油会战和50多年来创业进程中所表现出来的精神，已经成为一种无形的财富，是大庆的一种文化传统。主要有中十六联合站、1205钻井队、"三老四严精神"发源地、"四个一样精神"发源地等企业精神代表。

石化生产基地。龙凤区的卧里屯集中了石化公司十几个规模宏大、技术先进、具有很大观赏价值的化工工厂，是集油、化、纤、研一体化的石油化工生产基地和科研基地。

油田城市景观。时代广场、油田广场、铁人广场、乘风广场等大型城市广场，以及城市的公共游憩区、居住景观区、公共教育场所、商业景观区、产业开发区、自然景观区等，到处都有反映大庆石油50多年创业取得巨大成功的历史纪录。

（二）现代工业

大庆市石油化工、汽车制造、新材料和高端装备制造、高端服务、高端新兴产业呈现规模化、特色化、集群化发展态势，忠旺铝业、沃尔沃、联想科技城、新华国际石油资讯中心、低碳光伏产业园等战略龙头大项目落户大庆。沃尔沃整车生产项目，是沃尔沃在中国布局的唯一整车生产基地，规划30万辆，2014年已实现批量生产并上市销售；作为全球第二大、亚洲最大的工业铝挤压产品研发制造商，中国忠旺集团正在大庆投资建设全球最大、产品种类最齐全的铝板带箔生产基地；伊利乳业伊利集团进驻大庆10年来，规模不断扩大，已有六期工程相继建成投产，龙头引领辐射作用越来越强，大庆已成为全球最大的配方奶粉加工基地，大庆伊利乳业被评为国家4A级工业旅游景区[①]。

（三）整合优质资源，打造精品线路

线路1：踏着铁人脚步走，寻找铁人记忆。

铁人王进喜纪念馆（或大庆石油馆、石油科技馆）—到会战1959吃会战套餐—陈家大院泡丛式井—1205钻井队（或中十六联合站）。

线路2：油田发现之旅，大庆的前世今生。

油田历史陈列馆—石油之光—大庆石油馆（赏石油秀，购一滴油等纪念品）—大庆博物馆（讲解290万年前的大庆，购猛犸象等特色纪念品）—城市森林（大庆英烈纪念碑）—松基三井纪念园（听油田发现井故事）。

线路3：铁人精神发源地探寻之旅。

---

① 微在旅途.您所不知道的"大庆工业旅游"线路［EB/OL］. https://new.qq.com/omn/20200426/20200426A04H2600.

创业遗址公园（或松基三井纪念园）—创业城（和老会战工人对话）—萨55井（铁人第一口井）—石油会战套餐（购买会战文化书籍等）—铁人王进喜纪念馆（聆听铁人事迹，购一滴油纪念品或抽油机模型）—铁人广场（体验石油工人作业流程，学唱铁人歌曲）—参观"三老四严"、"四个一样"精神发源地）—铁人桥—油田历史陈列馆—石油之光（大庆市标）—大庆英烈纪念碑（城市森林内）。

线路 4：感受现代工业文明，做幸福大庆人。

新华（大庆）国际石油资讯中心—沃尔沃整车制造基地—龙凤湿地—特色美食龙凤坑烤—伊利乳业（杜蒙）国家 4A 级旅游景区—大庆百湖风光。

三、大庆市工业旅游案例启示

（一）宣传红色精神，发扬城市特色

先以红色旅游为旗帜，整合大庆精神、铁人精神和石油文化等旅游产品，引领大庆工业旅游产业发展。打造红色旅游板块，整合纪念馆、创业遗址、工作现场、矿区新貌等，包装体验式、定制式旅游产品。

（二）强调资源普查，落实资源整合

通过对石油工业遗产的普查，将大庆石油会战誓师大会遗址、松基三井、东油库、西水源等多处石油工业遗址确定为大庆市工业遗产市级文物保护单位。同时对高新技术产业、装备制造业、新材料新能源和加工制造业等现代工业资源进行整理和普查，以进行资源整合。

（三）强化顶层设计，修编发展规划

大庆市政府聘请高端团队，围绕"两化"城市建设，深入研究大庆旅游资源比较优势，深度策划设计旅游产业，修编完成旅游产业发展规划、重点项目策划和休闲旅游产业链生成研究报告，指导旅游产业加快发展。

（四）向内项目招商，向外推介宣传

为加快产业发展、健全产品体系、推进产业升级，大庆市策划了世界石油

文化主题公园、中三路石油文化景观带、大庆 1959 工业遗产文化休闲园、创业遗址公园等一批石油文化和工业旅游项目。通过深圳、香港经贸交流合作活动，组织召开大庆旅游产品对接会，重点推介世界石油文化主题公园、绿色产业基地、大庆温泉新城等项目，与几十家参会旅游企业进行了广泛对接洽谈。

（五）设计产品体系，优化线路组合

在对大庆市重要的旅游吸引物、特色产品、服务配套、发展环境等产业实际情况进行总结分析基础上，结合不同的资源吸引力与产品市场竞争优势，以新华（大庆）国际石油资讯中心、沃尔沃大庆整车制造基地、汽车文化主题公园、大庆科技馆、大庆石油科技馆、石油馆、世界石油文化公园、大庆科技馆、高新区规划展示中心、石化展览中心等资源为核心，进行工业旅游产品组合和线路设计，构建起大庆市工业旅游产品体系框架。以石油石化文化资源为依托，开发了以铁人王进喜纪念馆、油田历史陈列馆、石油科技馆、石化总厂展览室等为代表的石油工业展馆游；以石油会战历史为主要内容，开发了松基三井纪念园、萨 55 井为代表的油田纪念地游；以新时期石油生产为主要内容，开发了中十六联合站、1205 钻井队为代表的石油工业场景游，以新华电厂为代表的电力科普游，以及伊利乳业、大庆老窖等现代工业旅游。自 2004 年以来先后争创工业旅游示范点 4 处，其中国家级工业旅游示范点 3 处、省级工业旅游示范点 1 处。全市工业旅游景区和企业每年可接待旅游者达 200 万人次。

（六）延长产业链条，联合协调发展

鼓励企业开发旅游商品，打造出一批备受游客青睐的土特产、手工艺品和文化创意工艺品，完善旅游要素，延长产业链条。形成了以铁人第一口井采出的一滴油系列产品、抽油机、油陶、油宝宝等为代表的石油纪念品；以工业版画、芦苇画、工业油画、工业剪纸为代表的以工业为创作题材的艺术品；以我国首部工业题材舞蹈诗剧《大荒的太阳》和《石油欢乐秀》等为代表的大型演出；以会战 1959、会战粗粮馆、油城第一锅等为代表的具有油田特色的"磕头机"和石油会战元素的餐饮、美食；以大庆老奶粉、小米大米杂粮等为代表的本地土特产品，实现工业旅游"食、住、行、游、购、娱"六要素全面发展。

第七节　河北省唐山市工业旅游案例

唐山是具有百年历史的沿海工业城市，是"中国近代工业摇篮"享有"北方瓷都"之美名，是中国（河北）自由贸易试验区组成部分①。中国第一座机械化采煤矿井、第一条标准轨距铁路、第一台蒸汽机车、第一桶机制水泥、第一件卫生陶瓷、现存的最早股票、第一位中国本土大学教授，这7个"第一"是中国近代工业文明的代表，如陶瓷制造、钢铁生产、汽车制造、电子工业、煤矿开采等，这些都是唐山丰富的工业旅游资源，因此唐山当仁不让"工业旅游名城"的美誉②。唐山是中国评剧的发源地，素有"冀东三支花"之称的皮影戏、评剧、乐亭大鼓，被列入国家级非物质文化遗产名录。

一、唐山市工业旅游资源

（一）唐山市工业旅游资源总体情况和分类

唐山的工业旅游资源具有突出的特点：文脉类工业旅游资源具有丰富的文化内涵，具有独特性，是唐山工业旅游发展的主要资源支撑；唐山工业旅游资源涉及煤炭开采业、石油天然气开采业、电力燃气供应业、交通运输业、食品加工业、酒水饮料制造业、医药制造业、通用及专用设备制造业、纺织业、金属冶炼加工业、仪器仪表制造业、金属制品业、教育业，另外还有整体的高新技术开发区和循环工业示范区等众多行业领域，能满足更多的工业旅游需求；体验类工业旅游资源科技含量高，充满趣味性，处于行业领先位置；唐山工业旅游资源具有历史人文价值、科技教育价值、艺术美学价值，因此资源综合价值高；唐山旅游资源丰富，自然旅游资源、人文旅游资源、农业观光资源都

---

① 唐山市人民政府.地理位置［EB/OL］.http：//www.tangshan.gov.cn/zhuzhan/tsgl/20150408/132481.html.

② 唐山劳动日报.要说工业旅游，唐山说第二，没城市敢称第一！不服来看［EB/OL］.https：//m.sohu.com/a/198853659_99958789.

与工业旅游资源结合紧密，相得益彰，这可以有效解决工业旅游重游率低的问题，也改变了工业给游客的刻板印象，工业旅游资源与其他资源融合性好。

1. 文脉类工业旅游资源特色明显

唐山城市的出现离不开工业的发展，1876年光绪年间，时任直隶总督的李鸿章在开平一带勘探煤铁储量，开平矿务局在这个时候诞生了。光绪七年，随着桥头屯一、二号井开始出煤，用来运煤的第一条标准轨距铁路——唐胥铁路也正式通车了，不久煤河也通航了。交通的便利加快了工业的发展，开平煤矿的原煤通过陆运、水运可以到达天津等地，形成了产供销"一条龙"，开平煤矿还引进了西方先进技术，聘用了西方技术人才，从此开平煤矿迅速崛起，全国闻名。而唐山修车厂、细绵土厂、电力厂、德盛窑业等企业也相继问世，形成了煤炭、钢铁、电力、陶瓷、水泥等一些支柱产业。经济的发展吸引来了很多外来人口，人口的增长促进了商品的流通，商贸打破了封建壁垒，唐山很快便成为经济文化活动的中心，唐山城市由此建立。

2. 工业遗产类旅游资源不可复制

唐山的近代工业是让每个唐山人都引以为傲的，中国的第一座机械化煤矿、第一台蒸汽机车、第一桶机制水泥、第一件卫生陶瓷、第一条标准规矩铁路都在这里产生。城市的发展进步，产业的不断升级，许多曾经有着辉煌历史的老工业企业不得不面对停产、关闭或转型的抉择，但曾经的老旧机器、厂房却承载着城市的记忆，更记录了中国辉煌的近代工业史。

3. 体验类工业旅游资源发展迅速

唐山不仅有令人骄傲的无与伦比的近代工业史，同时钢铁、化工、装备制造，唐山工业"三足鼎立"的格局正在打开，过去因煤而建、因钢而兴的工业城市已是历史，"多极增长"拉动着唐山新型工业的发展。这里承担着祖国现代工业的蓝色梦想。最后文脉体验交互类工业旅游资源成为新兴亮点。为了更好地发挥旅游业的带动作用，对区域进行整体规划、资源整合利用、居民共同参与，实现旅游产业链上各产业和行业融合发展，唐山建成了一批以工业文化为依托，集休闲娱乐、互动体验于一体的工业旅游综合体。

4. 自然类旅游资源相得益彰

虽然是一座因煤建城，因钢兴城的工业城市，但唐山并不拘泥于此。唐山风景优美，各种类型旅游资源齐全，并且富有特色，是一个绝佳的旅游度假的胜地。如沙滩旅游资源包括打网岗浴场、金银滩浴场、碧海浴场、金银滩浴场；岛屿旅游资源包括月坨岛、金沙岛、菩提岛、石臼岛；水体旅游资源包括潘家口水库、大黑汀水库、丘庄水库、上官湖、陡河水库；温泉旅游资源包括遵化汤泉；山地旅游资源包括景忠山、卧龙山、五虎山、灵山、青龙山、御带山、遵化汤泉；峡谷旅游资源包括鹫峰山峡谷、洪山口峡谷；地质旅游资源包括太平寨古岩层；森林旅游资源包括翔云岛森林公园、御带山森林公园、姜各庄森林公园；生物旅游资源包括曹妃甸湿地、石臼岛鸟类栖息地；人造自然景观旅游资源包括南湖生态公园、环城水系、凤凰山公园、大钊公园等人造自然景观；古城（墙）旅游资源包括明长城城墙、大理石长城、水下长城、喜峰口、潘家口、青山关、冷口关；古城府旅游资源包括蓟镇总兵府遗址；古迹类旅游资源包括清东陵、万佛园、禅林寺、净觉寺、龙泉寺、唐人文化园、滦州古城、西寨古文化遗址、高丽铺驿站遗址。

（二）唐山市工业旅游开发的优势要素

1. 区位优势

唐山市地处环渤海与环京津交汇地带，是京津冀一体化的重要一环，京津唐三座城市呈三角形鼎足而立多有交集，唐山可做扼喉汇通之处，高速公路、机场、城际高铁、港口、铁路等组成了极其发达的交通干线网络格局，交通运输的发达程度与工业旅游的发展呈正相关。良好的经济区位条件使得工业旅游发展所需的经济、客源市场基础较为完善。近些年曹妃甸地区表现出了工业旅游的巨大力量，带动了整个环潮海区域钢铁、电力、石化等重化工业的发展，也为工业旅游的发展增加了可信度。工业旅游具有地区聚集性，地理位置的优越为唐山发展工业旅游奠定了基础。由北京、上海、天津、唐山等工业旅游城市和首钢、伊利等工业企业共 45 家单位共同发起成立的"中国工业旅游产业发展联合体"在 2017 年年底成立，联合体主要在工业旅游整合规划以及工业旅游与其他产业融合发展方面做出贡献，这标志着京津冀工业旅游一体化在有序推进中。

2. 资源优势

唐山是工业旅游的先驱城市，很早就意识到开展工业旅游，因此也建设了一批工业旅游示范点，目前有国家级工业旅游示范点 7 个，省级工业旅游示范点 3 个。工业旅游示范点数量在河北省排名第一。如前文介绍，唐山不仅有类型多样、数量丰富的工业旅游资源，同时也具备各种自然和人文旅游资源，并且多数可以吸引众多的旅游爱好者。

唐山除了拥有数量较多的工业旅游示范点外，各种类型的工业旅游资源也很齐全。如开滦矿务局又被称为"中国煤炭工业源头""北方民族工业的摇篮"；开滦煤矿一号井是开平矿务局开凿的最早的竖井多水平阶段石门开拓的机械化矿井，是全国重点文物保护单位；唐胥铁路是中国自建的第一条标准轨距铁路；唐山机车车辆厂，中国第一台蒸汽机车诞生于此，地震遗址和老水塔都讲述着凤凰涅槃的经历，是全国重点文物保护单位；启新水泥厂老生产线是中国水泥工业的"摇篮"和"支柱"；滦河铁路大桥，由詹天佑主持修建，是当时国内跨度最大的跨河铁路桥，第一座采用气压沉箱来修建桥墩基础的钢结构桥；唐山陶瓷厂，"北方瓷都"的鼻祖，河北省文物保护单位；汉斯别墅和赵各庄矿洋房是唐山近代工业特殊历史的见证；马家沟砖厂是倒焰式窑炉烧成技术生产耐火材料的创始地；唐山交通大学旧址，中国最早的铁路学校；启新机修厂，中国第一台水泥烘干机和第一套水泥旋窑诞生于此，开中国水泥机械制造之先河。

3. 区域经济优势

2020 年，唐山市实现地区生产总值 7211 亿元，在全国城市 GDP30 强中排名位列第 28 位，河北省内城市中位列第一。唐山具有优越的发展工业旅游的社会经济环境，取得了初步的成效，社会经济发展良好，旅游行业具有很好的前景，区域经济发达程度与工业旅游开展程度成正比。

4. 基础设施优势

2016 年唐山世界园艺博览会的举办很大程度上推动了唐山基础设施的建设进程。在交通方面，京哈、通坨、京秦、大秦 4 条铁路干线和京山、大秦、七滦、迁曹、滦港铁路纵横穿越全境。京哈、津唐、唐港、唐承、沿海高速公路与环城高速公路、国道相交连接，四通八达。民航的发展速度也很快，开通了通往全国主要城市的航班。近年来，又加大了游艇码头的建设力度，海上航线也获得较快的发展。唐山是全国 45 个公路主枢纽城市之一。与北京、天津之间已经形成了"一个半小时"交通圈，市区与各县（市）已基本形成"半小时"交通圈。全程 148.7 公里的京唐城际铁路已开工建设，项目建成后唐山到北京的时间仅为 30 分钟，这成为唐山市交通运输和人员往来十分便利的重要条件。市内的路网建设也在积极进行中，站前路、长宁道等六条城市主干道得到了修缮和拓宽，市内的交通循环畅通，拥堵情况得到缓解。作为智慧旅游城市标志的基础设施，唐山的信息网络建成了唐山经济互联网、唐山热线、唐山互联网、中国技术创新河北唐山信息网等信息网络，政府实现了电子政务信息化，目前已有 15 个县（市）区政府（管委会）、30 多家市政府部门、150 多家单位建立了统一的办公网络，并在此基础上建立了政务信息资源库。移动互联终端的普及为唐山旅游大数据建设奠定基础。

5. 科学技术优势

互联网＋、大数据、云计算、物联网、虚拟现实 VR、增强现实 AR、混合现实 MR、人工智能等技术掀起了旅游业的革命。科学技术的进步使旅游设施愈加完善。"互联网＋"时代的旅游业，游客主要通过互联网移动智能终端进行信息的收集和反馈，唐山实现了移动信号全覆盖，旅游 O2O 服务平台在不断建设中。虚拟现实技术在部分景区得以实现。例如，在矿山公园里人们可以身临其境地体验亿万年前煤炭形成时期的地壳变动场景，在动车城可以通过虚拟现实技术实现动车驾驶的操作等。2016 中国北方旅游交易会在唐山南湖举办，这次旅游盛会将焦点放在了智慧旅游，这为科学技术在旅游中的体现起到了指导性作用，进一步地推动了唐山智慧旅游的发展。

6. 客源优势

唐山具有丰富的人口资源，这也是工业旅游可持续发展的有效推力。根据唐山市 2016 年国民经济和社会发展统计公报的数据显示，唐山各类在校生人数总和为 124.2 万人，这类求知和研学型的旅游者是唐山工业旅游的重要客源组成。唐山全年接待国内外游客数千万人次，这些游客中有商务旅游者、科研游团队、技术交流团队、会展节庆旅游者、体育旅游者以及以休闲为目的的旅游者等。这些数据都表明唐山发展工业旅游的潜在客源市场是极为庞大的。

7. 高新产业优势

唐山初步形成了新型材料、医药生物、节能环保、智能仪表、高端技术装备制造五大支柱产业。唐山近三年高新技术产业正在逐步发展，可以满足游客对科技知识探索和体验需求的企业在逐年增加，科技成果也在逐年显现。高新产业的发展为唐山工业旅游向开发传统的工业遗产地和展示现代新型工业园区共同发展的阶段迈进提供了基础[①]。

二、唐山市工业旅游案例启示

（一）点、线、面布局城市工业旅游空间

城市旅游空间是工业旅游开发中"点、线、面"的布局，每个参与工业旅游的单位都是一个"点"，如区域内的所有工业旅游资源和自然人文旅游资源；这些点通过旅游行业串联在一起形成"线"，如以煤炭矿业为主题将开滦国家矿山公园、南湖生态城联合开发，或工业融合农业观光体验为主题，将遵化栗源工业区与农产品采摘联合开发等；无数条以工业为主题的"线"最终形成工业旅游城市这个面，实现工业旅游全域发展格局。

（二）旅游资源集群式整合，形成集聚效应

工业旅游将工业特色与自然景观进行穿插，使"集聚效应"得以形成，从而吸引旅游者到此处旅游。对于一个地区而言，其存在各种各样的旅游价值工业企业，同一类型的企业要具备吸引力，必须将自身的优势突出；企业要做到这一点，必须在产品组合方面形成"集聚效应"，将几个互有差异且各具特色的自然景观与旅游点进行组合，做成专项产品，并将这一产品纳入旅游专线中，实现区内成片、跨区成线，进而形成吸引力。在工业旅游开发上，将工业园区或者经济技术开发区当作重点区域，这主要是由于这些区域具有较为独特的优势。跨区域的工业旅游产品应立足于同一行业、同一类型的企业，这样能够对旅游者的兴趣加以调动激发，旅游者可对多个地方的生产厂商进行参观，对同一类型产品的多个方面存在的差异加以了解，从而吸引旅游者。

（三）发挥地方特色，打造城市工业旅游品牌

旅游产品富有特色，形成了品牌才能更好地吸引游客，企业有特色，品牌认知度高，才能长远地经营好工业旅游。唐山的传统优势产业就是工业，其也是唐山近代发展史上最引以为傲的资本。例如，唐山已打造了中国唐山工业博

---

① 张亚红.唐山工业旅游产业发展研究［D］.西南交通大学，2018.

物馆、中国铁路源头博物馆、中国唐山陶瓷博物馆、金达纪念馆、汉斯·昆德故居等城市景点，培育了培仁里历史文化街区、唐山皮影文化主题乐园、唐山戏曲文化园、南湖灯光水舞秀、沉浸式实景演艺《那年芳华》等消费热点，并将这些"同根同源"的精品旅游项目串珠成链，推出"唐山周末""中国博物馆之城""中国工业文化旅游城市"三大品牌。

总结起来就是，首先旅游内容要相对新颖，并与该地区特有的品牌企业、地域文化、自然风光等相联系，极具吸引力，彰显旅游内容的鲜明性；其次，在旅游内容设计、旅游设施建设以及导游接待上做到富有特色，而非一味地模仿其他地区，形成特有的旅游服务体系。再有要把旅游产品开发建立在调查研究及客观评价的基础上，按照市场导向，科学地设计产品形象，合理地设计游客活动项目，打造有城市特色的品牌旅游。

（四）以联合旅游为战略，形成"四大"思维

整合各工业旅游相关行业联合开发实现工业旅游，必须从传统的工业发展的思路中解脱出来，要有大工业旅游的战略目标，不受地域和行业的限制，动员社会的总体力量，全员参与，从而促使目标的实现。不断树立"大市场""大合作""大品牌""大资源"的概念，全面实现资源在各个部门和行业之间的整合，各地区的新产品之间也应该注意资源整合，并加强新产品和老产品的整合，结合市场、人才发展的模式，努力形成地区的联合体，同时还要注重对中介机构的培养，不断拓宽市场，争取形成区域性质乃至全国性质的路线，定期组织旅游节活动，加强对旅游线路的改造，努力开发旅游资源，最终形成开放的新格局。

第八节　江西省景德镇市工业旅游案例

相对于资源开发、钢铁、冶金等重工业来说，一些更贴近民生的轻工业更容易引起游客的好奇心。在满足游客好奇心和求知欲的同时，工业旅游能在短时间内增强他们对企业、科技及工业文化的认识，还可以成为企业营销和展示企业文化的新窗口、传播企业信誉、提升品牌价值。通过建立众多知名的城市

工业品牌，打造品牌城市。本节以景德镇市作为案例，介绍其工业旅游发展情况，并探讨对其他同类型城市的启示。

一、景德镇市工业旅游发展背景

景德镇市是世界瓷都，中国直升机工业的摇篮。国务院首批公布的 24 座历史文化名城之一和国家甲类对外开放地区。民国时期曾与广东佛山、湖北汉口、河南朱仙并称全国四大名镇。

景德镇以瓷立市、因瓷兴市，有着 2000 多年的冶陶史、1000 多年的官窑史、600 多年的御窑史和近百年的工业陶瓷发展史，创造出历史悠久、辉煌灿烂的陶瓷文化，历史价值巨大。

陶瓷工业＋旅游发展也迎来了蓬勃发展的春天。以高新区、陶瓷产业园区和新都民营陶瓷园为代表的陶瓷生产基地，顺应"体验经济"的时代趋势，积极外引内联，发挥自身优势，走出了一条"陶瓷＋旅游"的特色发展之路，为景德镇市陶瓷产业发展增添新动能。

景德镇市处于环鄱阳湖生态经济区，陶瓷工业旅游基础良好，潜力巨大，以陶瓷文化为核心，以工业旅游为亮点，以良好的配套服务为支撑的全域旅游格局正在形成。据了解，除自驾游之外，来自九江、南昌、婺源等地的团队游客是陶瓷工业旅游的主体。去往周边景区的大型旅游团常常会顺道前来，观光旅游，休闲购物，感受千年陶瓷文化魅力，选购美轮美奂的景德镇瓷器。

近年来，景德镇市"双创双修"工作让城市面貌发生极大改观，山水相依的生态环境让外来游客流连忘返，而原产地出品的陶瓷，也让游客对工业旅游产生极大兴趣[①]。

二、景德镇市工业旅游资源

（一）景德镇中国陶瓷博物馆

景德镇中国陶瓷博物馆的前身是景德镇陶瓷馆（老馆），成立于 1954 年 1 月，是国内第一家专题性陶瓷博物馆。景德镇中国陶瓷博物馆（新馆）坐落在

---

① 景德镇官方政府网站．十大工业旅游城市评选：走进景德镇［EB/OL］. https://hb.jjj.qq.com/a/20190923/009221.htm.

西市区美丽的昌南湖畔，馆内收藏了新石器时代的陶器和汉唐以来各个不同历史时期的陶瓷珍品重器 3 万余件（其中国家珍贵文物 500 余件），涵括了景德镇千年制瓷历史长河中的代表品种。博物馆总占地面积近 5.5 万平方米，总建筑面积 3.2 万平方米，由常设展厅、临时展厅、学术交流区、公共活动空间、文创商业区、办公区、多功能互动区、库房区等组成，满足收藏、展示、研究、培训和教育等各项功能需求。

景德镇中国陶瓷博物馆由同济大学建筑设计院设计，主体建筑隐在两山之间，正立面外形中间圆形建筑仿佛一件精美的陶瓷器型，两侧建筑如一双大手，寓意"拉坯成型"；玻璃幕墙外钢护网成冰裂纹状，与陶瓷裂纹釉相似；通透的屋顶采用自然光源节能环保，寓意"玲珑剔透"；顶层的通廊向上高挑，寓意"通向未来"；整个建筑平面从空中俯瞰，犹如一架水车在运转。

以"国内一流、国际领先"为建设目标，坚持以人为本，"贴近实际、贴近生活、贴近群众"，以历史文化遗产保护与传承为宗旨，以打造具有鲜明中国特色和时代气息的国家一级博物馆为方向，紧紧抓住景德镇陶瓷文化发展中"瓷器、瓷业、瓷都"这条主线，充分利用现代化的科技和信息等展陈手段，建成的景德镇中国陶瓷博物馆由常设展厅、临时展厅、学术交流区、公共活动空间、文创商务区、办公区、多功能区、库房区等组成，满足收藏、展示、研究、培训和教育等各项功能需求，成为集陶瓷精品展示、陶瓷学术研究、陶瓷文化传播、陶瓷知识教育于一体的公益性公共服务平台，让观众回眸景德镇"肇自然之性、成造化之功"的陶瓷发展历程，品味中华民族博大精深的文化盛宴，从实现中国梦和中华民族伟大复兴的高度，全方位、多角度、深层次地向世人展示中国陶瓷和千年瓷都的历史辉煌。

（二）景德镇御窑厂遗址

景德镇御窑厂遗址位于江西省景德镇市珠山区，总面积约 5.1 万平方米，历史遗存丰富，包括明清时期御窑厂窑业遗迹、窑炉遗迹、墙体、道路遗迹、古井、古树、窑业堆积遗迹、衙署建筑及其他附属建筑遗迹；另外还包括与明清御窑紧密相关的元代官窑遗迹，以及出土的明清御窑瓷器碎片及窑业工具等可移动文物；同时御窑厂遗址区周边传统街巷、民居、商铺、民窑作坊、历史文脉以及昌江等，也是其遗存构成的重要组成部分。

经历次考古发掘，现已清理出明代及清末民初葫芦形窑炉等遗迹，出土了一大批元代、明洪武、永乐、宣德、正统、成化、弘治、正德、嘉靖、万历等时期的落选御用瓷器碎片。

景德镇御窑厂遗址为国家 3A 级旅游景区。它的主要载体是原景德镇建国瓷厂。而建国瓷厂的前身可以追溯到明、清时期为皇家烧造宫室用瓷的部分御窑厂。清朝末年，这部分御窑厂在维新运动影响下由江西巡抚采用官私合营方式，开办"江西瓷业公司"，民国时期为国家资本企业。中华人民共和国成立后恢复生产，成为第一家国营瓷厂。

如今的建国陶瓷文化创意园处于景德镇城区中心位置，交通便利。园区与国家级重点文物单位——景德镇御窑厂仅一街之隔，周边 300 米范围内有龙珠阁、佛印湖、珠山八友街、景德镇陶瓷馆以及多条代表景德镇历史建筑特色的里弄。

按照"保护历史脉络、彰显文化精髓、展现创意魅力"的发展理念，建国陶瓷文化创意园通过修缮原有的厂房、窑炉旧址，完整再现景德镇手工制瓷工艺，展示陶瓷制造和烧成工艺的变迁历程，创造性地将老瓷厂与艺术家工作室、艺术馆、手工陶瓷体验区、时尚餐饮酒吧等多元化艺术相融合，打造了一个集创作、展示、旅游、时尚为一体的国际化陶瓷文化创意中心。在此基础上，园区特别推出每周五、六夜间高校大学生创意集市，免费搭建创业展示平台，孵化陶瓷创意人才梯队。

（三）雕塑瓷厂明清园

雕塑瓷厂明清园是国家 3A 级旅游景区，全国工业旅游示范点，江西省服务业基地及江西省文化产业示范基地，景德镇市大学生创意就业孵化基地，景德镇市非物质文化遗产生产性保护示范基地。位于景德镇城区内，距市中心 5 公里。

景区创建于 1956 年，占地面积 11 万平方米。有国家级大师六人，省、市级工艺美术大师 16 人，高、中级工艺美术师及技师共 200 余人。170 多位国内外艺术家在该厂建立了工作室。以生产陶瓷雕塑工艺品为主，是国礼瓷、旅游瓷的专业生产厂家，20 世纪 90 年代开始发展工业旅游和陶瓷文化创意产业，实现了工艺陶瓷生产和旅游产业的有效结合，其优美的环境、独特的工艺、完整的产业链吸引了大批中外陶艺家来厂驻扎，成为景德镇陶瓷文化和世界陶瓷艺术的研修、交流平台，成为艺术家创业、创作、创新、创收的"创意乐园"，成为集食、住、行、游、购、娱于一体的特色旅游景区。

（四）瓷博园

瓷博园为国家 3A 级旅游景区，属陶瓷工业类旅游景区。位于举世闻名的瓷都景德镇，地处三大世界文化遗产（黄山、庐山、西递和宏村）的中心。千年博大·瓷博园和景德镇市博大精工艺术陶瓷有限公司厂区有机融为一体，距市区只有 3 公里。景区占地面积达 3 万平方米。

景区将陶瓷与旅游结合起来，融入博大陶瓷独特的企业特征，集旅游观光、购物休闲、学习交流、艺术博览、工业展示于一体，走特色文化工业景区的道路，全面展示瓷都景德镇独特的陶瓷文化。景区内设有博大陶瓷独有的古柴窑复刻、仿古传统手工制瓷作业区、现代陶瓷生产游览区、博大艺术展厅、现场手工体验区、陶瓷艺术景观区、瓷文化历史长廊、博大陶瓷博物馆，以不同展示场景将景德镇从古到今的制瓷历史一一生动呈现。园内瓷径小路、瓷桌瓷凳、徽派水景、休闲亭廊、绿色景观星罗点缀，目之所及，形成以陶瓷为核心的文化艺术工业景区。把景德镇千年陶瓷发展史浓缩至千年博大·瓷博园中，成为景德镇陶瓷文化探寻的必经之地。

三、景德镇市工业旅游案例启示

（一）充分利用丰富的工业遗产资源

景德镇市在探索工业遗产保护利用的实践中，根据工业遗产的不同性质分别采取了挖掘保护、活化利用等模式，开展了陶瓷工业遗产博物馆、明清御窑厂国家遗址公园、陶溪川创意街区等工业遗产保护利用项目，推进新旧动能转换，按照"保护优先、合理利用"的原则，正确处理文物保护和工业遗产开发利用的关系，将陶瓷工业遗产项目编入中长期规划，明确提出对"老厂房、老遗址、老工业设施"等进行保护并充分利用，必须与城市发展总体战略、产业发展战略、旧城区改造战略、城市营销战略相结合，形成工业遗产可持续开发利用的新业态。

（二）利用实操体验吸引游客

在景德镇陶瓷工业旅游中，无论是生产传统陶瓷的作坊，还是生产、研发高新技术、高附加值产品的企业，或在闲置的厂房里，或在现代化的生产作业线上，为游客提供参观、动手制作、画坯绘瓷、成型烧炼的平台，为游客，特别是为那些陶瓷爱好者提供释放自己才能和兴趣的空间。

（三）弘扬本地千年传承的工业文化

景德镇旅游项目开发，应该以陶瓷历史文化为主线进行综合规划，而陶瓷工业旅游则是其中的重要内容之一。游客到景德镇来旅游，就是从景德镇1000多年来的陶瓷历史文化看中国古陶瓷的演变与发展，从陶瓷技艺的提高、器型花面的创新、烧炼方式的改革以及新材料、新工艺运用等诸方面领略现代陶瓷的华光溢彩。旅游部门可以把陶瓷工业旅游纳入旅游的总体规划，可按照景德镇四大传统名瓷分类单独设置旅游线路，也可以把其与古陶瓷文化游、里弄陶瓷历史文化游、绿色旅游和其他工业旅游等线路串在一起，让游客在旅游中享受到陶瓷历史文化的熏陶[①]。

第九节　辽宁省抚顺市工业旅游案例

按照生命周期理论，资源的开发程度会使资源型城市出现为成长、成熟、衰退和再生这样一系列过程，因此需要使资源依赖型城市过渡到再生型城市，应进一步优化经济结构，培育发展战略性新兴产业，加快发展现代服务业。工业旅游为中国众多的资源型城市打开了思路。本节以抚顺市作为案例，介绍其工业旅游发展情况，并探讨对其他同类型城市的启示。

一、抚顺市工业旅游发展背景

抚顺市，东北地区第五大城市，是一座具有 2000 余年历史的古城，是清

---

① 廖传铭.陶瓷工业旅游方兴未艾［EB/OL］.http：//www.jdzmc.com/Article/Class5/Class30/2009/04/29/12208.html.

王朝的发祥地，也是雷锋的第二故乡和雷锋精神的发祥地。作为辽宁省辖地级市，辽宁省重要的工业基地，沈阳经济区副中心城市，抚顺市位于辽宁省东部，东与吉林省接壤，西距省会沈阳市 45 公里，北与铁岭毗邻，南与本溪相望。抚顺地处长白山余脉，呈东南高、西北低之势，是辽宁省重要水源保护地[①]，国家森林城市，森林覆盖率近 70%。

抚顺市是新中国功勋卓著的老工业基地，历史上素有"煤都"之称。"煤油电钢铝"若干个第一，也无不体现老工业基地的风采。自 1901 年煤炭开采以来，它为国家提供的优质煤炭达十亿多吨，如果把运煤的火车一列列连接起来，可绕地球赤道 8 圈[②]。

然而近年，抚顺作为一个老工业基地，资源枯竭型城市，伴随着经济结构调整和发展战略转型，许多退出经营领域的工厂、矿区被弃用，如此便成为具有开发潜力的工业遗址资源。例如西露天煤矿这样的地方，寻找转型和再生之路的老工业区，工业旅游开发不失为一条可尝试的出路[③]。

此外，抚顺的煤精雕刻以及满族剪纸、满绣、旗袍等轻工业，也是作为其具有代表性的民间手工艺，与重工业发展交相辉映。

抚顺煤精雕刻是历史悠久的传统工艺品，特点是色泽乌黑，光亮如莹，材质细腻，造型美观，风格独特。1973 年沈阳新乐遗址曾经出土过的煤精珠、耳珰形器等煤精工艺品，经专家鉴定，是我国煤雕史上最早的实物，其原料就是来自抚顺煤田。这一发现使人类进行煤精雕刻的历史上溯至 7000 多年前[④]。100 多年前，煤精雕刻作为一门手工技艺，开始在抚顺地区传承和推广，经过七代传人的继承和改造，煤精雕刻已成为煤都抚顺独有的民间手工技艺。

抚顺又被称为旗袍的故乡，准确地说，旗袍发源于抚顺的新宾赫图阿拉城，该城是"后金第一都城"，是努尔哈赤登基称汗、创建八旗的地方。满

---

① 抚顺市人民政府.抚顺市情［EB/OL］.http：//www.fushun.gov.cn/FuShun/032/032016/.

② 抚顺市政府.抚顺工业旅游产品亮相凉山文化旅游博览会［EB/OL］.http：//www.ln.gov.cn/zfxx/qsgd/ass_2/201907/t20190730_3540243.html.

③ 抚顺新闻网.抚顺充分利用工业遗产资源发展工业旅游［EB/OL］.https：//news.cncn.com/173410.html.

④ 东北新闻网.省级工艺美术大师——煤精雕刻大师张寅［EB/OL］.http：//lnmj.nen.com.cn/system/2013/07/15/010548384_01.shtml.

族人创建了八旗制，"旗人"所着的服饰，就是当今流行的"旗袍"①。近年来，抚顺市创办了旗袍旅游文化节和旗袍大赛，通过节庆活动和赛事举办，对丰富旗袍内涵、宣传传承旗袍文化产生了积极的促进作用。

二、抚顺市工业旅游发展现状

（一）西露天矿矿坑景区

西露天矿始采于 1901 年，1914 年转为露天开采，到 2017 年已整整进行露天开采 103 年，也是中国露天采矿历史上唯一一个连续实现开采生产 103 年的露天矿。目前矿坑东西长 6.6 公里，南北宽 2.2 公里，总面积为 13.2 平方公里，开采绝对深度为 400 米水平，它的面积相当于澳门的 1/3，是亚洲第一大矿坑。西露天矿在政府的扶持之下，成了热门的工业旅游景点，其以这座历史悠久、规模宏伟、技术先进、闻名于世及良好的自然景观、人文景观为游客提供了丰富的参观游览项目。到目前为止，西露天的游客从月均 100 人到月均 300 人以上，经过国家旅游管理部门的验收，西露天矿具备工业旅游示范点的基本条件，被批准为全国工业旅游示范点②。西露天矿因煤矿资源而兴起，却没有因为资源枯竭而被放弃，并成功转型为工业旅游景点，既符合可持续发展的理念，又保留了这段辉煌历史的记忆。

（二）抚顺煤矿博物馆

抚顺煤矿博物馆位于抚顺浑河南岸，西露天矿矿坑的西南部，占地面积约 3 万平方米，建筑面积达 6629 平方米。抚顺煤矿博物馆记录着这座城市与矿山发展的荣辱兴衰，分为"物华天宝""百年回眸""熔铸辉煌"三个展区，累计展出包括大官窑瓷器、新乐文化遗址器具及各类文物 1100 件③，再现煤的生成、煤的开采和抚顺煤炭的开采，感受到远古时期煤炭的形成过程。

---

① 新宾宣传.【旗袍】辽宁抚顺新宾——旗袍的故乡［EB/OL］. https：//www.sohu.com/a/195663951_100010736.

② 乐活辽宁.抚顺工业旅游｜西露天矿［EB/OL］. https：//www.sohu.com/a/313904257_120044873

③ 辽宁日报.【聚焦】寻访辽宁工业史上的明珠⑧｜博物馆诉说"煤都"百年故事［EB/OL］. https：//kuaibao.qq.com/s/20190411AZOXVG00?refer=spider.

（三）抚顺矿区观光旅游项目

抚顺煤矿铁路于 1904 年开始运行，距今已有百余年。它曾经承担着抚顺工业化进程和城市化发展的重要任务，是抚顺市亮丽的城市风景线和厚重的城市名片。近年来，为了助力矿区转型发展，市政府决定启动抚顺工业观光旅游项目，秉承"坚持绿色发展，建设生态矿山"理念，全面推进"生态恢复—绿色矿山—景观提升—文化弘扬"治理模式，以环西露天矿坑电铁沿线为重点，以煤矿博物馆为中心，对观光旅游客车升级改造，沿途经过西露天矿矿坑、抚顺发电厂遗址、原石油一厂工业遗址、抚顺水泥厂、煤矿博物馆陈列广场①。全程运行距离 30 公里，2019 年 9 月 8 日正式运营。抚顺矿区观光旅游列车的运行，让具有百年历史的有轨客运电车载着游客见证抚顺煤矿发展变化历程，领略百年工业文明②。

（四）抚顺煤精琥珀博物馆

抚顺煤精琥珀博物馆坐落在抚顺西露天矿西侧，面积 3370 平方米，是专业展示煤雕工艺及琥珀艺术品这一国家级非物质文化遗产的权威机构。博物馆分展示区和演示交流区两部分，收藏了煤精雕刻和琥珀艺术珍贵的大量历史资料及当代大雕刻师马彪、王永刚、关大路、马骏龙、张德慧、龚振涛等艺人的精美之作和一些优秀的年轻工艺作者所创作的煤雕精美作品和琥珀原料③，可为游客现场雕刻纪念品，具有较高的艺术观赏和收藏价值。

（五）抚顺新宾旗袍博物馆

2018 年 6 月，中国纺织工业联合会名誉会长为抚顺新宾旗袍博物馆揭牌，实现了旗袍展示订制一体化。新宾旗袍博物馆位于辽宁新宾满族自治县赫图阿拉城内，结合旗袍的发展与流变，对新宾旗袍、宫廷旗袍、民国旗袍、海派旗

---

① 抚顺日报.一趟列车重温抚矿百年历史 开启一段氛围浓厚的工业文化之旅［EB/OL］. http：// h5.newaircloud.com/detailArticle?sid=fsrb&newsId=8720251_43855_fsrb.

② 抚顺市文化旅游和广播电视局.十大工业旅游城市评选：走进抚顺［EB/OL］. https：//hb.jjj. qq.com/a/20190924/002145.htm.

③ 幸福路人皆知.抚顺市值得一看的博物馆——抚顺煤精琥珀博物馆［EB/OL］. https：//new.qq.com/ omn/20181118/20181118A0HN9N.html?pc.

袍、现代旗袍、满族刺绣、智慧旗袍、旗袍创意设计产品及辽宁省满族服饰文化促进中心成果进行了全方位的展示。其间，中国民间龙袍收藏家李雨来收获的9件龙袍真品也在馆内展出，吸引了大量游客驻足欣赏。游客在馆内不仅深切感受到了新宾深厚的旗袍根源文化魅力，同时在智慧旗袍展厅，游客还亲身体验到了全国首部旗袍三维订制设备，为其提供电子量体、虚拟试衣、在线下单等一体化、智慧化的服务，旗袍迷们瞬间在这里完成了属于自己的专属旗袍的订制①。

三、抚顺市工业旅游案例启示

面对煤炭资源衰竭和老工业基地发展步入低谷的种种困境，抚顺市委、市政府目光转向旅游发展战略，为同类型城市提供解决思路。

鉴于抚顺市是资源枯竭型城市以及西露天矿2016年闭坑的现实，从2009年开始抚顺市就开始并筹划工业旅游开发。根据辽宁省政府对发展工业旅游的要求，抚顺市委托中国社会科学院旅游研究中心等规划团队，编制了《抚顺工业遗产旅游专项规划》，并于2011年年底通过了省旅游局专家组的规划评审。《抚顺工业遗产旅游专项规划》通过建立工业旅游的评价模型，对抚顺市的工业旅游资源进行了分析，并对改善、发展工业旅游提出了优化对策②。规划站在全面振兴东北老工业基地的国家战略层面，提出了抚顺市工业遗产旅游发展的核心价值、发展战略、总体定位和模式设计，指出了未来抚顺工业遗产旅游发展方向；结构新颖，内容丰富。规划的实施对进一步推动抚顺市工业遗产旅游的发展，促进资源枯竭型城市的转型起到了积极作用。

（一）合理保护和开发工业遗产，传播工业文明的记忆

以习近平总书记考察抚顺矿区的重要指示精神为指引，为了助力矿区转型发展，抚顺市政府决定启动抚顺工业观光旅游项目，展现老工业城市面貌、推进地方经济发展。抚顺矿业集团以环坑电铁沿线为重点，以煤矿博物馆为中

① 李凭.抚顺新宾旗袍博物馆揭牌 实现了旗袍展示订制一体化［EB/OL］. https：//www.sohu.com/a/237581596_693901.

② 叶永龙.抚顺工业遗产旅游专项规划通过辽宁省旅游局评审［EB/OL］. http://www.cntour2.com/viewnews/2011/11/10/1110085944.htm.

心，对观光旅游客车升级改造，综合治理 25 公里铁道路基、更新老化架线线路。观光列车设有电子讲解，从矿务局站始发，途经东岗观景台、西露天矿矿坑、抚顺发电厂、原石油一厂遗址、抚顺水泥厂和煤矿博物馆陈列广场 6 个景点。抚顺矿区观光旅游列车的运行，承载着抚矿转型发展的坚定信念，传播着百年工业文明的记忆，这种极具教育和历史意义的力量，拓展了文旅产业的广阔空间，让具有百年历史的有轨客运电车载着游客见证抚顺煤矿发展的变化历程，领略百年工业文明，推动抚顺资源整合利用、转型升级。

（二）挖掘传统手工艺及其文化价值，进行保护、宣传

作为使用简单工具，依靠手工劳动，从事小规模生产的工业，传统手工艺同样具有很高的工业旅游价值。抚顺市重视传统文化中的手工艺，对于煤精雕刻、琥珀工艺品制作、旗袍制作、满族剪纸、满绣等给予了挖掘和传承，建立了相应的博物馆并举办了众多节庆活动，如"抚顺煤精非遗文化宣传活动月""中国（抚顺·新宾）满族风情国际旅游（旗袍）节"等。这是对家庭作坊式的传统手工艺展示的有效补充，能够更加全面系统地将民间传统手艺和文化以政府层面对外进行宣传和展示，吸引游客。

（三）旅游资源整合利用，转型升级

对于抚顺市的旅游规划，抚顺市委、市政府以西露天矿综合治理和整合利用为核心，坚持生态修复与文旅产业发展并举，决定将西露天矿打造成超大规模的生态、文旅、休闲、健康、娱乐、科普综合发展区，重点建设西麓新天地综合体、世界植物乐园、健身步道、观光电铁等项目，并结合抚顺的森林资源、生态资源，推动"景区旅游"向"全域旅游"发展迈进。让十里煤海再次焕发青春，全力走出资源枯竭型城市转型创新发展之路。

第十节　贵州茅台镇工业旅游案例

贵州省仁怀市茅台镇是茅台酒的故乡，是中国酱香型白酒的核心产区，更是"中国酒都"。随着产业的发展和经济结构的转型，深入挖掘茅台镇的旅游

资源，推动酒文化工业旅游向前发展，助推区域产业结构优化调整，促进区域经济转型和增长，实现经济社会可持续发展，具有重要的意义。本节通过介绍贵州茅台镇工业旅游发展的特色，总结出具有一定历史的食品类工业旅游特色小镇的发展经验和启示。

一、茅台镇工业旅游发展背景

茅台镇因酒而闻名，坐落在素有美酒河之称的赤水河边。国酒茅台，是它的名片，它是中国酒都的灵魂所在，拥有87.2平方公里的土地、5万多人口，为全国和谐百佳小城镇。茅台镇历来是黔北名镇，古有"川盐走贵州，秦商聚茅台"的写照，茅台镇是中国酱酒圣地，域内白酒业兴盛，1915年茅台酒在巴拿马万国博览会上荣获金奖；1935年中国工农红军长征在茅台四渡赤水。茅台镇集古盐文化、长征文化和酒文化于一体，被誉为"中国第一酒镇"。

茅台镇位于仁怀市赤水河畔，是川黔水陆交通的咽喉要地。地处贵州高原西北部，大类山脉西段北侧，北靠遵义，南临川南。在郁郁葱葱的河滨地带，建有"红军烈士陵园"和"红军渡河纪念碑"。赤水河航运贯穿全境，仁蔺、茅丹、茅习、遵茅公路汇聚于此，是连接川黔的重要枢纽和连接历史名城遵义和国家级风景区赤水的通道。

二、茅台镇工业旅游发展特色

（一）明确的小镇发展政策定位

1991年中央决定加强小城镇建设后，从1992年起先后得到"全国小城镇重点建设集镇""全国综合改革试点镇""全国财政体制改革试点镇""全国小城镇建设示范镇"等称号及各项试点政策，使茅台镇成为全省小城镇建设的前沿阵地。

茅台镇党委、政府按照仁怀市委"生态立市、品牌强市、旅游兴市"战略目标和"四色经济"发展思路，充分发掘"茅台镇"品牌优势，严格按照"控制总量、杜绝新增、取缔非法、安全环保"原则，规范发展酒业。茅台镇年产酱香型白酒已达3万吨，酒类品牌近千个，从业人员上万人。从1994年到2000年，通过三次大型的规划调整，树立了"发展特色产业，壮大特色经济，建设特色城市"思想，对茅台镇小城镇建设进行了准确定位，加速了发展速度。

据仁怀市委常委、茅台镇党委书记王强介绍，为营造良好的酒业发展环境，自 2005 年以来，仁怀市委、市政府安排 2.5 亿元巨资注入这个当时城区面积只有 3.5 平方公里的小镇，有力地遏制了地方白酒"小、散、乱"和无序发展的不良态势。在国酒茅台的强力带动下，茅台镇工业经济迅猛发展，新兴企业如雨后春笋般发展壮大，先后涌现出了远明酒厂、红四渡酒业、国贵宴酒业、糊涂酒业、五星酒厂、怀庄酒业、金土力酒业、云峰酒业、无忧酒业等全国知名的酒业集团。

近年来，茅台镇以"狠抓生态环保、服务国酒茅台、统筹城乡发展、造福茅台人民"为工作主线，经济和社会事业取得了长足的发展。整个茅台镇地方白酒生产企业 125 家，其中生产酱香型白酒企业 124 家，白酒产业已成为经济增长的支柱产业，实现了工业引领茅台镇跨越的新局面。蓬勃发展的酱香型白酒产业带动了地方经济飞速发展。

如今的茅台镇，古朴，灵动，正按照省长陈敏尔提出的："把茅台镇打造成为贵州第一、全国一流、世界知名文化旅游名镇"的要求，在定位、定性、定量、定界"四定"原则指导下，突出国酒文化，结合红色文化和自然绿山秀水，进一步完善城乡基础设施建设，完善城镇功能，挖掘深厚的酒文化，灿烂的长征文化，悠久的盐运文化，浓郁的民俗文化，提升茅台镇美誉度、知名度，紧紧围绕独特的资源和区位优势。以"狠抓生态环保、服务国酒茅台、打造世界名镇、统筹城乡发展、造福茅台人民"为目标，围绕"提升设计、项目带动、引资助推、文化引领"的工作思路，着力推动城乡一体化建设，将茅台镇打造成为生态环境优美、城乡协调发展的"原生态山地小镇、历史文化名镇、酒业经济重镇、世界旅游名镇"。

（二）良好的工业旅游产业基础

茅台镇作为世界酱香型白酒的主产区，截至 2019 年 2 月，拥有 1280 多家酿酒作坊，2000 余个白酒品牌，其中不乏诸如茅台、国台、糊涂酒业、酒中酒等中国知名品牌白酒企业。白酒年产量 21 万千升，从业人员数万人，是名副其实的中国第一酒镇。这些品牌酒企的工厂环境、厂房车间、设施设备以及企业文化又为当地发展白酒旅游提供了丰富的资源。随着我国供给侧改革的深入推进，仁怀市政府与茅台镇政府陆续编制完成了《茅台镇修建性详细规划》《茅台镇国家 5A 级旅游景区规划》《茅台镇特色街区商业业态规划》及产业、交通、绿化等专项规划，优化了城镇空间发展格局，推动了白酒旅游发展新模式，促进茅台镇转型发展。在政府和白酒企业的共同推进下，茅台镇以打造中国知名白酒旅游胜地为目标，逐渐推出了"神秘茅台"观光游、茅台酒镇文化之旅、茅台集团工业旅游、茅台酒品鉴之旅等多项传统旅游产品；近年来又逐步推出了"茅粉节""茅台祭水节"等节庆旅游产品以及白酒酒庄和"天酿"新型旅游产品。旅游产品逐渐丰富，旅游景区逐渐增加，形成了茅台酒厂工业区、茅台中国酒文化城、"茅酒之源"景区、"天酿"景区、"印象茅台"杨柳湾－跃进街特色商业街区、茅台镇"云上酱香"电子商务暨酱酒文化展示体验馆、1915 广场、"慢悠茅台"河滨路特色商业街区、水舞灯光秀、红军过茅台陈列馆、"五味茅台"长征路特色商业街区等景区景点。2017 年，茅台镇地区生产总值 558 亿元，迎接游客 414 万人次，旅游总收入 35.1 亿元，白酒旅游已粗具规模。

（三）深厚的茅台酒文化

酒文化与旅游的联姻由来已久，它们之间是一种"互容关系"，二者的紧密结合丰富了彼此的文化内涵。具体言之，酒文化旅游具有体验功能、娱乐功能、审美功能及经济功能，可将地域资源优势转变为经济优势，推动区域经济发展。酒文化旅游还可在形象提升、文化重塑、品牌再造、营销创新等方面助力行业企业健康持续发展。茅台镇出产的贵州茅台酒是与苏格兰威士忌、法国科涅克白兰地齐名的三大蒸馏名酒之一，是大曲酱香型白酒的鼻祖，拥有悠久的历史。茅台人为传承"茅台文化"、打造"文化茅台"，茅台人特酿造一种美酒为："文台酒。"文台酒是茅台名酒，也是茅台老酒，更是一瓶最有文化内涵的酒。

（四）独特的自然地理和生态环境

茅台镇域内资源独特，微生物体系奇异，具有得天独厚的酿造环境，以盛产美酒而闻名海内外，被誉为"中国第一酒镇""世界酱香型白酒主产区""中国酒都核心区"。

茅台镇位于贵州高原西北部，大娄山脉西段北侧，北靠遵义，南临川南，东经105°，北纬27°，海拔仅400多米，四周被海拔1000米以上的群山环绕，这样的地理环境造就了其亚热带的气温条件。冬暖、夏热、少雨，年平均气温17.4℃。历史上，茅台镇是蜀盐入黔的重要通道，古有"蜀盐走贵州、秦商聚茅台"之美誉。镇区内植被条件优越，东部以及赤水河以北区域有由湿润常绿林逐渐向半湿润常绿阔叶林过渡的森林带，赤水河富有沟谷常绿季雨林带，而且生物种类繁多、矿产资源丰富，这样的自然物质条件形成了茅台酒独特的酿造环境。独特的自然和生态环境，使该区域成为茅台酒酿造的主要原料之一——糯性高粱（当地称红缨子高粱）的主产区，这种糯性高粱颗粒坚实、饱满，粒小且皮厚，有利于酿造过程中的多轮次翻烤。另外这种高粱皮厚，富含1.68%的单宁，可以形成多种芳香性化合物。高品质的高粱为茅台酒的酿造提供了优质的酿造原料。此外，这种独特的环境和气候，对酿酒中微生物的产生、繁衍起到了关键作用，而微生物又对茅台酒的酿造起到了重要作用，使茅台酒成为世界上少有的使用野生微生物菌群发酵的蒸馏酒之一。被誉为"美酒河"的赤水河流经全境，为当地酒企提供了优质水源，加之当地特有的地质和土壤构造，使其成为不可复制的茅台酒的发祥地。如今，这些独特的自然地理和生态环境资源都成为"神秘茅台"独有的旅游资源。

（五）镇内主要景点

国酒门是出入茅台镇的门户，位于盐津河大桥的东端。国酒门为中国古典城楼式建筑，两侧各立一根华表，一殿二亭四重檐，门楼上可供人们观光游览。整个建筑高大气派，庄重华丽，象征着国酒茅台源远流长的历史和享誉海内外高贵典雅的气质。

国酒文化城由中国贵州茅台酒厂（集团）有限责任公司投资近亿元兴建，位于茅台酒厂内。占地面积40余亩，建有汉、唐、宋、元、明、清及现代馆共7个馆，每个馆均体现了不同时代的建筑风格。浓缩了中国五千年酒文化的辉煌及精髓，并反映了茅台酒的发展历程。各式建筑鳞次栉比，连绵成城。馆内陈列着各代酒礼、酒俗、酒技、酒故、酒史、酒文、酒诗及与酒有关的重要人物故事等书画作品、雕塑、楹匾及实物，是中国酒文化的高品位综合载体，是最大的酒文化博物馆，已列入上海大世界基尼斯之最。

天下第一瓶，国酒门东侧的小山上，有一个世界上最大的、7层楼高的茅台酒瓶，瓶内有螺旋楼梯可登高环眺。这个酒瓶被誉为"天下第一瓶"。

茅台镇河滨地带，建有红军烈士陵园和红军渡河纪念碑。

三、茅台镇工业旅游案例启示

茅台镇作为工业旅游与特色小镇建设相结合的典型案例，对其他拥有工业旅游基础的城镇进行特色小镇建设有较大的借鉴价值。在茅台镇建设特色小镇的过程中，酒文化、酒工业是特色小镇的核心，也是茅台镇的特色之处。具体来说，可供其他地区采纳的经验有以下几点。

（一）以酒文化为核心，整合旅游资源

茅台镇旅游业的进一步发展，需要整合现有各种旅游资源，实现以酒文化旅游资源为核心，多旅游线路同步发展。第一是红色旅游，遵义是中国红色之都，是中国共产党和近代中国走向转折的重要之城。茅台镇所在的仁怀市是红军四渡赤水的渡口所在，在中国革命的进程中扮演了非同凡响的角色。遵义会议会址、红军四渡赤水纪念塔等，至今都是人们回顾光辉革命历程的圣地。红军长征经过茅台镇，直接与酒发生了联系，是茅台镇发展历史中的重大事件，也是当地酒文化的重要组成部分。将红色旅游线路纳入整体规划，以酒文化旅游资源为中心，实现有机整合，可以起到相得益彰的作用。第二是自然风光旅游，茅台镇周边仁怀境内的山有巍峨壮丽的避暑胜地芦竹山，山石怪诞云雾多的佛教圣地白云山，碧涛滚滚天际流的摩天岭、四仑山以及钟鼓山、奶子山、云帱山、吴公岩、黄瓜垭、大营山等。水有赤水河、桐梓河、五马河；有盐津湖、银水水库、青菜河水库、落水孔水库、八一水库、张白水库、后村水库、薛家岩水库等荡舟垂钓休闲之所；有鱼跳瀑布、小根沟瀑布、斑鸠岩瀑布、标水岩瀑布等弃嚣尘于世外的好去处；有坛厂温泉、盐津河温泉、王家寨温泉、大湾温泉等水温适度、消解疲惫的"温柔故乡"。峡谷有"浪卷千堆雪，岩开一线天"的吴公岩大峡谷，"削壁悬草木，狂澜怒吟诗"的纳坡河峡谷，"三峡紧连多古道，一湖回旋望天难"的盐津河峡谷，还有东门河峡谷、桐梓河峡谷等。有仙人洞、三元洞、天生桥溶洞等长岗溶洞群，中有"黔北第一洞天"的

怀阳洞群，城郊有油槽沟溶洞群，北有三合溶洞群，是知名的"国际洞穴探险基地"。将自然风光旅游纳入以酒文化旅游为核心的发展体系是必经之路。第三是古盐道旅游文化资源，仁怀是川盐入黔的重要口岸之一，有着丰富的盐运资源。千百年来，食盐都是人们最为重要的生活资源。由食盐的开采、运输、贩卖而形成的盐运文化，具有丰富的历史文化内涵。仁怀古盐道不但记录了当地文明的进程，更是当时人们艰辛生产生活的见证。盐运不但解决了人们生活中的食盐需求，还催生了酿酒产业的进一步发展。将现有盐运文化资源与酒文化资源整合，也是一条现实的道路。以酒文化为核心，特别是紧紧围绕茅台酒的独特地位，整合现有旅游资源，是开展酒文化旅游的必经道路。

（二）深度挖掘酒都酒文化内涵，丰富酒文化旅游产品开发

首先应该深度挖掘茅台镇的酒文化内涵。在这方面，地方文化工作者做出了艰苦努力，取得了一定成效。特别值得一提的是"人文茅台"系列纪录片，同名书籍业已出版。虽以"茅台"为名，眼光却不局限于茅台。而是将茅台酒历史文化的发展纳入更为深广的背景下，对酒都文化、酒都酒文化进行的深度解读。酒文化资源的挖掘和梳理，是开展酒文化旅游的基础性工作，期待着新的、更多的作品出现。其次是对地方酿酒资源的调查，茅台镇酒业众多，工艺流程虽大致相近，但对于地方酒业发展状况进行统计和缜密的分析，对当地酿酒资源进行调查研究，也是酒文化旅游开发中不可或缺的一环。再次是开发酒文化旅游产品，丰富酒都酒文化旅游的内涵。茅台镇是多民族的聚居地，除汉族外，还有仡佬族、苗族、布依族、彝族等少数民族，不同的民族有着不同的酒俗。如仡佬族的"爬坡酒"，就是值得开发和研究的酒俗。最后是规范经营，将酒文化名街打造成酒都酱香型酒品饮和体验的重要街区，实现旅游、体验与产业的互动发展。

（三）开展工厂观光游，解密酱香型酒酿造过程

2005 年，贵州茅台酒厂成为全国工业旅游示范点。经国家标准委评审，仁怀白酒工业旅游服务标准化项目获得了 2011 年度国家级服务标准化试点，这使贵州乃至全国的白酒工业旅游服务标准有了依据和参考。仁怀白酒工业旅游服务标准化试点项目力求通过建立白酒工业旅游服务标准化，向广大消费者

宣传酱香型白酒的原生态酿造工艺，为白酒产业发展做贡献。2012 年，在拥有 30 年以上酿酒历史的酒业中经过层层挑选，贵州中心酿酒集团有限公司、仁怀市茅台镇黔台酒厂、贵州酒中酒集团有限责任公司、贵州国台酒业有限公司脱颖而出，列为全省首批白酒工业旅游点。至此，除了茅台酒厂之外，民营酒业也加入白酒工业旅游的大军。现有工业旅游的开发，主要是以茅台镇国酒文化城为中心，以茅台红军四渡赤水纪念园景区及盐津温泉来展开的，进行一系列的开发设计，如酒城、酒瓶、酒河，都是以企业文化和产品文化为核心，属于产品文化型工业旅游资源。同时以白酒工业旅游为触点，构建酿酒工艺展示车间，将神秘的酿酒工艺解码，吸引游客前来。在人们普遍关注食品安全的背景下，贯穿产业链的工业旅游尤其重要。

（四）结合生态旅游，将酿酒原料生产基地纳入旅游产业发展体系

茅台镇不但是茅台酒的产地，更是我国酱香型白酒的核心产区，区位优势明显。酱香型白酒之所以具有高品质的特征，是由于当地独特的地理环境和酿酒资源所决定的。在以酒文化为基础的旅游产业开发中，要将酿酒原材料及相关内容纳入旅游线路规划。如酿酒所需的高粱、小麦，主要产于当地，且茅台酒厂等大型酿酒企业，也建有专门的有机原料种植基地。将有机高粱种植基地纳入旅游线路，不但可以宣传"有机茅台"，从而提升酒都酱香型酒的美誉度，也能起到丰富旅游线路的目的。又如神秘的赤水河流域，是有着植物活化石之称的桫椤王国，赤水河直接为酒都仁怀的酱香酒提供酿造用水。

（五）将工业名镇打造为旅游名镇，实现产城融合新突破

2012 年 8 月 21 日召开的全省小城镇建设发展大会提出，要将茅台镇打造为"贵州第一、全国一流、世界知名"文化旅游名镇。其后，茅台示范镇建设全面启动，围绕"产业壮大、环境整治、交通枢纽、旅游开发"四大工程展开，拟定项目 64 个，投资概算 256.89 亿元。示范镇建设启动后，仁怀市把茅台示范镇、茅台旅游综合体、茅台古镇文化产业园、茅台旅游景区和茅台酒工业园进行有机结合，推进产城融合。杨柳湾和跃进街作为茅台示范镇的核心区，两街区东临在建的巴拿马广场、茅台文化创意园区，西接国酒文化城、茅酒之源。两街区的建筑风貌改造已基本完成，供水、供电、排水、通信等配套

设施改造即将完工。建设规划方案立足两街区现有条件，突出茅台酒文化，以"印象·茅台"为主题，融入酒文化、民俗文化，并引入世界酒文化元素，让游客全面体验茅台镇核心文化。建成后的杨柳湾街，将集旅游、商业、休闲等功能于一体，让前来旅游的客人感受不一样的茅台。

（六）开展酒文化文物旅游，创新旅游发展模式

2013 年，国务院印发了《关于核定并公布第七批全国重点文物保护单位的通知》（国发〔2013〕13 号），核定公布了第七批全国重点文物保护单位。茅台集团公司申报的由原"成义"烧房旧址、"荣和"烧房旧址、"恒兴"烧房旧址和制曲一片区干曲仓、发酵仓，制曲二片区干曲仓、发酵仓、石磨房以及下酒库第五栋、第八栋老酒库等十处遗产组成的"茅台酒酿酒工业遗产群"入选第七批全国重点文物保护单位。"茅台酒酿酒工业遗产群"入选全国重点文物保护单位，是茅台酒历史和文化的鲜活见证，具有不可估量的价值。如"荣和"烧坊干曲仓旧址，是茅台酒厂现存最老的生产厂房，始建于清光绪五年（1879 年），为全木结构的仓储式建筑，台梁式小青瓦顶，面积约 200 平方米，是专门存放酒曲的建筑。1935 年，红军长征途经茅台时曾在此驻留，见证了中国革命的进程和茅台酒业的发展。另外，在酒都各地，还分布着大量的酒文化文物群，如京华酒业老烤酒房，就入选仁怀市文物保护单位。对于这些丰富的文物保护单位，一方面加强对文物群的整体保护；另一方面加强开发，将文物保护单位融入酒文化旅游线路之中，展示酒都酿酒历史和文化的深刻内涵，提升酒都旅游的文化品位。

项目统筹：谯　洁
责任编辑：郭海燕
责任印制：冯冬青
封面设计：中文天地

图书在版编目（CIP）数据

工业旅游发展的中国模式 / 石培华，陆明明，张一楠，申军波等编著. -- 北京：中国旅游出版社，2021.12

（中国旅游发展模式研究系列丛书 / 石培华主编）

ISBN 978-7-5032-6647-8

Ⅰ. ①工… Ⅱ. ①石… Ⅲ. ①工业旅游－旅游业发展－发展模式－研究－中国 Ⅳ. ①F592.3

中国版本图书馆CIP数据核字(2021)第251118号

书　　名：工业旅游发展的中国模式

作　　者：石培华　陆明明　张一楠　申军波等　编著
出版发行：中国旅游出版社
　　　　　（北京静安东里6号　邮编：100028）
　　　　　http://www.cttp.net.cn　E-mail:cttp@mct.gov.cn
　　　　　营销中心电话：010-57377108，010-57377109
　　　　　读者服务部电话：010-57377151
排　　版：北京旅教文化传播有限公司
经　　销：全国各地新华书店
印　　刷：北京工商事务印刷有限公司
版　　次：2021年12月第1版　2021年12月第1次印刷
开　　本：710毫米×1000毫米　1/16
印　　张：20.5
字　　数：340千
定　　价：68.00元
ISBN　978-7-5032-6647-8

版权所有　翻印必究
如发现质量问题，请直接与营销中心联系调换